JN441621

고려-대원 관계 연구

이 개 석李玠奭
전라남도 해남 출생.
서울대학교 대학원 동양사학과에서 수학하며, 13~14세기 몽원사를 전공하였다. 1983년부터 현재까지 경북대학교 사학과 교수로 재직하고 있다.
대표 연구로는 〈원대 유인호계에 관한 시론적 고찰〉(1982 석사 논문), 《14세기 초 원조지배체제의 재편과 그 배경》(1998 박사학위 논문), 《지정조격교주본》(공저, 2007) 외에, 〈사회주의 현대화 초기의 중국역사학의 추이〉(1990), 〈곽비의 운산일기로 본 14세기초 강절행성의 사회상황 1〉(중문, 2004), 〈현대중국 역사학 연구의 추이와 동북공정의 역사학〉(2004), 〈역사학과 문화대혁명〉(2006) 등 여러 논문이 있다.

고려-대원 관계 연구

초판 제1쇄 인쇄 2013. 8. 21.
초판 제1쇄 발행 2013. 8. 26.

지은이 이 개 석
펴낸이 김 경 희
펴낸곳 (주)지식산업사
본사 ● 413-832, 경기도 파주시 교하읍 문발리 520-12
전화 (031) 955-4226~7 팩스 (031)955-4228
서울사무소 ● 110-040, 서울시 종로구 통의동 35-18
전화 (02)734-1978 팩스 (02)720-7900
한글문패 지식산업사
영문문패 www.jisik.co.kr
전자우편 jsp@jisik.co.kr
등록번호 1-363
등록날짜 1969. 5. 8.

책값은 뒤표지에 있습니다.

ISBN 978-89-423-1164-4 (93910)

이 책을 읽고 저자에게 문의하고자 하는 이는
지식산업사 전자우편으로 연락 바랍니다.

Studies on Koryo-Dayuan Relations

고려-대원 관계 연구

高麗 大元

이 개 석

이 저서는 2008년도 정부재원(교육부)으로 한국연구재단의
지원을 받아 연구되었음(NRF-2008-812-A00030)

지식산업사

책머리에

보잘것없지만 이 작은 연구를 통해 32년 전 현대사에서 몽원시대의 문제로 석사논문의 주제를 바꾸면서 품었던 필자의 어렴풋한 꿈이 이루어졌다. 그동안 몽원시대사를 공부하면서 인접 분야인 여몽관계사 연구를 곁눈질만 해 왔는데, 이 책을 통해 13~14세기 여몽관계에 대한 필자의 소견을 비교적 구체적으로 보여 줄 수 있게 되었다.

필자는 대몽고국/대원과 고려의 관계는 강대국과 약소국 사이의 간섭관계로 보는 것보다 몽골 사회의 혈연 중심의 봉건적 시스템 속에 편제되어 있던 내속관계로 보는 것이 훨씬 더 사실에 가깝다고 생각한다. 또 필자는, 1218년 겨울 몽골이 고려에 요구한 군량과 군사를 보내면서 시작된 여몽관계가 1219년 처음 여몽화호맹약으로 조문화되었고, 1231년 이후 1259년까지 전쟁을 통해 구체적인 내용을 조정하다가, 1260년 고려 원종과 쿠빌라이 카안 사이에서 확정되었고, 삼별초의 저항과 왕실통혼, 몽골의 일본원정 등을 계기로 다시 몇 차례 성격이 바뀌면서 1380년 순제가 죽을 때까지 지속되었다고 보고 있다.

처음 여몽관계 연구에 시선을 돌렸을 때 필자는 1260년 이후의 여몽관계를 검토하였고, 그 이전의 여몽관계가 가지는 중요성을 깨닫지 못했다. 그러나 조충趙沖의 묘지墓誌를 접한 이후 1219년 이른바 여몽형제맹약 안에 뒷날 몽골이 요구한 육사六事의 내용 가운데 많은 것이 포함되어 있음을 알게 되었고, 고려와 동진에 대한 정책이 포함된 몽골의 동방정책의 일환으로 강동성 전투가 이루어졌다는 것도 뒤늦게 깨달았다. 곧 여몽관계는 고려의 1218년 강동성 함락전투 참여로 그 성격이 결정된다고 보는 점이 이 책의 기본 출발점이다.

종래의 여몽관계사 연구와 달리 필자가 몽원사 연구자라는 시점 말고도, 이 연구는 여몽관계의 다양한 측면을 살폈다. 먼저 서론에서 여몽관계사 연구를 학설사적으로 검토한 뒤, 제1장에서 여몽관계 성립의 단초, 1231년 시작된 몽골의 침략과 단속적인 여몽전쟁 속에서 여몽관계의 추이를 살펴보았고, 제2장에서 고려 태자와 유력한 카안 후보 쿠빌라이와의 예정되지 않은 만남에서 비롯된 몽골 군대의 고려 진주進駐를 배경으로 받아들여진 내속국체제의 수용과정을 살펴보았고, 제3장에서는 여몽 왕실 통혼과 고려 안 몽골기관으로서 부마고려국왕부를 살폈다. 제4장에서는 몽골제국 안의 고려인과 여몽관계를 몽골 궁정의 고려 출신 환관의 역할과 여몽지배층 사이의 통혼관계를 통해 검토하였고, 마지막으로 제5장에서는 몽골의 고려변경 지배와 고려 안에서 활동한 몽골인, 그리고 고려에 영향을 준 몽골문화의 흔적을 살폈다. 물론 이 책의 일부 장절은 2004년에 발표한 〈《高麗史》 元宗·忠烈王·忠宣王世家 중 元朝關係記事의 註釋硏究〉(《동양사학연구》 88)를 비롯하여 연구기간 이전에 발표된 연구성과를 수정한 내용도 포함하고 있다.

여몽관계사를 검토하는 과정에서 필자는 국내 학계의 유력한 입장인 '간섭기론' 등 대원과 고려의 관계를 이해하는 다양한 관점에도 접하게 되었는데, 이들 관점과 입지가 필자처럼 몽골제국사를 연구하는 학자들의 그것과 크게 다르다는 것도 알게 되었다. 따라서 보잘것없고 설익은 생각이라 할지라도 30여 년 동안 중국사와 몽원사를 연구해 온 필자의 의견을 제시하여, 우리 학계의 여몽관계를 둘러싼 토론의 심화에 보탬이 될 수 있었으면 하는 필자의 소박한 바람도 이 연구에는 포함되어 있다.

필자는 1978년 봄 석사과정 세 번째 학기에 처음 몽원사를 접하게 되었다. 돌아가신 고병익 선생께서 맡으신 사학사 강의로 1340년대 초 몽골정권이 요금송遼金宋 삼사三史를 편찬할 당시 정통론의 향방을 공부하는 수업이었다. 필자의 기말 보고서 주제는 〈元代 正統論議와 그 變貌—異民族 통치 수용의 一面—〉이었고, '원조 성립기의 정통논의', '원조통치와 화이론의 변화', '후기의 정통론과 삼사편찬' 등으로 장을 나누어 몽원정권의 통치과정에서 화이론華夷論의 변화에 따라 정통론이 절충되고 변화하는 모습을 검토하였다. 이 보고서를 준비하면서 필자는 몽원시대 한족漢族지식인 집단이 유인호계儒人戶計(유호)로 편성되어 보호받고 있었다는 사실에 처음으로 주목하게 되었고, 몽원정권의 입장과 정책에 대하여 생각해 보게 되었는데, 그것은 결국 3년 뒤 제출한 석사논문의 주제가 되었다.

그러나 학부 재학 이래 줄곧 관심을 가졌던 중국 현대사의 문제를 제쳐 두고 필자가 몽원시대의 문제를 석사논문의 주제로 정한 것은, 임시방편의 선택이었지만, 결과적으로 이후 30여 년 동안 필자의 삶을 바꾸어 놓았다고 해도 과언이 아니다. 물론 필자는 당시 다음 몇 가지 이유를 들어 자신의 선택을 정당화해야 했다. 먼저 유호儒戶는 신사층紳士層의 프로토타입prototype임에도 학계가 아직 이 문제에 주목하지 않고 있다는 점, 둘째 몽원시대를 주제로 하는 논문 작성은 이데올로기 문제 때문에 관련 사료나 연구성과의 입수가 어려운 현대사와 달리 관련 사료나 연구성과를 쉽게 참고할 수 있다는 점, 그리고 이 연구성과가 관례를 깨고 직장에 다니는 필자를 대학원에 들어와 학업을 계속할 수 있게 배려해 준 두 분 은사의 연구와 관련되어 있어 학은學恩에 다소나마 보답할 수 있는 기회가 될 수 있으며, 끝으로 필자의 연구가 간접적이지만 결과적으로 몽골 지배 시기 고려 역사 연구에 조금이라도 이바지할 수 있으리라는 당돌한 기대를 가졌다.

1982년 석사논문을 발표한 지도 31년이 되었다. 이후 필자는 초기 몽골정권의 성립 배경인 몽골고원의 상업과 유목생산이 중심이 된 불안정한 초원경제, 대원大元의 남송南宋 정복과 강남江南 지배의 의의, 14세기 초 몽골 지배체제의 재편, 《지정조격》과 몽골 법제 등 다양한 몽원사의 측면을 연구해 왔다. 이 연구는 필자의 본령인 몽골 제국의 역사를 연구하는 과정에서 굳어진 몽골제국사 연구자의 편견이 어쩔 수 없이 반영되어 있을 것이다. 더욱이 필자의 연구는 고려와 몽골제국의 관계를 전문적으로 연구해 온 학자들의 업적에 견주면 거칠고 크게 미치지 못함을 알고 있다. 다만 필자는 이 책을 통해 몽원사 연구자의 다른 시각을 보여 줌으로써 여몽관계 연구와 토론에 조금이나마 보탬이 되었으면 하고 바랄 뿐이다.

끝으로, 이 책의 제목은 원래 '대원-고려 관계 연구'였다. 대원大元을 앞세우는 것이 두 나라 관계의 실상을 보여 주는 데 적합하다는 것이 필자의 생각이었다. 그러나 출판을 맡아 주신 지식산업사의 요청으로 영어 제목과 같은 '고려-대원 관계 연구'로 바꾸었는데, 필자의 내면에 숨어 있던 민족주의적 역사관이 이에 영합한 면도 없지 않다. 한국학의 발전을 위해 영리성 여부에 개의치 않고 이 책을 출판해 주신 김경희 사장님과 찌는 듯이 무더운 여름에 거친 글을 교정하느라 애써 주신 여러 분들께 진심으로 감사드린다.

한국전쟁이 한창이던 시기 조부님 무릎에 앉아서 처음 글자를 익힌 지 어언 63년, 필자는 올해 정년을 맞았다. 보잘것없지만 필자의 이름으로 처음 책을 내면서 떠오르는 얼굴들이 많다. 늘 말없이 지켜보시기만 했던 부모님, 흡족하지 않은 제자였지만 학문의 길이 엄정함을 일깨워 주신 고故 민두기 선생님, 게으른 남편을 참을성 있게 기다리며 격려해 준 아내에게도 이 책이 작은 선물이 되었으면 좋겠다.

이 개 석

차 례

서 론

고려-대원 관계 연구의 학설사적 검토

머리말

13세기 초 기마군사를 이끌고 유라시아 세계에 공전空前의 제국을 건설한 칭기스칸 군대와 고려 군대가 처음 맞닥뜨린 것은 1218년이었다. 칭기스칸의 지시에 따라 고려高麗와 형제맹약兄弟盟約을 맺은 뒤, 강동성江東城에서 농성하던 거란족을 진압하기 위해 왔다고 통보한 합진哈珎과 찰랄扎剌이 거느린 1만의 몽골군이, 동진東眞이 보낸 2만의 조군助軍과 함께 동계東界의 정주定州를 거쳐 들어와 거란 유민流民이 차지하고 있던 대동강 중류의 강동성을 압박하였다.

고려는 몽골의 요구를 거절하지 못해 조충趙沖과 김취려金就礪가 이끈 1만의 고려군을 군량과 함께 보내 몽골군의 강동성 함락작전에서 일익을 담당했다. 그리고 1219년 정월 스무 나흗날, '고려국왕의 카안 조정 입조入朝와 조군助軍, 공납貢納 등' 굴욕적인 조건이 포함된 이른바 여몽형제맹약을 받아들였다. 그 뒤로 고려는 몽골의 무리한 공납 요구에 시달렸는데, 1224년 저고여著古與 피살사건을 계기로 첫 단계의 여몽관계麗蒙關係가 단절됨으로써 몽골의 그러한 요구도 없어졌다.

1231년 8월에 시작된 제2단계의 여몽관계는 우구데이 카안 즉위 뒤 일어난 동아시아 정벌전의 일환이었던 제1차 여몽전쟁이 계기가 되었다. 살리타이撒禮塔, salitai 코르치火兒赤가 이끈 몽골 군대의 본격적인 한반도 침략으로 시작된 여몽전쟁麗蒙戰爭, 곧 고려 최씨정권이 이끈 거국적인 대몽항쟁은 30년 가까이 지속되었는데, 1259년 입조한 고려태자와 황제 쿠빌라이가 양초지교梁楚之郊에서 만나[1] 보호자와 피보호자의 인연을 맺음으로

1) 李齊賢,《益齊亂藁》 권9상/9상하, 忠憲王世家, "至六盤山, 憲宗晏駕而阿里孛哥阻兵朔野, 諸侯虞疑, 罔知所從. 時世祖皇帝觀兵江南, 世子遂南轅, 間關至梁楚之郊, 世祖適自襄陽班師北上, 奉

써 일단락된다.

제3단계의 여몽관계는 1260년 6월 2일(무오/4.21) 몽골 군대의 도움을 받아 원종元宗이 고려국왕으로 즉위한 뒤 육사의무六事義務 수행을 조건으로 허용한 고려의 현 체제 유지[不改土風], 곧 이른바 '세조구제世祖舊制'를 근간으로 이루어진다. 역사 이래 한민족 사회는 외부로부터 여러 차례 군사적 침략을 당했고, 때로 명분상의 군신관계를 받아들이기도 했지만 독자적 권력을 유지해 왔다. 그런데 30년에 걸쳐 항쟁했음에도 한반도 구석구석까지 미친 유례없는 몽골족의 군사적 침략에 견디지 못하여 끝내 실질적인 외번外藩의 지위를 받아들인 것이다. 게다가 이러한 고려의 대對몽골 예속관계는 이후 왕실통혼王室通婚(부마관계)과 정동행성征東行省의 설치, 기황후 세력의 대두를 계기로 더욱 심화되고 강화되었다.

제4단계의 여몽관계는 정치적인 면에서 고려의 대몽對蒙 독립이 기초가 되며, 중원에서 백련교도白蓮教徒의 봉기와 몽골 지배집단 내부의 권력투쟁으로 지방과 외번에 대한 중앙정권의 통제력이 약화된 것을 배경으로 하고 있다. 1356년 5월 대사도大司徒 기철奇轍과 경양부원군慶陽府院君 노책盧頙의 역모逆謀 진압을 계기로 공민왕恭愍王이 정동행성 이문소理問所를 폐지하고, 6월 지정至正이라는 연호年號의 사용을 정지하면서 대몽고국大蒙古國(大元)[2]의 고려에 대한 실질적인 강권적 지배와 간섭은 끝나게 된다.[3]

幣帛謁于道." 李齊賢의 이 글은 쿠빌라이의 班師 지점을 鄂州가 아니라 襄陽으로 잘못 기록하고 있는데, 《高麗史》 권25 元宗 1 해당 기사의 잘못도 여기에 말미암은 것으로 보인다(/8하~9하). 梁楚之郊는 하남성 귀덕 부근으로 보이며, 이에 대해서는 이 책의 제3장 제1절 '1. 여몽 왕실-황실 혼인의 성립 경과'에 상세히 논증하였다. 필자의 오류도 이 기회에 바로잡고자 한다. 206~210쪽 참조.

2) 《高麗史》는 초기 여원교섭관계를 기록하면서 주로 '大朝'와 '蒙古', 그리고 드물게 '大蒙古', '大蒙古國'(권51, 曆 2, 授時曆經 上)이란 용어를 쓰는데, '大蒙古國'은 "'대원'이라 불리는 '예케 몽골 울루스'"의 '예케 몽골 울루스'를 한자로 바꾼 것이다. 김호동, 〈몽골제국과 '大元'〉, 《歷史學報》 192집, 221~253쪽 참조. 또 《高麗史》의 원종 8년 일본에 보낸 국서에서 "我國臣事'蒙古大國', 稟正朔有年矣."라고 하였는데(권26/10하), '몽고대국'은 '대몽고국'의 잘못이다. 다른 한문사료인 《永樂大典》 권19416, 站赤 1, 9~10쪽에도 "太宗皇帝, 元年……是月制曰, 上天眷命賜皇帝之徽名. 大蒙古國, 衆寡小大, 罔不朝會"라 하여 대몽고국이 쓰이고 있다.

3) 《高麗史》 권39, 恭愍王 2, "(5月丁酉)罷征東行中書省理問所." "(6月)乙亥, 停至正年號." …… "復我祖宗之法."(/4상~/6상); 北村秀人, 〈高麗末に於ける立省問題について〉, 《北海島大學文學部紀要》 14-1, 160쪽 참조.

하지만 1360년 12월 이후 홍건적의 침입으로 어려움에 빠진 고려가 1361년 가을(9.계유) 정동행성관征東行省官을 다시 설치하고, 몽진蒙塵하던 1362년 봄(3.갑자)에는 관제도 바꾸어 대원에 대한 외번의 명분을 회복하려 했기 때문에 고려와 대원의 형식상 지배와 간섭관계는 그 뒤로도 지속된다고 볼 수 있다. 말할 것 없이 북원北元과의 유대관계를 고려하면 여몽관계가 여기에서 끝나는 것은 아니며,[4] 공민왕 18년(1369) 지정 연호 사용을 다시 정지한 시기까지 이어진 것으로 볼 수도 있다.[5]

이처럼 몽골 군대의 거듭된 침략으로 수많은 인민이 희생되고 귀중한 문화재가 파괴된 데에 그치지 않고, 원종이 몽골 쿠빌라이 카안의 육사六事 요구를 받아들임으로써 한민족韓民族 사회는 정치적 문화적 자존감과 정체성마저 심각하게 유린되고 훼손되었다. 그리고 1백 년 가까이 지속된 몽골정권의 한반도 지배로 고려는 정치와 사회, 경제와 문화 등 각 부문에 많은 변화가 일어났다. 나아가 이러한 경험은 몽골 지배가 끝난 뒤 한민족 사회의 발전에도 심각한 영향을 미쳤다. 예컨대, 대원과 고려 사이에 내면화한 종번관계宗藩關係의 경험은 이후 명明·청淸에 대한 사대事大 명분을 쉽게 받아들일 수 있게 하였고, 오늘날 한국인들 사이에 무비판적으로 받아들여지고 있는 이른바 '지정학적 숙명地政學的 宿命'의 논리도 여기에 뿌리를 두고 있다고 말할 수 있다.

그뿐만 아니라 몽골정권의 한반도 지배, 더욱이 제주도와 고려 북방 지역의 분할과 통치는 뒤에 한민족 국가의 영토의식 형성과 문화 발전에도 중요한 계기로 작용한 것으로 보인다. 비록 수동적이었지만 고려가 범汎몽골세계의 네트워크에 포섭됨으로써 몽골세계의 새로운 중심이었던 중국中國에서 융합된 중국과 아랍세계의 선진 문화가 활발한 인적·물적 교류를 통해 한반도에 도입되었다. 조선 초기 '찬란한 한민족 문화'의 건설에 참여한 귀화인들의 도래 또한 여기에서 비롯된다.

한민족 사회의 발전과정에 이처럼 몽골 지배 시기의 역사가 중요한 의

4) 特木勒, 〈北元与高麗的外交: 1368年~1369年〉, 《中國邊疆史地研究》 2000-2.
5) 《高麗史》 권41/24하, 恭愍王 4, (18年5月)"辛丑, 停至正年號."

미를 지니고 있음에도 민족주의적 역사의식에서 자유로울 수 없는 우리 학계의 고려 후기 몽골 지배 역사에 대한 연구는 아직도 만족스러운 수준에 이르렀다고 보기 힘들다. 하지만 몽골세력의 침략과 지배, 그리고 간섭이 13~14세기 고려사회의 구석구석에 미친 영향에 대한 객관적인 정보를 축적하지 않은 채 고려 후기 사회의 역사적 사상事象에 더 가까이 접근할 수 있는 길은 없으며, 여말선초麗末鮮初 더욱이 한민족 문화의 비약적인 발전기인 15세기 역사에 대한 객관적 이해와 평가도 불가능하다.

물론 이 글의 주제인 대원과 고려 사이의 관계나 그 성격에 대한 검토는 20세기 초 근대적인 역사 연구가 시작된 뒤 나라 안팎 학계에서 꾸준히 이루어졌다. 특히 야나이 와타루箭內亘, 이케우치 히로시池內宏와 나이토 슌포內藤雋輔 등 초기 일본 연구자들은 실증적 연구를 거쳐 몽골군의 고려 침략과 정복, 14세기 중엽 반원독립反元獨立의 쟁취과정은 말할 것 없고 몽골 지배 아래 편입된 뒤 고려 안의 변화에 이르기까지 여몽관계사 전반에서 많은 기초적인 역사적 사실을 밝혀내었고,[6] 그 성과는 오늘날에도 유용하다. 하지만 이른바 만선사관滿鮮史觀에 바탕을 둔 일본학자들의 연구는 몽골 중심의 연구로서, 사료 이용에서도 상세한 고려 쪽 사료보다는 중국 쪽 사료에 주로 의거하였고,[7] 고려를 대몽고국과 대원의 객체로 설정한 연구였기 때문에 실증적 연구로서도 많은 한계를 가지고 있다. 그뿐만 아니라, 몽골국과 고려의 관계를 한 마디로 압축할 만한 성격을 논의하는 데까지 나아가지 못했다.

1945년 이후 나라 안팎 연구자들이 공녀문제貢女問題 등 여몽관계의 여러 측면에 대한 연구를 새로이 진행하였지만, 1970년대 국내 학계의 여몽관계사 연구 환경이 새롭게 조성되기 전까지는 산발적이고 단편적인 연구에 그쳤다. 고병익高柄翊 선생의 일련의 연구[8]와 키타무라 히데토北村

6) 張東翼, 《高麗後期外交史研究》(일조각, 1994), 2~3쪽. 일본학자의 연구성과 가운데 池內宏의 공헌이 뚜렷하며, 白南雲의 《朝鮮社會經濟史》 第二卷인 《朝鮮封建社會經濟史》(上)(東京: 改造社, 1937)에 포함된 여몽관계 관련 연구 또한 참고할 만하다.

7) 尹龍赫, 《高麗對蒙抗爭史研究》(서울: 일지사, 1993), 14~15쪽 참조.

8) 高柄翊, 〈麗代 征東行省의 研究〉, 《歷史學報》 14(1961), 19(1962); 高柄翊, 〈高麗 忠宣王의

秀人의 연구[9)]를 제외하면 대체로 식민지 시기 실증적인 연구가 달성한 수준을 넘지 못했다. 하지만 이 동안에도 앞에서 말한 업적 말고 주목할 만한 것이 전혀 없었다고는 볼 수 없는데, 눈에 띄는 것은 김상기金庠基 선생이 펴낸 고려시대 개설서인 《고려시대사高麗時代史》[10)]이다. 이미 일제 말기에 항몽전쟁의 관점에서 삼별초의 난을 연구한[11)] 김상기 선생은 여몽관계에 많은 지면을 할애한 방대한 분량의 이 책에 예사 개설서와 달리 정밀한 주석을 붙이고 있어서, 개별 논문만큼이나 이후의 연구에 큰 도움을 주고 있다.

한편 1970년대 이후 국내 연구자들의 여몽관계사 연구는 고려의 항몽투쟁抗蒙鬪爭, 공녀貢女와 환관宦官, 왕실혼인王室婚姻, 여몽관계 관련 인물, 공주公主와 심왕瀋王, 성리학 도입 등 정치·군사적 방면은 말할 것 없고 사회·경제·문화적 방면에 이르기까지 여몽관계 전반에 걸쳐 활발하게 진행되어 많은 연구성과를 축적하고 있다. 또한 대만과 중국, 일본 연구자들의 여몽관계사 연구 또한 1980년대 이후 샤오치칭蕭啓慶,[12)] 천까오화陳高華,[13)] 모리히라 마사히코森平雅彦, 시레이喜蕾[14)] 등에 의하여 양적·질적으로 크게 진전되었다고 볼 수 있다.

그러나 국내 연구자들의 여몽관계사 연구는 양적으로 나아졌음에도, 극소수를 제외하면 주로 고려사 연구의 연장으로 이루어졌다. 사실 고증에 치중하였기 때문에[15)] 복잡한 양상을 보이는 대몽고국과 고려 사이의

元 武宗 擁立〉, 《歷史學報》 17·18(합집, 1962); 高柄翊, 〈蒙古·高麗의 兄弟盟約의 性格〉, 《白山學報》 6(1969); Koh, Byong-ik, "Mongol Patterns of Conquest and Control" presented at the 3rd East Asian Altaistic Conference, held at Taipei, 1969 → *in Essays on East Asian History and Cultural Traditions*. Seoul: Sowha Publishing Co., 2004, pp.290~299

9) 北村秀人, 〈高麗に於ける征東行省について〉, 《朝鮮學報》 32(1964); 北村秀人, 〈高麗末に於ける立省問題について〉, 《北海道大學文學部紀要》 14-1(1965).

10) 金庠基, 《高麗時代史》(서울: 동국문화사, 1961).

11) 김상기, 〈三別抄와 그의 亂에 就하야〉, 《震檀學報》 9·10·11(1939~1941).

12) 蕭啓慶, 〈元麗關係中的王室婚姻与强權政治〉, 《元代史新探》(臺北, 1983), 245~248쪽.

13) 陳高華, 〈元朝与高麗的海上交通〉, 《震檀學報》 71·72(합본, 1991); 陳高華, 〈從《老乞大》·《朴通事》看元与高麗的經濟文化交流〉, 《歷史研究》 1995-3; 陳高華, 〈舊本《老乞大》書後〉, 《中國史研究》 2002-1.

14) 喜蕾, 《元代高麗貢女制度研究》(北京: 民族出版社, 2003).

지배와 내속관계를 이해하는 데 필요한 개념화와 새로운 분석틀(이해체계)을 고안해 제시하는 노력은 미흡했다.

이러한 측면에서 볼 때 1961년과 1962년 두 해에 걸쳐서 고병익 선생이 발표한 정동행성에 관한 장편의 연구[16]는 여몽관계를 더욱 구조적으로 이해하는 데 유용한 분석틀을 제시하였다. 또 고병익 선생은 1969년 타이페이에서 열린 아시아 알타이 학회에서 몽골정권이 각 정복지역에 요구한 육사의 내용과 시행여부를 비교하여 대원의 고려에 대한 통제방식과 지배의 성격을 밝힌 연구를 통해 비교사적 분석틀을 제시하였다.[17] 전자는 그 뒤 키타무라 히데토(1964, 1965), 딩쿤지엔丁崑健[18] 등 국외 연구자에 의해 검토되고, 1980년대 후반 이후 장동익張東翼[19]에 의해 재검토 되는 등, 다른 주제에 견주어 최근까지 비교적 많은 연구가 발표되고 있다.[20] 특히 후자는 종래 고려-대원 두 정치세력 사이의 관계로 보고 있던 여몽관계를 대몽고국과 그 외번들 사이에 맺어지는 관계라는 비교사적 지평에서 처음으로 검토하였다는 점에서 수준을 한 단계 높여 준 연구성과였다. 이익주李益柱는 다시 이러한 비교사적 분석틀 안에 '세조구제世祖舊制'라는 개념을 도입함으로써 백 년 남짓 지속된 여원 사이 내속관계內屬關係의 성격에 대한 더욱 의미 있는 분석틀을 제공하고 있다.[21] 곧 쿠빌라이 사후 카안의 권력 내부에 중국적 황제권의 속성이 더욱 강화됨으로써 카안 울루스 안의 내속관계를 구조화하려는 대원 왕조와 이

15) 張東翼, 앞의 책, 3쪽.

16) 高柄翊, 〈麗代 征東行省의 硏究(上)〉, 《歷史學報》 제14집(1961), 45~76쪽; 高柄翊, 〈麗代 征東行省의 硏究(下)〉, 《歷史學報》 제19집(1962), 121~197쪽.

17) Koh, Byong-ik, "Mongol Patterns of Conquest and Control."

18) 丁崑健, 〈元代征東行省之研究〉, 《史學彙刊》 10(1980).

19) 張東翼, 〈前期征東行省의 置廢에 대한 檢討〉, 《大丘史學》 32(1987); 張東翼, 〈征東行省의 硏究〉, 《東方學志》 67(1990); 張東翼, 앞의 책.

20) 최근 동북공정의 영향으로 이루어진 중국학계의 한중관계사 연구 가운데 宋炯, 〈元代的征東行省〉, 《廣西社會科學》(2002年 第5期)과 程尼娜, 〈元代朝鮮半島征東行省研究〉, 《社會科學戰線》(2006)이 있는데, 이 글을 작성할 때 宋炯의 연구는 아직 참고하지 못했다.

21) 李益柱, 〈高麗·元關係의 構造와 高麗後期 政治體制〉, 1996년 서울대학교 대학원 박사학위 논문. 학위 논문 가운데 핵심적인 논의가 〈高麗·元關係의 構造에 대한 硏究—소위 '世祖舊制'의 분석을 중심으로—〉, 《韓國史論》 36(1996), 1~51쪽에 포함되어 있다.

를 저지하려는 고려의 대응논리인 '세조구제'를 통해 여몽관계를 동태적으로 이해할 수 있게 된 것이다.

그럼에도 실증적 구체적 연구라는 면에서 대원과 고려의 관계는 아직도 충분한 검토가 이루어졌다고 볼 수 없다. 이 점에서 최근에 발표된 모리히라 마사히코의 일련의 연구[22]와 여몽관계 개설서,[23] 김호동 교수의 《몽골제국과 고려: 쿠빌라이 정권의 탄생과 고려의 정치적 위상》[24]의 제5장 〈고려의 위상〉, 그리고 이개석李玠奭[25] 등 국내 몽원사蒙元史 연구자들의 연구성과는 여몽관계 연구의 새로운 지평을 보여 주고 있다. 모리히라 마사히코는 몽골 왕가의 구성원으로서 부마국왕駙馬國王의 성격을 중심으로 여몽관계를 검토하였다. 김호동 교수는 고려와 대원의 속국관계에서 보이는 이중적 성격, 곧 세계제국 대몽고국의 속국으로서의 성격과 분열된 카안 울루스 대원의 내속국 성격이 나타나고, 또 후자의 성격이 짙게 나타난 것은 쿠빌라이 카안의 집권을 계기로 세계제국 대몽고

---

22) 森平雅彦, 〈高麗王位下の基礎的考察—大元ウルスの一分權勢力としての高麗王家〉, 《朝鮮史研究會論文集》 36(1998), 55~87쪽; 森平雅彦, 〈駙馬高麗國の成立—元朝における高麗王の地位についての豫備的考察—〉, 《東洋學報》 79-4(平城 10년), 343~373쪽; 森平雅彦, 〈ケシク制度と高麗王家—高麗·元關係における禿魯花の意義に關聯して—〉, 《史學雜誌》 110-2(2001), 〈研究ノト〉, 60~89쪽; 森平雅彦, 〈《賓王錄》にみる至元十年の遣元高麗使〉, 《東洋史研究》 63-2(2004), 58~93쪽; 森平雅彦, 〈高麗における元の站赤—ルートの比定を中心に—〉, 《史淵》 141, 79~116쪽; 森平雅彦, 〈事元期高麗における在來王朝體制の保全問題〉, 《東北研究》 別册 第1号, 135~172쪽; 森平雅彦, 〈威鎭東方極邊未附日本國邊面勾當: 元帝國における高麗の機能的位置をめぐって〉, 《13~14세기 동아시아와 고려: 高麗-大元 관계의 성격 탐구》(2009 12월 3일~5일 경북대학교 한중교류연구원·동북아역사재단 공동주최 국제학술대회 논문집) 등 다수가 있다.

23) 森平雅彦, 《モンゴル帝國の覇權と朝鮮半島》(東京: 山川出版社, 2011).

24) 金浩東, 《몽골제국과 고려》(서울대학교 출판부, 2007). 이 책은 본인이 이 글을 발표한 2007년 4월 18일 이전에 탈고된 것으로 보이나 2007년 6월에 출판되었다. 연구사적으로 중요한 내용을 담고 있기 때문에 이 글을 새로 수정하면서 반영하였다.

25) 李玠奭, 〈《高麗史》 元宗·忠烈王·忠宣王世家 중 元朝關係記事의 註釋研究〉, 《東洋史學研究》 88(2004); 李玠奭, 〈大蒙古國-高麗 關係 연구의 재검토〉, 《史學研究》 88(2007); 李玠奭, 〈麗蒙兄弟盟約과 초기 麗蒙關係의 성격: 사료의 再檢討를 중심으로〉, 《대구사학》 101(2010); 李玠奭, 〈13~14세기 麗蒙關係와 고려사회의 다문화〉, 《복현사림(원제 경북사학)》 28(2010); 李玠奭, 〈元 宮廷의 高麗 출신 宦官과 麗蒙關係〉, 《東洋史學研究》 113(2010); 李玠奭, 〈여몽관계사연구의 새로운 시점—제1차 麗蒙和約과 지배층의 통혼관계를 중심으로—〉, 《13~14세기 고려-몽골관계 탐구》(동북아역사재단, 2011).

국이 분화함으로써, 이 무렵 구조화되는 여몽관계가 카안 울루스 내부의 대원과 고려 사이의 지배와 내속의 틀에 따라 규정되고 그것이 정동행성을 통해 강화되고 있음을 매우 실증적이고 치밀한 논증을 통해 보여 주었다. 또한 내속관계라는 관점에서 여몽관계를 이해하는 이개석은 중국적 천하관과 통치제도를 일부 받아들인 몽골제국(대원)과 고려의 관계로 여몽관계를 이해하며, 고려가 여몽관계에서 객체가 아닌 중요한 구성부분이라는 시점에서 살펴보고 있다.

이 밖에도 여몽관계를 다룬 국외 학자들의 연구들이 최근 속속 발표 또는 출간되고 있다. 공녀와 환관 등 연구에 새로운 영역을 개척한 시레이의 학위 논문이 출간된 데[26] 이어, 슈지엔舒健의 학위 논문[27]과 우원까오와烏云高娃의 《원조여고려관계연구元朝与高麗關係研究》[28]가 중국에서 발표되었다. 국내에서는 주채혁의 문하에서 수학한 몽골학자 보르지기다이 에르데니 바타르의 학위 논문이 이미 출간되었고,[29] 몽골에서 유학 온 첵메드 체렝도르지의 학위 논문[30]이 최근 발표되어 여몽관계 연구의 새로운 지평을 열어가고 있다.

요컨대, 최근 고려-대원 관계사 연구는 양적으로도 크게 발전했을 뿐 아니라 질적으로도 발전할 수 있는 전기를 맞고 있다고 할 수 있다. 필자는 우선 지금까지 이루어진 고려-대원 관계에 대한 나라 안팎 학계의 연구성과를 두루 검토하고, 학계에 이미 제기되고 있는 몇 가지 논점을 중심으로 이를 평가할 것이다. 그런 뒤에 필자 나름으로 각각의 논쟁에 대해 비판적 검토를 보태고, 나아가 필자의 연구에 활용할 만한 유효한 분석틀을 마련하는 데 이 글의 목적이 있다.

---

26) 喜蕾, 《元代高麗貢女制度研究》(北京: 民族出版社, 2003).
27) 舒健, 〈蒙元時期高麗來華使臣研究〉, 2008년 南京大學 박사학위 논문.
28) 烏云高娃, 《元朝与高麗關係研究》(蘭州大學出版社, 2012).
29) 보르지기다이 에르데니 바타르, 《팍스몽골리카와 고려》(혜안, 2009).
30) 첵메드 체렝도르지, 〈14세기 후반 동아시아의 국제정세와 북원과 고려의 관계〉, 2011년 한국학 중앙연구원 박사학위 논문.

1. 고려-대원 관계 연구에서 기본 전제의 재검토

고려에 몽골의 본격적인 군사적 침략이 시작된 것은 고려 고종 18년(1231)이지만, 고려와 몽골이 최초로 조우하게 되는 것은 고종 5년(1218)이었다. 강동성에 농성하고 있던 거란의 잔당을 정벌한다는 명목으로 칭기스칸은 합진과 찰랄에게 1만의 군대를 주어 강동성을 치게 하였고, 포선만노浦鮮萬奴가 보낸 2만의 동진군東眞軍이 몽골군을 따라왔다. 그러나 함사喊舍가 이끄는 거란군이 강동성을 굳건히 지키고, 마침 폭설이 내려 양도糧道가 끊겼다. 몽골군은 고려 서북면西北面 원수부元帥府에 첩牒을 보내, "거란병이 너희 나라로 도망쳐 3년이 지나도록 소멸하지 못해 칸(황제)이 군사를 보내 토벌케 한 것이다. 너희 나라는 군량을 보내는 것이 돕는 것이니, 빠짐이 없도록 하라!", 또 "적을 깨트린 뒤에 칸이 형제를 맺도록 하였다"고 한다. 《고려사절요高麗史節要》는 첩문牒文이 몹시 엄중하였다〔甚嚴〕고 적고 있어, 그 문투가 매우 위협적이었음을 미루어 알 수 있다. 당시 상황이 예사롭지 않음을 깨달은 원수元帥 조충趙沖은 이를 지체없이 중앙에 보고하였고, 망설이던 상서성尙書省은 조충의 건의에 따라 조정 일각의 반대를 누르고 몽골의 요구를 전폭적으로 받아들인다는 답첩答牒을 보냈다.31) 그런 다음 조충으로 하여금 곡식 1천 석을 몽골군에게 보내게 하였다. 또 중군판관中軍判官 김양경金良鏡에게 1천의 군사를 이끌고 호송케 하였던 바, 최초의 여몽관계는 이렇게 몽골의 강압에 따라 수동적으로 시작되었다.

그뿐만 아니라 고려는 몽골의 요구를 받아들여 김취려金就礪와 조충이 군사를 이끌고 몽골군, 동진군과 더불어 강동성 공격에 참여하도록 하였다. 강동성의 거란 잔여세력이 항복한 뒤에 합진이 보낸 사자使者 포리대완蒲里俗完은 군장도 풀지 않은 채로 고려국왕을 만나 칭기스칸의 조서詔書를 무례하게 직접 쥐어 주었다. 고려국왕은 조서에서 요구한 형제관계

31) 《高麗史》 권103, 趙冲傳, "於是, 以尙書省牒答, 大國興兵救患, 弊封凡所指揮悉皆應副."

의 강화조건講和條件을 굴욕을 감수하면서 받아들였는데, 이것이 고려와 몽골의 공식적인 관계의 성립이라고 할 수 있다. 그러나 고려정권이 서하西夏나 금金과 달리 내부적인 반발을 누르고 이처럼 몽골이 요구한 조군助軍과 식량 원조와 형제맹약 요구를 아무런 저항도 없이 받아들인 배경이 확실하지 않다. 또한 당시 고려와 몽골이 맺은 맹약과 강화講和의 구체적인 내용 또한 형제관계를 제외하면 현재 분명하게 밝혀진 바 없다.

이에 대하여 몇 가지 견해가 있다. 몽골 군대가 강동성을 함락한 뒤에 맹약을 체결하고 바로 철군한 것으로 보아 당시 금金을 완전히 멸하지 못한 몽골로서는 동쪽에 동맹국의 확보가 주요한 목적이었기 때문이며,[32] 차후 대금정벌전쟁을 위한 포석이 필요했다는 것이다.[33] 또 몽골군이 돌아갈 때 40여 명의 동진인東眞人을 의주義州에 남기면서 군대가 다시 올 때까지 고려어高麗語를 배우며 기다리라[34]고 한 것 등으로 보아, 곧 있을 본격적인 정벌전쟁을 예상한 임시적인 관계 설정으로 이해할 수 있는 측면도 있다.

물론 그 뒤 몽골이 해마다 사신을 보내 많은 공납을 요구한 것으로 보아 세공歲貢을 통한 물자의 입수 또한 형제맹약의 주요한 목적이라는 주장[35]도 일리가 있다. 형제맹약을 맺을 당시 몽골군의 원수가 고려의 세공 사신의 규모를 10명을 넘지 못하게 하고, 경로를 안전한 포선만노가 다스리는 영역으로 정해 준 사실[36] 또한 이러한 주장을 뒷받침한다.

하지만 이러한 두 나라 관계는 1225년 공납을 받아 돌아가던 몽골의 사신 저고여著古與가 중도에 피살된 뒤 중단되었고, 1231년 몽골이 이를 빌미로 침략전쟁을 일으킴으로써 다시 시작되어 1259년 고려가 몽골의

32) 高柄翊, 〈蒙·麗의 兄弟盟約〉, 《東亞交涉史의 研究》(서울대학교 출판부, 1970), 168쪽.

33) 尹銀淑, 〈蒙·元帝國期 옷치긴家의 東北滿洲 支配—中央政府와의 關係 推移를 중심으로—〉, 2006년 강원대학교 대학원 박사학위 논문, 75쪽.

34) 《高麗史節要》 권15/19하, "且以東眞人四十餘人留義州, 曰, 爾等習高麗語, 以待吾復來."

35) 高柄翊, 〈蒙·麗의 兄弟盟約〉, 170~171쪽과 尹龍赫 또한 1219년 여몽관계 성립 뒤 양국관계는 공물의 징구를 기본 내용으로 하고 있다고 한다. 윤용혁, 《高麗對蒙抗爭史研究》(서울: 일지사, 1991), 33쪽.

36) 李奎報, 《東國李相國集》 권28/15상하.

입조 요구를 받아들일 때까지 계속되었다. 1231년 이후 1259년 태자의 입조까지 기간에 대한 연구는 대체로 몽골의 군사적 침략과 고려의 항쟁사, 그리고 태자 입조로 귀결되는 화의론에 대한 연구에 집중되고 있다.

2. 속국론을 둘러싼 논쟁

대원과 고려의 관계에 대한 견해는 학자들마다 다르며, 일본제국주의 식민지배 시기에 일본학자들이 제기한 속국론屬國論에서, "봉건적 의례관계였지만 내용에서는 기본적으로 대등하였다"는 김재홍의 '독립국론獨立國論' 주장에 이르기까지 매우 다양한 시각을 나타내고 있다. 김재홍은 대원국과 고려국의 관계를 "시기와 문제에 따라……간섭을 허용하는 면이 없지 않았으나 이러한 형식의 국교관계는 고려가 당·송·요·금과 맺은 국교관계와 본질적으로 다른 것이 없었으며, 14세기 중엽 몽골과 국교를 단절할 때까지 본질적 변화가 없었다. 곧 형식에서는 봉건적 의례관계였지만 내용에서는 기본적으로 대등하였다"[37]고 주장한다.

그리고 김재홍은 자신의 연구가 이케우치 히로시池內宏 등의 연구에서 전제하는 속국론을 반박하기 위한 것이라고 적고 있는데,[38] 정작 이케우치 히로시가 쓴 글의 내용은 김재홍의 주장과 다르다. 이케우치 히로시는 내속 초기 1278년부터 철수할 때까지 고려 피정복 집단에 대한 몽골의 직접적인 정치권력 구사의 수단으로 쓰였던 왕경王京 다루가치나 관리들, 곧 충렬왕 대 이전의 다루가치나 정동행성에 파견된 관리들은 이목관耳目官의 역할을 했을 뿐 내정을 간섭하는 총독이나 통감과 같이 권세가 있는 주차관駐箚官은 아니었다고 한다. 대원 내지內地의 지방관아에 파견된 다루가치와 마찬가지로 감림관監臨官의 역할을 했을 뿐이라고 말하고 있다.[39]

37) 김재홍, 〈13~14세기 고려-몽골 관계에 대하여(상)〉, 《력사과학》 1964년 제4호, 12쪽.
38) 위의 글, 6쪽.

물론 이케우치 히로시의 주장을 그대로 받아들이기는 어렵다. 당시 고려인들은 왕경 다루가치가 단순히 대원 내지의 지방관아에 파견된 다루가치와 같은 이목관 노릇을 한다고 보지 않았으며, 고려의 국정을 쥐락펴락하는 감국監國 노릇을 한다고 인식하고 있었다. 곧 1300년 10월 고려 국왕이 정동행성征東行省 평장정사平章政事 활리길사闊里吉思가 추진하고 있던 노비제 개혁을 재고해 줄 것을 요청한 표문表文[40]에 따르면, 지원至元 7년(1270) 황제가 다루가치를 파견했을 때 같은 문제가 있었지만 당시 몽골조정이 국속國俗대로 따르도록 했음을 지적하고 있다. 《고려사高麗史》 〈김지숙전金止淑傳〉에도, 세조황제世祖皇帝가 첩첩올帖帖兀을 보내 감국하게 했을 때 조석기趙石奇라는 자가 면천免賤해 달라고 제소提訴[訴良]하여 첩첩올이 상국법上國法을 따르고자 하였으나 세조가 본국本國의 구속舊俗을 따르라는 조詔를 내린 예가 있으니 변경할 수 없다[41]고 하여 김지숙이 활리길사를 설득했다는 고사를 소개하고 있다. 요컨대 〈김지숙전〉에 나오는 감국 첩첩올은 쿠빌라이 카안이 1270년 5월 병오에 왕경 다루가치로 임명했던 톡타르脫朶兒이며, 이듬해 10월(기해)에 그가 병사病死하자 대원 왕조는 1272년 4월 계묘 다시 이익李益을 왕경 다루가치에 새로 임명하였고, 1274년 섣달 갑인에는 흑적黑的이 다루가치로 부임하고 있다.[42]

1270년 고려에 임명된 왕경 다루가치 톡타르는 경군京軍을 열병閱兵한다든지[43] 군사재판에 간여하고,[44] 심하게는 고려관리의 봉록 지급을 중단시키고 있다.[45] 이렇듯 각종 사안에 참견하고 있어 정복지역의 군사와

39) 池内宏, 〈高麗における元の行省〉, 《滿鮮史硏究》 中世 第三册, 173쪽.

40) 《高麗史節要》 권22/19하, "故於至元七年, 小邦去水就陸之時, 先帝遣達魯花赤以治地, 于時因人告狀, 欲變此法, 確論聞奏, 廷議明斷, 俾從國俗."

41) 《高麗史》 권108/6상.

42) 《高麗史》 권28/6하·권28/7하, "(元年)二月己酉, 副達魯花赤周世昌卒"; 《高麗史》 권28/12상, "是月(十二月)元遣中書員外郎石抹天衢爲副達魯花赤."

43) 《高麗史》 권27/14상, 원종 12년 "(5月癸亥)是日脫朶兒與宰樞閱兵于郊, 凡五百餘人,……脫朶兒問日, 宰樞子弟有從軍者乎? 答云無. 脫朶兒乃令宰樞各出馬給軍官."

44) 《高麗史》 권27/18상, 원종 12년 6월 무신; 《高麗史》 권27/37하, "(元宗14年/1273)三月辛酉, 李益以西海道戰艦多敗沒, 囚按察使禹天錫."

45) 《高麗史》 권27/37상하, 원종 14년 2월 "辛亥, 李益禁左倉頒祿. 王日, 左倉陪臣俸祿所在, 非

치안, 행정을 책임졌던 초기의 다루가치와 같은 성격을 보인다. 더욱이 고려인의 병장기 소지를 금지한 상황에서 왕경의 치안을 맡고 있던 순마소巡馬所를 다루가치가 장악하고 있었기 때문에,[46] 이를 통해 몽골 카안 권력은 늘 실현될 수 있었다. 순마소의 기능에 대하여 최초로 주목한 백남운白南雲은 몽골기마병이 야간에 순찰하며 개경의 주민활동을 통제했다고 하였으며,[47] 순군巡軍을 처음 전론專論으로 다루었던 한우근韓㳓劤은 순마소의 제공관提控官이 다루가치였음을 지적하였다.[48] 하지만 두 사람 모두 순마소의 기능과 관련지어 상부 기관인 왕경 다루가치의 성격을 새롭게 해명하는 데는 이르지 못했다.

1273년 8월 카안의 생일을 축하하는 행사를 묘사한 《고려사절요》의 기술을 보면 당시 다루가치의 위세를 엿볼 수 있다. 다루가치가 속료屬僚를 이끌고 왕의 오른쪽에 섰는데, 상장군 강윤소康允紹가 호복胡服 차림으로 참례하여 객사客使로 행세하며 원종을 보고도 예를 행하지 않았다[49]고 한다. 따라서 당시 고려인들이 다루가치를 감국으로 본 것은 괴이한 일이 아니었다.

순마소는 1278년 다루가치가 철수한 다음에도 유지되었으며, 관할권은 고려국왕에게 이관된 것으로 보이지만 그 장관인 순마천호巡馬千戶는 여전히 대원에서 임명하고 있다. 1282년 8월 9일(을미) 대장군大將軍 인후印侯가 대원에서 돌아왔는데, 황제는 충렬왕의 청을 받아들여 왕의 내료內僚[50] 고종수高宗秀를 순마천호로 임명하고 금패金牌를 내렸다.[51] 충렬왕

官人所知, 吾將奏于帝, 盆乃止."

46) 《高麗史》 권28, 忠烈王 1, 4년 7월 11일(임진) "時達魯花赤依蒙古制置巡馬所, 每夜巡行禁人夜作."

47) 白南雲, 《朝鮮封建社會經濟史》(上)(東京: 改造社, 1937), 第八十二章 〈蒙古勢力に依る兵權の去勢された段階〉, 677쪽.

48) 韓㳓劤, 〈麗末鮮初 巡軍硏究―麗初 巡檢制에서 起論하여 鮮初 義禁府成立에까지 미침―〉, 《震檀學報》 22(1961), 24쪽.

49) 《高麗史節要》 권19/19하, 원종 14년 8월조.

50) 《高麗史》의 용례에서 내료는 內豎를 포함하고 있지만 대체로 충렬왕과 충선왕 시기에 집중되어 쓰이고 있으며, 숙위한 인물을 일컫는 바 뒤의 왕부의 관리로 볼 수 있다. 《高麗史》 본기에 나오는 金子廷(1277), 高宗秀(1282), 金呂(1293), 宋均(1304), 金儒·高汝舟

19년(1293)에 대원은 다시 고종수를 왕경등처관군만호부王京等處管軍萬戶府 만호로 임명하고 삼주호부三珠虎符를 내렸으며, 다음 달 6월에는 내료 가운데 별장別將 김려金呂가 순마지유巡馬指諭에 임명되고 있다. 그 뒤에도 순마관은 왕의 내료에서 임명하는 것이 관례가 되었는데,[52] 이로써 충렬왕의 왕부王府[53]가 대원의 중앙 권력체계 안에 더욱 깊숙이 편제되고 있음을 보여 준다고 볼 수 있고, 또 이에 대한 반대급부로 대원의 지배체제 안에서 고려국왕의 지위도 제고된 것으로 보인다. 같은 달에 대원은 조인규趙仁規를 가의대부嘉義大夫 왕부단사관王府斷事官에, 이지저李之氐를 봉직대부奉直大夫 합포등처진변만호부부만호合浦等處鎭邊萬戶府副萬戶에, 행중서성行中書省 부진무副鎭撫 김연수金延壽를 서경등처관수수군만호부부만호西京等處管水手軍萬戶府副萬戶에 임명하고 각각 호부虎符를 주고 있는데,[54] 이들 또한 충렬왕의 내료로서 대원의 직첩職牒을 받은 것으로 보인다.

이와 달리 중국과 대만학자들은 대체로 속국론을 주장한다. 물론 학자에 따라 약간씩 다른 견해를 보이고 있는데, 지난해 타계한 샤오치칭蕭啓慶은 고려의 지위가 근대 식민제도 가운데 간접통치 아래 놓인 보호국에 상당한다는 견해를 내놓았다. 여원 왕실 사이의 연인관계聯姻關係의 성립을 계기로 몽골공주는 공치共治, joint rule 수준으로 고려정사에 참여했으며, 쿠툴룩켈미시忽篤憫里迷思, 忽都魯揭里迷失, Qutlugh Kelmish가 대원 조정의 이익

(1304), 曺頔(1305), 申彦卿(1309), 趙元瑞(1310), 石天輔·石天卿(《高麗史》 권71, 樂二/俗樂/蛇龍) 등이 내료로 언급되고 있다.

51) 《高麗史》 권29, 충렬왕 2, 8년 8월 "乙未, 大將軍印侯還自元, 帝以內僚高宗秀爲巡馬千戶, 仍賜金牌, 王請宗秀表請故也."; 《高麗史》 권123, 李之氐附傳, "宗秀忠烈朝, 以善吹笛, 得幸用事, 官至三司左史. 王表請于帝, 授武略將軍巡馬千戶, 賜金牌."

52) 《高麗史節要》 권21/34상하, 충렬왕 3, 19년 5월 "元以武略將軍巡馬千戶高宗秀爲王京等處管軍萬戶府萬戶, 賜三珠虎符. 六月以 內僚別將金呂爲巡馬指諭, 內僚兼巡馬始此." 《高麗史》 권30/37상, 충렬왕 3, 19년 6월 병술조에는 '巡馬指揮'로 나온다.

53) 李玠奭, 〈《高麗史》 元宗·忠烈王·忠宣王世家 중 元朝關聯記事의 註釋硏究〉, 《東洋史學硏究》 88(2004), 77~129쪽; 1. 高麗王府의 蒙古的 官制: '必闍赤(비체치 bicigeci)'制와 '王府必闍赤', 80~95쪽 참조.

54) 《高麗史節要》 권21/34하, 충렬왕 19년 6월. 이와 같은 내용은 《高麗史》 충렬왕 19년 6월 갑인조에도 기록되어 있지만 조인규의 경우 《高麗史》에는 충렬왕 16년 11월 정묘에 이미 황제가 그를 왕부단사관에 임명한 것으로 기록되어 있어 衍文으로 의심된다.

을 더 잘 대표하여 고려의 정사를 감독할 수 있었기 때문에 1278년 다루가치를 철수시킨 것이라고 보고 있다.[55]

한편 부마고려국왕의 지위를 획득함으로써 황금씨족黃金氏族의 구성원 자격으로 고려왕은 쿠릴타이에 참여하여 국정을 함께 상의할 수 있게 되었다. 또한 부마가 되기 이전에는 육사의 의무를 수행해야 하는 대원의 외번 가운데 하나에 지나지 않았으나,[56] 부마가 된 뒤에는 종번宗藩 사이의 외교행위가 친족 사이의 친목행위로 변하면서, 몽골제국 안에서의 지위도 크게 높아졌다(예속의 내면화)고 한다. 1296년 시연侍宴에서 충렬왕의 좌위座位는 제왕부마諸王駙馬 가운데 일곱 번째로 올랐고,[57] 1300년에는 네 번째였다고 한다.[58] 이는 카안을 에워싼 몽골 통치권력의 권위 체계 안에서 혼인을 통해 고려국왕의 지위가 높아진 것을 단적으로 보여 준다.

말할 것 없이 부마국왕 지위를 통한 고려의 위상 제고는 고려의 국익을 지키는 데 도움을 주었지만, 결과적으로 카안 울루스 권력체계 안에 고려왕권을 편제시킨 것이고 이로 말미암아 고려왕실의 몽골화가 진전됨으로써 고려의 대원에 대한 예속화를 심화시킨 측면도 공존하고 있다는 것이 샤오치칭의 견해이다.[59] 하지만 그럼에도 부마국왕의 신분을 얻음으로써 대원 일대一代를 통해 고려가 국부적局部的이나마 주권을 유지할 수 있었다고 보고 있다.

이와 달리 중국 대륙학계의 통설을 대표하는 한루린韓儒林의 《원조사元朝史》는 기본적으로 고려를 외국으로 취급하고 있다. "고려왕족은 원조황실과 '생구지호甥舅之好'를 맺고 원조의 역량을 이용하여 자신의 통치지위를 공고히 하는 외에, 또한 이로써 '각수신직恪守臣職'을 표하여 원조의 의심과 미움을 벗어나 '상대적 독립'을 유지하는 데 이용하고자 했다. 대원

55) 蕭啓慶, 〈元麗關係中的王室婚姻与强權政治〉, 《元代史新探》(臺北, 1983), 245~248쪽.

56) 《益齋亂藁》 권9상/9하~10상, 忠憲王世家, "中統五年夏五月, 天子遣必闍赤忽兀禿來, 詔曰, 今歲王公群牧, 咸會上都. 王其乘驛而朝, 秋八月王親朝.……天子所以待遇之諸侯王莫敢望."

57) 《高麗史》 권31/14하. 당시 성종 테무르가 長朝殿에 마련한 侍宴에서 공주는 제왕이 만좌한 가운데 맨 상좌에 앉았다.

58) 《高麗史》 권31/29하~30상.

59) 蕭啓慶, 위의 글.

전 시기를 통해 고려는 명의상 원조에 신속臣屬하였으나 기본상 독립적 지위를 유지하였다"고 보고 있으며,[60] 1310년에 지어진 요수姚燧의 〈고려심왕시서高麗瀋王詩序〉[61] "有宗廟유종묘, 蒸嘗以奉其先也증상이봉기선야, 有百官유백관, 布列以率其職也포열이솔기직야. 其刑賞號令專行其國기형상호령전행기국. 征賦則盡是三韓之壤정부칙진시삼한지양, 唯所用之유소용지, 不入天府불입천부"를 방증자료로 제시하고 있다.[62]

한루린의 제자이며 《원조사》의 필진 가운데 한 사람인 천더즈陳得芝가 주편이 되어 편찬한 《중국통사中國通史》[63]의 서술도 대원과 고려의 관계를 제13장 중외관계 제1절에서 다룸으로써 고려가 대원 권력체계 바깥에 있었음을 암시하고 있다. 그러나 대원은 정치적인 혼인관계를 통해, 또 공주의 정치 간여를 매개로 고려를 조종〔控制〕하였고, 고려왕 또한 부마의 신분에 의거하여 대원 조정과 본국에서 지위를 높임으로써 대원 일대를 통해 본국에 대한 국부적 주권을 유지했다[64]는 샤오치칭의 견해를 받아들이고 있다. 그리고 (상대적 독립성은 유지했지만) 대원에 대하여 납공納貢·납질納質·치역置驛 등 번속국藩屬國의 의무를 수행해야 했고, 대원 통치자는 여러 가지 이유로 그 국정에 간여하고 직접 또는 간접으로 고려인민을 압박하며 착취했다고 서술함으로써,[65] 고려가 대원에 예속되어 있었음을 보여 주고 있다.

한편 근래 한국학계의 고려사 연구자들은 이러한 외국학계의 연구시각과 달리 '원 간섭기'라는 개념을 즐겨 쓰고 있으며,[66] 고려와 대원 사이

---

60) 韓儒林 주편, 《元朝史》(下)(人民出版社, 1986), 408~409쪽.

61) 姚燧, 〈高麗瀋王詩序〉, 《牧庵集》 권3/18상.

62) 이러한 인식은 《高麗史節要》 권25 충숙왕 후 4년 윤12월조 기사 가운데 이곡이 소疏에서 "故其俗至今不變, 方今天下有君臣有民社, 惟三韓而已"라고 한 세조의 조서내용과도 비슷하다.

63) 陳得芝 주편, 《中國通史》 권8, 中古時代·元 時期(上)(上海人民出版社, 1997).

64) 陳得芝 주편, 《中國通史》 권13, 648쪽.

65) 陳得芝 주편, 앞의 책, 649쪽.

66) 이는 당시 젊은 고려시대사 연구자들의 집체연구의 성과였던, 14세기 고려사회성격연구반, 《14세기 고려의 정치와 사회》(민음사, 1994)에 수록된 박종기 등 여러 필자가 쓴 논문의 제목에서 확인된다.

의 관계를 대체로 간섭관계라고 보고 있는 듯하다.67) 이른바 '간섭기론'은 '국왕의 친조親朝와 중조重祚, 몽골공주와 혼인, 고려관제의 개편, 정동행성의 설치와 그것을 통한 내정간섭 기도 등'을 그 내용으로 하고 있으며, 정치군사적 예속의 강도는 역대 어느 이민족에 의한 것보다 강했으나, 토지소유·노비개혁 등 하부구조면에서 보면 그 강도가 낮은 편이어서 대원의 고려 지배가 고려의 전 사회구조에 전면적으로 관철된 것은 아니었다고 본다.68) 이것은 대원에 대한 고려의 관계가 부용적附庸的인 관계였지만 육사를 기본으로 하는 몽골적 방식이 아니라 중국적인 개념 속에서 유지되었기 때문에 고려는 왕실과 행정체계가 유지되고 사회와 풍습도 고쳐지지 않았다69)는 고병익 선생의 주장을 계승하고 있다고 볼 수 있다.70)

그러나 고병익 선생이 1960년대에 새로운 분석틀을 제시한 뒤 나라 안팎 학자들의 대원과 고려 관계를 탐구한 업적은 제법 많이 축적되었지만, 양국관계의 성격을 연구하고 규정짓는 데 이용할 만한 새로운 분석틀을 강구하는 노력은 오랫동안 비교적 소홀했다고 볼 수 있다. 이 점에서 이익주가 고려와 대원 관계를 구조적으로 설명하고자 제기한 이른바 '세조구제론世祖舊制論'과 모리히라 마사히코의 '고려국왕부설高麗國王府說'은 매우 의미 있는 새로운 분석틀이라고 볼 수 있으며, 김호동 교수가 최근 제시한 분석틀 또한 종래의 여몽관계 분석틀을 한 단계 세련시킨 귀중한 노

67) 논문 제목에서 '원 간섭 하'라는 개념이 자주 눈에 띄는 것은 말할 것도 없고, 책 제목으로도 또한 나타난다. 《元干涉下의 高麗政治史》(일조각, 1998)의 저자 김당택은 서두의 〈책을 내면서〉에서 간섭을 강조해서도 안 되지만, 대원의 간섭을 받은 86년 동안의 역사를 무시해서도 안 되며, 대원의 정치적 간섭 아래서 고려의 정치적 상황이 어떻게 전개되었는지를 알아보는 것이 올바른 길이라고 여겼기 때문에 자신의 책 제목에 '원 간섭 하'란 말을 포함시킨 것이라고 해명하고 있다.

68) 박종기, 〈총론: 14세기의 고려사회—원 간섭기의 이해문제〉, 《14세기 고려의 정치와 사회》(민음사, 1994), 19쪽.

69) 고병익, 〈고려와 원과의 관계〉, 《東洋學》 7(부록: 제6회 동양학 학술회의록), 282~284쪽.

70) 金九鎭이 최근 집필한 〈2. 여·원관계의 전개〉, 국사편찬위원회, 《한국사》 20(서울: 탐구당, 2003)도 대체로 같은 의견이다.

력으로 평가할 수 있을 것이다.

먼저 '세조구제론'은 이익주 자신의 발명품이라고는 볼 수 없어도[71] 꽤 유용한 분석틀로 보인다. 1260년 8월 원종에게 보낸 3도道의 조서[72] 가운데 1도 조서 안에서, 쿠빌라이 카안은 고려 원종의 "의관은 본국의 풍속에 따른다", "사신은 몽골조정에서만 보낸다", "개경환도를 재촉하지 않는다", "둔수하는 군대를 올해 안으로 압록강 이북으로 철수한다", "다루가치 일행은 귀환시킨다", "앞으로 몽골에 투속하려는 자를 허락하지 않는다"는 여섯 가지 요구사항[73]을 받아들였는데, 세조구제란 바로 이것을 말하며, 그 가운데 마지막까지 지켜진 "불개토풍不改土風"을 세조구제의 핵심이라고 이익주는 보고 있다.

물론 세조구제는 당시 몽골이 고려에 요구한 육사(납질納質·조군助軍·수량輸糧·설역設驛·공호수적供戶數籍·치달로화적置達魯花赤)의 수용을 바탕으로 하는 것이었다. 이익주는 고려가 1269년 민호民戶를 계점計點하여 공부貢賦를 다시 정한 기사에 바탕을 두고 당시의 호구 수의 보고〔供戶數籍〕가 대몽고국의 호계제도戶計制度에 따라 이루어진 것은 아니지만,[74] 그때까지 차일피일 미루어 오던 육사의 마지막 요구인 '호구 수의 보고'를 고려가 받아들였다는 박종진의 견해에 동의하고 있다.[75] 곧 '불개토풍'의 원칙에 따라 독자적인 왕조체제를 유지하면서 대원에게 사대관계를 지속하는 것이 세

71) 北村秀人(1965)이 이미 세조구제에 주목한 바 있으나, 이 문제를 이익주처럼 철저히 검토하는 데까지는 이르지 못했다.

72) 8월 임자에 몽골에서 돌아온 영안공 희 편으로 고려가 받은 3도의 조서 가운데 3도 조서 안에는 "今賜卿'虎符國王之印' 裕民而利國, 當適便而隨宜"라는 대목이 나온다.

73) 《高麗史》 권25/18하, 元宗 1, "(8月壬子)一日, 衣冠從本國之俗, 皆不改易, 行人惟朝廷所遣, 古京之遷, 遲速量力, 屯戍之撤, 秋以爲期, 元設達魯花赤……俱勅西還,……其自願托迹於此者……今後復有似此告留者, 斷不准從."

74) 이익주, 앞의 논문, 28쪽.

75) 이익주는 박종진의 연구(〈고려시대 부세제도 연구〉, 1993년 서울대학교 대학원 박사학위 논문, 149쪽→《고려시기 재정운영과 조세제도》, 서울대학교 출판부, 2000, 205~207쪽)를 근거로 供戶數籍이 이루어졌다고 본다. 이익주, 〈고려·원관계의 구조에 대한 연구〉, 《한국사론》 36(1996), 19~20쪽. 그러나 1269년에 실시한 호구조사("在元王己巳年, 計點民戶更定貢賦. 厥後, 賦斂不均, 民受其病")는 대원의 요구에 따른 호구조사가 아니었음은 1278년 충렬왕이 쿠빌라이에게 올린 上奏에서 확인된다.

조구제의 핵심이 된다고 보고 있는 것이다.[76]

하지만 이익주는 쿠빌라이 재위 말기, 곧 1287년 대원의 제4차 정동행성이 설치됨으로써 고려에 대한 세조구제가 비로소 완성된다고 본다.[77] 다시 말해 형식상 고려에 설치된 정동행성은 대원의 지방 행정기구였고, 그 뒤 두 나라 사이의 행정절차 등은 행성行省의 예에 따르게 되었다는 것이다. 대원의 지방 통치기구인 정동행성은 국가로서 고려와 병존하는 특별한 성격을 가졌지만, 고려국왕이 정동행성의 승상丞相을 겸했고, 아울러 속관屬官을 스스로 선택할 수 있었기 때문에, 이중체제의 유지로 말미암은 모순과 충돌을 방지할 수 있었다고 이해한다.

그러나 여기서 한 가지 유의할 점은, 이에 앞서 세조구제의 전제조건인 육사의 의무가 다른 것들로 대체되고 있는 점이다. 충렬왕 4년(1278) 여름 행재行在에 친조한 충렬왕이 다루가치의 지속적인 파견을 요청하고 대원의 법에 따른 점호點戶를 스스로 청했음에도, 쿠빌라이 카안은 호구 수를 보고하는 것에 대해서만 "알아서 하라[可自爲之]"[78]고 허락하였을 뿐 고려의 내정內政을 고려국왕에게 위임하고 다루가치 파견도 받아들이지 않았다. 곧 이해 여름 친조를 통해 육사 가운데 호구 수의 보고와 다루가치 설치라는 두 가지 핵심적 의무를 면제받게 되었다는 것이다.[79]

그렇다면 무엇이 육사를 대신하여 세조구제의 보장을 위한 전제가 된 것인가? 물론 대원과 고려의 관계를 검토할 때, 정동행성과 육사 말고도 한 가지 더 고려할 것이 있다. 이것은 모리히라 마사히코가 처음으로 착안하여 검토한 바 있는 부마고려국왕의 왕부문제이다.[80]

---

76) 이익주, 앞의 글, 31쪽.

77) 이익주, 앞의 글, 36~37쪽.

78) 《高麗史》 권28/41상하, 忠烈王 2, "忠烈王四年七月戊戌: 小邦亦請依上國法點戶……若點戶則可自爲之." 또 고려가 計點의 결과를 대원에 보고했는지는 알 수 없지만, 같은 해 11월 18일(정유) 충렬왕이 計點使를 각 도에 파견하고 있다. 《高麗史》 권28/46상하, 충렬왕 2, "(12月丁酉)遣諸道計點使, 三司使朱悅于慶尙, 國子祭酒權呾于全羅, 判少府事崔濡于忠清, 殿中尹崔有侯于東界, 交州判事禹濬冲于西海."

79) 이익주, 앞의 글, 28쪽.

80) 森平雅彦, 〈高麗王位下の基礎的考察—大元ウルスの一分權勢力としての高麗王家〉, 《朝鮮史研究會論文集》 36(1998), 55~87쪽.

3. 고려왕부설高麗王府說과 심왕위하의 문제

고려를 스기야마 마사아키杉山正明가 주장한 이른바 '대원 울루스'[81]에 속한 왕부의 투하령投下領 가운데 하나로 보는 모리히라 마사히코의 '투하령론投下領論'은, 타당성이 있느냐 없느냐와 관계없이 여몽관계사 이해를 위한 새로운 분석틀로서 꽤 신선하며 충격적인 가설이라고 할 수 있다. 지금까지 몽골황실과 고려왕실의 혼인관계를 축으로 한 여몽관계의 연구는 고려왕권의 안정 측면과 황금가족 중심의 몽골 권력체계 안에서 고려왕실의 지위제고를 검토하는 데 그쳤음에 견주어, 그의 연구는 왕부를 통해 몽골통치권이 고려에서 실현되는 측면에 대하여 처음으로 주의를 환기시켰다는 점에서 의미 있는 문제제기였다.

그렇다면 고려를 부마고려국왕의 왕부로 여기는 모리히라 마사히코의 견해는 타당한 근거가 있는가? 모리히라 마사히코에 따르면, 애당초 복속국服屬國이 아니었던 고려는 통혼으로 고려국왕이 부마고려국왕에 책봉됨으로써 복속국이 되었다. 고려국왕은 대大 카안 가家의 부마로서 분지분민分地分民을 받아 대원이라는 국가를 내적으로 구성하는 하나의 분권적分權的 정치세력으로 존재하였으며, 국왕에게 인정한 위하位下인 고려 본국은 제투하諸投下의 연합체인 대몽고국을 구성하는 단위로서 일종의 투하投下였다. 따라서 대원 통치체계 안에 들어 있는 다른 투하 영주와 마찬가지로 정례세사定例歲賜와 임시사여臨時賜與의 대상이 될 수 있었다[82]고 본

81) 杉山正明가 처음 쓰기 시작한 개념인 '大元 울루스'의 문제점에 대하여는 앞에 인용한 〈몽골제국과 '大元'〉에서 김호동 교수가 이미 비판적으로 검토한 바 있으며, 문맥상 대신 김호동 교수가 최근 쓰기 시작한 '카안 울루스=쿠빌라이 울루스'로 쓰는 것이 옳을 것 같다. 김호동, 《몽골제국과 고려: 쿠빌라이 정권의 탄생과 고려의 정치적 위상》(서울대학교 출판부, 2007), 80~81쪽 참조.

82) 森平雅彦, 〈高麗王位下の基礎的考察―大元ウルスの一分權勢力としての高麗王家〉, 《朝鮮史研究會論文集》 36(1998), 55~87쪽. 그는 같은 해 발표한 〈駙馬高麗國の成立―元朝における高麗王の地位についての豫備的考察―〉, 《東洋學報》 79-4(1998)의 결론 부분에서 이 논문의 관점을 먼저 정리하고 있으며(23~25쪽), 또 2001년 연구 노트인 〈ケシク制度と高麗王家―高麗·元關係における禿魯花の意義に關聯して―〉, 《史學雜誌》 110-2, 60~89쪽을 통해 논지를 보완하고 있다.

것이다.

모리히라 마사히코가 처음 고려 내부의 몽골권력 가운데 하나로 주목한 왕부의 존재는 확실하며, 분석틀로서 유용성에 대하여도 필자 또한 동의한 바 있다.[83] 그러나 고려 본국을 고려왕에게 주어진 투하령으로 보는 모리히라 마사히코의 견해는, 불가능한 것은 아니지만 고려를 정동행성의 통치영역으로 보는 것만큼이나 형식논리를 지나치게 극단적으로 전개한 측면이 있다.[84] 고려의 땅과 백성은 원래부터 고려왕권의 통치를 받았고, 신속의 과정에서 대몽고국의 카안은 고려왕에게 울루스의 독자적인 통치를 추인하였으므로, 취약하기는 하였지만 초기 원종 통치 아래의 고려는 쿠빌라이 정권 탄생 시기에 스스로 정복한 지역에 대한 기득권을 바탕으로 '예케 몽골 울루스'에서 분립한 서방의 한국汗國들과 더욱 비슷한 성격을 가지고 있었다고 볼 수 있다.

쿠빌라이 카안이 서방 여러 칸에게 분립을 허락한 방식 말고도 칭기스칸이 대몽고국을 건국한 뒤로 그를 이은 몽골 카안들은 제왕·공주·부마·공신에게 토지와 백성을 나누어 주고 그들이 다양한 방식으로 지배하는 것을 허용했다. 칭기스칸 재위시기에 막남북漠南北 초원과 다른 지역에 분봉된 종왕宗王이나 제왕의 크고 작은 울루스는 대원 중기까지 종왕과 제왕이 실질적으로 분지와 유목부민游牧部民을 배타적으로 지배하고 있었다. 칭기스칸이 공신功臣·천호千戶에게 기득권으로 또는 공로에 대한 대가로 분급한 투하도 영북등처행중서성嶺北等處行中書省이 설치된 뒤에야 비로소 중앙의 징세권이 행사되었는데, 그나마도 매우 제한되고 있었다.[85]

제왕·부마·공신에게 분급된 호구戶口로 이루어진 한지漢地의 투하는 중앙정부가 파견한 관민관管民官인 로路의 총관總管이 투하주投下主가 파견한

83) 李玠奭, 〈《高麗史》 元宗·忠烈王·忠宣王世家 중 元朝關係記事의 註釋研究〉, 《東洋史學研究》 제88집(2004), 92~93쪽.

84) 投下領論에 대하여는 최근 김호동 교수가 비판적 검토를 통해 중앙정부의 부세징수 등 논거 보완의 필요성을 지적했다. 김호동, 앞의 책, 112~113쪽.

85) 李玠奭, 〈14世紀 初 元朝支配體制의 再編과 그 背景〉, 1998년 서울대학교 대학원 박사학위 논문, 136~138쪽 참조.

다루가치와 함께 통치했다. 투하 영주는 분급된 호구로부터 오호사五戶絲를 징수할 권리가 주어졌으며, 관민관이 징수하여 지급하도록 규정하고 있었으나 그렇지 않은 경우도 있었다. 쿠빌라이 카안이 남송南宋을 정복한 뒤에도 제왕·부마·공신에게 호구를 분급했으며, 황제가 임명한 관민관으로 하여금 양세법兩稅法에 따라 부세賦稅를 거두어서 분급된 호구 숫자만큼의 오호사에 해당하는 호초戶鈔를 투하 영주에게 지급하게 했다. 이것이 '아하 타마르'(형제들의 몫)[86]라고 불린 강남호초江南戶鈔였다.

그렇지만 제왕은 한지에서와 마찬가지로 강남의 투하호에 대해서도 다루가치를 파견하였으니, 카안 권력이 의도한 명목상 지배에만 그치지는 않았음은 말할 것도 없다.[87] 그렇다고 해도 고려를 부마고려국왕의 투하로 비정할 경우, 칭기스칸이 막남북 초원에 분급한 공신·천호의 투하와 비교해 볼 수 있다. 요컨대, 고려와 대원의 관계는 공신천호功臣千戶의 투하가 가진 속성만으로 설명하기는 어렵고, 고려-대원 관계의 여러 가지 속성 가운데 하나로 보아야 할 것이다.

물론 대원 지배 아래에서 고려왕의 왕부를 설치하는 시기와 왕부 속관의 구성 등, 고려국왕의 왕부권력기구에 대한 초보적인 사항들도 아직 충분히 검토되었다고 할 수 없다. 예컨대 원대에는 몽골제왕과 부마, 훈신의 경우 왕부를 설치할 수 있었으며, 왕작王爵이 있어야 했다. 고려국왕이 몽골적 특성을 갖는 왕부를 설치하려면 몽골적 통치권력체계 안에 고려의 국왕권력이 편제되는 것이 전제된다.

고려의 국왕권력이 대몽고국 통치체계 안에 편입되는 과정은 쿠빌라이 카안이 1260년 8월 보낸 세 번째 조서를 통해 원종을 고려국왕에 봉하고 호부虎符와 국왕의 인장印章을 주면서 공식적으로 시작되었으나, "裕民而利國유민이리국, 當適便而隨宜당적편이수의"라 하여 고려의 내정을 고려국왕에게 위임하였다. 이처럼 고려의 국왕권력은 황금가족에 의하여 공유되고 있는 대몽고국 권력의 외연에 느슨하게 연결되어 있었을 뿐이었기 때문

86) 김호동, 앞의 책, 68쪽.
87) 李玠奭, 〈元朝의 南宋併合과 江南支配의 意義〉, 《慶北史學》 21(1998), 428~429쪽.

에 몽골적 왕부가 따로 설치되지는 않았다.[88] 더욱이 원종 정권은 대몽고국에 대한 신속을 받아들여 30년에 걸친 전쟁상태를 종결지었지만, 내부 기득권 세력의 동의를 얻는 과정에서 군벌軍閥의 저항과 삼별초三別抄의 봉기로 내전이 일어났고, 몽골 군대가 진압에 참여함으로써 고려의 왕권은 다시 몽골 군대의 보호 아래 놓이며 위기에 처하게 되었다. 따라서 고려가 비록 동번東藩을 자임하였다고 해도, 당시 새로 구축되고 있던 쿠빌라이 카안의 권력체계 안에서 고려국왕의 권력은 자신의 영역조차 스스로 부지할 수 없는 허약한 지방권력에 지나지 않았다. 이는 충렬왕 5년(1279) 고려국의 최고행정기관인 첨의부僉議府에 정4품 아문衙門의 구리도장을 보낸 몽골국 관리들의 인식[89]에서도 드러난다.

마침내 몽골황실과 통혼관계를 맺음으로써 고려왕실은 왕권의 위기를 돌파하게 되었으며, 또 몽골의 일본정벌에 크게 이바지함으로써 이성異姓으로 대몽고국의 왕작을 받을 수 있는 부마나 훈신 두 가지 요건을 모두 만족시켰다. 곧 원종의 태자太子 왕심王諶이 1274년 6월 26일(병신/5.21) 쿠빌라이의 딸 쿠툴룩켈미시 공주를 비妃로 맞아 카안의 부마가 되었다. 이로써 쿠빌라이 카안의 부마로서 왕작을 받을 수 있는 자격을 얻게 되었고, 고려왕실은 인족姻族으로 몽골 황금가족의 외연外延에 편제되어 몽원 권력체계 안에서 고려왕실의 위상이 높아졌다.[90]

하지만, 그 결과 고려의 대몽고국에 대한 내속은 구조화되었고, 고려의 국왕권력이 대몽고국 카안의 권력체계 안의 지방권력으로 전락하는 계기도 되었다. 이는 고려의 독립적인 통치기구인 3성6부三省六部가 대원의 지

88) 《高麗史節要》 권18/37상, "(元宗10年7月)淐尊王爲太上王, 立府, 日崇寧."; 《高麗史節要》 권18/42하, "(12月)甲子, 王復位, 淐還私第, 百官詣王府, 扈駕入闕, 觀者感泣"이라 하여 원종의 王府가 있었으나 태상왕의 處所를 뜻했다.

89) 《高麗史》 권29/4하~5상, 충렬왕 5년 5월조. 그러나 두 달 뒤에 종3품 衙門의 印으로 교체되고(《高麗史》 권26, 輿服志/諸衙門印, "七年九月元陞僉議府爲從三品, 鑄印賜之."), 그 뒤 충렬왕 19년에 都僉議使司로 바뀌면서 종2품 衙門으로 승격되었다. 《高麗史》 권30/37상, "(3月丙寅)又改僉議使司爲都僉議使司, 陞爲從二品, 賜兩臺銀印一顆."

90) 蕭啓慶은 고려왕실이 혼인관계를 통해 황금씨족의 (外延인) 姻婭集團에 편입되고, 蒙元世界秩序 속에서 지위를 높일 수 있었다고 한다(蕭啓慶, 앞의 글, 245쪽). 그러나 이에 대해 김호동 교수는 이의를 제기하고 있다.

방 정부기관인 첨의부로 개편되어 1356년 공민왕의 개혁에 따라 비로소 해소될 때까지 지속되었다.

이 점에서 쿠빌라이 카안의 부마가 된 고려태자 왕심에 대한 왕작 수여와 관련하여 김구진의 충렬왕 심왕초봉설瀋王初封說[91]을 여기서 새롭게 검토하는 것도 의미가 없다고는 생각되지 않는다. 충렬왕 왕심이 혼인을 통해 비로소 왕작의 자격을 갖추게 되므로 간단히 통혼경과를 살펴보는 것도 의미가 있을 것이다.

고려태자와 대몽고국 공주의 혼인문제는, 1269년 8월 태자 왕심이 몽골에서 돌아오는 길에 임연林衍의 쿠데타 소식을 듣고 다시 몽골로 돌아갔을 때 고려 쪽에서 황제에게 청병請兵하던 가운데 처음 제기되었다고 한다.[92] 당시 쿠빌라이 카안이 이 요구를 원칙적으로 받아들였음은 1269년 12월 16일 원종이 사신으로 온 몽골 병부시랑兵部侍郎 흑적을 상좌上座에 앉히려 했을 때 흑적이 허혼許婚한 사실을 근거로 사양하는 것[93]으로 확인할 수 있는데, 이에 대하여 김호동 교수는 몽골 쪽에서 통혼을 유도하였다고 보고 있다.[94] 1271년 8월 30일 태자 왕심으로 하여금 상서우승 송분宋玢, 군기감 설공검薛公儉, 호부낭중 김서金㥠 등 수종 관료 20명과 귀족가문의 자제〔衣官允胄〕 20명, 아내직원衙內職員 1백 명을 거느리고 대원에 가서 숙위宿衛하도록 했는데, 그해 11월 태자를 호위하고 몽골에 갔던 추밀원부사 이창경李昌慶이 돌아와 쿠툴룩켈미시 공주와 태자의 혼인을 카안이 허락한 사실을 전했다. 물론 태자 왕심은 1274년 카안의 부마가 되기까지 쿠빌라이 카안의 측근에 머물렀고, 3년 동안의 숙위를 거쳐 카안의 신하로 거듭난 것으로 보인다. 이로써 비로소 왕작을 받을 수 있는 필요조건도 갖출 수 있었다.

고려태자 왕심이 공주를 아내로 맞은 지 한 달이 채 못 되는 7월 23

91) 金九鎭, 〈元代 遼陽地方의 高麗軍民〉, 《李元淳敎授華甲記念史學論叢》(서울: 지식산업사, 1986), 480쪽.

92) 森平雅彦, 〈駙馬高麗王國の成立〉, 《東洋學報》 17-4(1998), 10쪽.

93) 《高麗史》 권26/27상, "黑的等讓曰, 今王太子已許尙帝女."

94) 김호동, 앞의 책, 105쪽.

일(계해/6.18) 부왕 원종이 훙거薨去했다. 원종의 부음訃音과 후사後嗣에 관한 표문을 받은 대원 조정은 8월 22일(계사/7.19) 동지상도유수사同知上都留守事 장환張煥을 보내 태자 왕심을 (고려국)왕으로 책봉하였다.[95] 귀국길에 오른 태자 왕심은 다음 달인 9월 26일(무진/8.25) 개경에 도착하였으며, 이튿날 쿠빌라이 카안의 조서를 받고 왕위에 올라 군신群臣의 조하朝賀를 받고 있다. 그런데 태자 왕심이 개경에 도착한 날의 행사를 기록한 《고려사》에서 "8월 무진일에 원에서 돌아온 심왕瀋王이 제상궁堤上宮에 가서 빈전殯殿에 배알했다"[96]고 적고 있다. 문자 그대로 이해하면 태자 왕심이 귀국하기 전에 심왕에 책봉되었다는 것이다. 물론 이 기사에 대하여는 고병익 선생의 《고려사》 오류설이 현재 학계의 중론이고[97] 설득력도 있다. 하지만 쿠빌라이 재위시기의 봉왕제도封王制度에 대한 학계의 최근 연구성과가 충분히 반영되지 못한 점도 있고, 충렬왕의 왕부문제와도 관련되어 있어 좀 더 분명히 해 둘 필요가 있다.

먼저 김구진의 말대로 태자 왕심이 귀국 이전에 심왕에 봉해진다는 것은 가능한 설정일까? 대원 세조 재위기에 중국적 제도인 왕작을 최초로 받은 사람은 정후正后 차비의 생존한 소생 가운데 장남인 진킴眞金이었다. 중통中統 3년 12월 진킴이 연왕燕王에 책봉된 뒤 1274년 무렵까지 왕으로 책봉된 사람은 대개 황자皇子나 종왕으로 황금씨족의 일원이었다. 하지만 카안의 부마 가운데도 왕작을 받은 예가 있는 바, 쿠빌라이 카안의 딸 올로진兀魯眞 공주를 아내로 맞았던 이키레스亦乞列思 씨氏의 부카不花 부마가 지원 4년 국읍國邑이 없는 왕으로 책봉되었으며 6등급의 귀뉴은인龜紐

95) 《元史》(宋濂撰, 中華書局標點本)(北京, 1976) 권8, 세조 3, 지원 11년 추7월 계사조, "勅同知上都留守司事張煥册愖爲高麗國王." 하지만 《高麗史節要》(서울: 아세아문화사, 1983) 권19/24에는 "秋七月元册世子愖爲王"이라 했고, 《高麗史》(서울: 아세아문화사, 1983) 권28/1상에도 역시 "秋七月元遣同知上都留守事張煥册爲王"이라 하여 충렬왕이 즉위 전에 대원에 머물고 있을 때 왕으로 책봉된 사실만 전할 뿐 고려국왕에 봉왕된 사실은 언급하지 않고 있다.

96) 《高麗史》 권64, 禮志/國恤, 원종 15년 "八月戊辰, 瀋王至自元詣堤上宮謁殯殿."

97) 高柄翊, 《東亞交涉史의 硏究》(서울대학교 출판부, 1970), 234쪽과 주84; 김혜원, 〈고려시대 심왕연구〉, 1999년 이화여자대학교 대학원 박사학위 논문, 31~37쪽.

銀印을 받았다.[98] 따라서 형식논리상에서 쿠빌라이 카안의 부마인 태자 왕심 또한 1274년 부마가 된 뒤 왕작을 받는 것은 가능하며, 8월 22일 동지상도유수사사同知上都留守司事 장환張煥을 보내 책봉한 것은 고려국왕이라기보다 카안의 부마에게 주는 왕작을 잘못 기록한 것일 수 있다. 카안의 사위 가운데 솔랑카 지방 군주의 아들은 쿵그라트弘吉剌 종족 출신으로 낭가진囊加眞[99]과 혼인하여 제령왕濟寧王에 책봉된 만지타이蠻子台[100]와 함께 당시 몽골 통치집단 안에서 널리 알려져 있었던 만큼[101] 태자 왕심이 부마로서 왕작을 받았을 가능성은 매우 높다.

하지만 정후가 아닌 아속진阿速眞 카툰[102]의 소생인 쿠툴룩켈미시 공주와 혼인한 부마인 왕심에게 정후(차비 카툰) 소생과 그 자손에게만 수여한 일자왕一字王의 왕작을 주었다고 보기 어렵다. 또 당시 왕작의 수여는 인장의 수여를 수반하는 것인데, 어디에도 인장에 대한 언급이 없다. 요컨대, 다른 부마에게 왕작을 수여한 예로 미루어, 일자왕인 심왕으로 책봉했을 가능성은 없으나, 태자 왕심이 최소한 왕작을 받았을 여지는 여전히 남아 있다. 이때 심주瀋州 지역에 있던 고려유민 가운데 일부, 특히 왕준王綧의 심주를 충렬왕의 위하位下로 수여했을 가능성도 있다. 1296년 10월 충렬왕 부처夫妻가 입조할 때, 행차가 23일(무오) 심주에 도착할 때까지 출영하지 않은 심주 총관 박인재朴仁才와 지사知事 박순량朴純亮에게 충렬왕이 칼을 채우고, 또 1298년 8월 성종成宗이 충렬왕을 복위시키자 같은 해 10월 22일(을해)에 심주 다루가치 사리대闍里大가 사람을 보내 말 한 필과 양 30두를 바치며 복위를 축하한 것으로 미루어 가능한 추론이

98) 野口周一, 〈元代世祖·成宗期における王號授與について〉, 《中國史における亂の構圖について》(雄山閣, 1986), 295~298쪽 表1 王號授與事例一覽; 《元史》 권6, 世祖本紀, (至元4年10月)"壬戌, 賜駙馬不花銀印."; 《元史》 권108, 表第三諸王表 참조.

99) 김호동 교수 번역본에서 나오는 만지타이의 딸 엥진은 카안의 공주 낭가진으로 보인다. 라시드 앗 딘/김호동 역, 《집사 3 칸의 후예들》(사계절, 2005), 428쪽.

100) 《元史》 권18, 成宗本紀 1, 원정 원년 "(春正月)乙亥, 追封皇國舅按只那演爲濟寧王……, 封皇姑囊加眞公主爲魯國大長公主, 駙馬蠻子台爲濟寧王, 仍賜金印."; 《元史》 권108, 表三. 諸王表, 2744쪽 하; 《元史》 권118, 特薛禪傳, 2920쪽 참조.

101) 라시드 앗 딘, 앞의 책, 428쪽.

102) 《高麗史》 권89/1상, 后妃 2.

다.[103] 단순히 교우僑寓 고려인의 주현州縣이라고 해도, 몽골황실의 높은 어른인 공주의 행차라 해도, 속국의 군주가 고려의 관할 밖에서 카안의 관리를 멋대로 처벌하는 것은 쉽게 이해할 수 없기 때문이다. 같은 이유로 무종武宗이 근각根脚 가문 홍복원洪福源 일가와 왕준王綧 일가의 근거인 심양로瀋陽路를 무리하게 충선왕의 위하로 수여하는 것도 설명될 수 있을 것이다.[104]

말할 것도 없이 심왕의 위하로 여겨지는 심양로의 심주가 당초부터 심왕의 분지였는지 아닌지에 대하여는 여전히 논란의 여지가 있다. 김혜원은 심양왕瀋陽王(심왕)이 심양로 지역의 왕이라는 뜻이며, 충선왕이 심양왕에 피봉되면서 심양로를 분지로 받았을 것이라는 견해를 보이는데,[105] 이는 받아들이기 어렵다. 그것은 강남을 병합한 뒤 대원이 더 이상 대몽고국 시기 한지에서 분급한 것과 같은 방식으로 분지를 지급하지 않았으며, 분급된 호구 수에 따라 해당된 로총관부路總管府에서 대신 오호사의 변형인 호초戶鈔를 거두어 위하주에게 보내는 형식을 취하고 있었기 때문이다.

아울러 요양로遼陽路의 영역 안에 들어 있는 심양로 역시 지리적 개념으로 이해하기는 어렵다. 심양로는 대원에 투속한 망명고려인호를 분리하여 편성한 요양로 안의 교우로僑寓路라고 볼 수 있으며, 그 치소治所인 요양고성遼陽古城도 그러한 성격의 교치僑治였다. 1296년 대원은 이원적二元的 관할체제 아래 있던 요동 지역의 고려유민에 대한 지배계통을 심양등로

103) 《高麗史》 권31/14상·24하. 김혜원은 충렬왕이 고려인이 다수 거주하는 瀋州지역에 영향력이 있고, 대원황실에서의 정치적 지위 때문이라고 한다(김혜원, 앞의 논문, 34쪽).

104) 한편 《元史》는 1307년 7월 25일 慶壽寺에 유폐되었다가 6월에 고려로 돌아간 충렬왕 王昛를 심양왕에 '進封'했다고 하고(《元史》 권22, 武宗, 대덕 11년 6월 "戊午, 進封高麗王王昛爲瀋陽王, 加太子太傅駙馬都尉."; 《元史》 권128, 諸王表), 또 《高麗史》는 이듬해(1308) 6월 9일 황제가 定策의 功으로 前王을 瀋陽王으로 進封했다(《高麗史》 권33/17상하, 忠宣王 1, "(忠烈王)三十四年五月, 戊寅元以定策功封瀋陽王, 制曰.……太子太傅上柱國, 駙馬都尉, 進封瀋陽王.")고 기록하고 있는데, 이에 대하여 많은 학자들은 1307년에 進封되는 충렬왕의 기사는 1308년 定策의 功으로 進封되는 충선왕 관련기사를 잘못 기록한 것이라는 견해를 내고 있다.

105) 김혜원, 앞의 논문, 37쪽.

안무고려군민총관부瀋陽等路安撫高麗軍民總管府로 통합재편하고, 요양고성을 그대로 치소로 삼게 했다.[106] 잘 알려진 대로 요동 지역에는 1269년 대원에 투항한 최탄 등이 이끌던 망명고려인 집단도 존재하였다. 1278년 고려의 요구로 대원이 강점한 일부 지역을 돌려주고 또 지원 27년(1290) 3월 동녕부東寧府가 설치된 서북면 제 지역을 돌려주게 되자, 고려에 반기를 들었던 최탄 등 대부분의 토호들은 고려에 귀속하지 않고 거느리고 있던 민호를 이끌고 요양행성의 요심遼瀋 지역으로 옮겨가 버렸다.[107] 그런데 이 시기에 요양행성에 투항한 대다수 북계北界와 서해도西海道의 군민軍民도 심양로에 편입되지 않고 동녕로를 따로 개설하여 독립된 세력으로 존속하였다고 한다.[108] 그러나 서북면의 땅이 고려에 환부되었기 때문에, 동녕로 예하의 성치城治는 모두 허설虛設이었다. 따라서 요동 지역에 녹사사錄事司만 남은 동녕로총관부東寧路總管府가 명목만 남은 예하 부府·주州·진鎭의 이름을 딴 망명고려인 민호民戶를 집단별로 통할하는 모양을 취하고 있었다고 볼 수 있다.[109]

여기서 요양등처행중서성遼陽等處行中書省 안의 망명고려인 관할기구와 조직체계는, 원대 많은 총관부가 집단을 관할하는 단위로 설치되었던 것처럼, 민족 집단인 망명고려인을 대상으로 한 편성이지 지역적인 구분에 따른 편제가 아니었음을 짐작할 수 있다. 요컨대, 당시 심양등로안무고려군민총관부는 독립적인 영역(地域)을 가진 로路가 아니고, 요양로에 기류寄留한 독립행정단위인 교우로의 성격을 가졌음이 분명하다. 이를 뒷받침할 수 있는 사료도 오늘날까지 남아 있는데, 《성조혼일방여승람聖朝混一方輿勝覽》[110] 상권의 진동행중서성鎭東行中書省(대덕 3년 5월 세워짐) 안무고려총관

---

106) 《元史》 권58, 地理 2, 1399쪽. 그 뒤 예하에는 摠管 5명, 千戶 24명, 百戶 25명을 두었다고 한다.

107) 《高麗史》 권230, 崔坦傳.

108) 金九鎭, 〈麗元의 領土紛爭과 그 歸屬問題—元代에 있어서 高麗本土와 東寧府·雙城摠管府·耽羅總管府의 분리정책을 중심으로—〉, 《國史館論叢》 제7집, 72쪽.

109) 《元史》 권58, 地理, 1398쪽.

110) 《聖朝混一方輿勝覽》(北京圖書館古籍珍本叢刊 영인본). 영인본은 인쇄상태가 선명하지 않기 때문에 (元) 劉應李 원편/첨우량 개편/郭聲波 정리, 《大元混一方輿勝覽》(상/하)(四川大

부安撫高麗總管府(1296년 심양등로안무고려군민총관부)의 항項에 나오는 기사이다. "新城州신성주, 遼城州요성주,……安市州안시주, 以上十四州並無城池이상십사주병무성지, 是高麗降散諸軍鎭시고려항산제군진, 以其酋長主之이기추장주지"라는 기사는 안무고려총관부의 경우 투항한 토호와 그 예속민으로 이루어진 조직을 대원이 그대로 로路와 주州로 편제하여 지배했음을 잘 보여 주고 있다. 이로써 일반적인 로路에 한 명의 총관이 임명되는 것과 달리, 심양등로안무고려군민총관부에 5명의 총관과 24명의 천호千戶가 임명되어 있는 사연도 해명된다.

하지만 교우주僑寓州인 심주에 대하여만 특수한 관계를 가졌던 고려왕실의 심양왕이 홍씨와 왕씨의 관할로 나뉘어 있다가[111] 1296년 합쳐 만든 교우로인 심양로 대한 위하주가 됨으로써 관할권을 둘러싼 대립은 피할 수 없었던 것으로 보인다. 더욱이 통상적인 로路의 일부 호구만을 투하로 받은 예사의 위하와 교우 고려인호만으로 구성된 작은 규모의 심양로의 관할권을 둘러싼 다툼은 성격이 다를 수밖에 없었다. 원래 홍복원의 부민部民을 다스리던 안무고려군민총관부安撫高麗軍民總管府와 왕준의 부민을 다스리던 관아인 심주를 통합해 성립한 심양로(심양등로안무고려군민총관부)의 총관직은 여전히 요양행성의 평장정사平章政事, 우승右丞, 상의요양등처행중서성사商議遼陽等處行中書省事 등 고위 관직을 두루 맡고 있던 홍복원 일가의 영향력 아래 있었다.[112] 따라서 몽골수도[元都]에 체류하고 있

學出版社, 2003)을 함께 참조하였다.

111) 안무고려총관부와 심주고려총관부가 각각 별도의 계통으로 존재했음은 《永樂大典》 권19422, 站赤 7에 각각 2곳의 역참을 관할하는 것을 통해서도 확인할 수 있다. 안무고려총관부 관할 2참에서는 말 70필, 차 7량, 소 70마리를 보유하였는데, 在城站에 말 40필, 차 4량, 소 40마리, 彰義站에 말 30필 차 3량, 소 30필이었다 하고, 瀋州高麗總管府에는 관할하는 두 곳의 역참에 말이 70필이었는데, 本州站에 40호 말 40필 崖頭站에 30호 말 30필이었다(下册, 19쪽). 站의 위치는 崖頭站에서 正東 1백 20리에 彰義站이 있고, 彰義站에서 정동으로 가면 심주가 있고, 심주에서 정남 1백 20리에 東京(遼陽)이 있었다(《永樂大典》 권19426, 驛站 2. 站赤 하책, 177쪽). 또 1288년 이후 부족한 祇應을 지원하기 위해 鈔를 지급했는데, 遼陽等處行中書省 예하의 5로 가운데 安撫高麗總管府에 30정, 瀋州高麗總管府에 15정이 따로 지원되고 있다(站赤 3, 64쪽). 1292년 6월에도 중서성은 瀋州高麗總管府의 蒙古教授 明安荅兒에게 "管押箚紙入站遞運赴遼陽等處行省交納"라 하고, 다시 兵部로 하여금 "行移應付沿途粥飯以行"케 하고 있다.

던 무종의 정책공신 충선왕忠宣王이 어떤 식으로건 심양왕으로서 위하 문제에 간여하게 되었을 때 양쪽의 갈등은 필연적이었던 것으로 보인다. 심양왕의 왕호王號가 일자왕인 심왕으로 바뀌는 시점인 1310년 5월에 무종이 심양로 관리에게 '심양왕'을 거치지 않고 주청을 하는 것을 금한다고 명하는 것[113]에서 두 세력 사이의 갈등과 사태의 변화가 분명하게 감지된다. 결과적으로 홍다구洪茶丘의 아들로 홍씨일문의 대표였던 홍중희洪重喜는 그 자신이 전공戰功이 많고 그의 가문 역시 대표적인 근각 가문이었음에도 1309년 10월 충선왕을 모해한 죄로 매를 맞고 조주潮州로 유배를 갔다.[114] 요컨대, 충렬왕은 즉위하기 전에 카안의 부마로서 대원의 왕작을 받고 귀국하여 고려국왕에 즉위하였을 가능성이 농후하며, 심주를 그의 위하로 수여받았을 가능성을 부인하기 어렵다.

말할 것 없이 왕작의 수여가 왕부의 설치를 뜻하지는 않는다. 충렬왕 즉위 초부터 왕부가 존재했는지 또는 어떤 모습이었는지를 구체적으로 보여 주는 사료도 없다. 다만 즉위 직후 고려 관료기구와 별도로, 그가 숙위한 3년 동안 그를 투르카그禿魯花로 수종했던 의관자제衣冠子弟를 코르치忽赤로 개편하고 있다.[115] 그리고 충렬왕 원년 정월 공주가 원성공주元成公主로 책봉됨에 따라[116] 응선膺善이라는 공주부公主府가 설치되고 견룡

112) 지원 24년(1287)에 遼陽等處行中書省을 처음 설치했을 때, 처음 洪茶丘가 右丞에 임명되었으며, 각종 전투에서 혁혁한 전공을 세워 龍虎衛上將軍(정2품)이 된 그의 아들 洪重喜가 그를 이어 1292년 遼陽行省右丞에 임명되었는데, 당시 그는 總管高麗女直漢軍萬戶와 高麗軍民總管을 겸하였다. 또 1306년 숙부 洪君祥이 한때 遼陽行省右丞을 대신하였지만 1307년 복귀하였다. 한편 1280년 이미 昭勇大將軍(정3품)에 오른 洪君祥은 中書右丞에 임명된 지 1년이 채 못 되어 1306년 조카 洪重喜를 대신하여 잠시 遼陽行省右丞을 맡은 뒤에 무종 즉위 뒤 同知樞密院事를 거쳐 中書平章政事에 올랐다가 遼陽行省平章政事, 商議行省事로 옮기고 있다. 따라서 요양행성 안의 홍씨일문의 영향력은 거의 절대적이었다고 할 수 있겠다.

113) 《高麗史》 권33, 충선왕 2년 5월 "辛卯, 帝命瀋陽路官吏毋得隔越瀋陽奏請, 違者理罪."; 《高麗史節要》 권23/23상, "帝命瀋陽路官吏毋得隔越瀋王奏請, 違者理罪."

114) 《高麗史節要》 권23/21하~22상; 《元史》 권154, 洪福源 附洪萬傳에는 漳州로 유배되어 가는 길에 항주에서 사면을 받아 돌아왔다고 한다.

115) 《高麗史節要》 권19/24상, (元宗15年8月)"以衣冠子弟, 嘗從王爲禿魯花者, 分番宿衛, 號曰忽赤."

116) 이 사료만으로는 冊封의 주체가 불확실하지만, 공주 책봉의 주체는 쿠빌라이 카안으로

행수牽龍行首 민종유閔宗儒 등이 요속僚屬으로 임명되면서, 안동부安東府와 경산부京山府를 탕목읍湯沐邑으로 주었는데,[117] 이존비李尊庇도 이 무렵 응선부 우첨사右詹事가 되었던 것으로 보인다.[118] 요컨대 1274년 충렬왕 왕심이 왕으로 피봉被封되고 고려국왕으로 즉위한 다음 코르치가 설치되며, 아울러 공주의 응선부가 창설되는데, 특히 공주부에 관속과 탕목읍이 수여되고 그 공부貢賦 가운데 일부가 대원의 투하와 마찬가지로 원성전元成殿에 보내지는 것으로 보아 공주부인 응선부는 몽골제왕이나 부마의 왕부와 비슷한 성격을 가졌음을 알 수 있다. 하지만 이때 충렬왕의 왕부 설치 여부는 아직 분명하지 않다.

따라서 1278년 공주·세자와 함께 입조한 충렬왕이 8월 10일 새로이 부마금인駙馬金印을 받게 된[119] 뒤에야 비로소 부마고려국왕 위하에 정식으로 왕부관王府官이 설치되었다고 볼 수 있다. 쿠빌라이 카안은 4월 1일 개경을 떠나 6월 9일에야 개평부開平府 동문東門에 도착한 부마 충렬왕을 극진히 대하였을 뿐만 아니라 육사의 의무를 면제해 주고 고려 안의 정사를 충렬왕에게 일임하였다. 이로써 몽골정권의 권력체계 안에서 부마고려국왕의 위신은 이전과 비교할 수 없을 만큼 높아졌고, 그와 더불어 왕

추정되며, 湯沐邑인 安東府와 京山府를 수여한 주체 또한 동일한 권력으로 볼 수 있다. 至元 31년에 成宗이 고려의 요구에 따라 元成公主를 安平公主로 다시 책봉하는 것도 이러한 사실을 뒷받침한다. 《元史》 권18, 成宗 1, "(至元31年5月)戊寅, 皇姑高麗王王昛妃忽都魯揭里迷失爲安平公主."; 《高麗史節要》 권21/37상, 충렬왕 20년 6월.

117) 《高麗史》 권89/1하, 后妃 2, "明年丁月, 册爲元成公主, 百官皆賀, 宮曰敬成, 殿曰元成, 府曰應善, 置官屬, 以安東京山府爲湯沐邑." 《高麗史節要》 권19/28에도 같은 사실을 기록하고 있지만 '官屬' 대신 '僚屬'이라고 적고 있다. 崔瀣, 〈有元高麗國故重大匡僉議贊成事上護軍判摠部事致仕謚忠順閔公墓誌〉, 《拙藁千百》 10하~11상. 墓誌銘의 주인은 閔宗儒(《高麗史》 권108)이다. "忠烈王尙帝女齊國公主, 特立膺善府, 乙亥, 徙爲膺善府牽龍行首."

118) 〈李尊庇墓誌銘〉, 金龍善, 《高麗墓誌銘集成》(한림대학교출판부, 1997), 397쪽. 應善府 관직은 蔡洪哲이 1284년 膺善府錄事를 하였고(《高麗史》 권108, 蔡洪哲傳; 〈蔡洪哲墓誌銘〉, 《高麗墓誌銘集成》, 508쪽), 崔瑞도 1292년 膺善府左詹事가 된다(〈崔瑞墓誌銘〉, 《高麗墓誌銘集成》, 422쪽). 이 밖에 시기는 알 수 없지만 朴全之의 부친 朴煇도 膺善府 右詹事를 지냈으며(〈朴全之墓誌銘〉, 《高麗墓誌銘集成》, 454쪽), 朴遠도 應善府左詹事를 역임했다(〈朴遠墓誌銘〉, 《高麗墓誌銘集成》, 518쪽).

119) 《元史》 권10, 世祖 7, "(至元15年7月)壬寅, 改鑄高麗王王愖駙馬印."; 《高麗史》 권28, 忠烈王 1, "(4年7月)壬寅, 帝賜王海東靑一連, 駙馬金印, 鞍馬."

부관의 임명도 허락된 것으로 보인다. 이해 7월 26일(정미) 김천고金天固가 설인舌人(켈렙치)으로서는 처음 내시內侍로 충원되었다. 그리고 10월 21일(신미)에 당시 별청재추別廳宰樞라 불리게 될 비체치必闍赤와 신문색申聞色을 처음 설치하였는데, 이는 이보다 앞서 1274년 설치된 시위侍衛인 코르치와 함께 모두 몽골적 권력의 핵심인 케식怯薛의 구성요소들로서 부마고려왕의 사적인 권력이 한 단계 더 강화되고 있었음을 보여 준다.

하지만 충렬왕의 왕부가 정식으로 설치되는 것은 1290년 조인규를 왕부의 속관인 왕부단사관에 임명한 것으로 표지를 삼아야 할 듯하다. 1280년 충렬왕은 박의朴義를 보내 정동征東과 관련된 일곱 가지 건의[120]를 올린 바 있는데, 친조하여 설명하라는 지시를 받았다. 8월 6일(을미) 충렬왕이 차간노르闍干那兀의 행재行在에서 쿠빌라이 카안을 알현했는데, 쿠빌라이는 정동원수부征東元帥府의 구성을 바꿔 달라는 충렬왕의 주청을 받아들이지는 않았지만[121] 충렬왕의 거듭된 요구를 물리치지 못하고 마침내 제2차 동정東征의 진용을 실질적으로 바꾸었다. 몽골에서 돌아온 충렬왕이 11월 11일(기유) 다시 우승지 조인규와 대장군 인후를 중서성에 보내 고려왕에게 전례前例대로 상국上國의 재보직宰輔職을 수여할 것, 행성이 대소군정공사大小軍情公事를 고려왕과 반드시 상의하여 시행할 것, 사신을 조정에 보낼 때 고려관리와 동행케 할 것, 행성이 고려왕에게 문서를 보낼 때 적어도 부마에게 보내는 법도를 준수할 것을 요구하였다. 또한 고려에 흉년이 계속되어 군량과 마료馬料를 요구한 대로 제공할 수 없으므로 새로 징발하는 4천 6백 명의 군사를 무장하기 위한 갑옷 5천, 활 5천, 활줄 1만을 지급할 것, 진도珍島와 탐라耽羅, 일본정벌에 공을 세운 고려의 장군들에게 총관·천호·총파 등 대원의 군관직과 패면牌面을 내려 줄 것을 요청하였다. 아울러 특히 동정원수부東征元帥府에 김방경金方慶을 함께

120) 闍里帖木兒가 이끄는 몽골군을 파견해 줄 것과 征東省事을 자신과 闍里帖木兒에게 관할케 해 줄 것, 충렬왕에게 합포에서 군마를 閱送케 할 것 등을 요청하였다.

121) 《高麗史》 권29, 충렬왕 2/25상, "帝曰, 已領所奏.……予昔在朝廷, 嘗以勾當行省事, 聞于宸所, 未蒙明降." 또 9월 귀국길에 征東元帥府 鎭撫인 也速達이 가져온 2첩의 關子 가운데 하나에 聖旨로 忻都와 洪茶丘, 범우승, 이좌승에게 征收日本行中書省事를 맡기고 있다.

참여케 하고, 몽골어와 한어가 모두 능하여 충렬왕 본인과 공주를 가까이서 보필하는 우승지 조인규를 왕경토토카순王京脫脫和孫 겸兼 추고관두목推考官頭目에 임명해 주도록 중서성에서 주청해 줄 것을 부탁하였는데, 12월 23일(신묘) 조인규와 인후가 가지고 돌아온 조서를 보면 쿠빌라이 카안은 충렬왕의 요청을 대부분 받아들이고 있다. 곧 충렬왕을 개부의동삼사開府儀同三司, 중서좌승상中書左丞相, 행중서성사行中書省事에 제수하고 인신印信을 지급했으며, 김방경에게 중봉대부中奉大夫(종2품)와 고려군을 관령하는 도원수를 제수하였다. 또 박구와 김주정은 소용대장군昭勇大將軍(정3품) 좌우부도통左右副都統, 조인규도 선무장군宣武將軍(종4품)[122] 왕경차르구치王京斷事官 겸兼 토토카순脫脫和孫에 제수하고 금패와 인신印信을 내리고 있다. 그리고 이어 1281년 3월 20일 장군 노영盧英이 황제가 내린 부마국왕의 선명宣命과 정동행중서성인征東行中書省印을 가지고 대원에서 돌아옴으로써 정동원수부의 원수元首로서 고려국왕의 지위가 비로소 확립되었고, 대원에서 파견된 정동원수부의 관리들의 항례를 면할 수 있었다.[123] 그러나 그해 4월 충렬왕이 합포合浦에 가서 출정하는 원정군을 사열할 수 있었지만, 조인규에게 주어진 직위는 여전히 왕부차르구치가 아니라 왕경차르구치였다.

요컨대 제2차 동정을 계기로 대원 왕조의 권력체계 안에서 부마고려국왕의 지위가 크게 높아진 것을 알 수 있지만, 부마왕부의 기구는 아직도 정비되지 못하고 있었다. 그러므로 1290년 조인규가 부마고려국왕부의 차르구치(이하 단사관)에 임명되는 것을 고려왕의 왕부가 비로소 공식적인 기구로 확립되는 계기라고 볼 수 있다. 왜냐하면 대원의 왕부제도를 보면, 왕부에는 왕부王傅, 부위府尉, 사마司馬, 단사관斷事官과 하급 속료가 설치되고 있는데,[124] 고려에서는 단사관을 제외하면 왕부王傅, 부위, 사마 등 상급의 속관은 보이지 않기 때문이다. 오로지 단사관이 설치되어 있

122) 《元史》 권91, 백관 7, 武散官三十四階(중화서국본, 2321쪽).
123) 《高麗史》 권29, 충렬왕 2/33상.
124) 李治安, 《元代分封制度研究》(天津: 古籍出版社, 1992).

을 뿐인데, 1290년 조인규가 처음 왕부단사관에 임명되었고, 그 뒤 계속 임명되고 있으므로 왕부제 정비의 시점을 여기에 설정하는 것이다.

다음 부마고려국왕의 왕부단사관으로는 1300년에 오잠吳潛이 임명되며,[125] 자세한 내용은 알 수 없지만 1308년에는 조인규의 차남 조련趙璉이 충선왕의 왕부단사관을 겸하고 있다.[126] 또 권부權溥와 이제현도 왕부단사관을 역임했다.[127] 더욱이 이제현의 경우 1320년(경신) 당시 왕부단사관이었는데,[128] 그의 문생인 이곡李穀이 1340년 이제현의 아들을 위해 쓴 묘표墓表를 보면 당시 왕부단사관이 첨의평리僉議評理보다 자랑스러운 직책이었음을 알 수 있다.[129] 이 밖에도 선무장군합포진변만호부宣撫將軍合浦鎭邊萬戶府 만호를 세직世職으로 받고 있던 권렴權廉의 차남 권현權鉉[130]과 왕부단사관 조련의 차남 조덕유趙德裕가 왕부단사관을 역임하고 있고,[131] 원징袁澄은 고려 왕부단사관의 지사知事를 지낸 것으로 사료에 나와 고려 왕부단사관 예하에 속관屬官[132]이 설치되어 있었음을 보여 준다. 요컨대, 카안의 내정과 성격이 비슷한 기능을 수행하는 국왕의 사적인 권력기구로서 왕부가 고려조정과 별도로 존재하였고, 이 기구도 고려에 대한 몽

125) 〈吳潛墓誌銘〉, 김용선 편저, 《高麗墓誌銘集成(增補)》, 490쪽. 이 묘지명의 찬자는 그가 대덕 2년부터 5년까지 4년 동안 執政했다고 하는데, 당시 왕부관의 위상과 왕부의 권력을 짐작케 한다.

126) 〈趙仁規墓誌銘〉, 김용선 편저, 《高麗墓誌銘集成(增補)》, 631쪽.

127) 李玠奭, 〈《高麗史》 元宗·忠烈王·忠宣王世家 중 元朝關係記事의 註釋研究〉, 《東洋史學研究》 제88집(2004), 94쪽.

128) 《東文選》 권126(제7책/88쪽), 〈鷄林府院君謚文忠李公墓誌銘〉.

129) 李穀, 《稼亭集》 권11, 〈高麗國奉常大夫典理摠郎寶文閣直提學知制敎李君墓表〉.

130) 《牧隱文藁》 권16, 〈重大匡玄福君權公(廉)墓誌銘〉, "(/13상)又, 如京進奉帝所. 泰定甲子加中正大夫司僕正, 明年奏授宣武將軍合浦鎭邊萬戶府萬戶, 蓋世職也. (/15상)長男曰鏞, 宣授宣武將軍合浦鎭邊萬戶府萬戶重大匡玄城君. 次曰鉉, 宣授王府斷事官奉翊大夫版圖判書上護軍,……."

131) 《稼亭集》 권3, 〈趙貞肅公(仁規)祠堂記〉, "(/10하)次璉官至中議大夫王府斷事官, 僉議贊成事, 謚忠肅,……次適江浙平章烏馬兒,……元帥長男……女適安吉王也兒吉尼.……(/11상)斷事官長男……次德裕今爲奉訓大夫王府斷事官判典儀司事."

132) 劉將孫, 《養吾齋集》 권32, 〈袁謹齋墓誌銘〉, "(/3하)子四女二, 尙幼卜, 延祐甲寅臘, 葬某處. 任老君婿也, 今以澄初名, 受勅命爲高麗王府斷事官知事.(李治安, 《元代分封制度研究》, 제6장 〈제왕왕부속관〉, 二. 제왕왕부속관의 건치, 임용과 직장 (五) 기타 속료 가운데는 知事도 있었다. 230쪽) 先葬以館人彭應琦狀求銘. 予哀之, 懷之, 知之, 深也. 豈必狀而銘哉.……(4상)澄初又能以其名蚤聞於仕版."

골 지배를 관철하는 중요한 통로 가운데 하나였음을 알 수 있다.

4. 새로운 분석틀 탐구

이케우치 히로시의 선구적이고 실증적인 연구를 이은 1백 년 가까운 연구사에서 대원과 고려의 관계는 비교적 다양한 각도에서 논의되고 연구되었으며 꽤 많은 성과도 축적되었다. 하지만, 최근 김호동 교수가 역작을 발표하기 전까지 여몽관계가 당시 세계제국 대몽고국과 고려 관계에 따라 규정받는 카안 울루스와 고려의 관계였다는 인식을 바탕으로 한 연구는 미흡했던 것 같다. 1260년 쿠빌라이의 지원을 받아 원종이 즉위한 뒤 고려가 1369년 중원中原을 포기하고 초원으로 돌아간 대원과의 관계를 정리할 때까지, 150년 가까이 지속된 여몽관계는 형식적으로 지배와 내속의 종번관계를 유지했지만 대내외적 조건의 변화에 따라 대원의 고려에 대한 지배의 성격과 예속의 정도는 각 시기마다 뚜렷한 차이가 있었다. 그럼에도 시기에 따라 변하는 여몽관계와 그 구조에 대하여 충분히 유의한 연구자는 그리 많지 않았던 듯하다. 또 변화에 유의했어도 시기에 따라 유효성이 변할 수 있는 분석틀을 사용했거나,[133] 종적으로 비교 불가능한 다양한 지표를 임기응변으로 사용해서 여몽관계의 변화를 분석하는 것이 보통이었다.[134] 따라서 다음 두 가지 측면에서 새로운 분석틀을 검토해 보고자 한다.

먼저 김호동 교수는, 독자성을 지닌 다수의 울루스로 분할이 확정되기 이전에 단일체로서 대몽고국에 대한 속국의 속성과, 동아시아와 몽골 초

133) 장동익 교수는 원종 대와 충렬왕 초기 20여 년 동안 대원은 군대의 주둔을 바탕으로 다루가치를 통해 부분적인 내정간섭을 행하였으나 고려 왕조의 독자성이 인정되었고, 1287년 이후 정동행성이라는 지배기구를 설치하여 정치적 압력을 강화시켜 갔는데, 이러한 상황은 80여 년 동안 계속되었다고 보고 있다. 장동익, 《고려후기외교사연구》(서울: 일조각, 1994), 제3장 〈麗·元 교섭의 諸局面〉 1. 麗·元의 정치적 관계, 110쪽.

134) 고병익, 〈元과의 關係의 變遷〉, 국사편찬위원회 편, 《한국사》 7(1977), 390~393쪽; 김구진, 〈2. 여몽관계의 전개〉, 국사편찬위원회 편, 《한국사》 20(2003), 263~326쪽.

원으로 이루어진 카안 울루스의 성격이 짙어진 쿠빌라이 왕조의 내속국의 속성을 공유한 것이 고려가 여몽관계에서 여타 내속국과 다른 특별한 '독자적인 지방·왕국'의 지위를 누리게 된 요인이라고 한다.135) 또 종래 쿠빌라이 정권의 성립을 제국의 '분열'로 이해하던 통설을 비판하고,136) 쿠빌라이 카안이 권력을 확립하는 과정에서 아릭 부케 지지세력을 분열시키기 위해 현실적인 정주지대의 지배권을 갈망하던 제왕들에게 '대 몽골 울루스'를 분할해서 위임통치하는 전략을 택함으로써 울루스 정권이 '분립'하게 된다137)는 새로운 학설을 제시하고 있다.

그에 따르면 1260년 성립한 여몽관계에서 고려는 기본적으로 단일체로서 몽골제국의 속국이었다. 카안 울루스의 군주가 아닌 제국 전체의 군주로서 고려국왕의 내부來附를 받아들였고, 고려가 자발적으로 복속하였기 때문에 칭기스칸 이래의 관례에 따라 제국帝國의 외연적 속국으로 국가적 독자성을 유지하였으며, 본국本國의 풍속을 유지하는 것도 허락받았다. 그러나 그 뒤 제국의 분할 통치가 체제화함으로써 여몽관계는 카안 울루스의 속국관계가 되었고, 몽골은 불안정한 나라 안팎 정세를 유리하게 이끌고 여송연합麗宋聯合의 가능성을 봉쇄하기 위해 고육지책인 왕실통혼王室通婚을 유도해 이를 실현하였다. 이로 말미암아 고려왕은 제국의 '외연적' 존재인 속국 국왕의 지위와 '내포적' 존재인 부마의 지위를 동시에 가지게 되었다고 본다. 그러나 쿠빌라이 카안은 몽골제국의 이상을 버리지 않았고, 고려 또한 외연적 존재인 속국의 지위가 유지되었다. 하지만 쿠빌라이가 죽은 뒤 대원이 '예케 몽골 울루스大蒙古國'의 이상을 상실하게 됨에 따라 고려도 국왕 지배 아래의 속국보다는 '부마 예하의 속령屬領'이라는 측면이 강조되었고, 일본원정을 위한 군사기구로 세조 대에 설치된 정동행성은 성종 대에 들어 1299년 내정간섭기구로 변질하였으며,138) 그

135) 김호동, 《몽골제국과 고려: 쿠빌라이 정권의 탄생과 고려의 정치적 위상》(서울대학교 출판부, 2007), 81쪽.

136) 김호동, 앞의 책, 80~81쪽.

137) 김호동, 앞의 책, Ⅳ-2. 쿠빌라이의 '전략', 66~69쪽·74~75쪽·80~81쪽 참조.

138) 김호동, 앞의 책, 118쪽.

뒤 단속적으로 제기된 입성론立省論 또한 같은 맥락에서 이해하고 있다. 아울러 '불개토풍'이 핵심인 고려의 '세조구제' 주장이 대원 말까지 호소력을 가졌던 것도 칭기스칸 이래 자진귀부한 나라에 정치적 독립을 보장한 몽골적 속국관계에 대하여 몽골제국의 통치자들이 단일제국의 이상을 완전히 버리지 않았기 때문이라고 보고 있다.

김호동 교수는 이 연구에서 종래 많은 논란이 된 서방 울루스 분립의 배경, 이중적인 여몽관계 성립 배경, 정동행성 성격변화의 계기, 세조구제의 체제 등에 대하여 매우 빈틈없고 나름대로 설득력 있는 설명과 분석틀을 보여 주고 있다. 물론 그의 연구에도 사소한 문제점이 없는 것은 아니다. 예컨대, 김 교수는 '속국'으로서 고려의 독자성을 강조할 때, 입론의 근거로서 쿠빌라이 카안 즉위 뒤에 고려가 자발적으로 대몽고국에 투속했음을 강조하고 있다. 또 여원의 신속관계는 1260년 원종이 쿠빌라이의 카안 즉위를 축하하는 사절을 보내는 것을 계기로 성립한다고 보며, 1259년 원종이 태자로서 황제 쿠빌라이에게 투속하였다는 종래의 통설에 반대하고 있다.[139] 1260년 8월 쿠빌라이 카안이 영안공永安公을 통해 보낸 3도道의 조의 내용에 따라 여몽관계가 기본적으로 규정된다고 보는 것이다.

하지만 쿠빌라이 카안 즉위 뒤 고려가 자발적으로 속국이 되었다는 주장의 근거로 드는 양초지교에서 태자 왕심이 쿠빌라이를 '우연히' 만났다는 설정에는 약간의 문제가 있다. 제3장에서 논증한 바와 같이[140] 필자는 쿠빌라이와 태자 왕심의 만남이 과도적 정국에서 태자의 적극적인 선택이며, 미래의 몽골 카안에 대한 고려의 투속을 표시한 것으로 생각한다. 또 당시 한인 막료의 조언에 따라 고려의 왕위 계승자인 태자와 쿠빌라이가 맺은 돈독한 관계는 한법적 조공책봉질서의 의제적擬制的 요소가 쿠빌라이 카안 지배 아래에서 여몽관계 형성과정에 침투할 수 있는 바탕이 되었다고 본다.

139) 《高麗史》 권25/13하, "(元宗元年4月)丙寅, 遣永安公僖如蒙古, 賀卽位, 表曰, 云云."
140) 김호동, 앞의 책, 제3장 48~50쪽 참조.

쿠빌라이 일행을 따라 북상한 태자 왕심은 1260년 1월 4일 쿠빌라이와 함께 연경에 도착하여 봄이 올 때까지 그곳에 머물렀다. 4월 6일 고종의 부음을 듣고 3일 동안 복상服喪한 뒤 쿠빌라이의 허락을 받아 바로 귀국길에 오른 것으로 보이며, 4월 28일 개경에 도착하였다. 태자 왕심이 귀국하기 전 쿠빌라이의 측근들은 귀국하는 고려태자를 번왕의 예로 대접하여 회유할 것을 권고하였고, 속리대束里大와 강화상康和尙, 守衡을 다루가치로 삼아 귀국하는 태자의 귀국길을 동행케 하고 있다. 하지만 5월 20일 형절荊節이 사절로 왔을 때 가져 온 서신에 아직 신복臣服하지 않은 나라로 송과 고려를 지적한 것으로 보아, 고려태자가 귀국하기 전에 쿠빌라이 대왕에게 신속의 예를 취하지 않았으며, 즉위 축하 사절을 통해 신속을 공식적으로 표시했을 것이라는 김호동 교수의 주장은 일견 타당한 것으로 생각된다. 1260년 5월 5일 쿠릴타이에서 즉위하기 전까지 쿠빌라이는 고려가 신속의 예를 표시할 몽골의 군주가 아니었기 때문이다.

요컨대, 고려가 공식적으로 몽골에 신속하게 되는 것은 쿠빌라이 즉위 뒤라고 볼 수 있지만 양초지교의 여몽조우麗蒙遭遇는 당시 고려의 선택과 의지가 반영된 것으로 볼 수 있고, 그 결과 여몽관계는 여몽조우 초기단계부터 카안 울루스의 속국으로 전락할 소지가 컸던 것으로 보인다. 또 김호동 교수의 이른바 '내포적' 존재인 부마의 지위와 '부마 예하의 속령' 이란 개념도 다시 음미할 여지가 있다. 먼저 부마의 지위는, 속성에서 몽골권력에 '내포적'인 존재이지만 통혼관계가 성립되기 이전 부마의 지위에도 미치지 못한 지방권력으로 치부되던 고려의 왕권이, 몽골 황금가족 권력의 외연에 편입됨으로써 고려의 지위가 '대 몽골 울루스' 차원의 존재가 되고, 그 결과로 카안 울루스와 고려의 내속관계를 이른바 대몽고국과 고려의 외연적 속국관계로 변질시킨 측면도 있기 때문이다.

한편 김 교수는 1299년 정동행성의 구조변화의 계기를 '대 몽골 울루스'의 이상을 가지고 있던 쿠빌라이의 죽음에서 찾고 있다. 쿠빌라이가 죽은 뒤 대원이 '대 몽골 울루스'의 이상을 상실함에 따라, 대원의 고려에 대한 두 가지 정치적 지향 속에서 부여된 '국왕 지배 아래의 속국'과

'부마 예하의 속령'이라는 정치적 지위에서 후자의 측면이 강화되고 정동행성이 갑자기 '증치增置'되었다고 본다. 하지만 쿠빌라이 집권 후기 행중서성의 설치와 제도의 정비는 1276년 남송지역 정복 뒤 강화된 카안 권력의 성격 변화, 곧 카안 권력 내부의 중앙집권적 황제권력의 요소가 강화되는 것과 관련지어 설명하는 것이 더욱 합리적일 것이다. 지원 28년(1291) 새롭게 호적이 정비되고 강남에 양세법이 시행됨으로써 카안의 중앙재정이 급격히 팽창했는데,[141] 이를 바탕으로 카안의 집권적 전제권력(황제권력)이 강화되며 지방에 대한 카안 권력의 통제력도 강화되었다고 볼 수 있다.

또한 쿠빌라이 카안의 죽음을 대원 권력이 '대 몽골 울루스'의 이상을 상실한 시기로 비정하는 것도 다소 이른 감이 있다. 1303년 우구데이 한국의 계승자였던 카이두의 서장자庶長子 차파르가 차가타이 후왕 두아의 권유를 받아들여 성종의 조정에 신종臣從을 표시함으로써 1304년 성종은 동서화해를 공포하는 사절을 유라시아 각 지역의 몽골 울루스에 보내면서 전 몽골세계가 카안 울루스로서 대원 왕조의 정통성을 승인하였다. 이것으로 오히려 쿠빌라이 즉위로 상실되었던 '대 몽골 울루스'의 이상이 부활하였고, 전장에서 카이두군을 무찔러 동서화해를 이끌어 냈던 무종 또한 쿠빌라이가 꿈꿀 수 없었던 전 몽골의 통합 곧 '예케(대)몽골 울루스'를 복원하기 위한 포석을 하였다는 스기야마 마사아키杉山正明의 지적도 있기 때문이다.[142] 물론 필자는 대원 안의 동력을 과소평가하는 스기야마 마사아키의 주장에 동의하지 않지만,[143] 쿠빌라이 사망 이후 '대 몽골 울루스'의 이상 상실을 '부마 예하의 속령'화와 정동행성의 성격변화의 계기로 보는 김 교수의 견해 또한 재검토할 여지가 있다. 이는 자칫

141) 李玠奭, 〈元朝의 南宋併合과 江南支配의 意義〉, 《慶北史學》 21(1998), 428~431쪽 참조.

142) 杉山正明, 〈大元ウルスの三大王國—カイシャンの奪權とその前後—〉, 《京都大學文學部研究紀要》 34(1995), 107쪽.

143) 필자는 무종의 정치적 지향은 유목적 전통을 대원체제 안에 통합하는 과정이었다고 보고 있다. 李玠奭, 〈漠北의 統合과 武宗의 '創治改法'〉, 서울대학교동양사학연구실 편, 《近世 東아시아의 國家와 社會》(지식산업사, 1998), 133~194쪽 참조.

모리히라 마사히코의 '고려 본국 투하령론'과 같은 의미로 이해될 소지가 있기 때문이다.

이와 관련하여 한국 고려사 연구자들의 눈길을 끌고 있는 모리히라 마사히코의 대원 지배 아래 고려사에 대한 최근 논문144) 또한 재검토할 여지가 있다. 특히 '세조구제론', '고려왕권', '불개토풍'을 중심으로 고려사 연구자 가운데 '대원 간섭기론'의 분석틀을 비판적으로 분석하여 기존 연구의 문제점을 하나하나 지적한 이 논문은, 역설적으로 지금까지 한국학계의 여몽관계 연구의 이해가 지닌 문제점과 극복방향에 대하여도 많은 시사점을 던져 준다. 그러나 이 논문도 고려왕권에 나타나는 복합적인 성격 가운데 제왕의 위하지배位下支配의 요소를 지나치게 강조하는 잘못을 여전히 범하고 있다.

다음으로 여몽관계는 사회·경제·문화적 측면의 관계도 중요하며, 이를 통해서도 지배와 내속관계의 변화를 살필 수 있다. 공녀와 환관, 그리고 여원 두 나라 왕실과 귀족 사이의 혼인관계로 매개된 대원 왕조 권력 안에서 고려인의 영향력 증대와 그것이 거꾸로 고려에 미친 영향에 대하여도 눈여겨볼 필요가 있다. 이 점에서 특히 공녀문제를 다각적인 측면으로 검토한 젊은 중국학자 시레이喜蕾의 연구는 주목할 만하며,145) 부원세력附元勢力을 통해 여몽관계의 일면을 분석한 백인호의 연구146) 또한 새로운 연구방향의 탐색으로 시사적이다. 그러나 대원과 고려 사이의 관계를 기본적으로 규정하는 힘은 몽골권력이 고려에 행사한 정치적·군사적 강제이며, 끝내 대원의 지배가 어떤 경로를 통해 그리고 어떤 방식으로 고려에 행사되고 실현되었는가를 살핌으로써 그 구조와 성격이 해명될 수 있다.

몽골정권은 고려를 굴복시킨 뒤에도 대몽고국 통치권력 아래 고려를

144) 森平雅彦, 〈事元期高麗における在來王朝體制の保全問題〉, 《北東アジア研究》 別冊 第1號 (2008. 3), 135~172쪽.
145) 喜蕾, 《元代高麗貢女制度研究》(北京: 民族出版社, 2003).
146) 백인호, 《고려후기 부원세력 연구》(부산: 세종출판사, 2003).

종속시키기 위해 다양한 수단을 구사하였으며, 시기에 따라 또 고려 쪽의 대응과 카안 울루스 안팎의 정세 변화에 따라 구사한 수단들도 달라졌다. 따라서 그러한 수단의 결합 형태에 따라 강압의 강도와 예속의 정도도 차이가 나기 때문에, 이를 통해 여몽관계의 시기를 구분하는 것이 가능하고, 각 시기 지배의 성격이 갖는 특징도 얘기할 수 있다.

당시 몽골정권이 고려에 적용한 다양한 수단 가운데 첫 번째 수단이라고 부를 수 있는 것은 이른바 육사로서, '납질·조군·수량·설역·공호수적·치달로화적'이 그 내용이며, 몽골 통치권력이 투항한 복속지역의 내속여부內屬與否를 확인하기 위해 설정한 기본적인 요구조항이었다.[147] 몽골 군대는 침략을 시작한 뒤 강화의 조건으로 육사를 요구하였으나, 고려는 여러 가지 핑계로 이를 거부하다가 무신정권이 붕괴된 다음 비로소 모두 받아들였다.[148]

두 번째 수단은 복속한 부족이나 국가의 우두머리를 혼인을 통해 포섭한 칭기스칸 이래 구사한 정책으로, 혼인을 통해 종번관계인 내속국의 군주 권력을 대원 황금가족 권력의 외연에 편입하는 방식이었다. 특히 쿠빌라이 왕조가 성립한 뒤에는 왕이나 군왕과 같은 중국적인 왕작과 인장을 수여함으로써 더욱 강화된 몽골 카안의 권력체계 안의 종왕과 제왕, 공주 권력의 반열에 이들의 권력을 편입시켰다. 고려의 경우도 쿠빌라이 카안의 황녀와 충렬왕 사이의 혼인을 통해 몽골 황금가족 권력의 일부로 편입되었고, 동시에 종번관계도 강화되었다.

세 번째 수단은 정복지역인 고려에 설치한 몽골 중앙권력의 파견기구 등의 강제력인데, 고려의 경우 1278년 다루가치가 철수한 뒤 1287년 다시 정동행성이 설치되었고, 순군부巡軍府와 진변만호부鎭邊萬戶府 등 강제력을 고려에 유지시켰다. 더욱이 몽골정권은 정동행성과 그 부속관부인 이

147) 高柄翊, 〈蒙古·高麗의 兄弟盟約의 性格〉, 《白山學報》 6→《동서교섭사의 연구》(서울대학교 출판부, 1970), 179~182쪽.

148) 李益柱, 〈高麗·元關係의 構造에 대한 研究—소위 世祖舊制의 분석을 중심으로—〉, 《韓國史論》 36(1996), 19쪽.

문소를 통하여 수시로 직접 카안의 관리를 파견하여 고려의 통치에 간여하였다.

각 시기에 몽골이 사용한 통치 수단과 그 결합을 지표로 시기구분을 해 보면, 그 첫 시기는 1260년 원종의 즉위부터 1269년 원종의 폐위와 복위를 거쳐 삼별초 봉기가 진압될 무렵까지 육사를 요구하던 때이다. 몽골은 무력으로 임연에 의해 폐위된 원종을 복위시킴으로써 무인정권을 무력화하고 있지만, 육사에 바탕하여 국왕의 출륙과 친조를 요구하는 것 말고는 적극적으로 내정에 간섭한 형적은 없다.

다음 단계는 1275년 충렬왕이 즉위하여 1278년 새로이 부여받은 부마고려국왕의 권위를 바탕으로 고려 안의 몽골세력을 본국으로 돌려보낸 뒤 외부의 간섭 없이 독자적으로 국사를 처결하게 되는 시점으로부터 1287년 정동행성이 설치되기 이전의 시기로서, 몽골정권이 고려왕국에 대한 공주의 영향력과 부마고려국왕의 명분을 이용한 단계였다. 육사의 의무 가운데 '공호수적' 등 많은 부분을 면제받는 독립왕국의 체제를 유지하고 있었지만, 끝내 대원 지배체제 안에 편성된 부마국왕의 권력으로 '수량'과 '조군'의 의무는 여전히 부담하고 있었다.

세 번째 단계는 정동행성이 설치되어 공민왕 대 폐지될 때까지로 가장 길었던 시기인데, 정동행성의 설치는 고려와 대원 사이의 타협의 산물이라고 할 수 있다. 곧 내속국인 고려를 대원 체제 안의 독립적 왕국으로 유지하도록 하는 대신, 카안의 직할통치 기구인 행성을 설치하여 고려의 국왕권력을 제도적으로 감시·견제했다고 볼 수 있다. 하지만 정동행성은 몽골 중앙권력의 파견기관(만호부 등)도 관할하였고, 그 우두머리인 승상의 자리를 부마고려국왕이 겸하였기 때문에 형식에서 고려 안의 모든 권력은 고려왕의 통할 아래 있었다. 요컨대 정동행성이 최소한의 직할지역도 가지지 못한 체제도 매우 불완전한 행성이었다는 점으로 미루어 짐작할 수 있듯이, 정동행성은 오히려 고려가 형식에서 내속국이었지만 상대적 자주성이 보장된 지역이었음을 상징하는 기관으로 볼 수도 있다. 또 시기에 따라 달랐지만, 정동행성의 관리 가운데 일부만 중서성에서 파견되었고 고려왕이 행성의 속관을 천거할 수 있었기 때문에 대부분의 정동행성 관리는 고려국왕의 내료가 겸직하였다. 대원의 임명을 받아 고려의 재판에 간섭한 이문관理問官이나 순마소巡馬所와 같은 기관도 고려국왕의 통제 아래 있었다는 점은 관리계통이 엄격히 분리된 막북의 제왕관할지역이나 영북등처행중서성嶺北等處行中書省[149]과도 달랐다. 물론 이를 근거로 딩쿤지엔丁崑健은 실제 모양이 봉번封藩과 같은 행성이라고 하지만,[150] 후기에 들어 대원황실의 유력자와 끈을 댄 고려의 귀족이 국왕에 대항하여 정동행성의 권력을 휘두를 수 있었다는 점을 고려할 때, 행성은 유력 봉번封藩의 종왕宗王 휘하에 설치된 왕상부王相府와는 전연 성격이 달랐다.

물론 시기에 관계없이 고려에 관철되는 복수의 몽골권력의 통로가 상호 결합되어 작용하기도 했으니, 순군옥巡軍獄이 한 예이다. 이러한 경우는 고려국왕과 고려 관료의 몽골화를 통해서도 나타났는데, 이것 또한 후기 여몽관계의 성격을 규정하는 가장 중요한 요인으로 볼 수 있다. 곧 고려국왕위 계승자와 시종이나 관료가 숙위 등의 이유로 장기간 대원에 체류하거나 여러 통로를 거쳐 몽골황실이나 귀족과 연인連姻으로 묶이게 됨으로써 몽골권력을 스스로 내재화하고 또 그러한 경향이 후기로 갈수록 강화되고 있는 바, 사회적 측면에서 내속관계의 내면화라고 볼 수 있다.[151] 이는 후기 고려권력의 정동행성 의존과 정동행성의 기능변화에까지 영향을 미쳤다고 볼 수 있기 때문에 더욱 가벼이 볼 수 없으나, 아직 이들 여러 인자를 복합적으로 고려한 연구성과는 나오지 않고 있다.

요컨대 필자는 대원과 고려 사이의 관계를, 김재홍의 대등한 관계나 또는 고병익 선생의 중국적 개념의 부용관계였다는 의견에 동의할 수 없다. 기본적으로 대원과 고려 사이의 관계를 검토하기 위해서는 독립적

149) 李玠奭, 〈元代의 카라코룸, 그 興起와 盛衰〉, 《몽골학》 제4호(1996), 55~61쪽.

150) 丁崑健, 〈元代征東行省之研究〉, 《史學彙刊》 10, 177쪽.

151) 杉山正明은 케식 복무를 인종·종족·언어·생활습관 등 來源이 전혀 다른 피정복민(의 유력집단)을 몽골이란 '동일한 집단으로 녹여 버린' 도가니 구실을 했다고 보고 있는데(李玠奭, 〈書評: 杉山正明 著, 《大モンゴルの世界: 陸と海の巨大帝國》〉, 《中央아시아研究會會報》 2, 1994, 27쪽), 대원 왕조 성립 뒤 이루어진 고려국왕위 계승자와 시종들의 宿衛에서도 또한 그러한 성격을 찾을 수 있다.

왕조이던 고려와 대원 사이에 '고려의 풍속을 바꾸지 않는다'는 전제로 맺어진 육사 틀의 부용관계, 대원의 황녀와 혼인한 부마국왕의 권력을 이용한 왕국의 대원 지배체제 안의 편입, 끝으로 정동행성과 그 부속 기구를 통한 통제를 살펴야 한다. 이 밖에도 끊임없는 사절의 파견을 통한 카안의 직접 지령과 고려에 대한 통일된 법제 적용 등 다양한 지표를 통하여 두 나라의 관계를 점검해 볼 필요가 있다.

특히 통일된 법제를 제정하여 지배 아래 전 지역 주민에 적용하려는 대원의 시도가 고려의 법제에 미친 영향은 몹시 컸다. 고병익 선생[152]도 이미 주목한 바 있으나, 이를 고려-대원 관계를 구명하는 지표로 살피지 않았다. 이 점에서 정니나程尼娜가 정동행성의 기미통치기능羈縻統治機能를 언급하면서 이문소와 대원의 법률적용 문제를 제기한 것[153]은 새로운 분석 시각의 제안이라고 볼 수 있다.

쿠빌라이 재위기 대원의 내속국의 지위로 전락한 뒤, 고려는 세조구제라는 보호장치에 의지하여 '불개토풍'을 주장하였다고 해도 수시로 전달되는 카안의 칙령과 대원이 제정한 《지원신격至元新格》, 《대원통제大元通制》, 《지정조격至正條格》을 준수해야 했다. 또 신우辛禑 3년(1377)에는 "판결에 《지정조격》 하나만을 따르라"[154]는 왕명이 나오는 바, 비록 우왕禑王이 내린 명령이 그대로 집행되었는지 알 수는 없어도 이미 실질적인 지배와 내속관계가 해소된 시기에 자발적으로 《지정조격》을 기본법전으로 적용한다는 결정이 나온 것은 여말 고려사회에 미친 대원법제의 영향이 몹시 컸음을 보여 준다. 대원의 위세가 아직 당당했던 1330년대나

152) 고병익, 〈元代의 法制—蒙古慣習法과 中國法과의 相關性—〉, 《歷史學報》 第3輯(1953), 315~355쪽.

153) 征東行省의 특수한 지위 때문에, 理問所에서 형을 집행할 때 大元通制와 至正條格 등 元朝의 法을 적용하였기 때문에 고려관리들은 관여할 수 없었다고 한다. 程尼娜, 앞의 논문, 160쪽.

154) 《高麗史》 권84/30상 刑法1 職制, "(辛禑)三年二月, 令中外決獄一遵至正條格." 그러나 14년의 기사는 대원의 법률이 고려에 적용되는 데 근본적인 어려움이 있었음을 잘 지적하고 있다. "(14年9月)前元有天下, 制以條格通制布律中外, 尙懼其煩而未, 復以中國俚語爲律而名之. 曰, 議刑易覽, 欲令天下之爲吏者, 皆得以易曉也. 然本朝俚語与中國不通, 則尤難曉之. 又無講習者."

《지정조격》 반포 직후에도 대원법률의 적용에 대한 고려사회의 거부감이 매우 강했기 때문이다.

후지원 정축년(1337) 정동행성 좌우사원외랑左右司員外郎으로 부임한 이곡李穀은 함께 부임한 동료인 이문理問 게이충揭以忠이 고려에 대원법률이 통용되지 않는 점에 대하여 불만을 토로하자 고려에 이미 독자적인 문화와 법체계가 있으며 세조가 불개토풍을 약속하여 고려조정의 집법관리執法官吏가 구법舊法을 적용함으로써 행형기준行刑基準의 혼란이 발생한 것이라고 배경을 해명했던 고사故事를 굳이 송별送別의 서序에서 다시 강조하는 것도[155] 고려지배층의 대원법제에 대한 태도의 한 자락을 보여 준다. 이곡의 경우 심지어 대원법제가 행성의 이문소를 통해 적용되는 점에 대하여도 불만을 가졌던 것 같고, 그러한 그가 가진 법제에 대한 문제의식은 이를 향시의 책문策問으로 출제하는 것을 통해 분명하게 드러난다.[156] 이러한 피압박에 저항하는 정서가 마침내 1356년 기철과 노책의 모반사건을 진압한 다음 공민왕이 첫 조치로 정동행성 이문소를 혁파하는 것으로 표출되었고, 11월 4일 대원에 보낸 표문에서도 또한 행성의 관리들이 고려의 감찰사監察司와 전법사典法司의 장형청송掌刑聽訟과 비리규정非理糾正의 기능을 왜곡한 점을 강조하고 있다.

155) 李穀, 《稼亭集》 권9, 揭理問序, "揭君謂余曰, 政出多門民不堪命, 方今四海一家, 何中朝之法不行于東國乎? 余應之曰, 高麗古三韓地, 風氣言語不同華夏, 而衣冠典禮自爲一法, 秦漢以來未能臣之也.……比來, 國法漸弛, 民風益薄, 自相變亂, 而爭告訐省吏之執通制者, 則曰, 普天之下莫非王土. 國臣之持舊法者, 則曰, 世皇有訓不改土風. 於是出彼入此, 趣輕舍重, 皆有所說, 莫可適從法之不行非由此歟. 君曰, 然吾旣有所受, 惟知奉法而已."

156) 《稼亭集》 권1, 策問, "先有大元通制, 後有至正條格,……然, 今法吏多用例, 律其不如例乎. 例或無其條則求之律, 律如其無文, 將於何求之歟.……本國立法已久, 重於變更, 比來政出多門, 人不奉法, 或於用刑之際, 繩之以元朝之法, 有司拱手而不敢言. 或曰世皇有訓, 毋變國俗, 或曰普天之下莫非王土, 今欲上不違條格, 下不失舊章, 使刑法歸一, 而人不苟免, 其要安在?"

맺음말

13~14세기 대몽고국과 고려의 관계에 대한 연구는 위에서 살핀 바와 같이 아직 충분히 이루어졌다고 볼 수 없다. 그러나 녹촌 고병익 선생이 정동행성 연구와 육사를 지표로 한 비교사적 방법을 도입함으로써 20세기 후반 여몽관계사 연구에 큰 획을 그었고, 또 왕실혼인을 통해 여몽관계의 성격을 살핀 타이완의 샤오치칭 교수와 변화의 관점에서 정동행성을 새롭게 검토한 장동익 교수 등 많은 나라의 후학이 고병익 선생의 문제의식을 계승함으로써 여몽관계사 연구를 크게 발전시킨 것도 사실이다. 또 근자에 들어와 이익주가 '세조구제'와 '불개토풍'을, 모리히라 마사히코가 '왕부와 투하'를 잣대로 여몽관계를 분석함으로써 여몽관계사 연구의 지형이 새롭게 바뀌고 있고, 몽골제국사와 중앙아시아사 두 분야에서 모두 혁혁한 업적을 내고 있는 김호동 교수가 대 몽골 울루스(대원)의 이해체계 안에서 대원과 고려의 관계를 새롭게 조명함으로써 또한 여몽관계사 연구의 새로운 국면을 열고 있다.

하지만 이들이 고안한 새로운 접근방법에도 아랑곳하지 않고 많은 문제점이 여전히 속 시원하게 해명되지 않고 있다. 정치사적 관점 말고도 다양한 측면, 예를 들면 사회사와 문화사의 잣대로 연구할 필요가 있으며, 정치사의 측면에서도 위에 든 권력의 통로가 아닌 조칙이나 법제를 통한 직접 지배의 방식을 통해 지배와 내속관계가 이루어지는 과정을 검토해 볼 수도 있다. 대원과 고려의 지배와 내속관계를 속속들이 해명하기 위해서는 대원의 통치권력이 고려 안에 설치한 정치적·군사적 장치의 작동, 칙령 등 조서詔書와 법령 선포 등 카안의 일상적인 통치행위의 영향, 또 왕위계승자와 관료, 관료예비군의 숙위와 혼인 등 인적 교류의 증가에 따라 고려에 증식增殖되고 내면화한 대원의 지배, 친원親元 또는 부원附元 집단의 자발적 동의, 여타 집단의 비자발적 동의와 저항의 양태 곧 당대 각 계층의 의식과 문화에 대하여도 살핌으로써 여몽관계사 연구의 부족한 부분이 채워질 수 있을 것이다.

요컨대 현재의 단계에서 여몽관계사 연구는 아직도 많은 부분에 빈 구석이 있고, 기초적인 연구도 충분히 이루어졌다고 보기 어려울 뿐만 아니라 연구방법도 개선할 여지가 많다. 물론 정복과 파괴, 억압적 지배와 수탈 등 피지배로 말미암은 고통의 기억을 계승한 국내의 많은 연구자가 애국주의적 관점에서 여몽관계사 연구에 접근하고 있는 것도 중요한 이유이다. 이 때문에 1218년 이후부터 1380년에 이르는 고려-대원 관계사 연구의 문제의식을 정치사 밖의 주제로 넓히는 것도 쉽지 않다. 하지만 여몽관계사 연구를 다시 새롭게 활성화하고 수준을 한 단계 높이기 위해서는 무엇보다 여몽관계를 새로운 각도에서 접근할 수 있는 의향과 능력을 갖춘 많은 연구자를 육성하는 것이 고려-대원 관계사 연구를 양적으로나 질적으로 발전시키기 위해 우선해야 할 과제라고 할 수 있다.

유능한 여몽관계사 연구자 후속세대를 양성하려면 무엇보다 고려사와 대몽고국 역사 두 분야 모두에 대한 충분한 지식이 필요하다. 더욱이 대몽고국 시대의 역사는 중국의 여타 왕조사와 다른 특성이 있기 때문에 쉽게 접근하기 어려우며 특별한 훈련 기간이 필요하다. 한문 해독능력 말고도 다양한 사료언어를 해독할 수 있는 능력을 갖추어야 한다. 이 점에서 외국의 유수한 몽원사 연구기관에서 몽원사 연구의 기초를 다진 젊은 연구자들과 최근 서울대학교 동양사학과에서 김호동 교수의 지도로 배양된 신진 연구자들이 여몽관계사 연구에 합류할 수 있게 된 것은 우리 학계의 여몽관계사 연구를 위해 매우 다행한 일이라고 할 수 있다.

마지막으로 필자가 강조하고 싶은 것은 여몽관계사를 보는 관점의 대전환이다. 여몽관계사 연구의 핵심은 대원 지배 아래 고려에 대한 연구이지만, 고려와 대원의 관계를 연구하는 것은 그 시대 고려사에 대한 정확한 이해를 위한 중요한 수단이다. 그뿐만 아니라 몽골 지배 아래 고려 연구는 몽원사 연구의 중요한 일부로서 두 분야 연구자의 협동연구를 발전시킬 필요가 있다. 또한 몽골 지배 아래 고려사 연구자도 연구역량을 향상시키기 위해서는 여몽관계사 연구자의 후속세대가 갖추어야 하는 능력을 갖추고 강화할 필요가 있다.

민족주의적 역사의식은 소중한 역사학의 자산이다. 하지만 연구자는 그것의 보호와 그것이 가지는 한계에서 스스로 걸어 나와 과학적인 학문 방법론을 가지고 여몽관계사를 새롭게 연구해야 할 것이다. 물론 여기에 제출한 본인의 연구도 위에서 언급한 이상적인 여몽관계사 연구자 양성의 표준에 미치지 못하고 있다. 필자가 여몽관계사 연구에 관심을 가지면서 봉착했던 문제점과 달성하고자 노력했으나 끝내 이루지 못한 목표를 이 연구를 통해 동료 연구자들과 함께 토론해 보았으면 하는 것이다.

제1장

여몽형제맹약과 초기 여몽관계의 성격: 사료의 재검토를 중심으로

머리말

역사에 없었던 대제국을 세운 대몽고국과 1백여 년 동안 그 지배를 받았던 고려의 관계는, 대몽고국과 여타 피정복국의 속국관계와는 달랐다. 13세기 말 14세기 초 대원 외부의 관찰자였던 라시드 앗 딘은 《집사集史》에서 "셋째 독자적인 지방mulkî인 카울리Kawlî(고려)와……의 싱省. 그곳의 군주를 왕wâng이라고 부른다"고 했고,[1] 1333년 대원의 과거에 합격하여 한림국사원翰林國史院과 휘정원徽政院의 관리를 역임하고 고려와 정동행성의 관리를 지내 당시 대몽고국 질서 속에서 고려의 지위와 형편을 비교적 잘 이해하고 있었을 것으로 보이는 이곡李穀도 "高麗本在海外고려본재해외, 別作一國별작일국,……方今天下방금천하, 有君臣有民社유군신유민사, 惟三韓而已유삼한이이"[2]라고 하여 비슷한 견해를 보여 준다.

그렇다면 대원과 고려 사이에 이와 같은 특별한 속방屬邦관계가 성립된 배경은 무엇인가? 지금까지 여몽관계를 검토한 많은 연구가 있지만, 쿠빌라이가 세운 대원과 고려 사이의 관계에 대한 연구가 중심을 이루고 있고, 활발히 논의되고 있는 성격논쟁도 이 기간의 여몽관계 분석에 초점이 맞춰져 있다. 몽골과 고려가 접촉한 모든 기간의 여몽관계, 곧 1260년 이전의 여몽관계까지 연구 시야를 확장시켜 관계의 성격을 분석한 연구가 최근 증가하고 있지만,[3] 1260년 이후의 여몽관계에 대한 분석도 명

1) 라시드 앗 딘/김호동 역, 《집사 3 칸의 후예들》(서울: 사계절, 2005), 421~422쪽.

2) 李穀, 《稼亭先生文集》 권8/2하, 〈代言官請罷取童女書〉; 李成珪, 〈高麗와 元의 官僚 李穀(1298~1351)年譜稿〉, 《東아시아 歷史의 還流》(서울: 지식산업사, 2000) 참조.

3) 高柄翊, 〈蒙古·高麗의 兄弟盟約의 性格〉, 《白山學報》 6(1969); 申安湜, 〈고려최씨무인정권의 대몽강화교섭에 대한 일고찰〉, 《國史館論叢》 45(1993); 李益柱, 〈고려대몽항쟁기 강화론의 연구〉, 《역사학보》 151(1996); Чулууны ДАЛАЙ, "Их Монгол Улсын Үеийн Монгол Солонгосын Харилцаа(대몽고국 시기 몽골-고려 관계 1206~1260)", *МОНГОЛЧ ЭРД*

쾌하고 흡족한 느낌을 주는 것이 드물다.[4] 요컨대 초기 여몽관계를 보여 주는 사료에 대한 검토에서 여전히 미흡함을 발견할 수 있다. 더욱이 1231년 몽골이 고려에 보낸 두 통의 첩문牒文을 비롯한 두 나라 사이에 주고받은 외교문서에 대한 연구가 미흡하다.

1231년 몽골이 고려에 보낸 두 통의 첩문의 경우 1960년대 무라카미 마사츠구村上正二와 레디야드가 시도한 역주가 있고,[5] 최근에 국내에서 이루어진 《고려사》 번역과 《원고려기사》 역주도 여몽, 여몽관계 사료연구의 중대한 진전으로 볼 수 있다. 또 몽골에 보낸 고려 쪽 외교문서를 분석한 모리히라 마사히코森平雅彦의 연구 또한 중요한 업적이라 할 수 있다.[6] 하지만 1218년부터 1259년까지 또는 그 이후에 몽골이 고려에 보낸 외교문서에 대한 연구는 여전히 만족스럽지 못하다.

이 글은 이 점에 착안하여 몽골이 고려에 보낸 외교문서를 중심으로 여몽관계를 검토함으로써 이제까지 나온 관련 연구를 보완하는 균형 잡힌 시점을 찾는 데 작은 도움이 되기를 바란다. 여몽관계를 처음부터 들

ЭМТДИЙН ИХ ХУРАЛД ТАВИХ ИЛТГЭЛ(몽골학 전문가 대회에 제출한 보고서)(Улаанбаатар, 1997); 朴文一, 〈論1231~1260 年間蒙麗戰爭与外交之爭〉, 《延邊大學社會科學學報》(1997년 제1기); 이홍종, 〈대몽강화와 문신의 역할〉, 《홍경만교수정년기념 한국사학논총》(2002); 森平雅彦, 〈13世紀前半における麗蒙交涉の一斷面—モンゴル官人との往復文書をめぐって〉, 한일문화교류기금·동북아역사재단 편, 《몽골의 고려·일본침공과 한일관계》(경인문화사, 2009), 130~155쪽; 윤용혁, 〈대몽항쟁기 여몽관계의 추이〉, 《13~14세기 동아시아와 고려: 고려대원관계의 성격탐구》(2009년 12월 3~5일 경북대학교 한중교류연구원·동북아역사재단 공동주최 국제학술회의).

4) 여몽관계의 관점에서 다룬 연구성과에 관하여는 필자의 〈大蒙古國-高麗 關係 연구의 재검토〉, 《史學硏究》 88(2007) 참조. 새로운 연구로는 森平雅彦, 〈事元期高麗における在來王朝體制の保全問題〉, 島根縣立大學 北東アジア地域硏究センター, 《北東アジア硏究》 別冊 第1號(2008), 135~172쪽.

5) 村上正二, 〈蒙古來牒の飜譯〉, 《朝鮮學報》17(1960); Gari Ledyard, "Two Mongol Documents from the Koryo sa", *Journal of the American Oriental Society 83*(1963.6.15). 이 밖에 亦鄰眞, 〈元代硬譯公牘文體〉, 《元史論叢》 제1집(1982), 177~178쪽은 전론으로 이를 다루지는 않았지만, 예문으로 이들 첩문 가운데 첫 번째 첩문(1231)을 標點하여 제시하면서 새로운 지견을 보여 주고 있다.

6) 森平雅彦, 〈13세기 전반에 있어서 麗蒙交涉의 한 단면—몽골 관인과의 왕복문서를 중심으로—〉, 한일문화교류기금·동북아역사재단 편, 《몽골의 고려·일본의 침공과 한일관계》(서울: 경인문화사, 2009), 130~155쪽.

여다보면 시기마다 성격의 차이가 드러난다. 따라서 모든 기간의 여몽관계의 성격을 한 마디로 규정하기는 어렵지만, 1259년 이전 고려와 대몽고국의 관계나 그 이전의 고려와 거란 또는 고려와 금金 사이에 맺어졌던 관계 사이에 일정한 연속성도 발견할 수 있다. 무엇보다 1218년 말과 1219년 초 몽골군, 동진군과 함께 고려가 공동작전을 펴서 강동성의 거란족을 굴복시킨 뒤에 몽골과 처음 맺은 이른바 형제맹약과 1231년 몽골군대의 본격적인 고려 침략 뒤 벌어진 대몽항쟁 기간에 다시 조정된 여몽 두 나라 사이의 관계가 1260년 이후 새롭게 맺는 여원관계를 규정하고 있다는 느낌을 필자는 떨칠 수 없다.

따라서 제1장에서는 1260년 이전, 특히 1218년 최초로 고려와 대몽고국이 조우하고 이어 1219년 초 몽골의 강동성 진압 작전 뒤 1231년 몽골의 제1차 침략시기까지 고려-대몽고국 초기 교섭의 역사에 대하여 다룰 것이다. 우선 《고려사》·《동국이상국집東國李相國集》·《동문선東文選》에 실린 여몽 두 나라 사이에 주고받은 첩문과 최근 김용선金龍善이 정리한 《고려묘지명집성高麗墓誌銘集成》에 실린 〈조충묘지명趙冲墓誌銘〉[7] 등 여몽 교섭의 현장에 있던 인물들의 묘지명을 다시 검토하는 방식으로 초기 여몽형제맹약 체결이 여몽교섭사 전체에 지니는 의미를 다시 음미해 본다. 이어 제2, 3, 4차 몽골 침략에 맞서는 가운데 계속 논의된 여몽강화 연구가 주로 고려에서 몽골에 보낸 문서를 중심으로 이루어진 점을 고려하여, 《고려사》와 《원고려기사元高麗紀事》에 남아 있는 몽골에서 고려에 보낸 외교문서의 분석을 통해 당시 몽골의 의도를 살펴보고, 끝으로 1259년 태자의 입조에 이르는 기간 몽골 측의 고려 침략군 편성과 여몽관계의 추이를 살펴보려 한다.

---

7) 조충의 묘지명은 개성군 상도면 연동 고려 태조왕비 제릉 서록에 있던 그의 무덤이 1926년 도굴되어 지석이 노출됨으로써 비로소 후손에게 존재가 알려졌다. 1948년 천장으로 강원도 횡성군 우천면 정암리로 옮겨 묻힌 뒤 1988년 10월 수묘를 계기로 신종원이 학계에 보고하였다. 필자는 지난 4월 강원도 횡성읍 조충의 후손가에 보관하고 있는 〈趙冲墓誌銘〉을 새로 검토한 바, 이 글의 작성에 큰 도움이 되었다. 〈조충묘지명〉을 다룬 논문으로는 辛鍾遠, 〈趙冲墓誌銘〉, 《江原史學》 4(1988), 143~155쪽과 丁善溶, 〈趙冲의 對蒙交涉과 그 政治的 意味〉, 《震檀學報》 93(2002)이 있다.

제1절

몽골·동진·고려 연합군에 의한 강동성 함락과 여몽형제맹약의 성격

1. 여몽형제맹약의 성립과정

야율유가耶律留哥가 칭기스칸에게 투항하여 떠난 뒤 거란족을 통치하게 된 야시부耶厮不는 1216년 봄 징주澄州(해성)에서 대요수국大遼收國의 왕을 칭했다. 1216년 가을 무칼리가 요서遼西를 진압하고 요동반도로 접근하자, 징주를 버리고 동주東走하여 개주開州(봉황성)와 보주保州(구의주)의 사이에 머물렀다. 이 무렵 거란집단의 우두머리는 걸노乞奴로 바뀌었으며, 오래지 나지 않아 야율유가가 이끈 몽골군에게 패해 압록강 서안西岸에 이르렀다. 이해 8월부터 금산원수金山元帥가 이끈 9만여의 거란집단은 강을 건너 들어와 의주義州, 평양平壤, 개경開京 등을 함락시킨 뒤에 한반도 중부 지역까지 유린하였다.[8] 1218년 겨울 거란군은 고려의 필사적인 반격에 밀린 데다가 퇴로까지 막혀 잔여세력 수만 기騎를 이끌고 강동성에서 농성하였다.

1218년 늦가을 강동성에 농성한 거란족을 수복하기 위해 한반도에 발을 디딘 몽골·동진 연합군과 서북면원수西北面元帥 조충趙沖이 이끈 고려 군대 사이의 연합작전을, 지금까지 몽골과 고려의 최초의 공식적인 접촉으로 보았다. 합진과 찰랄이 이끈 1만의 몽골 군대[9]와 완안자연完顔子淵이

---

8) 箭內亘, 〈蒙古の高麗經略〉, 《蒙古史研究》(東京, 1930), 452~454쪽.
9) 라시드 앗 딘/김호동 역, 《집사 2 칭기스칸기》(서울: 사계절, 2003), 제2편 제2장 제5절

이끈 2만의 동진 군대가 1218년 거란 적도賊徒를 토벌한다는 명분을 내세우며 갈라로曷懶路[10]를 거쳐 동계東界의 정주로 들어왔다. 한반도 동북의 여진족女眞族 거주 지역 갈라로는 포선만노蒲鮮萬奴가 세운 동진의 새로운 거점 가운데 하나였던 것으로 보인다. 몽골 군대는 화주和州를 함락시킨 뒤에 서쪽으로 직행하여 북계北界의 맹주猛州, 순주順州, 덕주德州 3성을 잇달아 함락시킨 다음,[11] 대동강 상류 강동성을 포위하였다. 이때 폭설暴雪이 내려 향도餉道가 끊기자, 몽골 원수 합진은 통사通事 조중상趙仲祥과 덕주진사德州進士 임경화任慶和를 고려 원수부에 보내 매우 위협적인 언사로 군량軍糧과 마초馬草를 요구했으며, 단적丹賊을 진압한 뒤 형제를 맺으라는 칭기스칸의 명령도 함께 전했다.[12]

이전 1211년(신미) 5월 생신회사生辰回謝 사절로 금에 보낸 장군 김양기金良器 일행 10명이 통주通州에서 몽골 군사의 화살을 맞아 희생되었고, 이것을 고려와 몽골 사이의 최초의 접촉으로 볼 수도 있다.[13] 하지만, 이 사건은 공식적인 양국관계의 설정에는 아무런 영향을 미치지 못했기 때문에 의미 있는 접촉이나 교섭은 아니었다. 그렇기에 1218년 일어난 몽골·동진 군대의 동계 진입이야말로 최초의 의미 있는 여몽 사이의 접촉이라고 볼 수 있다.

한편 강동성을 공략하기 위해 연합작전을 폈던 칭기스칸과 동진 포선만노의 의도에 대하여 야나이 와타루箭內亘는 금이 두 나라의 공동 적이

(1211~1218), 295~296쪽. 무인년(1218.1~2)에 무칼리 국왕에게 군사를 주어 남정케 했다. 옹구트 1만 호 말고, 쿠시쿨 1천 호, 우루우트 4천 호, 보투 쿠레겐의 이키레스 2천 호, 뭉케 칼자의 망쿠트 1천 호, 알치 나얀의 쿵그라트 3천 호, 다이순의 잘라이르 2천 호, 그리고 카라키타이(우야르 烏葉兒 왕샤이 만호)와 주르체(투간 禿花 왕샤이 만호)의 군을 예속시켰다. 또 키타이와 주르체의 여러 지방을 그에게 맡겨 방어하고, 복속하지 않은 곳은 힘닿는 대로 정복하도록 명령했다고 하는데, 그 가운데 일부로 볼 수 있다.

10) 箭內亘, 〈成吉思汗の滿洲經略に關する二三の硏究〉, 《蒙古史硏究》, 48~52쪽; 《金史》 권122, 〈梁持勝傳〉.

11) 金庠基, 《新編高麗時代史》(하), 418쪽 상단 지도 참조.

12) 《高麗史節要》 권15/15하, "(高宗5年12月)哈眞遣通事趙仲祥與我德州進士任慶和來牒元帥府曰皇帝以丹兵逃在爾國于今三年未能掃滅, 故遣兵討之. 爾國惟資糧是助無致欠闕, 仍請兵其詞甚嚴, 且言帝命破賊之後約爲兄弟."

13) 《高麗史》 권21, 희종 7년 5월 기사.

었고, 나아가 압록·두만의 여진족을 통속시키는 것은 포선만노의 숙지宿志였으며, 요동에서 금의 세력을 쫓아내고 몽골의 세력을 세우는 것은 또한 칭기스칸의 열망이었다고 한다. 또, 한편으로 금을 적으로 하고 한편으로 거란을 평정하여 고려에 은혜를 베푸는 점에서, 양쪽 모두 고려에 대하여 획책하는 바가 같았고 이해가 일치했기 때문에 일찍이 싸운 적도 있는 몽골과 동진의 연합출병이 이루어졌다고 보았다.[14] 필자의 은사인 고병익 선생도 야나이 와타루의 고려 원조와 시은설施恩說에 동의하고,[15] 몽골이 고려와 동맹관계를 맺어 금나라를 양쪽에서 압박할 목적이었다고 보는데,[16] 윤은숙도 이에 동의하고 있다.[17]

그런데 여기서 당시 고려 쪽 상황도 짚고 넘어갈 필요가 있다. 몽골과 형제맹약을 논의할 무렵인 1219년 초 고려는 금에게 새롭게 조공하겠다는 의사를 밝혀, 그동안 금의 지원 요청을 거절하여 거의 끊겨 있던 외교관계를 복원하려고 애쓰고 있었다.[18] 곧 《금사金史》〈교빙표交聘表〉를 보면 몽골과 맹약이 체결되기 전인 1219년 정월 초하루 요동행성에서 급보를 보내 고려가 금에 조공하겠다는 표를 보냈음을 알리고 있고,[19] 맹약이 체결된 뒤인 3월에도 고려가 조공을 청했던 뜻을 굽히지 않자 특별히 사람을 보내 "길이 통하지 않는다"는 핑계로 고려에서 보낸 사신을 타일러 돌려보냈다는 기사[20]가 적혀 있다. 이것은 고려가 금을 이용해 몽골의 압박을 벗어나려는 뜻이 매우 강했음을 보여 준다. 이는 여몽형제맹약이 당시 고려의 뜻에 반하였음을 보여 주지만, 정작 금이 고려의 요구를 받아들이지 않음으로써 이러한 고려의 전략은 실패로 돌아갔다.

---

14) 箭內亘, 〈蒙古の高麗經略〉, 《蒙古史硏究》(東京, 1930), 456~457쪽.
15) 高柄翊, 〈蒙古·高麗의 兄弟盟約의 性格〉, 《東亞交涉史의 硏究》(서울대학교 출판부, 1970), 137쪽.
16) 위의 글, 168쪽.
17) 尹銀淑, 《蒙·元帝國期 옷치긴家의 東北滿洲 支配—中央政府와의 關係 推移를 중심으로—》, 2006년 강원대학교 박사학위 논문, 75쪽.
18) 《金史》 권62, 交聘表; 高柄翊, 위의 글, 159쪽 참조.
19) 《金史》 권62, 交聘表 하, 1486쪽 정월 무진삭 이하 참조.
20) 《金史》 권15, 宣宗, 흥정 3년 3월 "甲戌, 高麗先請朝貢, 因遣使撫諭之, 使還, 表言道路不通, 俟平定後議通款. 命行省姑示羈縻, 勿絕其好."

1218년 겨울 몽골 원수 합진이 고려 원수부에 보낸 첩문에 적힌 요구는 세 가지로 요약되는 바, "군량의 공급〔輸糧〕과 군사의 파병〔助軍〕, 그리고 형제맹약"[21]이었다. 고려 상서성尙書省은 처음에는 몽골의 의도를 의심하고 망설였으나, 서북면원수 조충의 건의를 받아들여 "대국大國이 군사를 일으켜 환란에서 구해 주는 것이므로, 제후의 나라로서 지휘하는 대로 모두 따를 것"이라는 답첩答牒을 보내고[22] 조충에게 재량에 따라 지원하도록[23] 허락하였다. 이에 조충은 1천 섬의 쌀을 보내고, 중군판관中軍判官 김양경金良鏡[24]에게 정병精兵 1천을 주어 이를 호송하게 한 뒤에 우선 사태의 추이를 관망하였다.

그러나 몽골군 원수 합진은 고려 쪽에 여러 번 더 많은 증원군의 파견을 요구하였기 때문에, 마침내 원수 조충은 병마사兵馬使 김취려金就礪와 지병마사知兵馬事 한광연韓光衍에게 휘하 장군 10명이 거느린 병사와 신기神騎·대각大角·내상內廂의 정졸精卒을 거느리고 가게 했고,[25] 자신도 뒤따라갔다. 이리하여 합진과 찰랄이 거느린 1만의 몽골군, 완안자연이 거느린 2만의 동진군 그리고 조충과 김취려가 이끈 1만 안팎의 고려군 등 4만이 넘는 군대가 거란군이 농성한 강동성을 포위한 뒤 강에 접한 일면一面을 제외한 삼면三面에 광심廣深 10척의 호濠를 파서 공격하였다. 이에 거란족의 영수領袖 함사喊舍는 전투의 결말을 예견하여 1219년 정월 자결

21) 《高麗史節要》 권15/15하.

22) 《高麗史節要》 권15/15하, "我以尙書省牒答曰大國興兵救患, 弊封凡所指揮實皆應副."

23) 〈趙冲墓誌銘〉에 따르면, 당시 조정은 몽골 군대가 거란에 복수한다는 명분을 내세우고 있으나 몽골의 진정한 의도를 의심하여, 조의가 분분하였다고 한다. 끝내 최우가 조충에게 '편의종사'하도록 허락하고 있다. "以爲莫是契丹遺種一般, 人僞作蒙古文字, 名復讐契丹, 實欲□□□耶. 遂不報, 及是, □□之馳聞方棘而朝臣猶執前議, 依違未決者久矣. 唯今樞密使崔公曰, 以元帥〔趙〕□□□□□□□□□〔彼〕〔此〕□饜而妄奏如是耶. 力開說□會群公, 然後□稍解, 且許講和然, 乞糧草事, 末□□□, 公以〔便〕〔宜〕從事. 故得與蒙古和好, 攻破契丹, 及平, 蒙古以俘獲婦女孩童六百餘口付公, 揮涕叙□□□□□公乃□配佛寺官廨以充駈役云."

24) 《高麗史》 권102, 金仁鏡傳. 良鏡은 仁鏡의 初名이었다. 김인경은 조충이 강동성에 가면서 판관으로 辟召하여 기용하였다. 합진과 완안자연이 병량을 요청하였을 때 보낼 만한 적당한 사람을 찾지 못하자 자청하여 나섰다.

25) 〈金平章行軍記〉(《東文選》 권69)와 《高麗史節要》에 모두 "領十將軍兵"이라 하여 정확한 군세를 알 수 없으나, 〈金就礪墓誌銘〉에 "乃領一十千人"이라 하여 조충 휘하의 1만 안팎의 군사가 강동성 전투에 참전했음을 알 수 있다.

하였고, 그러자 5만의 거란족 유민이 성문을 열고 투항했다.

강동성에 대한 3군의 작전이 성공적으로 끝난 뒤, 전후 처리는 몽골군 원수에 의해 일방적으로 이루어졌다. 몽골 원수 합진은 1만의 군사와 군량을 제공한 고려에 대하여, 거란족에게 붙들려 있던 고려인 2백 명과 포로로 잡힌 거란족 부녀와 동남童男 7백 명을 보낸 것이 고작이었다. 고려는 분급된 거란족 포로들에게 여러 주현州縣의 황무지를 주어 모여 살게 했던 바, 뒷날 '거란장'의 기원이 되었다.[26]

한편 거란족 유민을 평정한 합진은 칭기스칸의 지시에 따라 정월 23일 포리대완蒲里帒完 등 10명을 고려조정에 보내 화호和好(형제)맹약[27]을 체결하였다. 그런 뒤에 완안자연과 더불어 투항한 거란족 유민을 이끌고 의주 방면으로 철수하였는데, 이때 데려간 대부분의 거란족 유민은 요하 상류의 거란의 고토故土 서루西樓로 보낸 것으로 보인다.[28]

그렇다면 1219년 고려와 몽골이 맺은 화호맹약의 체결은 구체적으로 어떤 과정을 거쳐 이루어졌으며, 그 맹약은 어떤 성격을 갖고 있었는가? 먼저 고려와 몽골의 최초의 조우에서 맺어진 여몽형제맹약의 의미에 대하여 다시 음미할 필요가 있다.

몽골 원수 합진은 쌀 1천 섬과 군사 1천 명을 거느리고 온 고려 중군 판관 김양경에게 위로연을 베푼 자리에서 "두 나라가 형제를 맺으려면 마땅히 국왕에게 아뢰어 첩문을 받아와서 내가 돌아가 황제에게 아뢰어야 한다"[29]고 했다. 이것이 몽골 군대가 동진이 파견한 2만의 군대와 함께 강동성을 공략하여 얻고자 한 일거양득의 전략목표 가운데 하나였음

---

26) 그러나 〈趙冲墓誌銘〉에서는 이들을 寺院과 官廨에 분배한 것으로 적고 있다.

27) 《高麗史》 권22는 (高宗6年春正月)"辛巳趙冲金就礪與哈眞子淵等合兵圍江東城, 賊開門出降. 庚寅, 蒲里帒完等十人賫詔請講和"(/16하)라 하여 講和로 서술하고 있지만, 같은 사실을 1331년 11월 趙叔昌에게 보낸 '上皇帝表'(《高麗史》 권23, 高宗世家 2/9하)에 그 뒤도 여러 번 投拜로 표현하고 있다.

28) 《元史》 권149, 耶律留哥傳.

29) 《高麗史》 권103, 趙冲傳, "冲卽輸米一千石, 遣中軍判官金良鏡率精兵一千護送. 及良鏡至, 蒙古東眞兩元帥邀置上坐宴慰曰, 兩國結爲兄弟, 當白國王, 受文牒來, 則我且還奏皇帝." 같은 내용이 《高麗史節要》 권15에도 기록되어 있다(/16상).

을 짐작케 한다. 곧 강동성에 있는 수만의 거란족을 확보하고 동시에 당면한 고려의 우환을 덜어 줌으로써, 전쟁을 거치지 않고 고려를 몽골에 신속臣屬시키려는 칭기스칸의 의도를 몽골 원수 합진이 김양경에게 표명한 것이다.

형제맹약 당시의 상황은 《고려사》, 《고려사절요》와 《원고려기사》에 비교적 자세히 기록되어 있으며, 이미 앞에서 여러 차례 인용한 바 있는 은사 고병익 선생도 전론專論에서 배경 등에 대하여 비교적 정치精緻한 논의를 하였다. 하지만 정작 맹약의 조건이 무엇이며, 그 조건을 어느 쪽에서 제시했는지 등의 구체적인 내용은 밝혀져 있지 않다. 따라서 전후 사정을 이해하기 위해서는 맹약을 맺는 과정을 되짚어 검토해 볼 필요가 있다. 더욱이 조충의 묘지명과 맹약을 맺은 뒤 오래지 않아 유승단兪升旦이 작성하여 동진 국왕에게 보낸 〈회동하국서回東夏國書〉[30]와 옷치긴 대왕에게 보낸 〈동전서同前書〉[31]의 기사는 교섭의 경과와 맹약의 성격을 새롭게 논의하는 데 결정적인 증거를 제시하고 있다.

먼저 《원고려기사》를 보면, 거란족이 성문을 열고 투항하기 하루 전날인 1219년 정월 13일 고려조정은 권합문지후權閤門祗候 윤공취尹公就와 중서주서中書注書 최일崔逸로 하여금 결화첩문結和牒文을 받들고 찰랄의 행영行營으로 가게 하고 있다. 다음날(14일) 찰랄은 사람을 보내 답사答謝함으로써 맹약의 뜻을 재확인하였고, 고려국왕은 시어사侍御史 박시윤朴時允을 접반사로 임명하여 맞이하게 하였다고 한다. 이리하여 찰랄은 24일 포리대야蒲里帒也로 하여금 조詔를 가지고 고려에 가서 선유宣諭케 하였고, 국왕은 영배迎拜하고 잔치를 베풀었다고 한다.[32]

한편 《고려사절요》에는 1219년 정월 14일(신사) 강동성이 함락된 뒤에 합진과 찰랄이 조충과 김취려에게 동맹을 청하여 두 나라가 영원히 형제

30) 《東文選》 권61, 書, 兪升旦, 369~370쪽.

31) 《東文選》 권61, 書, 兪升旦, 370쪽.

32) 《元高麗紀事》, 2쪽; 《元史》 권208, 高麗傳, 4608쪽. 《元高麗紀事》에는 六哥를 두 차례 끼워 넣었는데, 이는 衍文으로 보이며, 《元史》 高麗傳은 이를 그대로 답습했다. 또 蒲里帒也는 《高麗史》의 蒲里帒完과 동일인물로 보인다.

가 되어 자손 대대로 오늘을 잊지 말자고 하였다고 하며, 《고려사》에는 같은 달 23일(경인)에 합진이 포리대완[33] 등 10명에게 황제의 조를 가지고 고려국왕에게 가서 형제맹약을 맺도록 하였다고 한다. 고려국왕 고종은 시어사 박시윤을 보내 영접케 하고, 문무관원으로 하여금 선의문宣義門에서 십자가十字街까지 좌우에 도열하게 하였는데, 이때 포리대완이 국왕의 출영出迎을 고집하였다. 고려 쪽이 거듭 통역을 시켜 따진 뒤에 포리대완이 뜻을 굽혔으나, 그는 말을 타고 관문館門을 들어섰다. 몽골사신은 다음날 24일(신묘)에 대관전大觀殿에서 국왕이 인견할 때도 마치 정복자와 같은 방자放恣한 태도로 궁시弓矢도 벗지 않은 채 전각殿閣에 올랐고, 품에서 조서를 꺼내 직접 국왕의 손에 쥐어 주는 등 거칠고 오만하게 굴었다. 고려 쪽의 설득으로 그들이 고려 옷으로 갈아입고 다시 대관전에 올랐지만, 끝내 그들은 고려국왕에 대하여 읍揖을 했을 뿐 배례拜禮는 하지 않았다.[34]

요컨대, 1218년(무인) 12월 합진이 가져온 여몽형제맹약의 요구를 받아들여 정월 13일 결화첩문을 작성하여 몽골 행영에 가져갔으며, 거란 잔당이 항복한 다음날인 14일 찰랄이 조충과 김취려에게 이에 대한 답사를 하였고, 20일 합진과 찰랄 두 원수가 조충과 김취려 두 원수를 청하여 동맹에 대하여 재확인한 다음,[35] 23일 포리대완을 보내 몽골 카안(황제)의 조서를 가지고 고려에 가게 하였으며, 이튿날인 24일 포리대완이 고려국왕에게 칭기스칸의 조서를 전달한 것이다. 이것이 지금까지 밝혀진 여몽형제맹약 교섭의 모든 과정이다.

---

33) 한편 당시 합진과 찰랄이 거느리고 온 1만의 몽골 군대는 순수한 몽골족으로 구성되었다기보다는 거란족, 한족 등 다민족 구성이었을 가능성이 매우 높다. 한 예로 당시 고려에 칭기스칸의 조서를 가져와서 고려국왕에게 마치 정복자와 같은 태도를 보인 포리대완 또한 이름〔姓〕으로 미루어 여진족으로 보인다. 《高麗史節要》 권1 16/8하, 고종 18년 11월 개경에 들어온 몽골군 가운데 예성강에 이르러 백성의 집을 불태우고 백성을 죽이고 잡아간 몽골군 前鋒蒲理 또한 같은 성을 쓴다.

34) 《高麗史》 권22, 고종 6년 정월 경인 "遂請出, 蒲里佊完等更服我國衣冠入殿, 行私禮. 但揖而不拜."(/17상)

35) 李齊賢, 《益齋亂藁》 권6, 〈門下侍郎平章事判吏部事贈謚威烈公金公行軍記〉(/15하).

그런데 몽골군의 두 원수가 김양경과 조충, 김취려에게 두 차례에 걸쳐 얘기한 맹약의 조건은 무엇이며, 맹약을 통해 몽골국이 달성한 목표는 무엇인가? 먼저 몽골국은 맹약을 통해 고려가 투배投拜(복속)한 것으로 보았는데, 윤용혁도 정기적인 세공歲貢 부담을 그러한 것으로 이해하고 있다.[36] 곧 몽골은 무력침략의 수단을 직접 고려에 사용하지 않고 평화적인 방법에 따라 고려를 복속시킨 것이다. 당시 고려는 "해마다 공부貢賦는 본국의 사정에 맞게 바치겠다"고 하였고, 이에 몽골 원수가 "도로가 심히 나빠 너희 나라에서는 왕래하기 어려울 테니, 해마다 우리나라에서 보내되, 사使·좌佐 합해 10명을 넘지 않을 것이다. 와서 받아가되, 이르는 길은 만노의 땅을 거칠 것이다"[37]라고 하였다. 그 뒤 이에 바탕을 두고 몽골은 공납을 받기 위한 사절을 잇달아 고려에 보냈다.

하지만 이것으로 맹약의 진실이 다 밝혀진 것으로 보기에는 미흡하다. 첫째, 《원고려기사》의 기사처럼 고려조정에서 스스로 여몽강화조약의 초안草案을 마련하여 찰랄의 군영에 보냈다고 보는 것은 자연스럽지 않으며, 복속의 표시로 몽골이 고려의 공납만을 원한 것으로도 볼 수 없기 때문이다. 먼저 초안에 대한 실마리는 조충의 묘지명에서 찾을 수 있다. 조충의 묘지명을 보면 1218년 12월 통사 조중상과 덕주진사 임경화를 보내 병향兵餉과 군사를 요구했을 때, 조충이 조정에 이를 보고하면서, "이전에 몽골국이 배편으로 첩牒을 가진 40여 명의 사절을 정주定州(여진족 지역인 갈라로와 고려 동계의 접경)에 보내 오늘과 같은 강화를 청한 적이 있다"[38]고 하였다. 몽골 군대가 고려에 들어오기 전에 이미 첩문을 보내 강화를 요청한 사실이 있음을 알 수 있고, 그 안에 고려에 요구한 강화 조건도 포함되어 있었음을 짐작할 수 있다. 따라서 합진이 김양경에게 "양국이 형제를 맺으려면 마땅히 국왕에게 아뢰어 문첩文牒을 받아와서

36) 윤용혁, 《高麗對蒙抗爭史研究》(서울: 일지사, 1993), 32쪽.

37) 《東國李相國集》 권28, 同前狀. 또 이 말의 화자를 《元高麗紀事》는 원수 대신 찰랄로 적고 있다.

38) 〈趙冲墓誌銘〉 제23행, "公卽奏聞: 先是, 蒙古國遣四十餘人, 賫牒乘船□□□定州, 請如今日講和事."

내가 돌아가 황제에게 아뢰어야 한다"고 말했던 것이고, 몽골이 미리 보낸 첩문에 바탕하여 고려 쪽 문헌 여러 곳에서 몽골 군대가 "거란의 적도를 토벌하러 왔다고 공언했다"[39]고 기술하였음도 알 수 있다.

요컨대, 몽골이 첩문으로 미리 요구한 강화조건을 고려에서 받아들여 형제맹약의 초안을 만들어 몽골 군영에 보냈고, 이것을 몽골 원수가 확인한 뒤에 칭기스칸의 조서를 고려에 보내는 형식으로 고려와 몽골 사이의 형제맹약이 맺어진 것이다. 그뿐만 아니라, 위에서 살핀 바와 같이, 공물의 진상進上도 몽골이 주체적으로 때와 방법을 정한 것임을 알 수 있다. 아울러 2월 22일(기미) 합진이 돌아가면서, 다음에 공납을 징수하는 사절을 보낼 때를 대비하여 동진관인東眞官人과 겸종傔從 41명을 의주에 머물며 고려어를 배우게 한 것이다.[40]

그렇다면 몽골이 미리 내건 강화조건은 무엇이었을까? 조충의 묘지명에 언급된 몽골 군대가 사절을 정주로 보내 요구한 병향과 군사의 지원이 조건 속에 포함되었을 것이고, 여기에 해마다 바쳐야 하는 공납 또한 조건에 있었던 것으로 보인다. 앞의 두 가지 조건은 강동성을 공략할 때 고려가 이미 받아들인 상황이고, 뒤의 공납은 강동성을 함락한 뒤에 새로 수행해야 할 조건이었다고 볼 수 있다. 말할 것 없이 여기에 덧붙여 검토할 또 다른 중요한 조건이 있다. 그것은 '국왕의 입조入朝'이며, 이에 대한 실마리는 고려가 동하국東夏國에 보낸 회답 안에서 엿볼 수 있다. 하지만 고려는 맹약을 맺을 때 약속한 것으로 보이는 국왕의 입조 요구를 받아들일 의사가 없었던 것으로 보이고, 강화천도 기간에도 이와 관련된 몽골의 요구를 어떻게 해서든지 피하고자 했다.

곧 고려국왕은 유승단이 작성한 동하국의 첩문에 대한 회답에서 "칭기스칸의 성지聖旨에 동하국왕이 입조[親見來]할 예정이라고 했다. 고려국도

39) 《高麗史節要》 권15/15하, "蒙古太祖遣元帥哈眞及札剌, 率兵一萬, 與東眞萬奴所遣完顔子淵兵二萬, 聲言討契丹賊, 攻和猛順德四城, 破之, 直指江東城."

40) 《高麗史》 권22/17상, 高宗, "二月己未哈眞等還, 以東眞官人及傔從四十一人, 留義州, 曰, 爾等習高麗語, 以待吾復來."

지난번 화약和約을 맺을 때 또한 똑같이 가겠다고 하여, 이 때문에 갈 준비를 하고 있다. 묻건대, 가는 것이 사실인가?〔或去以否〕 생각건대, 고려는 바닷가 한 구석에 있어서 멀고 길이 막혀 있다. 먼 옛날부터 대국을 섬겨 왔지만 몸소 조근지례朝覲之禮를 한 적이 없다.……나라가 비록 좁고 작지만, 국사〔藩務〕가 번다하여 하루라도 비워둘 수 없다.……우리나라가 다행히 귀국과 국경이 붙어 있어 서로 위로하고, 선린의 뜻이 있으니, 피차 뜻을 같이하여 행동을 같이하자. 운운云云"[41]이라 하고 있다. 제1차 여몽 강화의 조건 속에 고려국왕의 입조 또한 들어 있었음을 말해 준다. 고려는 여몽형제맹약 당시 동하와 마찬가지로 부득이 몽골국이 요구한 화의 조건을 받아들였던 듯하다. 칭기스칸이 서정西征하고 있던 탓도 있었지만, 이 답서를 작성할 때까지 자국의 사정과 험로險路를 내세워 국왕의 입조를 미루고 있었음을 알 수 있다.

이 밖에 한 가지 더 눈여겨봐야 할 것은, 몽골 유수정권留守政權이 고려에 요구한 공납품의 내용과 공납의 빈도이다. 제1차 공납을 받아가기 위해 1219년 9월 신축에 온 사절은 그 구성과 규모만 기록되어 있을 뿐 그들의 요구나 공납품의 내용을 알 수 없으며, 1220년 또한 공납 사신에 대한 기록이 남아 있지 않아 역시 내용을 알 수 없다. 그러나 1221년 8월 기미 고려에 온 선차宣差 저고여著古與 일행(몽골인 13명, 동진인 8명)은 황태제皇太弟 국왕 옷치긴의 균지鈞旨로 수달피水獺皮 1만 령, 세주細紬 3천 필, 세저細苧 2천 필, 면자緜子(솜) 1만 근, 용단묵龍團墨 1천 정丁, 필筆 2백 관管, 지紙 10만 장, 자초紫草 5근, 홍화葒花·남순藍筍·주홍朱紅 각 50근, 자황雌黃·광칠光桼·동유桐油 각 10근을 요구하였는데, 필의 경우 고려에서 산출되지 않은 황서모黃鼠毛 제품을 요구하였다고 한다.[42] 물론 당시 몽골

41) 《東文選》 권61, 〈回東夏國書〉, 369~370쪽.

42) 俞升旦, 〈同前書〉, 《東文選》 권61. 필자는 다른 글에서 〈同前書〉를 무심코 고려가 동진에 보내는 첩문으로 오독하였으나, 〈同前書〉의 8월과 10월에 몽골이 고려에 보낸 宣差 掉胡與와 溪都不合은 각각 《高麗史》와 《高麗史節要》의 저고여와 희속불화를 가리키고, 균지를 발급한 대왕 전하 또한 옷치긴이 확실하다. 李奎報의 〈蒙古國使賫廻上皇太弟書〉(《東國李相國全集》 권28/1하~3상)와 함께 대조하여 검토할 필요가 있다.

유수정권은 이러한 물품 말고도 여자 어린이〔女孩兒〕와 한어를 읽고 말할 수 있는 사람〔會漢兒文字言語人〕, 솜씨가 뛰어난 각종 기술자를 바치도록 요구했으나, 고려는 그러한 요구를 반복하여 거절하고 있다.[43] 요컨대 여몽형제맹약의 실질은 몽골이 정복지역에 대하여 부과하는 각종 요구와 크게 다름이 없는 데 반하여, 고려는 몽골의 과도한 공납 요구를 여전히 '사대事大의 예물禮物' 요구로 치부하여 대응하고 있었다. 곧 고려는 이러한 공납 요구에 대하여, "상국의 쓰임에 맞지 않지만, '헌근獻芹'의 뜻이라도 보내는 것이고, 해마다 귀한 물품은 못 보내지만 인정의 도리라도 닦을 뿐"[44]이라고 하고 있다.

여몽형제맹약은 1224년 저고여 피살사건으로 중단되기까지 이행되었다.[45] 몽골은 화호맹약에 정한 대로 해마다 한 차례 10명이 안 되는 사절을 보내 공물을 수취하였다. 1219년 9월 9일(신축)에 선차대사宣差大使 칭투쿠스慶都忽思가 거느린 몽골사절 11명과 회원대장군懷遠大將軍 흘석렬紇石烈이 데리고 온 동진국 사절 9명이 오기에 앞서, 몽골과 동진국이 군사를 고려와 여진의 변경인 명성溟城 바깥에 주둔시키고 세공의 납부를 독촉했다는 보고가 동북면병마사로부터 올라왔던 것으로 보아, 공납사신의 경로는 처음 정한 대로 동진의 지배 아래 있던 갈라로를 거친 것임을 알 수 있다.

그런데 몽골은 정해진 1차의 세공에 만족하지 않고, 사절의 인원과 횟수를 늘려 과도하게 수탈하였다. 1219년 9월에도 황태제 국왕과 원수 합진, 부원수 찰랄 등이 각각 편지를 고려에 보내 입공入貢을 독촉하였고, 고려는 이들의 요구대로 특산물〔方物〕을 바쳤다.[46] 1220년 9월에도, 고려

43) 李奎報, 〈蒙古國使賫廻上皇太弟書〉, "上件人物皆下國所乏, 前已再陳所不能應副之由." "其諸般名手匠人亦如前書所陳, 國無能者. 故未能發遣, 事輒違意深恐深恐."

44) 李奎報, 〈蒙古國使賫廻上皇太弟書〉, "殊不合上國之用, 徒以獻芹之意. 歲備不腆般品, 以修情禮而已."

45) 여몽관계 초기 몽골사신의 來往 상황은 간략하지만 尹龍爀, 《高麗對蒙抗爭史硏究》, 33쪽에 표로 정리되어 있으며, 윤은숙도 학위 논문(76쪽)과 W. E. Henthorn, *Korea: The Mongol Invasion*(Leiden: E. J. Brill, 1963, p.24)에서도 1219년부터 1224년까지 사신왕래를 표로 만들어 보여 주고 있다.

의 사서史書에는 기록이 없지만, 대두령관大頭領官 감고약堪古若이 동진인 2명과 황대제皇大弟 국왕의 서書(균지)를 가지고 고려에 와서 고려의 공납을 독촉하여 고려가 방물을 바쳤다고 한다.[47] 1221년 8월 8일(기미)에는 몽골사자 저고여 등 13명과 동진인 8명이 왔고,[48] 한 달 남짓 뒤인 9월 12일(계사)에는 저가這可 등 몽골사절 23명[49]이 와서 공납을 독촉했으며, 10월 5일(을묘)에도 몽골사신 희속불화喜速不花 등 7명이 왔다고 하는데,[50] 모두 공물을 요구하러 보낸 사절로 보인다.

고려에 대한 공납 수탈은 말할 것 없이 옷치긴의 감국정권監國政權에 한정되지 않았다. 고려에 왔던 몽골 관인과 동진 또한 서찰을 보내 공물을 요구하였다.[51] 물론 1221년 몽골이 보낸 세 차례의 사절을 저마다 다른 3회의 공납 요구로 보기 어려운 면도 있다. 고려에서 산출되지 않는 공납물품과 국력에 견주어 과도한 공납 요구를 재고해 줄 것을 요청하는 서찰을, 당시 감국이었던 황태제 옷치긴에게 고려가 보낸 사실을 이규보의 《동국이상국집東國李相國集》에서 찾아볼 수 있기 때문이다.[52] 이로 보

46) 《元高麗紀事》, 3쪽; 《元史》 권208, 高麗傳, 4608쪽. 《元高麗紀事》는 9월 11일로 적고 있으며, 《高麗史》는 宣差가 누구인지 또 옷치긴 말고 누가 공납을 요구했는지 적고 있지 않다.

47) 《元高麗紀事》, 태조 15년 9월 기사.

48) 《高麗史》 권22/19하~20하, 고종 8년 8월 기미 기사. 이들은 13일(갑자) 대관전에 밀고 올라와 황태제의 균지를 전달하고 공납의 품목과 수량을 제시했는데, 이들이 요구한 품목은 수달피 1만 령, 세주 3천 필, 세저 2천 필, 솜[緜子] 1만 근, 용단묵 1천 정, 필 2백 관, 지 10만 장, 자초 5근, 홍화·남순·주홍 각 50근, 자황·광칠·동유 각 10근이었으며, 저고여 일행은 대관전에서 내려가면서 이전에 가져간 공물 가운데 저급품을 품에서 꺼내 대관전에 내던지며 시위했다.

49) 《高麗史》의 해당 부분 사료에 따르면 이들 말고 一女가 따라 온 것으로 되어 있다. 또 14세기 초의 일이지만 몽골 왕가에서 고려에 여자를 사자로 보낸 기록이 있다(제3장 주 35 참조). 그러나 1221년 두 차례 몽골에서 보낸 사절 가운데 포함된 부녀 1명은 故 亦鄰眞이 1231년 몽골에서 고려에 보낸 첩문에 대한 연구에서 설명한 바와 같이 縱書로 쓰인 문서에서 몽골이름에 붙는 歹(tai)를 一女로 잘못 읽은 데서 비롯된 것으로 보인다. "使臣禾利一女根底不拜來, 那是麽?"의 '禾利一女'를 亦鄰眞이 禾利歹로 읽고 "蒲利帶에게 항복을 표하지 않았느냐?"로 해석하고 있는데 탁견이다.

50) 《高麗史》 권22, 고종 8년 8월·9월·10월 기사.

51) 《高麗史》 권22/20하, 감국이었던 황태제 옷치긴의 균지 말고 원수 찰랄과 포리대완이 각각 1통 씩 서찰을 보내 수달피와 면주, 면자 등을 요구하였다.

52) 《高麗史》 권28/1하~3상, 蒙古國使賫廻上皇太弟書.

면 최초에 왔던 사신의 요구는 받아들여지지 않았고, 그 결과 또다시 몽골이 공납징수를 위한 사신을 보냈다고 볼 수도 있다.

이 밖에 여몽형제맹약의 성격을 더 깊이 이해하기 위해 여몽형제맹약과 별도로 이것과 비교 고찰할 수 있는 고려-동진, 몽골-동진 사이의 맹약의 존재 여부와 두 관계의 성격을 살펴볼 필요가 있다. 먼저, 몽골의 공납 사절과 함께 동진도 사절을 보내온 것으로 미루어 고려와 동진 두 나라 사이에 물자의 교류를 위한 별도의 맹약이 맺어졌을 가능성도 없지 않다. 1218년 말 김취려가 군사를 이끌고 강동성 공략에 참가하여 처음으로 고려와 동진이 조우했을 때, 합진이 여몽결호麗蒙結好의 조건으로 김취려에게 몽골 카안(황제)에 대한 요례遙禮를 요구하면서 더불어 만노황제萬奴皇帝에게도 요례를 하도록 요구했다. 이로 미루어 동진이 편승하여 여몽형제맹약의 또 다른 당사자로 나서고자 했을 가능성도 보이나, 김취려가 포선만노에 대한 요례를 거부했을 때 그것이 받아들여진 점을 고려하면, 동진과 고려 사이에 불평등한 맹약관계는 없었던 것으로 보인다.

그러나 《동문선》에 고려와 동진 사이에 오간 국서國書의 초본抄本이 전하고, 그 내용으로 미루어 두 나라가 우호적인 관계를 유지한 적도 있었음을 알 수 있다. 앞에서 언급한 1221년 유승단의 〈회동하국서〉도 그 가운데 하나이다. 이 국서를 보면, 고려가 동하국왕이 조만간 입조할 것이라는 칭기스칸의 성지를 본 뒤에 사실여부를 확인하고 차후 협력할 것을 요청하는 내용이다.[53] 또 1224년 정월(병오) 몽골사신 저고여 일행 10명이 도착한 뒤에, 따로 동진국에서 보낸 사신이 무신에 가져 온 두 통의 첩문의 요지도 《고려사》에 전한다. 그 가운데 한 통은 서정을 떠난 칭기스칸의 행방은 알 수 없고 몽골 유수(감국)정권을 책임진 옷치긴 대왕이 탐폭불인貪暴不仁하여 몽골과 동진이 관계를 단절하였다고 말하고 있으며, 나머지 한 통의 첩문은 동진의 청주와 고려의 정주에 저마다 각장榷場을

53) 《東文選》 권61, 書 〈回東夏國書〉, "成吉思皇帝聖旨道與: 東夏國王准備親見來者. 高麗國依前一齣去 約和時分. 亦一同將來, 爲此准備前去. 仍問或去以否者."……"弊邦幸與貴國境連壤接. 慰候相望. 載惟善隣之意. 彼此暗合. 決無一毫間異也."

설치하여 예전과 같이 교역(賣買)을 하자는 내용을 담고 있다.[54]

여기서 두 나라 사이에 주고받은 국서의 내용으로 미루어 알 수 있는, 동진(동하)도 고려와 마찬가지로 복속국의 의무인 '국왕의 입조'가 예정되어 있었다[55]는 사실을 눈여겨볼 필요가 있다. 곧 1218년 완안자연이 2만의 동진군을 이끌고 몽골의 강동성 함락전투에 참여한 것은, 이해관계가 일치한 두 나라의 연합작전을 위해서 파견한 것이 아니라 동진이 피복속국가의 의무인 조군助軍을 실천했음을 알 수 있다. 또 1224년 고려에 보낸 동진의 국서에 적힌 옷치긴의 탐폭불인도 인적·물적 대상을 가리지 않는 몽골의 동진에 대한 과도한 공납 요구를 말하는 것임을 의심할 바가 없다. 곧 몽골과 동진 사이의 복속관계의 현실이 당시 몽골-고려 사이의 복속관계와 비슷하였음을 두 나라 사이에 주고받은 국서의 내용이 증언하고 있는 것이다.

한편 〈김중문묘지명金仲文墓誌銘〉[56]은 1220년(경진)에 문하록사門下錄事에 초배超拜되어 여섯 달을 근무하다가 권지지후權知祗候가 되었으며, 1221년 봄에는 나라의 명령을 받들어 달단접반사韃靼接伴使로 동번東藩에 왕래하면서 일을 제대로 처리하였다고 한다. 여기서 말하는 동번은 황제 옷치긴의 유수정권을 말하는 것으로 보인다. 이미 이 무렵부터 고려는 몽골국에서 일방적으로 보낸 사절에 공납을 제공하는 데 그치지 않고, 몽골국의 감국정권에 사절을 보내어 몽골국과 고려 사이의 외교적 현안을 처리하였음을 알 수 있다.

---

54) 1223년 5월 동진이 佋信·阿典·渾垣 등 8명의 사신을 보내 온 것도 이와 관계있을 것이다. 《高麗史節要》 권15/31상; 《高麗史》 권22/25상.

55) 1215년(《聖武親征錄》은 갑술 1214조에, 《元史》는 1215년 10월로 기록됨) 건국한 동진(대진국)은 1216년 몽골군에게 항복하고 아들 鐵哥(帖哥)를 칭기스칸에게 인질로 보냈으며(王慎榮·趙鳴岐, 《東夏史》, 天津古籍出版社, 1990, 59쪽), 1221년에는 서정하고 있던 칭기스칸에게 朝覲使節을 보내고 있다. 李志常, 《長春眞人西遊記》(王國維, 《蒙古史料四種》本), 308~310쪽.

56) 金龍善 편저, 《高麗墓誌銘集成》(개정판)(1997), 368~369쪽.

2. 여몽형제맹약의 몽골 쪽 주체와 동도제왕가東道諸王家의 요동 지배 문제

《원사》〈야율유가열전〉에는, 1218년 야율유가가 몽골·거란군과 동하국 원수 호토胡土의 병사 10만을 거느리고 함사(가 농성하고 있던 강동성)를 포위했고, 고려가 40만의 군사로 도와 이를 함락시켰으며, 그 민民은 서루로 사민徙民하였다고 한다.57) 몽골 군대 1만을 거느리고 온 몽골군의 원수 합진찰랄哈眞扎剌에 대하여도 도기屠寄는 잘라이르 씨 카치온으로 비정比定하고, 처인성處人城 싸움에서 전사한 살리타이撒禮塔와 합진찰랄을 같은 인물로 보았다.58) 이러한 도기의 주장을 야나이 와타루는 반박하였으나, 주채혁周采赫이 도기의 설을 따르고 있고, 윤은숙 또한 1231년 고려 침공을 이끈 살리타이Sartai와 찰랄을 동일한 인물로 받아들이고 있다.59) 그러나 1220년에 작성된 〈조충묘지명〉은 합진과 찰랄 등 복수의 몽골국 군수가 1만여 명의 승병勝兵을 거느리고 왔다고 적고 있다.60)

그렇다면 강동성에 농성하고 있던 거란 잔여세력 진압을 지휘한 몽골 쪽 주체는 누구인가? 합진과 찰랄인가, 아니면 도기의 말대로 야율유가인가? 《원사》〈고려전〉과 《원고려기사》에도 물론 야율유가로 보이는 육가六哥의 참전 기사가 전하지만, 육가는 토벌의 대상으로 되어 있다. 또 《원고려기사》와 〈고려전〉의 관련기술을 비교하면 《원고려기사》가 원본임을 알 수 있는데, 문장의 흐름으로 보아 《원고려기사》에 두 차례 나오는 육가 두 글자가 모두 후대에 기입한 연문衍文임을 알 수 있다. 또 두 기사 가운데 고려 조병助兵 40만도 당시 고려의 사정으로 가능한 상황이

57) 《元史》 권149, 耶律留可傳, "戊寅, 留哥引蒙古契丹軍及東夏國元帥胡土兵十萬圍喊舍. 高麗助兵四十萬, 克之, 喊舍自〔剄〕(經)死, 徙其民於西樓. 自乙亥(1215)歲留哥北覲, 遼東反覆,……." (3513쪽).

58) 《蒙兀兒史記》 권38, 合赤溫傳.

59) 箭內亘, 〈蒙古の高麗經略〉 가운데 〈附錄2 札兒台と札剌亦兒台〉, 502~507쪽; 周采赫, 〈札剌와 撒禮塔〉, 《史叢》 2, 283~302쪽; 윤은숙, 앞의 논문, 74쪽 참조.

60) 〈趙冲墓誌銘〉, 金龍善 編著, 《高麗墓誌銘集成》(개정판)(한림대학교 출판부, 1997), 335쪽, "時會有蒙古國軍帥合珎扎剌等率勝兵萬餘人自東鄙入." 필자는 묘지명 가운데 일부 김용선 교수가 복원하지 못한 글자를 수정하고 일부 글자를 새로 복원하였으나, 당장 관련이 없어 다음 기회에 소개하겠다.

아니었다. 결국 이런 부실한 기록에 의거하여 도기가 《몽올아사기蒙兀兒史記》〈야율유가열전〉에 야율유가가 강동성 전투를 이끈 것으로 기술함으로써, 뒤에 논쟁의 씨앗을 남긴 것으로 보인다.

이와 달리 이케우치 히로시는 진압전투에서 또 하나의 당사자인 고려의 기록으로 이제현李齊賢의 〈문하시랑평장사판이부사증시위열공김공행군기門下侍郎平章事判吏部事贈謚威烈公金公行軍記〉에 신빙성을 부여하고 있다. 1218년(무인) 12월에 합진과 찰랄 두 원수가 병사 1만을 거느리고 동진 완안자연이 거느린 병사 2만과 함께 왔다[61]는 기록을 근거로 〈야율유가열전〉의 기사는 실제 사실이 아닌 야율유가의 희망사항을 기술한 것으로 보았다.[62] 아울러 그는 거란족을 옮긴 서루를 야율유가가 있던 임황부臨潢府 부근일 것으로 추정하고 있다. 요遼는 해마다 4루樓를 돌아가며 사냥을 했으며,[63] 임황부는 서루가 있던 요遼의 상경上京 지역에 설치되어 있었다는 사실을 바탕에 둔 듯하다.

몽골과 중국 쪽 사료에 확실한 기록이 없기 때문에 1218년과 1219년 고려에서 이루어진 몽골의 정복활동에 대하여 단정을 내리기 어렵다. 《성무친정록聖武親征錄》에는 1218년(무인) 동방에서 이루어진 중요한 군사 활동으로 국왕 무칼리 휘하 군대의 금국金國 정벌전을 기록하고 있다. 왕고부王孤部 1만 기騎, 화주륵부火朱勒部 1천 기, 올로부兀魯部 4천 기, 망올부忙兀部(部將 木哥漢札) 1천 기, 쿵그라트부弘吉剌部 안적나안按赤那顔 3천 기, 역걸랄부亦乞剌部 패도孛徒 2천 기, 찰랄부札剌部 대손帶孫 등 2천 기가 북경제부北京諸部 우야르烏葉兒 원수元帥와 독화禿花 원수가 거느린[所將] 한병漢兵과 찰랄아札剌兒가 거느린 거란병과 함께 금국을 정벌케 한 사실을 기록한 것이다.[64] 또 《원고려기사》 1218년 조에도, 상上(칭기스칸)이 합지길哈只吉과 찰랄 등을 보내 1217년 9월 강동성에 둥지를 튼 거란인을 포위하

61) 《益齋亂藁》 권6/13하, "十二月皇元哈眞扎剌兩元帥其兵一萬與東眞完顔子淵兵二萬聲言討丹賊指江東城."
62) 池內宏, 〈金末の滿洲〉, 614~615쪽.
63) 《遼史》 권116, 國語解 참조(1535쪽).
64) 王國維, 《蒙古史料四種》 本, 185~197쪽, 앞의 주9 참조.

여 공격하자 고려왕 왕돈王瞮이 소를 잡고 술을 보내 귀행歸行의 예禮를 했다고 기록하고 있다.

여몽관계의 성립 초기 몽골 쪽 주체에 대한 학설이 분분한 것은 이러한 불확실한 기록 때문으로 보이는데, 지금까지 우리 학계에는 칭기스칸의 말제末弟 테무게 옷치긴과 그 휘하 세력이 주도적인 역할을 했다고 보는 것이 통설로 되어 있다.65) 몽골의 고려원정은 칭기스칸이 서정의 장도에 오르기 전인 1218년 8월 무렵에 시작되어 칭기스칸의 명령에 따라 수행되었을 것으로 보인다. 하지만 당시 옷치긴의 영지가 만주 땅(송화강과 눈강의 합류점—하얼빈 부근—이북과 요양행성 근처)에 걸쳐 있었다고 보기 때문에,66) 합진과 찰랄이 이끈 1만의 몽골군도 옷치긴 예하에서 차출되었을 것으로 보는 데 바탕을 두고 있다.67) 포선만노의 땅도 옷치긴에게 분배해 주었던 것으로 여기기 때문에, 고려의 땅도 정복되면 옷치긴의 영지로 분배될 것을 상정하여 고려로부터 공부를 받는 것이 옷치긴의 소관사가 되었다68)고 본다.

이 점에서 특히 윤은숙의 연구는 통설을 뒷받침하는 중요한 논거가 될 수 있다. 1212년 정월 칭기스칸이 보낸 알치按陳 나얀과 혼도고渾都古 군이 서요하 상류에서 야율유가와 만났는데, 야율유가가 귀부의 표시로 부중部衆을 이끌고 금산金山에서 흰 말과 흰 소의 목을 베고 높은 곳에 올라 북쪽을 향해 화살을 꺾는 맹약의 의식을 거행하였다. 알치는 야율유가에게 칭기스칸에 상주하여 거란족을 정복하는 임무를 주겠다고 했는데, 이

---

65) 은사인 고병익 선생이 W. E. 헨토른Henthorn의 주장을 받아들여(*Korea: The Mongol Invasions*, Leiden: E.J.Brill, 1963, p.195), 창도하기 시작하였고, 주채혁과 윤은숙이 이를 따르고 있다. 高柄翊, 앞의 논문, 154~156쪽; 윤은숙, 앞의 논문, 74쪽 주36 참조.

66) 나얀의 故地에 대한 《元史》 권59 지리지 2 廣寧府路 肇州項 기사를 인용하고 있는데, 《元史》 권169 劉哈剌八都魯傳에 쿠빌라이 카안 지원 30년 해당 기사는 '乃顔故地' 앞에 '自此而北'이라 하여 조주성 이북 지역이 나얀의 고지임을 밝히고 있으며, 이는 1215년에 포선만노가 동진을 세운 뒤에 이 지역까지 세력을 확장하였다는 점도 간과하고 있다.

67) 高柄翊, 앞의 논문, 154쪽. 주채혁은 합진찰랄을 한 사람으로 보고 있으며(《몽·려전쟁기의 살리타이와 홍복원》, 서울: 혜안, 2009, 83~101쪽), 윤은숙은 이 가운데 찰랄을 잘라이르부의 살리타이로 보고 있다(《몽골제국의 만주지배사》, 서울: 소나무, 2010, 96쪽.)

68) 고병익, 앞의 논문, 156쪽.

때 거란의 투항을 받은 알치를 윤은숙은 바로 테무게 옷치긴이라고 보고 있다.[69] 또 금국 원정 과정에서 칭기스칸이 옷치긴을 동방경략經略의 창구로 생각하였다는 야나이 와타루의 주장을 받아들여,[70] 옷치긴을 요동에 파견함으로써 요동에 대한 우선권이 옷치긴 가에 넘어갔다고 보았다. 나아가 《신원사新元史》 권105 〈열조제자전列朝諸子傳〉[71]에 바탕을 두고, 1227년 "요왕遼王 야율설도耶律薛闍를 철번撤藩하고, 옷치긴으로 요동을, 벨구테이로 하여금 요서를 진무鎭撫케 해서 요동 지역은 완전히 옷치긴의 세력범위에 들게 되었다"고 주장하고 있다.[72]

하지만 이러한 우리 학계의 통설을 필자로서는 받아들이기 어렵다. 이 통설의 뿌리에 요동경략이 옷치긴 주도 아래에 이루어졌다는 근거 없는 전제가 깔려있기 때문이다. 동도제왕東道諸王이 칭기스칸의 남정南征에 함께하였다고 하여, 태행太行 이남의 군사를 칭기스칸으로부터 위임받은 무칼리 국왕 가家 휘하 군대의 작전 범위 안에 포함된 금의 동경과 동진의 영역까지 그들의 세력범위로 보는 것은 무리가 있다.

1211년 몽골이 금국정벌을 하던 가운데 융안隆安과 한주韓州 일대에서 자립하여 도원수로 추대된 금의 북변천호北邊千戶 야율유가를 만난 알치 또한 테무게 옷치긴으로 보기 어렵다. 알치 나얀은 칭기스칸이 여진을 토벌하기 위해 파견하여 야율유가와 만났다. 혼도고와 더불어 1213년 금의 원수우감군元帥右監軍 겸 함평부로병마도총관咸平府路兵馬都總官인 호사胡沙(完顏承裕)[73]가 이끈 금군 60만이 야율유가의 거란군을 공격했을 때, 알치 나얀은 칭기스칸의 명으로 다시 1천 기騎를 이끌고 패도환孛都歡, 아로도한阿魯都罕과 더불어 파견되어 야율유가군을 지원했다고 한다.[74] 당시 이미 5천 명의 군사를 휘하에 거느리고 있던 테무게 옷치긴의 위상을 고려

69) 윤은숙, 〈옷치긴과 칭기스칸의 金國 정벌전〉, 《中央아시아 硏究》 11(2006.12), 57~61쪽.
70) 箭內亘, 〈元代の東蒙古〉, 《蒙古史硏究》, 630쪽.
71) 《신원사》 권105, 列朝諸子傳, 1107쪽.
72) 윤은숙, 앞의 글, 60쪽.
73) 《金史》 권93, 承裕傳, "至寧元年, 遷元帥右監軍, 兼咸平府路兵馬都總官, 與契丹留哥戰, 敗績."
74) 라시드 앗 딘/김호동 역, 《집사 2 칭기스칸기》(서울: 사계절, 2003), 456~457쪽.

할 때 그와 동일한 인물로 보기 어렵다. 야율유가와 연합하여 오늘의 요녕성遼寧省 북동부 창도현昌圖縣 서부 적길노르迪吉腦兒에서 금의 군대를 무찌른 뒤에 가특가可特哥를 유가의 부장副將으로 남겨 두고 돌아가 서정에 참가한 공로로 1227년 국구國舅 알치 나얀이란 칭호를 받은,[75] 쿵그라트부部 데이 세첸의 아들 알치로 보는 것이 더 자연스럽다.

또 가소민柯劭忞의 《신원사》의 〈야율유가열전〉의 원본인 《원사》 권149 〈야율유가열전〉을 보면 야율유가의 부중을 계승한 설사가 벨구테이에게 자신의 영역을 양보했다기보다 1227년 칭기스칸이 설사에게 벨구테이와 공조하도록 지시했음을 보여 준다.[76] 그리고 1230년 우구데이 카안의 지시로 살리타이와 동정東征하게 되었을 때 아버지의 유민遺民을 거두어 광녕부廣寧府로 데려갔다. 그는 광녕부도원수부사廣寧府都元帥府事로서 이들을 다스렸는데, 1237년까지 고려와 동하東夏(동진)를 연달아 원정한 결과 6천호 남짓 되는 호구를 확보했던 것으로 보인다. 이름을 석랄石剌로 바꾼 야율유가의 아들 수국노收國奴 또한 광녕부로총관군민만호부사廣寧府路總管軍民萬戶府事를 계승하여 고려 원정으로 공을 세웠다. 그는 1251년 헌종 즉위 뒤에 제왕 예쿠也苦와 잘라이르타이扎剌台를 도와 고려를 정벌했는데, 이들과 옷치긴 가家 사이의 특별한 관계는 찾기 힘들다.

아울러 고려할 것은 칭기스칸이 쿵그라트부弘吉剌部에게 새로 지급한 노탁〔農土〕이 거란족이 살던 곳과 인접하고, 일부는 겹친다는 점이다. 쿵그라트부部는 원래 쿠레르운두르킨苦烈兒溫都兒斤, 테레무르迭烈木兒 하河, 에르구네也里古納 하河에 거주했지만, 1214년(갑술) 칭기스칸은 이 땅을 동도제왕인 옷치긴과 카사르哈撒兒의 땅으로 분급하였다. 대신 당시 그가 머무르고 있던 테메가르迭蔑可兒[77]가 위치한 오늘의 내몽골 시링고르 맹 동북

75) 《山右石刻叢編》 권24, 梁秉鈞碑의 案文, 255쪽 상. 이 비문에 따르면 기묘년(1219) 가을에 按察那延이 군대를 이끌고 남정하여 평양 등을 함락시켰다고 한다. "三子瑛……, 戊寅(1218)之冬, 會大朝太師國王, 總百萬之師,……自北而來, 至於并汾之間, 偶然得公, 國王見而悅之, 遽然信用, 相從征伐,……至春, 班師復歸故地. 及己卯之秋, 又按察那延總軍与公南向征伐, 由迴牛鳳栖二嶺, 逐下平陽霍州晉安沁潞等十餘城."

76) 《元史》 권149, 야율유가열전, "朕以兄弟視爾父, 則爾猶吾子, 爾父亡矣, 爾其與吾弟孛魯古台並轄軍馬, 爲第三千戶."

부와 소오달맹昭烏達盟 서북부 지역에[78] 데이 세첸의 아들 알치按陳와 동생 화쿠 나얀火忽, 책冊의 노탁을 새로 나누어 주었다.[79] "커무르운두르可木兒溫都兒, 달라이노르答兒腦兒, 答兒海子, 테메가르迭蔑可兒 등지에는 알치按陳 너희가 거주하라"고 하였는데, 당시 새로 알치에게 나누어 준 땅 가운데 상도上都 동북 3백 리 지점의 달라이노르는 쿵그라트부部의 여름 주영지로서 뒤에 응창로應昌路가 된 땅이고, 뒤에 전령로全寧路가 설치된 겨울 주영지는 응창로 동북 7백 리 지점으로 요하 상류지역이다.[80] 그리고 이 지역은 야율유가의 거란 지역 가운데 임황부 근처 서루가 있던 상경과 가까운 거리에 있다. 따라서 〈야율유가전〉에 바탕을 두고 옷치긴의 요동에 대한 선점 가능성을 제기하는 것은 근거가 박약하다.

여기에 덧붙여 말할 것은, 요서에 정착한 거란(야율씨)의 후예 왕순王珣과 그의 아들 왕영조王榮祖의 행적이다.[81] 얼굴이 검어 카라哈剌 원수元帥로 불렸던 왕순은 무칼리에게 투항한 뒤에 그 휘하에서 전공을 세워 진요동편의행사鎭遼東便宜行事 겸 의천등주절도사義川等州節度使에 임명되었다. 그리고 무칼리 휘하에 있다가 아버지를 이어 숭의군절도사崇義軍節度使, 의주관내관찰사義州管內觀察使가 된 왕영조는, 사국왕嗣國王 패로孛魯를 따라 입조하였을 때 칭기스칸이 그를 시험한 뒤 숙위로 삼고자 하였다. 그러나 금의 함평로咸平路 선무사 포선만노가 개원開元에서 스스로 황제로 즉위하자 다시 살리타이를 따라(副) 포선만노를 치게 했다. 1229년 북경등

77) 王國維도 《聖武親征錄校注》에서 칭기스칸이 당시 주둔한 魚兒濼으로 〈特薛禪列傳〉에 나오는 答兒腦兒와 같은 지역이라 말하고 있는 바, 迭蔑可兒는 그 주변에 있었을 것으로 볼 수 있다(178쪽), 箭內亘도 克什克騰旗 西林河 상류라고 한다(〈蒙古の高麗經略〉, 603쪽).

78) 尹銀淑, 《蒙·元帝國期 옷치긴家의 東北滿洲 支配—中央政府와의 關係 推移를 중심으로—》, 43쪽 참조.

79) 按陳의 동생인 冊에게는 阿剌忽馬乞 以東 蒜吉納禿山, 木兒速拓, 哈海斡連直에서 阿只兒哈溫都, 哈老哥魯 等地를 주어, 북으로 胡盧忽兒河로 按只台와 경계를 나누게 하였고, 동생 火忽에게는 哈老溫 이동 塗河와 潢河 사이, 火兒赤納 慶州의 땅을 주어, 亦乞烈思와 경계를 접하고, 按陳의 아들 唆魯火都에게는 可木兒溫都兒 以東 絡馬河에서 赤山까지, 그리고 塗河 남쪽으로 國王의 ulus民(?)과 이웃하여 살게 했다. 《元史》 권118, 特薛禪傳.

80) 《元史》 권118, 特薛禪傳.

81) 《元史》 권149, 王珣(附 子榮祖), 本姓耶律氏, 世爲遼大族……, 을해(1215)에 木華黎에게 투항. "承制以珣爲元帥, 兼領義川二州事."

로정행만호가 된 그는 1231년 몽골 군대가 고려를 침략했을 때도 원수 살리타이를 따라 고려 원정에 참전하여 왕경(개경) 포위전투에 참여하였으며, 1233년에는 포선만노를 토벌하여 그를 포로로 잡았다. 이들은 모두 무칼리 휘하였고, 요동과 요서 두 지역에 연고를 가지고 있었다는 점을 잊어서는 안 될 것이다.

그 뒤에도 왕영조가 여러 차례 몽골군을 이끌고 고려를 침략하는 점, 뭉케 카안 말기 서경에 군사를 이끌고 진주하여 주둔하는 점〔移鎭高麗平壤,……榮祖乃募民屯戍, 闢地千里〕 등도, 그의 행적에 대한 검토가 요동에 대한 옷치긴의 배타적인 관할권에 관한 의문점을 푸는 데 중요한 의미를 지니고 있음을 보여 준다. 예컨대 흥주興州(심양현 북 60리) 수장 조기趙祁가 반란을 일으켰을 때 왕영조는 칭기스칸의 동생 카치운哈赤溫의 장자 제왕諸王 알치타이按只台[82]를 따라가 평정했지만, 그 잔당이 경景·계薊 지역에서 다시 일어나자 대장大將 당올태唐兀台[83]를 따라 토벌하고 있다. 우구데이 치세 말기에 다시 고려 침략에 참가하여 왕자를 칭한 영령공永寧公 왕준王綧을 몽골로 호송했던 왕영조는, 뭉케 카안이 즉위한 뒤에도 카사르의 아들인 제왕 예쿠를 따라 다시 고려에 침략하여 한반도 남부를 유린하였다. 군사를 이끌고 평양에 주둔하여 고려의 '부험자수負險自守' 전술에 '모민둔수募民屯戍, 벽지천리闢地千里'로 맞섰으며, 1259년 고려태자 왕전이 친조하게 된 뒤에야 비로소 군사를 이끌고 귀환하였다.[84] 한편 잘라이르타이札剌兒帶(차라대)는 예쿠를 대신하여 정동원수征東元帥가 되어 양대 전선에 대한 통합적인 지휘권을 행사하였는데[85] 이는 제왕 예쿠가 1253년 원한이

---

82) 라시드 앗 딘/김호동 역, 《집사 2 칭기스칸기》(서울: 사계절, 2003), 제2편 제3장 제2절 '천호일람'에는 칭기스칸이 카치운의 아들 Îlchîtâî Nôyân을 특별히 아끼어 그에게 3천 호를 주었다고 하는데, 高文德 외 편, 《蒙古世系》(중국사회과학출판사, 1979)에는 알치타이를 알치기타이按只吉歹로 적고 있다.

83) 1231년 몽골군이 고려에 침입했을 때 오산에 둔친 당고 원수(《高麗史節要》 권16/8하)를 가리키는 것으로 보이며, 그가 왕영조의 상급자인 점으로 미루어 제1차 고려침입군도 국왕의 예하 군대와 무관하지 않았을 것으로 보인다.

84) 《元史》 권149, 王珣 附 王榮祖傳.

85) 《元史》 권133, 塔出傳에 "父札剌台歷事太祖憲宗. 歲甲寅奉旨伐高麗, 命桑吉忽剌出諸王并聽節制"라 하고, 《高麗史節要》 권17에 "使車羅大主東國, 乃以兵五千來"(/17상)라 하여, 차라대

있는 제왕 탑랄아塔剌兒[86]의 영營을 습격하여 소환되었기 때문이며, 차라대車羅大 또한 국왕과 같은 잘라이르부 출신이었다.

다음으로 《원고려기사》와 《원사》 권107 〈종실세계표宗室世系表〉에 나오는 '황태제 국왕皇太弟 國王'과 관련된 사료의 해석도 이 문제 해결에 단서가 될 수 있다. 기사紀事에는 "1219년 9월 열하루 황태제 국왕[87]과 원수 합신合臣, 부원수 차랄劄剌 등이 선차대사宣差大使 칭투쿠스慶都忽思와 동진국 회원대장군懷遠大將軍 흘석렬紇石烈 등 10명을 고려에 보내 입공을 독촉했고, 1220년 9월에도 대두령관大頭領官 감고약堪古若[88] 곧 저고여가 동진인 2명과 함께 황태제 국왕의 편지를 가지고 와서 고려의 공물 납부를 재촉했다"고 기술되어 있고, 1223년 8월에도 선차宣差[山朮䚟](山木䚟)[89]가 1221년에 이어 황태제 국왕의 조서를 가지고 동진인 12명과 와서 납공을 독촉했다고 한다. 이들 사료가 고려에 테무게 옷치긴의 배타적 관할권이

가 1254년 군사 5천 명을 이끌고 예쉬데르, 보파대 등 원수와 함께(/18하) 예쿠 대신 몽골의 고려정벌 전투를 주도하였음을 말해 준다.

86) 柯劭忞(1850~1932)이 처음 《신원사》를 집필하면서 (옷치긴의 손자) 塔察兒로 보았고, 국내 일부 학자가 이를 그대로 받아들이고 있는데, 塔察兒가 이 사건으로 죽었다고 보는 것은 근거가 희박하다. 윤용혁, 《고려대몽항쟁사연구》(서울: 일지사, 1991), 107쪽.

87) 김호동은 《元史》 권208 外夷 1 고려에 의거하여 황태제 국왕을 붙여 읽고 있으며(《몽골제국과 고려》, 서울대학교 출판부, 2007, 99~100쪽), 陳得芝 선생도 《元史》 권107 宗室世系表의 기사와 《元高麗紀事》 1223년 9월 "以皇太弟國王書趣之"의 기사가 무칼리의 卒年月(1223.3?)과 맞지 않다는 이유로 황태제 국왕 동일인설을 주장하고 있는데, 전자의 경우 《元高麗紀事》에 바탕을 둔 기술이기 때문에 전거로 부적절하며, 후자의 경우 3월 병석에 누웠다는 기사 이후 얼마 뒤에 졸하였는지는 확실하지 않다. 오히려 《益都金石記》 권4 〈元兀林答碑〉 문중에 옷치긴과 타가차르를 모두 국왕으로 칭하고 있어서 옷치긴에게 국왕호가 내린 것이 확실해 보인다.

88) 《元史》 권208, 外夷 1 高麗, 堪古苦(3608쪽).

89) 《元史》 권208, 外夷 1 高麗는 山朮䚟(4608쪽) 珊竹氏, 散朮台氏, 散竹台氏, 撒勒只兀惕氏로도 불렸으며, 吾也而와 太答兒(宿敦, 紐璘의 父)의 족속이 이에 속했다. 1214년 이후 太師木華黎의 휘하에 예속되어 금을 정벌하였고, 1231년에는 撒里答과 고려를 정벌했다. 《元史》 권120, 吾也而(2968쪽) 약관에 태조의 숙위가 되어 태조를 따라 서역을 정벌하고 태종 즉위 뒤에 益都行省軍民達魯花赤로 태사 太出를 따라 서주를 깬 純只海(《元史》 권123) 또한 散朮台氏였다. 王國維 校本 《聖武親征錄》 갑술년조에는 5월 칭기스칸이 散只兀兒三木合拔都(《聖校》 87쪽 상하, "命三合拔都帥蒙古兵萬騎, 由西夏略京兆.")에게 거란 선봉장을 거느리고, (石抹)明安太保 형제로 향도를 삼아 斫答 등과 중도를 포위케 했다고 하는데, 三木合 拔都는 散朮台 拔都의 오기일 수도 있다. 《元史氏族表》 권2/27상, 唐兀 夏主의 孫에 散木䚟 참조.

행사되었다고 보는 주요한 논거인데, 여기서 황태제 국왕의 국왕호國王號 부여의 진위와 그 권위의 내용에 대하여 재검토할 필요가 있다.

방회方回가 대덕 6년 여름 선무장군상천호宣武將軍上千戶 올림답휘兀林答徽의 부탁을 받아 찬한 〈원올림답비元兀林答碑〉[90]를 보자. 휘徽의 증조부 올림답희兀林答僖는 산동山東의 명유名儒로 1238년 무술선시戊戌選試의 삼과三科에 급제及第하였는데, "경자년(1240) 황태제 국왕이 익도로益都路에 영지令旨을 보내 수재秀才 3명을 뽑아서 행성선차行省選差를 내려〔賜〕 북으로 보내(손자) 타가차르塔察 국왕 위하의 우두머리 비체치〔頭必闍赤〕로 삼았다"고 적혀 있다. 이로써 옷치긴에게도 무칼리와 마찬가지로 국왕호가 주어졌고, 대덕 6년 이전에 이미 회자되었음을 알 수 있다. 생각건대 "토끼의 해(정묘/1219) 칭기스칸이 동생 옷치긴 나얀에게 예케 오룩大帳을 맡기고" 서정을 떠났다고 하는데,[91] 그를 유수留守로 임명하면서 칭기스칸을 대신하여 통치행위를 할 수 있는 특별한 권위를 준 것을 당대 중국식으로 표현하여 국왕으로 불렀다고 볼 수 있다. 또 그 뒤 그의 후계자들에게 국왕호가 계승되었음을 알 수 있다.

다만 여기서 유의할 점은 1218년[92] 8월 칭기스칸이 조를 내려 무칼리를 태사太師, 국왕으로 봉하고,[93] 서권誓券과 황금인黃金印을 주어 "도행성승제행사都行省承制行事" 하게 한 사실이다. 아울러 "태행太行의 북쪽은 짐이 스스로 경략하고, 태행의 남쪽은 경卿이 경략할 것"이라는 유諭를 내리고, 다시 자신의 수레에 꽂혀 있던 구유대기九斿大旗를 무칼리에게 주며 "무칼리가 이 깃발을 세우고 호령하면 짐朕이 친히 임한 것과 같다"고 여러 장수에게 무칼리의 지시를 따르도록 했다. 곧 1218년 무칼리에게 한인들의 호칭인 국왕호를 줌으로써, 무칼리는 금국정벌과 정복지역의 통치에 관한

90) 《益都金石記》 권4, 方回, 〈元兀林答碑〉.

91) 《元朝秘史》(四部叢刊 三編 史部) 續卷1.

92) 《聖武親征錄》, "戊寅, 封木華黎爲國王." 《元史》에는 1217년으로 되어 있다. 《元史》(中華書局標點本) 권119, 木華黎, 2932쪽.

93) 라시드 앗 딘은 당시 주르체 종족들이 무칼리를 '구양'으로 불렀기 때문에 '국왕'의 칭호를 주었다고 한다. 라시드 앗 딘/김호동 역, 《집사 2 칭기스칸기》(서울: 사계절, 2003), 295쪽.

모든 권한을 칭기스칸으로부터 부여받은 것이다. 이에 무칼리는 운雲, 연燕에 행성을 세우고 중원에 대한 정복전쟁과 통치를 총괄하게 된다.

따라서 《원고려기사》의 1219년 기사에 옷치긴을 '황태제 국왕'으로 부른 것은 칭기스칸이 옷치긴에게 유수로서 자신을 대리하여 정무를 집행할 수 있는 제한적 통치권을 준 것으로 볼 수 있다. 1221년 8월 고려에 보낸 공납 요구문서를 '균지'라 부른 것도 같은 맥락일 것이다.

그럼에도 당시 황금가족 구성원들은 옷치긴의 대리청정代理聽政의 권위를 크게 개의치 않았던 것으로 보인다. 곧 《고려사》의 고종 8년(1221) 9월 계사 기사에 "(카치운의 아들인) 알치타이安只吉歹 대왕[94]이 저가這可 등 23명을 보내어 국신國贐을 독촉하였다"[95]는 기록이 보이기 때문이다. 당시 조정은 시례詩禮를 알고 담략膽略도 있으며 언변도 뛰어난 김희제金希磾로 사신의 유회사類會使를 삼았다는데, 저가 등이 말하기를 "종래 알치타이 대왕이 사신을 보내서 영접받지 못했다는 것을 듣지 못했다"고 항의하자, 김희제가 도호부都護府에서 멋대로 활을 쏘아 사람을 상하게 한 그들의 비행을 지적해 그들을 진정시켜서 막무가내로 국신國贐을 요구하는 저가 일행은 제지했다고 한다.[96] 이러한 사정은 당시 황금가족이 몽골군에 굴복한 고려를 그들의 공동의 수탈대상으로 여겨서 오만하게 굴었음과, 카치운 왕가의 경우 옷치긴 왕가의 고려에 대한 배타적 선점권을 인정하지 않고 있었음을 잘 보여 준다. 그들이 동진의 사신과 동행하지 않

94) 安只吉歹는 칭기스칸의 동생 카치운의 아들 按只吉歹(濟南王)로 보인다. 哈丹, 察忽剌, 忽列虎兒, 朶列捏(吳王)이 按只吉歹의 아들이다(《蒙古世系》 101쪽, 〈《蒙古世系》注釋〉, 表三). 그러나 《集史》에는 忽列虎兒가 察忽剌의 아들이자 哈丹의 아버지로, 哈丹의 아들은 勝納哈兒로 되어 있다.

95) 《高麗史》 권22, 고종 8년 9월 "癸巳, 蒙古使這可等二十三人并婦女一人來, 督國贐." 婦女는 오독으로 보인다.

96) 《高麗史節要》 권15/27상, 고종 8년(1221) "九月蒙古安只〔歹〕(女)大王遣這可等, 旣入境, 崔瑀曰, 前來使尙未暇應接, 况後來者乎. 宜令東北面兵馬使慰諭遣還. 時人謂蒙古來侵之禍萌矣.(/27하) 這可等來督國贐, 以金希磾知詩禮有膽略(/28상)善辭語, 命爲類會使. 這可等曰, 前來未聞安只歹大王遣使而不迎接也. 希磾曰, 往歲蒙古國恩今又遣使. 其迎迓之禮與夫國贐等事敢不盡心. 然君在都護府手射一人, 死生未可知, 若生則君之福, 死則君之一行必見拘留. 這可等屈膝慚服, 一從希磾處分."

은 것으로도 카치운 왕가의 알치타이가 독단적으로 보낸 사신이었음을 알 수 있다.

끝으로 테무게 옷치긴에 견주어, 알치 나얀의 영향력을 지나치게 과소평가하는 것도 재고할 필요가 있다. 알치 나얀은 동생 화쿠 나얀과 함께 〈열전〉의 맨 첫 머리에 나오는 칭기스칸의 장인 데이 세첸의 아들이며, 그 밖에 4명의 아미르가 사촌이었다. 알치 나얀은 1232년 은인銀印을 받고 하서왕에 봉해져 쿵그라트부部를 다스리게 되었으며, 1237년(정유) 전錢 20만 민緡과 호戶 5천 2백을 받았다. 그의 가문에는 딸을 낳으면 후비后妃가 되고, 아들을 낳으면 공주에게 장가가라는 지旨가 내려졌다. 그리하여 황금씨족이 아니면서도 부마로서 왕부부王傅府가 설치되어 있었고, 왕부王傅 6명 아래 관속官屬으로는 전량錢糧, 인장人匠, 응방鷹房, 군민軍民, 군참軍站, 영전營田, 도전稻田, 연분천호煙粉千戶, 총관總管, 제거등관提擧等官의 관서가 40여 개가 되었으며, 관원도 7백여 명이 되었다.

또 후대의 일이지만 쿵그라트부部의 분읍分邑에는 그 배신陪臣을 다루가치로 임명할 수 있는 곳이 제령로濟寧路 말고 제濟·연兗·단單 3주州와 거야鉅野·운성鄆城 등 16현縣(1236년/병신 소사)과 지원 13년 받은 정주로汀州路 6현, 지대 원년 분급받은 영평로永平路 난주灤州 등 6현이 있었고,[97] 지대 2년에는 평강로平江路 도전稻田 1천 2백 경頃을 받았다. 응창로應昌路와 전령로全寧路는 다루가치·총관 아래에 있는 모든 관속 등 배신을 스스로 임명할 수 있었고, 카안의 조정은 간여할 수 없었다. 그 오호사五戶絲와 초鈔의 수를 보건대, 병신년에 제령로濟寧路 3만 호, 지원 18년에 다시 정주로汀州路 4만 호를 분급받아 오호사는 1년에 2천 2백여 근斤, 초는 1천 6백여 정錠을 거두었으며, 따로 세사歲賜도 받았을 것으로 보인다. 요컨대, 이처럼 알치 나얀의 가문은 칭기스칸 정처正妻의 친정으로 손꼽힐 만큼 유력한 가문이었으므로, 칭기스칸이 여진족의 정벌과 야율유가의 투항을

97) 《元史》 권2, 太宗本紀에 8년(1236) 7월에 中原 諸州의 민호를 제왕, 귀척, 오르두에 분급할 때 알치 나얀에게 平·灤州를 주었다고 하는데, 이 사료도 또한 황숙 옷치긴이 아닌 駙馬인 쿵그라트부部의 알치 나얀에 대한 민호 분급을 기록한 것으로 보인다.

알치 나얀에게 맡기는 것도 특별히 이상한 일이 아니었다.

그렇다고 해서 옷치긴의 요동 지배와 관련된 모든 의문이 해결된 것은 아니다. 《고려사》 권28 〈충렬왕세가〉 1(/38상하)에 1278년 7월 중서성에 올린 충렬왕의 상서에 따르면, 고려 북부 지역 일부와 옷치긴 왕가의 이해가 얽혀 있었음을 알 수 있다.[98] 하지만 충렬왕이 중서성에 청원하여 쿠빌라이 카안이 그것을 고려에 돌려주는 것으로 보아, 옷치긴 국왕가의 서해도 지배는 배타적인 것은 아니었던 듯하다.

98) 《高麗史》 권28, 충렬왕세가 1/38상하, "西海道內, 谷州·遂安兩城, 往年投拜塔察兒大王(두 지방의 반란과 귀순사료 확인 필요), 大王使吉里歹來點民戶, 尋蒙省旨云, 諸王投下不得一面收拾民戶, 況高麗附屬國土, 不合收拾."; 《高麗史》 권58, 志; 《高麗史》 권12, 地理 3 西海道에도 "後遂安谷州殷栗等縣沒于元, 至忠烈王四年, 元乃歸之"(/7하)라 하여 서해도 一圓이 한때 옷치긴 가에 점유되었던 것으로 보인다.

제2절

〈고종세가〉 가운데 신묘년(1231) 몽골첩문 2통과 몽골의 고려 침략 추이

1. 살리타이 코르치의 첩문 2통과 몽골의 강화조건

1218년 시작된 강동성에 대한 여·몽·동진 군대의 연합작전 수행 및 1219년 여몽형제맹약과 그 실천에 관한 내막을 보여 주는 또 다른 사료는 1231년 살리타이 코르치撒禮塔 火兒赤[99]가 고려에 보낸 두 통의 첩문이다. 이에 대한 고려의 답첩 또한 초기 여몽관계를 이해하는 데 매우 중요한 사료라고 할 수 있다. 두 통의 첩문을 1219년의 형제맹약의 내용과 비교해 보면, 1231년의 강화내용과 1219년의 형제맹약은 원칙적으로 계승과 발전관계임을 알 수 있다. 이런 점에서 1231년 몽골이 고려에 보낸 첩문을 검토하는 것은 1219년의 형제맹약의 성격을 이해하는 데에 도움

99) 《元史》 권2, 太宗本紀 3년 8월조. 이 밖에 《元史》 권120 吾也而傳에 撒里答 火兒赤, 《元史》 권149 耶律留哥 附 薛闍傳에 撒兒台로 나오고, 《元史》 권149 王珣 附 榮祖傳에도 撒里台로 나와 있다. 撒禮塔의 음가는 'sa-li-ta(i)'로 몽골어 '사르투Sar[a]tu'/'살리타이Sar[a]tai'로 복원할 수 있는 바, '달[月]의 標識이 있는'이라는 뜻이다. 몽골어 'САРАТАЙ'는 이마에 달 모양의 흰 점이 있는 가축을 가리키며, 흰 바탕에 붉은 점이 있는 말을 сартай зээрд морь라고 부른다. 따라서 달 모양[月形]의 부호를 가축에 표시하는 몽골 씨족 출신을 가리킬 가능성도 있다. 또 살리타이 코르치는 무칼리 휘하에서 우야르吾也而, 알치의 아들 唆魯忽禿과 함께 산동 정벌전투에 참여하고, 더욱이 嚴實과 東平城 공략에 참가한 살리타이 천호와 동일한 인물로 보인다(《治平要覽》 권135/55하 참조). 《몽골비사》(유원수 역) 권274에는 "앞서 주르체드(여진), 솔랑가스에 원정한 잘라이르타이 전통사의 후속 부대로 예쉬데르 전통사를 원정시켰다"고 하여 '잘라이르타이Jalayirtai'로 읽고 있다(290, 494쪽).

이 될 뿐 아니라, 초기 여몽관계의 전모全貌를 이해하는 데에도 도움이 될 것이다.

1231년 첩문 2통의 내용은 그동안 여러 연구에서 이용되었다. 무라카미 마사츠구村上正二와 레디야드Ledyard가 두 차례나 역주譯註하였으며,[100] 러시아에서도 B. M. 세로프Серов가 그의 논문에서 두 첩문의 번역문을 싣고 있다.[101] 말할 것 없이 남한과 북한[102]에서도 《고려사》 역주본을 내면서 각각 1회, 2회 번역하였다. 또한 2009년 동아대학교에서 펴낸 두 번째 번역본에는 간단한 역주까지 붙어 있다. 그러나 F. W. 클리브스Cleaves가 당시까지 나온 관련 업적을 모두 검토한 뒤에 특별히 이 첩문 서두序頭의 형식에 대하여 전론專論[103]을 쓴 사실에서도 엿볼 수 있듯이, 이들 첩문에 대한 역주와 번역은 아직도 미흡한 점이 많다. 필자가 초기 여몽관계를 검토하는 가운데 번거로움을 무릅쓰고 새롭게 이 첩문의 역주와 검토를 시도하는 배경이다.

최초의 여몽형제맹약은, 제1장에서 살펴본 대로, 1224년 저고여著古與 피살사건 뒤 중단되었다. 1231년 살리타이 코르치가 거느린 몽골 군대가 저고여 피살사건을 추궁한다는 명분을 내걸고 고려에 침략했고, 다루가치의 설치, 태자와 귀족·고관 자녀의 볼모와 같은 더욱 예속적인 새로운 강화조건을 고려가 받아들이도록 요구했다. 그러나 이러한 과도한 공납 등 몽골의 무리한 요구를 고려는 받아들일 수 없었다. 오히려 몽골 침략군의 요구와 상관없이 고려의 전통적 사대외교의 형식을 여몽관계에도 적용하기를 원했다. 그리하여 몽골로부터 협상의 당사자로 나서기를 요구

100) 앞의 주5 참조.

101) "1231~1232년 몽골의 고려 침입과 그 영향 Поход Монголов в Корею 1231~1232 гг. и его последствия", *Татаро-Монголы в Азии и Европе Сборник статей*(МОСКВА, 1977), pp.150~165 그러나 세로프의 첩문 번역은 Gari Ledyard(1963)에 주로 의거하고 있다.

102) 리만규·리의섭 역, 《고려사》 2(북한 사회과학원 고전연구소, 1963), 539~540, 541~542쪽.

103) "The Initial Formulae in a Communication of a Mongolian Viceroy to the King of Korea", *Journal of Turkish Studies* 3(1979), pp.65~88 필자에게 이 논문의 존재를 알려 주고 보내 준 존경하는 동학 김호동 교수에게 특히 사의를 표한다.

받은[104] 무신정권의 수장 최우崔瑀는 결국 1232년 강화도 천도를 단행하였다. 따라서 몽골의 본격적인 고려 침략이 시작된 1231년부터 1259년 고려태자가 뭉케 카안을 찾아가기 전까지의 항쟁 동안 강도江都의 고려정권과 몽골국 사이에 질적으로 뚜렷한 변화는 일어나지 않았다. 물론 그 사이 고려 안에 항쟁의 피로가 쌓여 볼모 파견 등 부분적인 변화가 나타나기는 했지만, 질적인 면에서 1219년 맺어진 여몽형제맹약의 단계에서 크게 달라졌다고 말하기는 어렵다.

몽골의 1231년 고려 침략의 개시 시기는 확실하지 않다. 《고려사》에는 8월 29일(임오)에 몽골 원수 살리타이가 함신진咸新鎭을 포위하고 철주鐵州에 대하여 백정이 가축을 잡듯이 야만적인 보복을 하였다[105]고 기록하고 있다. 하지만 《원사》 권149 〈야율유가전〉에는 1230년에 우구데이 카안으로부터 살리타이와 함께 야율설사(야율유가의 아들)가 동정東征을 명받았고, 또 1230년부터 1237년까지 고려와 동하東夏를 연달아 정벌했다고 기록하고 있는 것으로 보아, 이미 1230년 남정南征과 동정의 계획이 내부적으로 결정되었고, 이때 고려와 동진 정벌을 위한 부대의 편성도 이루어졌음을 보여 준다. 따라서 태종본기 3년의 기사는 1231년 8월 고려 침입 뒤의 사실을 요약한 것이라고 볼 수 있다.[106]

라시드 앗 딘의 《집사》에 따르면, 1229년 즉위 뒤 국사를 새로 정비한

104) 《高麗史節要》 권16, 고종 19년 5월 "蒙古河西元帥遣師寄書并送金線二匹. 其書稱令公上, 蓋指崔瑀也. 瑀不受曰我非令公, 以歸淮安公侹, 侹亦不受往復久之. 瑀竟使學士李奎報製政答書移送."(/14하)

105) 《高麗史》 권23, 高宗 2/1상; 《元史》 권2, 태종 3년 8월조에도 고려가 사자를 죽여 살리타이에게 군사를 이끌고 가서 토벌케 하여 40여 성을 취했다는 기사가 있다.

106) 이에 대하여 이미 많은 외국 학자들이 관심을 보이고 있다. W. E. Henthorn, *Korea The Mongol Invasions*(Leiden: E. J. Brill, 1963); В. М. Серов, "ПОХОД МОНГОЛОВ В КОРЕЮ 1231~1232 гг. И ЕГО ПОСЛЕДСТВИЯ", *ТАТАРО МОНГОЛЫ В АЗИИ И ЕВРОПЕ*(МОСКВА, 1977), pp.150~165 참조. 이 무렵의 일을 기록한 《몽골비사》 274절은 "앞서 여진(동진)과 고려에 원정한 잘라이르타이札剌亦兒台, Jalayirtai 코르치를 후원하도록 이수데르 코르치를 원정케 하고 '탐마로 머물라'는 칙명을 내렸다"고 한다. 하지만 최윤정은 那珂通世와 村上正二(《モンゴル秘史 3》 권12, 274절 주13) 등 선학의 성과를 받아들여, 이것이 뭉케 카안 시기에 고려에 파견된 차라대와 여수달의 일을 적은 것으로, 《몽골비사》의 성립연대를 비정하는 데에도 중요한 단서가 된다고 본다. 崔允精, 〈몽골의 요동·고려 경략 재검토(1211~1259)〉, 《歷史學報》 제209집, 144~147쪽 참조.

우구데이 카안은 이란 방면에 초르마군 나얀을, 킾챠크와 불가르 방면에 쿠케데이와 수베데이 바하투르를 보내고, 칭기스칸이 사망한 1227년에는 제왕 알치타이를 보내 동관潼關을 정복한 뒤, 주둔시켰던 금국과 변경인 티베트, 솔랑카, 주르체 방면에 대大 나얀들을 군대와 함께 선봉으로 보내고, 자신은 동생 예케 나얀(톨루이)과 함께 군대를 이끌고 뒤따랐다[107]고 한다. 이들 나얀 가운데 고려원정군의 총수 살리타이 코르치와 개경 바깥 금교金郊에 둔친 적거迪巨 부마[108] 등도 포함되어 있었던 것으로 보인다.

몇몇 성보城堡에서 산성山城을 거점으로 활용한 고려의 방어전술이 성공했음에도, 그러한 저항이 강력한 몽골군의 군세軍勢를 꺾기에 역부족이었기 때문에 고려조정은 마침내 몽골의 화평조건을 받아들였다. 몽골과 고려 사이에 전투가 진행되고 있던 10월 초하루 평주平州에 몽골사신이 첩문을 가지고 왔고, 평주를 지키던 관리는 그들을 가둔 뒤에 이 사실을 조정에 보고하였다. 조정에서 전중시어사殿中侍御史 김효인金孝印을 보내 첩문을 확인한 결과, "우리 군대가 처음 함신진에 이르렀을 때, 투항한 자를 모두 살려 주었다. 너희 나라[汝國]가 항복하지 않으면 항복할 때까지 돌아가지 않을 것이며, 투항하면 바로 동진東眞으로 갈 것이다"[109]는 내용이 들어 있었다.

1231년 11월 11일(계사) 북계北界의 분대分臺 어사御史 민희閔曦가 돌아와 보고한 바에 따르면, 민희와 병마판관원외랑兵馬判官員外郎 최계년崔桂年이

107) 라시드 앗 딘/김호동 역, 《집사 3 칸의 후예들》(서울: 사계절, 2005), 53~54쪽.

108) 여기서 迪巨元帥는 《聖武親征錄》 "壬申(1212)破宣德府, 至德興府失利, 引却. 四太子也可那顏赤渠駙馬率兵盡克德興府境內諸堡而還. 後金人復收之"와 《元史》 권1 (太祖 8년/1213 추7월)"皇子拖雷駙馬赤駒先登, 拔之", 《元史》 公主表 鄆國公主位 禿滿倫公主에 "適赤窟駙馬"의 赤渠, 赤駒, 赤窟과 같은 인물이다. 이 밖에 赤苦(《元史》, 太宗紀)와 赤古(《元朝秘史》 202절) 등으로 표기되기도 한다. 《元史氏族表》에 따르면 赤駒는 데이 세첸의 아들로 알치 나얀의 동생 册이다. 그러나 김호동은 《집사 부족지》(서울: 사계절, 2002) 제4편 몽골족의 주59(269쪽)에서 《몽골비사》 202절의 기사에 나오는 치구와 알치 쿠레겐이 부자 사이라고 보고 있다. 요컨대 1231년 고려정벌군 장수 가운데는 이전에 무칼리 휘하에 있었던 장수가 참여하고 있었음을 보여 준다.

109) 《高麗史》 권23, 高宗世家 2/1하~2상.

삼군지휘三軍指揮의 허락을 얻어 몽골 군사를 위문하러 갔을 때, 권황제權皇帝를 자칭한 살리타이라는 한 원수가 비단 수繡로 장식한 게르氈廬에 부인을 좌우에 거느리고 앉아서, "너희 나라가 지킬 수 있으면 지키고, 투항하려면 투항하고, 싸울 수 있으면 싸워라. 곧 결판이 날 것이다"라 했다고 한다. 또한 "너는 소관인小官人이니 대관인大官人〔高官〕이 속히 와서 항복하라"고 위협한 사실을 아뢰었다.

고려는 5군을 보내 몽골 군대의 공격를 막았지만, 첩을 가지고 간 사신을 가둔 일에 대한 보복으로 11월 19일(경술) 새벽 몽골군이 평주성平州城을 함락하고 주관州官과 주민州民을 모두 죽여서, 사람은 말할 것도 없고 가축의 그림자조차 없는 평지로 만들었다. 그들은 29일(신해) 평주에서 와서 선의문宣義門 밖에 진陣을 쳤다. 포도蒲桃 원수는 금교金郊에, 적거迪巨 원수는 오산吾山에, 당고唐古 원수는 포리蒲里에 진을 쳤으며, 선봉부대를 보내 예성강 주변의 여사廬舍를 불태우고 백성들을 살육하였다.[110] 이 때문에 경성京城이 온통 놀라고 인심이 흉흉해진 것은 말할 것도 없었다. 12월 초하루에는 몽골 군대가 다시 사문四門 밖에 진을 치고 또 12월 21일(임신) 흥왕사를 공격하자, 고려는 하는 수 없이 몽골의 요구를 받아들이고 어사 민희를 보내 화친을 맺었다. 이튿날 다시 민희가 가서 몽골 사신 2명과 하절下節 20명을 데려왔는데, 지각문사知閣門事 최공崔珙을 접반사로 삼아 선의문宣義門 밖까지 출영하였고, 선은관宣恩館으로 들어오게 했다. 마침 살리타이는 청천강 부근 안북도호부安北都護府에 주둔하고 있었기 때문에 따로 사자 3명을 보내 강화를 권하였다. 이때 몽골사신이 바친 첩문을 번역하면 아래와 같다.

110) 1231년 고려에 침입한 살리타이 휘하 몽골 군단의 부대편성 등에 대하여는 이를 검토한 松田孝一 선생의 글(〈モンゴル帝國東部國境探馬赤軍團〉, 《內陸アジア史研究》 제7·8 합병호)이 참고가 된다. 이 사료는 "宣義門 밖에 蒲桃 원수가 陣을 치고, 金郊에 迪巨 원수가, 吾山에 唐古 元帥가, 蒲里 先鋒은 예성강에 이르러 廬舍를 불태우고, 백성들을 殺戮한 것이 헤아릴 수 없다"라고 옮길 수 있다.

《고려사》 권23 〈고종세가〉 2, 23/4상~5하

첩왈牒曰,

"하늘의 힘과 하늘이 하신 말씀을 알아듣지 못하는 자者는 눈이 있으면 파일 것이고, 손이 있으면 잘릴 것이며, 다리가 있으면 절룩거리게 될 것이다. 성지聖旨로 살리타이 코르치군을 파견해 보낸 것은, 너희가 투배投拜할 것인지 죽음을 기다리는지 물으려는 것이다. 쥐해(병자/1216)에 거란족이 너희 고려국에서 노략질할 때, 너희는 쫓아내지 못하였다. 우리〔側〕가 보낸 찰랄과 하칭何稱 두 원수가 거느린 군대가 가서 흑黑거란을 모두 토멸했다〔殺了〕. 너희는 토벌하지 못했고, 우리가 토벌했다. 만약 우리가 거란족을 토벌하지 않았다면, 너희는 (그렇게) 빨리 토벌하지 못했을 것이다. 그렇지 않느냐? 사신 포리대완에게 투항하지 않았다면, 어찌할 뻔하였느냐? 투항했으니, 사신 저고여를 너희에게 보내지 않았느냐? 저고여가 실종되어, 사신이 저고여를 찾으러 갔는데, 찾으러 간 사람들을 너희가 궁수를 시켜 쏘아서 돌아가게 하였다. 그것은 틀림없이 너희가 저고여를 죽였기 때문일 것이다. 그 때문에 우리가 찾아 문책하러 왔다. 황제가 성지로 말씀하시기를, 만약 너희가 우리와 함께 싸우겠다면, 몰살시킬 것이다. 만약 투항하면 전에 투항한 것에 의거하여 처리하겠다. 만약 너희 백성들을 아낀다면, 전과 같이 투항하라. 보낸 사신은 빨리 돌려보내라. 만약 죽인다면, 너희는 각오하라. 카안의 넓은 국토에서 몽골인들이 사방 주위의 국토를 모두 거두었다. 투항하지 않은 국토를 모두 거두었다. 고집부리고 투항하지 않는 사람은 모두 칠 것이다. 너희가 듣지 않으면, 우리는 너희가 가진 것을 모두 빼앗아 거두게 될 것이다. 너희가 투항하면, 고려국왕의 민호 안에 투항한 사람은 전과 같이 지낼 것이고, 투항하지 않은 사람은 죽음이 있을 것이다. 호랑이해(무인/1218)에 투항하여 우리들은 (이미) 한 가족이 아니냐? 보낸 사신은 아토阿土이다."

天底氣力天道將來[111]底言語, 所得不秋底人,[112] 有眼瞎了, 有手沒了, 有脚子瘸了. 聖旨差撒里打·火里赤軍去者, 問: 你每待[113]投拜, 待廝殺? 鼠兒年, 黑契丹你每高麗國裏討虜時節, 你每迭當[114]不得了去也.

111) '道將來'는 '說將來'와 같고, 天底氣力은 몽골어 tengri-yin küčün(하늘의 힘/굳셈)으로 흔히 裏(-dür)가 붙는다.

112) 송원시대 秋는 '看' 또는 '理'의 의미가 있는 俅 또는 瞅와 같이 쓰였다. "他那里, 誰秋采."(《琵琶記》 31)

阿每[115]差得扎剌·何稱兩介引得軍來, 把黑契丹都殺了. 你每不殺了. 阿每來. 若阿每不將黑契丹了,[116] 你每不早了, 那是麼? 使臣'禾利一女'[117]根底不拜來, 那是麼? 投了呵, 差使臣瓜古與[118]你每根底不行打來, 那什麼? 瓜古與沒了, 使臣覓瓜古與來, 你每使弓箭將覔來底人射得回去了. 那上頭, 管[119]是你每底將瓜古與殺了也, 阿每覓問當來也. 皇帝聖旨道: 若你每待廝交阿每一處, 廝相殺住到老者. 若還要投呵, 依前一䣛[120]投了者去. 若你每民戶根底的愛惜, 依前一䣛投拜來. 下去底使臣〔快快地〕(快快地)[121]交回來者. 若要廝殺, 你識者[122]. 皇帝大國土裏達達每, 將四向周圍國土, 都收了. 不投底國土, 都收了. 你每不聽得來投去了底人, 都一處行打. 你每不聽得來, 阿每將劫擄. 你每底寄不及, 都收撫了. 聽, 你每根底來, 高麗國王你每底民戶裏投拜了的人, 依舊住坐, 不投拜底人戶殺有. 虎兒年, 投(投)拜了, 咱每不啻一家來, 那什麼? 使去底使臣是阿土.

《고려사》 권23 〈고종세가〉 2, 23/6상~7하

첩왈,

"첩〔牒文〕에 이르기를, 몽골대조국 황제가 성지聖旨로 살리타이 코르치에게 명하여 대군을 거느리고 고려국에 가서, '왜 저고여 사신을 죽였는가?' 묻도록 명하였

113) 待는 要의 뜻으로 쓰인다.

114) 亦鄰眞은 '迭'을 '迭'(이: 侵犯)로 읽어 迭當=敵當을 '침범을 막다'로 해석했다(〈元代硬譯公牘文體〉, 177쪽). 그러나 '遣送'과 '放逐'의 뜻을 갖는 選(遣也: 說文解字)의 약자로, 當은 조사 '着'과 같이 쓰였다고 보는 것이 옳다.

115) 亦鄰眞은 阿每도 일인칭 복수로 보고 있으나(앞의 논문, 178쪽), 첫 번째 나오는 阿每는 女眞語 阿買(성읍을 다스리는 자, 집안의 어른)로 해석하여, 곧 칭기스칸 또는 감국이었던 옷치긴으로 해석해 볼 수 있다.

116) 了는 滅의 뜻으로 쓰인다.

117) "使臣禾利一女根底不拜來, 那是麼?"의 '禾利一女'를 亦鄰眞이 禾利歹로 읽고 주1(178쪽)에서 "蒲利帶에게 항복을 표하지 않았느냐?"로 해석하고 있는데 탁견이다. 《高麗史》 권22는 (高宗6年春正月)"辛巳趙沖金就礪與哈眞子淵等合兵圍江東城, 賊開門出降. 庚寅, 蒲里岱完等十人賫詔請講和"(/16하)라 하여 같은 사실을 講和로 서술하고 있지만, 1331년 11월 趙叔昌에게 보낸 〈上皇帝表〉(《高麗史》 권23, 高宗世家 2/9하)를 보낸 뒤 여러 번 같은 사실을 투배로 표현하고 있다.

118) 著古與를 다르게 적은 것으로, '爪(zhao)'古與의 誤植으로 볼 수 있다.

119) 반드시, 틀림없이.

120) 䣛은 무리, 黨也, 輩也.

121) 怏怏地의 誤植.

122) 《黑韃事略箋證》 12하~13상, "彼所欲爲之事, 則日天教恁地, 人所已爲之事, 則日天識著, 無一事不歸之天, 自韃主至其民無不然."

다. 내가 성지를 받들어 보낸 소수의 선발대〔稍馬〕가 가고, 또 사신이 이르자, 사신에게 투항했다. 영공은 바칠(공납할) 물건은 마땅히 보내라. 이러한 몇 가지 보낸 물건과 보내올 물건은 내 마음에 전혀 들지 않는데, 포布를 보냈느냐? 내가 원하는 좋은 금은金銀, 좋은 진주珍珠, 수달피, 아람鵝嵐, 좋은 의복을 보내라. 네가 괜찮다고 했으니 말한 것을 어기지 마라. 네가 보낼 금은과 의복은 많으면 2만 필의 말에 실어올 수 있고, 적어도 1만 필의 말에 실어올 수 있다. 나의 대군은 집을 떠난 지 오래되어 입고 간 의복이 모두 헐었다. 1백만 군인의 의복을 네가 감안하여 보내라. 따로 보낼 진상물 말고 진자라眞紫羅 1만 필을 바쳐라. 네가 바치기 위해 가져온 수달피 230개가 좋다. 자라紫羅를 보낼 때, 이번에 바친 좋은 수달피 2만 개를 보내라. 너의 오르두의 말 가운데서 대마大馬 1만 마리와 소마小馬 1만 마리를 골라서 보내라. 왕실의 자손 가운데 남자아이와 공주, 대왕 등 군주郡主가 카안(황제)에게 바치는 1천 명 외에 고관들〔大官人〕도 여자아이를 보내라. 너의 태자는 대왕大王 영자令子 1천과 대관인들의 딸 1천을 거느리고 와 황제에게 바치고, '예'라고 하라. 네가 이 일을 서둘러 처리하여 종결되면 곧 네 자리는 안전하고 편해질 것이다. 이 일을 (서둘러) 마치지 않으면, 너는 하루 내내 자도 근심이 있을 것이다. 내 사신이 군대를 불러서 갔다. 내가 원하는 물건을 서둘러 바치면, 군대도 빨리 올 것이다. 뒤늦게 바치면, 내 군마가 늦게 철수하여, 너희 고려 민호가 적지 않은 물건을 빼앗길 것이다. 갖가지 방법으로 각도各道(군)에 알리면, 충분히 가능하다. 네가 백성을 아끼듯이 백성들도 너를 아끼기 때문이다. 내가 이렇게 거두어 가는 금은재물金銀財物이 네가 힘닿는 대로 다 짜낸 것이라 하는데, '이후이후異候異候'란 말을 잊지 마라. 국왕이 순순히 투항했기 때문에, 보낸 사신이 우리 쪽 군사에게 말을 전해 너의 백성을 죽이지 말라 하였다. 이와 같이 말하여 보냈으니, 백성들은 예전대로 다니던 길을 안심하고 다니게 하라. 알아들었으면 사신으로 오로토와 지빈목을 도호에 들여보내니, 삼군의 진주陣主는 권황제權皇帝(살리타이 코르치)의 처소에 나아가 항복하라."

牒日: 蒙古大朝國皇帝聖旨〔裏〕(專)命撒里打火里赤統領大軍, 前去高麗國, 問當[123]: "如何殺了著古與

123) 問當: 問道와 같이 쓰였다. 問/'묻다'에 語助詞 '當'과 '道'가 첨가된 형태이다. 顧學頡·王學奇 編, 《元曲釋詞》 三(中國社會科學出版社, 1988), 567쪽.

使臣乎?" 欽奉聖旨, 我使底稍馬去, 使臣到, 投拜了使臣. 令公[124]將進底物件, 應生[125]交送. 這些箇與物, 將來底物, 去[126]我履[127], 沒一箇中底物. 布子與來[了](子)麽. 我要底好金銀, 好珠子, 水獺皮, 鵝嵐, 好衣服與來. 你道足, 但言者不違. 你與金銀衣服, 多合二萬匹馬駄來者, 小合一萬匹馬駄來者. 我底大軍離家多日, 穿將來底衣服都壞了也. 一百萬軍人衣服, 你斟酌與來者. 除別進外, 眞紫羅一萬匹. 你進呈. 將來底, 你將來底, 水獺二百三十箇好麽. 與紫箇來. 如今交上好水獺皮二萬箇與來者. 你底宮馬裏, 選鍊一萬箇匹大馬與來者. 你底太子將領大王令子并大官人男婑兒要一千箇女婑兒亦是一千箇, 進呈皇帝, 做扎也者.[128] 你這公事,[129] 疾忙句當了合,[130]你已後早了, 你底(里)地里穩便快和也. 這事不了合, 你長日睡合, 憂者有. 我使臣呼喚稍馬軍去, 我要底物件疾忙交來, 軍也疾來. 遲交來持, 我軍馬遲來, 爲你高麗民戶, 將打得莫多少物件. 百端拜告郡裏, 足得, 你[愛](受)惜你也民戶. 我這裏龢取要金銀財物, 你道骨肉出力, 這龢語'異侯異侯', 休忘了者. 據國王好好底投拜上頭, 使得使臣交道與我手軍去, 爲你底百姓上休交相殺. 如此道得去也. 交他舊日自在行路通泰者. 依上知之, 使云底使臣二人, 烏魯土只賓木入都護, 三軍陣主詣降權皇帝所.

번거로움을 무릅쓰고 위에 번역한 살리타이 코르치가 보낸 두 통의 첩문은 대체적인 내용이 《고려사》에 온전히 남아 있다. 이를 통해 1231년

---

124) 《高麗史節要》 권16, 고종 19년(1232) 5월조(/14하)와 《高麗史》 권129의 崔忠獻 附 崔怡(崔瑀)傳(/37하~38상)에는 蒙古河西元帥가 고려 쪽 영공에게 보낸 선물의 수령자를 놓고 최우와 왕정이 서로 양보하는 것을 볼 수 있으며, 끝내 최우는 이규보에게 시켜 왕정의 이름으로 돌려보냈다. 하지만 《高麗史節要》 권16에 "其書稱令公上, 蓋指崔瑀也"라 하여 편자는 영공을 최우로 비정하고 있고(/14하), 《東文選》 권61 答沙打官人書에 또한 "崔令公出來事及之云云"도 몽골이 최우를 영공이라 부른 것임을 잘 보여 준다. 또 1258년 金仁俊이 崔竩를 제거할 때도 길에서 "令公已死矣"라고 소리치게 했는데, 이것도 당시 고려 안에서 무신정권의 영수를 영공이라 불렀음을 말한다. 특히 《元史》 권7 세조 지원 7년 4월 기축에 "高麗行省遣使來言, 權臣林衍死, 其子惟茂擅襲令公位, 爲尙書宋松禮所殺"라 하여 이미 관습적으로 불렀음을 입증한다.

125) '應'은 應該, '生'은 硬是/活活地 또는 甚과 很의 뜻으로 쓰인다.

126) 去: 在(at noun), 處와 같이 장소를 표시하거나, 사태발전의 방향을 보이는 조사로 쓰인다.

127) 領土(?). 알 수 없는 글자. 尸+子+見의 결합이나 의미에서는 履로 본다.

128) 村上正二는 논문 주6(80쪽)에서 '扎'을 몽골어 '3A(yes)'로 해석하고, 레디야드도 이를 받아들이고 있다. 한편 祖生利는 다른 맥락에서 '也'와 '者'가 宋元 한어 가운데서 구절 끝의 어기조사로 쓰였으며, 몽골어 동사의 祈使式 부가성분 ǰe의 번역어로 쓰였다고 한다. 레디야드는 '做扎也者'를 "you are to say 'Aye(=yes)'"로 번역했다. Gari Ledyard(1963), p.237 주21 참조.

129) 公事 үйл(э).

130) 應該, 《元語言詞典》, 118쪽.

12월 몽골이 고려에게 어떠한 내용의 요구를 했는지 짐작할 수 있다. 두 통의 첩문 가운데 전자는 항복을 종용하는 첩문이고, 후자는 강화의 조건을 제시한 것으로 볼 수 있다. 또 후자의 내용은 크게 두 부분으로 나뉘는데, 하나는 볼모를 보내라는 것이고, 다른 하나는 공납을 요구하는 것이다. 고려국왕과 공주, 대왕과 고관의 자녀를 볼모로 보내라는 요구는 1219년 맺어진 형제맹약에는 포함되어 있지 않았던 새로운 내용으로, 당시 몽골의 요구 가운데 고려가 가장 부담스러워 한 것이었다. 두 번째 첩문의 또 하나 중요한 특징은 무신정권의 영수領袖인 영공令公을 몽골에 대한 공납 의무자로 지목하고 있다는 점이다.

두 통 첩문의 요구에 대하여, 고려는 공납 요구는 받아들였던 것으로 보이나 볼모의 문제는 쉽게 받아들이지 못했다. 12월 29일(경진)에 몽골 사신이 공납을 가져갔는데, 황금黃金 70근, 백은白〔銀〕(金) 1천 3백 근, 유의襦衣(솜 놓은 저고리) 1천 령領, 말 170필을 가지고 돌아갔고, 따로 장군 조시저趙時著를 보내 황금 12근 8냥, 여러 가지 금주기金酒器 7근, 백은白銀 29근, 은주기銀酒器·식기食器 437근, 은병銀甁 116구口, 달피獺皮 75령 등을 살리타이 코르치에게 보내고 처자와 휘하 장좌將佐 14관인官人에게도 차등을 두어 보냈다. 고려는 또 몽골사신이 돌아가는 편에 황제에게 올리는 표문表文을 부쳤는데, 표문의 내용은 평주平州에서 일어난 첩문의 수령과 관련된 오해로, 곧 아토를 구금하게 된 배경을 해명한 뒤에, 1219년 합진과 찰랄이 왔을 때 고려가 이미 투항하여 강화한 사실을 재확인하여 구호舊好를 회복할 것을 요청하고 있다.131)

2. 고려의 대응과 몽골의 새로운 요구

물론 살리타이 코르치가 처음에 보냈던 제2첩문의 요구 말고도 몽골은

131) 《高麗史》 권23, 高宗 2/28하~9하. 같은 내용이 李奎報, 《東國李相國集》 권28/4상~5하에도 들어 있다.

고려에 다른 요구도 하였고, 그 내용도 변하지 않는 것이 아니라 협상을 거쳐 일부 품목과 양이 조정되었던 사실도 알 수 있다. 예컨대 1232년 3월 갑오에 통사通事 지의심池義深과 녹사錄事 홍거원洪巨源 등이 국신國贐(공물)과 함께 살리타이에게 가져간 편지에는 "번번이 보내온 공문에서 말한 여러 가지 사항은 곧 회보回報하려 합니다. 또 회안공 왕정이 받은 편지를 보면, '너희 나라는 인호人戶를 가려 뽑아 개주관開州館과 선성산宣城山 아래로 가서 머무르며 농사를 짓게 하라'고 합니다. 가만히 살피건대, 대국이 분지를 떼어 주고, 또 저희 백성으로 하여금 농사지어 먹게 하시니 그 뜻이 고마울 뿐입니다. 그러나 우리나라는 가는 곳마다 백성과 가축이 죽어 손실이 너무 커서 이 비좁은 땅도 다 갈지 못합니다"[132]라고 하여, 고려의 어려운 처지를 설명하며 거절하고 있다. 이처럼 고려와 몽골은 서간書簡 등을 통해 강화조건을 조정하였는데, 몽골의 과도한 요구에 고려가 경감을 요구하여 대립하기도 했지만, 때로 몽골이 고려의 요구를 받아들여 줄여 준 경우도 보인다. 처음 살리타이의 첩문에서 요구한 동남·동녀 각 1천 명이 뒤에 각 5백 명으로 준 것도 그 예에 속한다.

4월 12일(임술)에 상장군上將軍 조숙창趙叔昌과 시어사侍御史 설신薛愼을 몽골로 보내서 칭신稱臣하는 표를 올리고 진상품과 함께 보낸 편지를 보면 그 사실을 알 수 있다.[133] 이 편지는 이규보李奎報가 작성한 것인데, 고려는 사정을 설명하고 살리타이 코르치가 보낸 제2편지에 나오는 강화조건에 대하여 고려의 현실을 고려한 재고를 요구하고 있다.[134] 여기에 그 편지를 번역하면 다음과 같다.

"지난 번 황제에게 올리라고 지시한 물건 안에 좋은 수달피 1천 령領 보내라는 건〔事〕, 이러한 물건〔於遮箇物〕은 우리나라에서 이전에 잡지 못했던 것이다. 귀국이

132) 《高麗史》 권23, 高宗 2/22상하, "每來文字內所及諸般事圖踵後回報, 又閱淮安公侹所蒙手簡, 稱你國選揀人戶, 赴開州館及宣城山脚底住坐種田. 竊思大國所以割與分地, 將使吾民耕食, 則其義在所欣感. 然我國每處人民牛畜物故, 損失者大夥, 云云."

133) 《高麗史》 권23, 高宗 2/12상~13하.

134) 李奎報, 《東國李相國集》 권28/7하~9상; 《東文選》 권61, 送撒里打官人書, 359~360쪽.

요구한 이래 잡으려고 갖은 방법을 다 썼으나 또한 많이 잡지 못했다. 그 때문에 번번이 공물을 바칠 때마다 마련하기 어렵다. 지금 요구하는 수량이 너무 많아 구하기 어려우니, 요구대로 맞추기 어려울 것 같다. 사방 먼 곳까지 뒤져서 달마다 날마다 모으고 쌓아 두었으나 수량을 채우지 못했다. 대략 977령를 바치니 부디 대조하기 바란다. 또 국왕, 제왕, 공주, 군주, 대관인의 (자녀 가운데) 동남童男 5백 명, 동녀童女 5백 명을 보내라는 일에 대하여, 전 편지에 말한 대로[135] 우리나라 법은 위로 임금된 자라도 적실嫡室은 오직 한 사람이며, 잉첩媵妾 또한 없다. 그 때문에 왕족의 자손이 번성하지 못하다. 또 나라가 작은 까닭에 신하노릇 하는 자도 많〔衆〕지 않으며〔未之師〕, 많아도〔師〕 처는 한 명을 넘지 않고, 자녀를 두지 못한 사람도 있다. 두었다고 해도 많지 않다. 만약 모두 상국에 보내면, 누가 왕위를 계승하고, 조정과 관청의 관직을 맡아 대국을 받들겠는가? 귀국이 만약 폐읍弊邑을 무존撫存시켜 대대로 우호관계를 유지하기를 바란다면 청컨대, 이 작고 치우친 땅에서 감당하기 어려운 것을 면해 주고, 작은 것을 북돋우고〔字小〕, 약한 것을 도와주는 뜻을 보여 준다면 고맙겠다. 또 여러 기술자를 보내라는 일에 대하여, 우리나라의 기술자는 원래 적은 데다가 기근과 역병으로 또한 많이 죽었다. 더욱이 귀국의 병마가 크고 작은 성보城堡를 경유할 때 죽고 노예로 끌려간 자가 적지 않다. 이로 말미암아 흩어져서, 살던 곳에 머물러 업을 계속하는 자가 없다. 그 때문에 요구하는 대로 보내지 못했다. (하물며, 자수부인刺繡婦人은 본래 없다.)[136] 모두 사실대로 말하니, 엎드려 바라건대, 사정을 살펴 양해하기 바란다. 또 조(숙창)병마의 처소에 부탁하여, 의주義州 민호의 사정〔物色〕에 대해 파악케 한 일. 이미 북계 병마兵馬에게 철저히 조사하라 지시하자 곧 보고하기를, 성수城守와 민호가 배를 타고 도망하다가 갑자기 풍랑을 만나 물에 빠져서 정확히 알 수 없다고 하니, 양찰하기 바란다. 첩문〔文字〕 가운데 언급한 나머지 사항을 일일이 말씀대로 하였다. 귀국 군사가 철수할 때 두고 간 비루먹은 말을 돌보게 하여, 매처每處에서 15필씩 모아 먹였는데, 이번 사행이 가는 길에 함께 봉진한다."

135) 해당 편지를 언제 보낸 것인지, 어떤 내용인지 확실하지 않지만, 살리타이가 최초로 요구한 사항에 대하여 협상을 한 서간이었던 것은 확실하다.

136) 괄호 안의 내용은《高麗史》권23 高宗(/13상)에는 들어 있지만, 李奎報의《東國李相國集》〈送撒里打官人書(壬辰四月)〉(권29/7하~9상)에는 없다.

몽골에 보낸 이 답서를 보면, 몽골은 볼모 말고도 수공업 장인을 요구한다든지, 민호의 호구조사를 요구하였다는 사실도 알 수 있다. 수공업 장인의 요구는 몽골 군대가 정벌전쟁을 수행하는 과정에서 특히 중시한 것이며, 1221년에도 요구한 바 있다.[137] 고려 쪽의 이 서간은 1231년 고려에 대한 몽골의 침략이 본격적으로 이루어지는 과정에서 장인을 포로로 잡아갔고, 전쟁이 끝난 뒤에도 더 많은 장인을 요구했음을 보여 준다.

그러나 몽골 쪽 협상상대인 살리타이 코르치는 참을성이 다소 부족했던 것으로 보이며, 그의 성급한 처사가 새로운 고려-몽골 관계를 악화시키는 방향으로 작용했다. 예컨대, 몽골 쪽의 요구를 관철시키려다 실패한 살리타이는 협상의 여지를 남기지 않고 1232년 3월에 온 고려사신 통사通事 지의심池義深을 몽골황제의 처소로 압송하였다. 이 사실을 알기 전인 5월 21일(신축) 최우崔瑀는 재추宰樞를 조정에 모아 몽골 방어대책을 의논하였고, 이 자리에서 천도遷都에 대해서도 논의하였다. 애당초 고려도 몽골의 강화조건을 그대로 받아들일 의사가 없었던 것으로 보인다. 하지만 6월 초 지의심의 압송 사실을 접한 최우는 바로 고종을 위협하여 강화도로 천도하였고(을축), 7월에는 최우 정권이 내시 윤복창尹復昌을 북계 제성諸城에 보내 다루가치의 궁시弓矢를 빼앗게 했다.

고려는 이해 9월에 몽골 관인에게 답하는 편지를 보내, "다루가치 뜻에 따라 죽이라면 죽이고, (살려두라면) 살려두었다. 지금 당신들이 잡아가라. 경읍京邑에 주재하는 다루가치를 매우 높이 섬기고 접대함에 조심하여, 거의 뜻을 거스르지 않았다. 대국에서 물어보면 알 것이다. 또 지방의 군현에도 지시하여 후하게 대접하게 했건만 지시를 받들었는지, 아니면 국가의 지시를 따르지 않은 곳도 있는지는 나도 하나하나 알지 못한다"[138]며 역심逆心이 없음을 밝히고, 몽골의 고려에 대한 새로운 정벌계

137) 李奎報, 〈蒙古國使賫廻上皇太弟書〉.

138) 李奎報, 《東國李相國集》 권28, 〈答蒙古官人書〉, "又稱達魯花赤交死則死留下來, 如今你每拿縛者. 事右達魯花赤其在京邑者, 接遇甚謹, 略不忤意, 大國豈不問之耶. 又於列城, 委令厚對, 其間容, 或有不如國敎者. 予亦不能一一知之."(/10하~12상); 《東文選》 권61, 361~362쪽.

획이 오해에서 비롯된 것이라고 자신의 입장을 변호하고 있다. 1232년 정월 11일(임진) 몽골군이 철수한 뒤, 2월에 보낸 〈국함행답몽골서國銜行答蒙古書〉에서 "其邊封每城達(魯)花赤留置기변봉매성달(로)화적유치, 達花赤接遇之事달화적접우지사, 亦一一承命역일일승명"[139]이라 한 것과도 관련되는 내용이다. 당시 지방에 설치된 다루가치 말고 중앙(경읍)에도 다루가치가 설치되어 있었던 것을 말해 주고 있다.

이와 관련하여 아직 구체적인 사실이 밝혀진 바는 없지만, 《고려사》 〈고종세가〉 19년 2월 무진조 기사는 유의해 볼 만한 사료이다. 이날 몽골사신 도단都旦이 상하절上下節 24명을 데리고 회안공淮安公 왕정王侹과 함께 왔는데, 그는 "고려국의 사무를 총괄하도록 파견된 관리로 여기에 왔기 때문에 대내大內에 들어가려 하였다〔因都統高麗國事差使到此, 將入處大內〕"고 하였다. 그의 역할로 보아 당시 고려에 파견된 다루가치가 바로 거란인 도단이고,[140] 도통령都統領이란 점이 이를 시사한다.

마침내 살리타이가 고려를 다시 침략하였으나 이해 12월 16일 처인성處人城 전투에서 피난하고 있던 승려 김윤후가 쏜 화살에 맞고 전사함으로써 몽골군은 일단 철수하였고, 여몽 대결의 국면도 새로운 단계로 전개된다. 1233년 4월 24일 몽골 우구데이 카안은 고려국왕에게 조詔를 보내 고려가 "영원한 하늘의 위력威力을 가진 (카안의) 가르침과 깨우침〔長生天之聖訓省諭〕"을 듣지 않고 해도海島에 도망가서 "수공輸貢(計點見數), 복력服力(萬奴征伐)"과 친조親朝 요구를 거절한 것〔抗拒不朝〕을 강력히 비난하며, 몽골 군대의 대규모 고려 침략의 책임을 고려에 미루고 있다.[141] 당시 우구데이 카안은 중군을 이끌고 동생 톨루이가 이끈 서로군과 함께 금나라에 대한 대규모 정벌을 진행하고 있었고, 이 조詔는 남경南京(변량) 함락을 눈앞에 두고 보낸 것인데, 여기에는 고려에 대한 몽골의 요구가 압축되어 나타나 있다. 필자는 일부 착간錯簡으로 순서가 바뀐 글자의 차례를

139) 李奎報, 《東國李相國集》 권28/5하~6하.

140) 《高麗史》 권23, 高宗 2/10하~11상.

141) 《元高麗紀事》(廣文書局本史料四編), 태종 5년 계사조.

바로잡고 아래와 같이 옮겼다.

조서에 말하기를, "네가 표문으로 아뢴 것은 사리가 명백하다. 모두 아첨과 거짓으로 남에게 미루는 말이니, 서로 어찌 모르겠느냐? 너희가 만약 참되고 아첨과 거짓이 없다면, 입조하여 (카안을) 뵈었을 것이다. 예전 거란적을 토평한 이래, 너희는 일찍이 대국의 법도(《대자삭》)를 받들어 시행하지 않았다. 이것이 너의 첫 번째 죄다. 저고여를 죽이고 카안의 궐에 한 사람도 보내지 않았다. 영원한 하늘의 가르침과 깨우침을 가지고 (사건을 조사하던 사신을) 보냈으나 너희는 바로 감히 활을 쏘아 돌려보냈다. 이것이 두 번째 죄이다. 또 너희가 저고여를 모해하고, 만노의 민호가 죽였다고 미루었다. 이는 원고인元告人을 잡으면 명백해질 것이다. 만노가 너희 나라를 구렁텅이에 밀어 넣었음에도, 짐이 네게 만노를 정토하라고 명하고 진군을 명했는데, 어찌 머뭇거리고 진격하지 않느냐? 이것이 너의 세 번째 죄이다. 또한 너와 보필하는 신하의 입조를 명했는데, 너는 명백한 이 깨우침에 감히 항거하여 입조하지 않고 섬으로 도망갔다. 이것이 너의 네 번째 죄이다. 또 너희에게 민호의 수를 파악하여 보고하라 하였는데, 성에서 내보내 헤아리면 백성이 죽음을 두려워 하여 바다(섬)로 도망갈 것이라며 핑계[稱]를 대고 있다. 너희는 일찍이 천병天兵과 협력하여 정벌하였는데, 너희 민호를 꾀어 성을 나오게 하여 민호 파악을 핑계로 속여서 주살한다는 이와 같은 거짓 주청을 함부로 행하니 이것이 너의 다섯 번째 죄이다. 이러한 죄 말고도 너희의 사특한 거짓[謟妄]과 잘못은 이루 말할 수 없다.

(사신이) 영원한 하늘의 가르침과 깨우침을 가지고 갔을 때 따르지[聽從] 않고 전쟁하고자 하면, 우러러 하늘의 힘에 의지하여 성읍城邑을 공격해 깨뜨리고, 멋모르고 항복하지 않은 자를 모조리 죽인[殲勦] 경우도 있다. 혹 항복하여 힘을 보탠[出力] 사람은 필부필부匹夫匹婦라도 죽인 적이 없다. 너의 경내 서경西京 김신효金信孝 등이 관할하는 십수 성城은 모든 인민이 조명朝命을 받들어 호구 수를 조사한 뒤에 모두 생업에 종사하며 살게 했다. 하늘 아래 몇 억만이 될 지도 모르는 모든 백성은 빠짐없이 모두 공납을 바치고 예전처럼 살고 있다. 만약 네가 믿기지 않으면 내게 사신을 보내라. 짐이 너에게 보여 주겠다. 짐은 너희를 불쌍히 생각

하였는데, 너희가 깨우치지 못하고 바다로 숨어서, 전쟁이란 말이 나오게 한 것이 실상이다. 단지 하늘의 위력을 빌려 너희 나라를 정복하였으니, 너희의 존망은 진실로 또한 사소한 것이고 본디 이해가 없다. 짐은 오로지 하늘의 성스런 가르침과 깨우침(을 알린) 다음에 너희로 하여금 공물을 바치고 힘을 바치게〔服力〕 하고자 하였다.

이제 만약 네가 바다에서 나와 입조하지 않고, 구차히 한때의 어려움을 피하면, 앞으로 짐이 어떻게 할 지 하늘은 알 것이로다. 네가 명을 거역하고 따르지 않으면 대군에게 명하여 여러 길로 보내겠다. 네가 거역함으로써, 싸움에 동원되어 헛되이 살육을 당할 (너의) 백성〔兆民〕이 안타깝다. 이들 백성이 죽을 때 회한이 없을 수 없으며, 허물이 너에게 돌아가 멸망하게 될 것이다. 네가 육사六師의 깃발을 돌리고자 하면 몸소 군대를 이끌고 만노를 토벌하는 일에 나서야 할 것이다. 고집을 부려 입조하지도 않고 몸소 정벌에도 나서지 않는다면 스스로를 죄악과 사망의 땅에 빠뜨리는 것이다. 다만 만노의 짓이 네게 미쳤다는 거짓 참소에 연연하는 까닭과 세상의 진실과 거짓은 짐의 가슴 속에 명백하다. 너와 백성들이 다 알 수 있는 사정을 어찌 모르겠느냐? (운)수를 모두 어찌 도망가겠는가? 정해진 운수는 피할 수 없으니〔定不可逃〕, 너희 스스로 허물을 범하여, 스스로 멸망에 이를 뿐이다.”

詔曰, 汝表文奏告事理, 具悉率謟妄推託之辭, 彼此有何難知, 汝若委無謟妄可來朝覲. 自昔討平丹賊, (殺訖箚剌之後, 未嘗直一人赴闕) 爾等曾無遵依大國法度施行. 此汝之罪一也. 〔殺訖著古歟之後, 未嘗直一人赴闕.〕〔使命〕責擎長生天之訓言省諭去者(使命), 爾等輒敢射回.[142] 此汝之罪二也. 爾等又將著古歟謀害. 推稱萬奴民戶殺壞, 若獲元告人, 此事可明. 如委係萬奴將爾國排陷. 朕命汝征討萬奴, 〔命汝進軍,〕 爲何逗留不進. 此汝之罪三也. (命汝進軍,) 仍令汝弼入朝, 如此明諭, 爾敢抗拒不朝, 竄諸海島. 此汝之罪四也. 又令汝等民戶俱集見數. 爾稱, 若出城計數, 人民懼殺, 逃入海中. 爾等嘗與天兵協力征討. 將爾等民戶誘說出城, 推稱計數妄行誅殺, 輒敢如此妄奏, 此汝之罪五也. 除此罪之外, 爾等謟妄過惡. 豈可勝言. 長生天之訓言省諭去時, 不爲聽從, 欲行戰爭, 仰頼上天之力, 攻破城邑, 將執迷不降之人, 殲勦者有之, 或伏降出力之人, 雖匹夫匹婦未嘗妄殺, 爾之境內, 西京金信孝等所管十數城, 應有人民, 依奉詔命, 計點見數, 悉令安業住坐,

142) 저고여가 피살된 뒤 몽골이 보낸 사신을 ‘射回’한 사실은 前揭 1231년 12월의 蒙古牒에서 확인되며, 찰랄은 저고여의 잘못으로 보인다.

除外普天下應有民人, 何啻億萬, 悉皆輸貢, 按堵如故. 爾或未知信, 可遣使前來, 朕將令爾觀之, 朕惟天之聖訓省諭之後, 將爾等憫恤思濟. 爾等曾未之悟, 竄之水中, 引惹戰爭之語. 良以此爾. 止託天之威力. 克取爾國, 固亦小端. 爾等或存或亡, 初無利害, 朕惟上天聖訓省諭之後, 欲令爾等輸貢服力. 今則汝若不爲出海來朝. 苟避一時之難. 我朝何如, 上天其監之哉. 以爾拒命不服, 申命大軍, 數路進發, 以爾反覆二心, 惜乎, 服力之兆民. 妄遭殺戮, 斯民垂死之際, 莫不憾恨. 歸咎於汝, 底於滅亡也. 汝欲六師還旆, 汝可躬領軍兵, 進討萬奴勾當, 爾或堅執不朝, 又不躬行征討, 自陷罪惡死亡之地也. 止緣萬奴勾當, 及汝諂妄之故, 世間眞僞, 朕胸中了然矣. 爾與黎民灼然可見之事, 何難之知. 數皆何喪, 定不可逃. 以致爾等自貽其咎, 自抵滅亡耳.[143)]

우구데이 카안은 고려에게 공납과 입조, 조군뿐 아니라 새로이 칭기스칸의 《대자삭大朝法例/大國條畫, 皇帝聖訓》 준수와 호구조사(供戶數籍)를 보태 요구하고 있다. 곧 이 단계에서 이미 몽골정권이 고려에 대하여 이른바 육사 가운데 '설역設驛'을 제외한 조군, 수량(공납), 납질, 공호수적, 다루가치 설치를 요구하였을 뿐 아니라 국왕의 입조와 몽골 법제의 준수까지 고려에 강제하고자 하였음을 알 수 있다. 더욱이 이 무렵부터 고려에 대한 몽골의 요구는 입조와 몽골 법제의 시행에 맞춰지고 있는 것이 특색이다. 이것은 1239년 5월 1일 고려에 보낸 조서의 핵심적인 요구였고,[144)] 1233년 조서를 재확인한 1240년 5월에 고려에 보낸 조서에서도 나타나고 있다. 또 1240년 3월 고려에서 보낸 표문에 답한 5월 고려국왕에게 내린 조유詔諭[145)]를 보건대, 핵심적인 사항은 출륙 말고 '출력出力'과 '공직供職'

143) 佚名, 《元高麗紀事》(廣文書局 史料四編), 5~7쪽.

144) 《元高麗紀事》, 9쪽, "曰, 前來頒降長生天之聖訓去後. 爾不爲聽從. 爲爾不行省悟. 是以出軍進討. 明致天罰. 爾又不卽迎軍出降. 並無出力供職之辭. 乃敢竄諸海島. 苟延殘喘. 昔降宣諭. 命汝親身入朝. 卻令還國. 此詔見在彼中. 若能欽依元降詔旨. 躬親赴闕. 所有一切法制宣諭了畢. 卽當班師. 爾等違背詔書. 輒來奏告. 乞令軍馬回程. 於理未應. 此非爾等之罪也. 如此詔諭. 爾等或有違貳. 我朝安能知之. 上天其監之哉."

145) 《元高麗紀事》, 10~11쪽, "所奏事具悉. 語皆不實. 如果無虛詐. 爾等若能依元奏之事. 又何難見. 止爲合車箚剌已死. 奏此諂妄之語. 知此事之人俱在. 爾等所奏. 先曾出力之事. 我非童穉. 豈能欺我哉. 自先出力之事. 我亦知矣. 來章贊祝. 更復何言. 我國處正宣諭如此. 依其所奏. 悉能無二. 固可嘉尙. 若果無二心. 遷出海島民戶. 悉令見數. 如差去使臣未到間. 切勿令出. 候使到日. 然後出遷. 令使臣一一點數. 據諭去使臣來到間. 切勿令之出言. 爾等勿謂不令出海. 止是伺候使臣到日遷出. 仍令一就點數民戶畢. 然後出海. 其自外而入者. 或有舊居隨處島嶼人民. 亦仰依例出遷. 据海內所有房舍. 盡令燒毀. 爾等必有再往之意. 如再入海. 必有拒敵之謀. 若將民戶數目隱匿. 依

의 기초가 되는 민호民戶의 조사, 공부貢賦의 납부, 《대자삭》의 준수였고, 투르카그質子에 대한 요구도 특징이었다.

요컨대, 우구데이 정권의 고려에 대한 요구는 조군과 수량, 공호수적, 납질(禿魯花), 다루가치 설치뿐 아니라 국왕의 친조와 몽골 법제 준수, 장인匠人의 진공進貢에까지 미쳤음을 알 수 있다.

이와 같은 몽골의 요구는 항전파 무인정권에게 당연히 받아들여지지 않았을 뿐만 아니라, 화의를 모색한 유승단 등의 이소사대以小事大 구상과도 너무나 동떨어진 것이었다. 재추宰樞가 최우의 처소에 모여 강화천도를 논하는 자리에서 유승단은 "소국이 대국을 섬기는 것은 당연한 이치다. 예로 섬기고 믿음으로 교류하면, 그들이 어떤 명분으로 우리를 괴롭히겠는가"라고 하였다. 여기서 그가 말하는 사대事大란 이전의 당송요금唐宋遼金 등 한족 왕조나 한법漢法을 시행하고 있던 북방민족 왕조와 고려 사이의 관계를 상정한 것으로 보인다. 하지만, 위에서 본 바와 같이 몽골 카안의 요구는 형식적인 신속관계臣屬關係가 아니었다. 국왕의 친조와 몽골 법제 준수를 비롯한 조군과 수량, 세공, 납질, 공호수적 등은 다루가치 설치와 함께 실질적인 복속국에 대한 일방적인 의무이행의 요구였다. 따라서 강화도에 천도한 최우 무신정권이 몽골의 요구를 받아들일 수 없었던 것은 당연하다.

하지만 1233년 이후 주변의 정세는 고려에 유리한 방향으로 전개되지 않았다. 정월 금 황제는 변량汴梁을 포기하고 귀덕歸德으로 도망갔다. 우구데이 카안은 아들 구육과 카치운의 아들 알치타이, 국왕 타스塔思[146]에게

大朝法例治罪. 其民戶見數畢. 據合出禿魯花人數. 然後明降諭去. 出海撫定之後. 別無詳細人使. 繼歲取發貢賦. 如不出海. 以大軍攻取. 又昌朔州民戶來賓. 爾等輒將家口殺掠. 據擅行殺掠之人. 豈非罪歟. 將爲首始謀萬戶千戶官員人等. 仰捉拏發遣前來. 爾等旣稱一國. 一國之中. 豈有此事. 彼處被刦落後流移人數. 盡數刷集分付. 如將行刦之人. 不行捉拏發遣. 及將流移民戶. 故不起發. 豈爲出力供職之事耶. 如爾等教令殺掠. 故不捉拏. 若不曾教令. 必捉拏分付. 著古與之事. 當時爾等特賴亏加下所違德愆. 除已發罪訖. 卽目猶似亏加下出理. 伐亏加下罪時. 曾助多少軍馬. 今後旣爲一國. 凡有來賓人民. 邀當匪當也. 若將大國條畫抗拒. 必有叛背之意. 遷出海島. 點數民戶. 出禿魯花. 捉拏有過之人. 惟此四事諭去. 何足多言. 如能出海. 數見戶數. 出禿魯花外. 凡有條畫. 至是省諭及汝弟悛口奏告. 有兄瞰令奏. 凡有皇帝聖訓. 必不違背. 據奏過事目別錄付去. 汝當知之. 如此宣諭. 卻行不出海島. 來奏云. 必不違背. 如是卻違前言. 我國焉能知. 上天其監之."

좌익군을 주어 포선만노의 동진을 정벌하게 하였고, 9월에 개원開元에서 포선만노를 포로로 잡았다. 금 왕조도 이듬해 정월 애제哀帝가 채주蔡州에서 목을 맴으로써 최후를 맞았다. 금과 동진이 멸망함으로써 고려에 대한 대몽고국의 군사적 압력을 조금이나마 완화시켜 주던 완충턱도 사라진 셈이다. 이제 고려는 역사에서 가장 사나운 침략자로 불린 몽골 군대와 직접 맞서 자신의 미래를 저울질해야 하는 상황이 되었다.

3. 여몽관계의 추이와 몽골의 고려정벌군 재편성

1234년 봄 오르콘 하河에 제왕을 불러 모아 잔치를 열고 승전을 축하한 우구데이 카안은 이어 5월 달란다바에서 제왕과 백료百僚를 불러 〈자삭〉(조령)을 반포하였다. 여기서 이듬해 봄 다시 시작된 대외정벌에 대한 전략과 정벌군 편성도 논의된 것으로 보인다. 바투와 구육, 뭉케에게 서방에 대한 정벌을 명하고, 카단(쿠텐, 闊端)과 쿠추曲出에게 각각 군사를 나누어 남송南宋을 치게 하였다. 한편, 몽골의 제1차 침략전쟁 동안 살리타이 원수와 동행한 당고唐古로 하여금 고려를 다시 정벌케 하였고, 이해 윤7월에 서북면의 안변도호부安邊都護府로 쳐들어 왔다. 몽골의 제2차 침략은 이렇게 시작되었고, 1236~1237년, 1238~1239년 3번에 걸친 전투는 충청도와 전라도, 경상도를 포함한 한반도 대부분을 잔혹하게 유린하였는데, 이때 황룡사가 불타고 부인사에 소장되어 있던 초조대장경도 불탔다.

몽골의 연이은 침탈로 전 국토가 황폐되고 민생이 도탄에서 헤어 나오지 못하자 강도의 고려조정은 마침내 1238년 12월 몽골에 사신을 보내 침략군의 철수를 요청하였고, 이듬해 4월 국왕의 친조를 조건으로 몽골 군대가 돌아갔다. 고려는 몽골의 친조요구를 실제 받아들이지 않았다. 하

146) 《元史》 권119, 木華黎 附 塔思傳, "癸巳, 秋九月,從定宗于潛邸東征, 擒金咸平宣撫完顏萬奴于遼東."; 《元史》 권150, 石抹也先 附 子查剌傳, "癸巳, 從國王塔思征金帥宣撫萬奴於遼東之南京,……."; 《元史》 권152, 石抹阿辛 附 子查剌傳, "及從國王軍征萬奴, 圍南京城堅如立鐵."

지만 1241년 왕족인 영령공永寧公 왕준王綧을 아들로 속여 의관자제 10명과 함께 투르카그로 보내고, 추밀원사 최린崔麟과 장군 김보정金寶鼎, 좌사간 김겸金謙 등을 따르게 했다.

이리하여 1247년 몽골의 제3차 침략이 시작될 때까지 고려와 몽골 사이의 전쟁은 잠시 소강상태에 접어들었고, 지리한 외교전으로 대치되었다. 1241년 우구데이 카안이 죽은 뒤 투르게네 카툰이 칭제稱制로 집정하고 카안의 공위空位가 지속된 상태여서, 내정문제로 말미암아 고려에 대한 대규모 군사파견까지 시선을 돌릴 여유가 없었던 것도 이유였다. 하지만 1244년 봄 쿠케나우르에서 열린 쿠릴타이에서 구육이 카안으로 선출되면서[147] 몽골의 고려 침략도 다시 시작되었다.

1247년 7월 아무간阿毋侃이 이끈 몽골 군대가 홍복원을 향도로 삼고 침략하여 염주塩州(연안)에 주둔하였다. 하지만 1248년 봄 바투에 맞서 양병養病을 명분으로 서순西巡 길을 가던 구육 카안이 우룽구 하河 상류 쿰 생기르에서 갑자기 사망하여[148] 몽골 군대가 철수함으로써 몽골의 제4차 침략은 고려에 큰 타격을 입히지 않고 끝난 것으로 보인다. 내부적으로 권력이 안정되어 있지 않아 당장 고려를 정벌할 군대를 보내지 못했지만 오굴 켈미시 카툰의 칭제정권稱制政權도 고려에 대한 침략의지가 완전히 식은 것은 아니었다. 고려에 그동안 회답하지 않았던 성지와 함께 보낸 섭정 오굴 케미시 카툰이 1249년 고려에 보낸 다음의 의지懿旨[149]는 되풀이하여 출륙出陸과 호구조사, 친조親朝, 출력공직出力供職을 조건으로 정벌군을 철수시킨 사실을 확인하고 있다. 또한 카툰 자신도 몽골과 고려의

147) 김호동, 〈구육定宗과 그의 時代〉, 서울대학교 동양사학연구실 편, 《근세동아시아의 국가와 사회》(서울: 지식산업사, 1998), 107쪽 참조. 라시드 앗 딘/김호동 역, 《집사 3 칸의 후예들》 286쪽에는 말해의 봄(1245.8~9)에 카안을 선출하는 쿠릴타이가 열렸다고 한다. 하지만 《元史》 권2 定宗本紀는 구육이 1246년 7월 駐冬 지역인 옹기하 수메투르에서 즉위하였다고 한다.

148) 이개석, 〈郝和尙拔都 傳記資料 속의 1240年代 大蒙古國 中央權力의 殘影〉, 《東洋史學研究》 78(2002), 156쪽.

149) 구육 카안이 죽은 뒤 오굴 케미시 카툰이 칭제로 통치권력을 행사하였다. 라시드 앗 딘/김호동 , 《집사 3 칸의 후예들》, 292~293쪽 참조. 원문에는 "皇后太子懿旨"라 하여 '太子' 두 글자가 있으나 衍文으로 보인다.

관계를 잘 알고 있으니 만만히 보지 말라고 경고하고 있다.

기유년(1249) 8월 보름 황후의 의지懿旨로 왕철王瞰에게 선유宣諭하기를, "구육 카안 병오년(1246)에 너희가 왔을 때 하늘의 성훈聖訓과 칭기스칸의 성훈 및 선유를 받들지 않았고, 두 카안의 명유明諭도 따르지 않았는데, 너희들이 나의 훈언訓言을 어찌 흔쾌히 좇겠는가? 만약 신하를 칭하고 군역을 부담하고〔出力〕 조세를 바치고자〔貢賦〕 하면 편히 지내고 생업에 만족하도록 힘쓰고 섬에서 옮겨라. 이전에 내린 성지에 따라 몸소 배알하러 오면, 대조례大條例로 선유하고, 어떻게 어여삐 여길지를 내가 잘 알고 있다. 이로써 네가 아뢴 표문表文에 따라 아직 회답하지 않은 성지를 곧바로 내려 보냈다. 또 군전사신軍前使臣이 '만약 끌고 느리며 섬에서 나오지 않으면 곧 정벌할 것이라' 했고, 이미 네가 너희가 나올 것이라 아뢰었기에 정벌하지 않았음을 잘 알고 있다. 예부터 너희가 자주 거짓부렁으로 아첨하고 출륙하지 않았음을 알면서도, 그 거짓핑계를 대는 말을 믿고 재빨리 여섯 부대의 정벌군 대장을 철수시켰다. 모두 꾸지람으로 귀히 대한 것이다. 만약 배반하지 않고 바다에서 나오면 정벌을 명하지 않겠다는 것은 이미 분명히 깨우쳐 준〔明諭〕 바와 같다. 올해 또 출륙하지 않으면 의심할 나위 없이 정벌군을 보낼 것이다. 너희가 자주 거짓으로 아첨하는 것을 오래 전부터 알고 있다. 카안이 몸소 꾸짖어 물었어도 너희는 결코 말 한 마디 없었다. 그때문에 너희에게 죄가 있다. (너희가) 여러 차례 아뢴 표문에 이미 갖추어 일러 보냈다. 카안의 어전에서 너희는 일찍이 감추고 숨겼다. 합차合車(합진)와 차랄箚剌 두 사람이 이미 죽었다 여기고 내가 모를 것이라 생각했다. 내가 어린애가 아닌데 어찌 나를 속일 수 있겠느냐? 이 일의 전말을 아는 신하가 증거를 모두 가지고 있다. 너희가 사명을 받고 온 화자禾者를 화살로 쏘아 돌려보낸 일과 저고여를 죽인 일을 분명하게 알고 있다. 부과한 조군〔出力〕과 공부貢賦에 두 마음이 없었다면, 임진년(1232)에 살리타이를 좇아 만노를 정벌케 했을 때 (협력했을 것이다. 그런데) 너희는 즉각 위배違背하여 바다 속의 섬으로 숨었다. 섬으로 들어간 뒤에 도리어 친히 가서 카안을 배알하고 섬에서 나가겠다고 아뢰어, 자주 거짓으로 아첨을 하였다. 또 친히 배알하겠다고 약속한 시기에는 자기 부모가 죽어서 갈 수 없어 송구하다고 했다. 너희가 거짓 핑계를 댐을 분명히 알겠다. 섬에서 나갈 때 사신 탑해塔海에게 하나하나 헤아리게 시켰는데, 너희가 결코 명을 받들지 않았다. 거듭 쌓인 많은 죄에 대해 선유를 밝혀 내도 끝내 뉘우치지 않았다. 만약에 출력出力하고 공직供職했다면, 경자년(1240)에 몸소 와서 배알했을 것이다. 이와 같은 명백한 지시를 보냈는데, 오늘 또 옛날과 같이 카안의 성훈을 거슬렀다. 내가 무엇을 알고 무엇을 듣겠는가 여겨 (나를) 속이니 너희는 참으로 경솔했다. 지난날의 카안, 구육 카안이 너희를 여러 번 꾸짖었던 일을 또한 이미 알고 있다. 너희를 깨우치고 가르친 문서와 너희가 아뢴 표문이 내 나라에 모두 있다. 또한 이 일을 갖추어 아는 신하가 있다. 내가 무엇을 알겠는가 얕보고 거짓 아첨을 멋대로 하여 구차히 한때의 어려움을 피하기 위해 너희는 자주 거짓을 아룀으로 죄를 넓히고 있다. 만약 그 일을 헤아리면 무한할 것이다. 너희를 깨우치고 너희 백성을 가르쳤다. 선유를 받들고 거스르지 않겠다면 섬에서 옮기어 민호를 헤아려 보고하고 친히 알현하고 출력공직하여 제국諸國의 예에 따른다면 너희가 생업에 편히 종사하며 살도록 하겠다. 이와 같이 선유하니 하늘의 성훈, 칭기스칸의 성지를 거스르는 것을 중지하고, 준봉하라. 만약 원래 아뢴 바를 어기고 우리가 무얼 알고 무얼 할 수 있겠는가 속인다면 너희를 토멸하는 일을 내 나라가 어떻게 할 수 있을지, 하늘은 그것을 알 것이다."

己酉年 八月十五日. 皇后太子懿旨宣諭王瞰日, "貴由皇帝. 丙午年間. 爾等來時. 不遵上天聖訓. 成吉思皇帝聖訓宣諭. 爾等並不欽依二帝明諭. 尙有不從之人. 我之訓言. 焉肯聽從. 果欲稱臣出力貢賦. 務要安居樂業. 遷海島. 依先降聖旨. 親身朝見來時. 宣諭大條例. 如何可憐之事. 我自知之. 爲此據爾所奏表文. 不曾回降聖旨. 卽時遣還. 又省會軍前使臣. 若延緩不出海島. 速便征討去者. 旣爾奏言爾等遷出. 此上不曾進征. 昔知爾等甚多諂妄. 未必遷出. 信其虛誕推託之辭. 遽止六師. 元戎大將. 悉加譴貴. 如果無貳. 果必遷出. 勿令征討. 如明諭. 今歲又不遷. 更無疑貳. 卽進征. 久知爾等數爲諂妄. 皇帝親爲詰問. 爾等並無一辭. 以此罪歸爾等. 累奏表文. 俱是已嘗諭去. 皇帝御殿. 爾等尙爲隱諱. 合車劄剌二人已死. 計我何知. 我非童穉. 豈能欺我焉. 知此事之具臣俱有. 據爾等射回使命禾者. 并殺訖著古歟之事. 顯然可知. 如委的出力貢賦. 果無二心. 於壬辰年. 令隨從撒兒塔征討萬奴. 爾等卽刻違背. 遷入海島. 旣居海內. 卻奏親身欲往朝見. 遷出海島. 累以諂妄. 又奏親欲往朝見間. 亡其父母. 懼此不能去得. 明見爾等推託虛妄. 遷出海島. 令使臣塔海一一見數. 爾等並不遵奉. 累積多罪. 明降宣諭. 終不悔悟. 若爲出力供職. 於庚子年間. 親身朝見來者. 如此明諭去來. 今日又如昔違皇帝聖訓. 給我何知何聞. 爾等固爲輕忽. 曩者. 皇帝. 貴由皇帝累責爾等之事. 亦嘗聞之.

宣諭爾等訓言文字. 并爾等所奏表文 我國俱有. 知此事之具臣亦在. 少我何知. 恣行諂妄. 苟安一時. 爲爾等數爲虛妄. 廣罪釁. 若數其事. 計之無窮. 宣諭爾等. 訓言爾國. 不無所降宣諭遵奉無違. 如依來奏. 遷海島. 點數民戶. 親身朝見. 出力供職. 依諸國例. 令爾等安業住坐. 如此宣諭. 卻違天聖訓. 成吉思皇帝聖旨. 故立遵奉. 若違元奏. 紿我何知何能. 討滅爾國之事. 我國焉能知. 上天其監之哉."[150]

1253년 시작된 뭉케 카안 정권의 제4차 고려 침략전쟁은 단속적인 휴지기간이 있었기는 하나 1258년까지 이어져, 그 뒤 고려의 명운에 결정적인 영향을 미쳤다. 또 카사르 가家의 종왕宗王 예쿠也窟가 이끈 몽골의 침략군은 이전의 고려원정군과 다르게 구성되었으며 규모도 컸다. 이때까지 몽골의 고려 침략군은 카안 휘하의 코르치가 원수로 임명되어 전쟁을 지휘했는데, 이번에는 몽골 여러 왕가에서 17명의 대왕과 태자가 군대를 이끌고 참전하였고, 카안 휘하의 코르치 대신 조치 카사르 가의 종왕인 예쿠에게 정벌군의 통수권을 맡겼다.[151]

1252년 7월 쿠빌라이에게 대리大理를, 훌레구에게 서역西域 정벌을 명한 뭉케는 10월 예쿠를 시켜 고려를 정벌케 하고 있다.[152] 1253년 4월 몽골에 포로로 잡혀갔다가 돌아온 원주原州 백성이 전한 바에 따르면, 뭉케가 황제皇帝 송주松柱에게도 1만의 군대를 주어 동진국을 거쳐 동계로 들어가게 하고 있고, 제3차 동정을 이끌었던 아무간과 홍복원에게도 휘하 군대를 이끌고 북계로 들어가 함께 대이주大伊州에 주둔하게 했다[153]고 한다. 이를 보면 뭉케 카안의 새 정권이 보낸 고려 침략군의 편성과 성격이 바뀌었음을 알 수 있다.

다음 달 병신, 사신을 고려에 보내 마지막 통첩을 한 몽골군은 압록강

150) 《元高麗紀事》, 12~13쪽.

151) 《高麗史》 권129, 叛逆 3 崔忠獻 附沆, "(高宗40年)吾於六月初吉到也窟大王處, 具告之, 勒令隨軍一時同發. 今也窟等十七大王太子各領兵馬, 抄蒙古漢兒女兒高麗人屯田南北界, 以蒙古精兵分攻水內山城."(/48하)

152) 《元史》 권3, 憲宗本紀, 2년 "冬十月, 命諸王也古征高麗".

153) 《高麗史》 권24, 高宗世家, 40년(1253) 4월 "甲寅, 原州民被擄蒙古者還言, 阿毋侃, 洪福源詣帝所, 言高麗築重城, 無出陸歸款意, 帝命皇弟松柱帥兵一萬, 道東眞國入東界. 阿毋侃, 洪福源領麾下兵取北界, 皆屯大伊州."

을 건넜고, 8월 원수인 예쿠는 사신을 다시 보내 뭉케 카안의 조를 고려국왕에게 전했다. 그 조서는 육사를 들어 고려국왕을 문책하고, "……너희가 명을 거역하여 황숙皇叔 예쿠로 하여금 군사를 거느리고 정벌하게 하였다. 명을 받들고 귀부〔納款〕하면 군대를 철수할 것이고, 만약 거역하면 짐은 반드시 용서하지 않을 것이다"라고 으르는 내용이었다. 그리고 몽골 침략군은 10월에 충주까지 진출하여 성을 포위하였는데,[154] 고려는 11월 영안백永安伯 희僖와 복야僕射 김보정金寶鼎 편으로 예쿠에게 편지를 보내면서, 아무간, 우예르无悅, 吾也而[155] 왕만호王萬戶,[156] 홍복원 등에게도 토산물을 선물하고 있다. 이로써 당시 예쿠대왕의 주력군에는 제3차 침략을 이끈 아무간과 홍복원의 군대가 편성되어 있었음을 알 수 있고, 이 밖에도 살리타이를 따라 제1차 고려 침략에 참여한 바 있고 북경北京 등 칠로정행병마도원수七路征行兵馬都元帥였던 노장老將 우예르[157]와 아버지 왕순을 계승하여 제2차 침입에 참여하였던 왕영조(왕만호)가 이끈 군대가 주력군에 편성되어 있었음을 알 수 있다.

한편 예쿠와 다른 길인 동진국을 거쳐 1만의 군대를 거느리고 들어온 몽골 침략군의 주장主將을 《고려사》는 '황제皇弟 송주松柱'라 적고 있는데, 송주는 가장 음이 가까운 톨루이의 아홉째 아들 수유게테이일 가능성을 높다. 한편 《원사》 권133 〈탑출전塔出傳〉에는 그의 부친 잘라이르타이札剌台가 1254년 뭉케 카안의 성지를 받고 예쿠 대신 고려정벌에 나섰으며,[158] 상길桑吉(松吉/散吉?, 이숭게)과 홀랄출忽剌出(카랄주?) 제왕도 그의 지

154) 《元史》 권3, 憲宗本紀, 3년 "冬十二月,……帝駐蹕汪吉地. 命宗王耶虎與洪福源同領軍征高麗. 攻拔禾山東州春州三角山楊根天龍等城."(47쪽)

155) 吾也而. 필자의 수업에서 박사과정인 여치호 군이 의견으로 제시했다.

156) 《高麗史》 권24, 高宗世家, 40년(1253) 4월 "十一月戊寅, 遣永安伯僖, 僕射金寶鼎致書于也窟, 阿毋侃, 无悅, 王萬戶, 洪福源等遣土物.……庚寅……也窟在忠州得病. 卜者曰久留則難返. 也窟留阿毋侃, 洪福源守之, 率精騎一千北還."(/10상)

157) 《元史》 권120, 吾也而傳, "憲宗元年, 召聞東夷事.……" 참조.

158) 최윤정은 《元史》 권133 塔出열전에 아버지 잘라이르타이가 태조와 헌종을 섬겼다는 기사를 근거로 1218년 강동성에 농성하고 있던 거란족을 거두기 위해 합진과 함께 고려에 온 몽골 부원수 찰랄로 보고, 고려를 아는 역전의 원수이기 때문에 종왕 예쿠를 대신하여 정동원수로 임명되었을 것으로 추정하나(〈몽골의 요동고려 경략 재검토(1211~1259

휘를 받았다고 하는데, 조치 카사르의 또 다른 두 아들 이숭게와 카랄주가 예쿠를 대신하여 몽골의 제4차 고려 침략전쟁에 참여했던 것을 전하는 것으로 보인다.

또 《고려사》 권24 〈고종세가〉 1253년 11월의 기사에서는 충주성忠州城을 공격하던 몽골 침략군의 주장 예쿠가 병을 얻어 먼저 정기精騎 1천을 이끌고 북으로 돌아갔고, 아무간도 이듬해 정월 돌아갔다고 한다. 한편 《원사》 권3 〈헌종본기〉의 1253년 정월 기사[159]에서는 카안이 오논 하河 북쪽에 제왕을 불러 모아 후한 선물〔賜與〕을 내리는 한편, 제왕 탑랄아[160]의 영譖을 원한 때문에 습격한 예쿠의 고려정벌을 중지시키고, 잘라이르타이를 정동원수征東元帥로 삼았다고 한다. 이것으로 보아, 고려 침략에 참여한 몽골제왕들 사이의 불화가 예쿠의 갑작스런 철군과 정동군 지휘부 교체의 배경임을 알 수 있다.

그리고 위의 〈탑출열전〉에 조치 카사르의 아들들인 이숭게松吉와 카랄주가 잘라이르타이의 지휘를 받았다고 하는 것은, 예쿠가 정동원수의 권한을 박탈당하고 소환되었지만 제4차 고려정벌전에서 조치 카사르 가의 중심적 구실은 완전히 끝나지 않았음을 보여 준다. 예쿠를 이어 가독권家督權을 계승한 이숭게가 카랄주와 함께 카사르 가家의 병력을 지휘하여 고려 원정에 참여했던 것으로 보인다.

하지만 고려 원정에 참여한 제왕들 사이의 갈등으로 말미암아 지휘부가 종왕 대신 이전과 같이 고려 원정을 경험한 노장老將 잘라이르타이車羅大로 특히 잘라이르타이 부족 출신의 원수로 다시 교체된 점은 눈여겨볼 만하다. 그리고 고려 침략군 원수가 교체되었다는 사실은 1254년 추7월

)〉, 《歷史學報》 제209집, 2011, 132~147쪽 참조) 좀 더 확실한 근거가 필요하다.

159) 《元史》 권133, 塔出傳에 보이는 1254년 잘라이르타이의 정동원수 기용 기사와 憲宗 4년 여름 札剌亦兒部人 火兒赤을 보내 고려를 정벌하였다는 기사를 보건대, 1253년 정월 기사는 1254년 정월 기사의 착오로 보인다.

160) 柯劭忞은 新元史에서 塔剌兒를 타가차르塔察兒의 잘못이라고 보았고, 윤은숙도 스기야마 마사아키의 유보적인 찬성 견해에 힘을 얻어 타가차르로 보고 있지만, 이를 뒷받침할 만한 확실한 사료적 증거는 없다. 윤은숙, 〈옷치긴 家 타가차르의 활동과 쿠빌라이의 카안위 쟁탈전〉, 《몽골학》 제22호(2007), 232쪽 주21 참조.

몽골에서 돌아온 안경부전첨安慶府典籤 민인해閔仁解가 고려에도 알렸다.161) 또 그해 7월 임술 '차라대車羅大'가 군사 5천을 이끌고 압록강을 건넜다는 서북면병마사西北面兵馬使의 보고에 이어, 8월 갑술 서북 변경으로 재편성된 몽골 침략군이 들어왔다. 임진에 고종이 대장군 이장李長을 몽골 군대의 본진이 머물고 있던 보현원普賢院에 보내 잘라이르타이, 예쉬데르余速秃, 余愁達, 보파대甫波大 등 원수와 영령공 왕준과 홍복원에게 금은주기金銀酒器와 피폐皮幣를 보냈다고 한다. 여기에서 잘라이르타이 말고도 예쉬데르와 보파대 등 원수와 왕준이 새로 편성되었고, 제3차 침략전쟁을 지휘한 아무간 원수가 빠진 것을 알 수 있다.

몽골의 제6차 침략은 이때까지와 달리 고려에 심각한 타격을 주었다. 고려 각지에서 몽골 군대는 야만적인 살육과 약탈을 자행하였고, 1254년 한 해 동안 20만 6천 8백여 명을 포로로 잡아갔다. 이에 강도정부는 10월 무자에 잘라이르타이군이 상주尙州산성을 치다가 패퇴한 틈을 이용해, 참지정사 최린을 문하평장사門下平章事로 올려 잘라이르타이의 둔소屯所로 보내서 철병을 요청했다. 하지만 12월 갑오에 강도로 돌아온 최린에 따르면 합주陜州 단계丹溪에서 만난 잘라이르타이가 "최항崔沆이 왕을 모시고 출륙해야 철군할 수 있다"고 답했다 하여, 강도정부를 압박해 굴복시키려는 몽골 침략군의 의지가 강력하였음을 알 수 있다.

《고려사》 권24 〈고종본기〉에는 1255년 정월 계묘에 포로로 잡혀갔다 돌아온 대구大丘 백성이 전한 말로 "몽골 카안이 잘라이르타이에게 칙을 내려 철군을 명해 북계北界에 주둔하던 몽골 군대가 이미 압록강을 건넜다"는 기사가 있다. 을묘에 잘라이르타이의 부대가 구경舊京 보정문保定門 밖에 주둔하고 있다고 하고, 또 4월 신묘에 북계병마사北界兵馬使도 몽골 군사가 의주義州와 정주靜州 사이 형제산과 대부성大府城 사이의 들판에 가득 머물고 있다고 보고한 것으로 미루어, 이 무렵 시작된 본격적인 대對남송 정벌전쟁을 위해 동정군 가운데 일부 부대가 이동한 것으로 짐작된

161) 《高麗史》 권24, 고종 41년 "(秋7月丁巳)安慶府典籤閔仁解閔仁解還自蒙古, 言帝使車羅大主東國."(/14상)

다. 그러나 9월 잘라이르타이와 영령공 왕준이 이끈 몽골 군대가 다시 서경에 들어왔고, 10월에는 남진한 몽골 군대가 충주에서 출몰한 기사가 보인다. 또 12월에는 몽골 군대가 배를 무어 타고 섬들을 공격했다는 기사가 보이고, 이듬해 정월에는 강도정부가 수군 3백을 보내 섬들을 공격하는 몽골 군대를 막게 하고 있다. 3월에 영광靈光, 4월에 현풍玄風에서 몽골 군대와 싸우고, 대장군大將軍 신집평愼執平이 담양潭陽에 주둔한 잘라이르타이를 만나는 것으로 미루어, 잘라이르타이가 이끄는 몽골 침략군의 주력이 한반도 남부에서 겨울을 난 것으로 보인다. 그러나 7월까지 해양海陽(광주) 무등산無等山에 둔치고 약탈을 자행하던 잘라이르타이와 영령공, 홍복원은 1256년 북상하여 돌아갔다. 8월 신사에 갑곶강甲串江에 이르러 기치旗幟를 높이 세운 뒤, 밭에 말을 풀어 놓고 통진산通津山에 올라가 강도를 살폈던 몽골 군대는 수안현守安縣에 주둔했다가 9월 기축 카안의 철군 성지를 받고 경술에 북으로 돌아갔다고 한다.

그러나 1257년 5월 동진병東眞兵 3천여 기騎가 동북면으로 등주登州(안변)에 들어왔고, 6월 계사에 잘라이르타이 휘하의 보파대가 이끈 몽골병이 남경南京(서울)과 직산稷山에 차례로 이르렀다. 이것으로 보아 몽골의 제4차 고려 침략전쟁은 끝난 것이 아니었음을 알 수 있다. 신해에 서경에 이른 몽골군의 원수 잘라이르타이의 둔소는 7월 안북부安北府에 있었다. 그곳에서 잘라이르타이를 만나고 돌아온 시어사侍御史 김식金軾은 "왕이 친히 오면 곧바로 철군하고, 왕자를 입조케 하면 영구히 후환이 없을 것"이라는 잘라이르타이의 말을 전하고 있다. 9월 잘라이르타이는 염주塩州로 다시 둔소를 옮겼고, 보파대의 군마軍馬도 다시 남하하게 했다. 이리하여 다음 해 여름까지 여몽전쟁은 잠시 소강상태에 접어드는데, 9월 임신에 몽골에서 몽골사신과 함께 돌아온 김수강金守剛에 따르면 고려의 간절한 철군 요청을 몽골 카안이 받아들였다고 한다.162)

하지만 이 무렵 고려와 몽골의 전쟁에서 정책방향을 바꾼 더 중요한

162) 《高麗史》 권24, 고종세가, 44년 9월 임신 기사(/32상).

사건이 고려에서 발생하였다. 최우가 강화 천도를 주장한 뒤에 오랫동안 몽골에 대한 항쟁 노선을 고집한 최씨정권이 1258년 3월 병자에 무너진 것이다. 유경柳璥·김인준 등이 최항崔沆을 계승한 최의崔竩를 죽이고 국정을 왕에게 되돌려 줌으로써 몽골에 대한 정책에서 강화론이 크게 힘을 얻을 수 있는 계기가 마련되었다.[163]

이런 가운데 6월 기축에는 예쉬데르와 보파대 등이 각각 몽골군 1천 기를 이끌고 가嘉·곽郭 두 주州에 이둔移屯하여 고려를 압박하였다. 잘라이르타이도 사신 파호지波乎只를 보내 "고려가 항복하면 닭이나 개 한 마리도 죽이지 말고, 그렇지 않으면 수내水內(강도)를 공격해 함락하라"고 한 황제의 칙으로 위협하고 있다. 이어 갑진에는, 몽병후기蒙兵候騎가 염백등주鹽白等州에 이르렀고, 예쉬데르도 평주보산역平州寶山驛으로 부대를 이동하였으며, 8월 경인에는 잘라이르타이 또한 구경舊京으로 군사를 이동하였고, 9월 임자에는 몽골기병 3백여 기騎가 갑곶강 밖에 주둔하여 강도를 압박하였다.

한편 동계 방면에서도 동진국 수군이 고성현高城縣의 송도松島를 포위하여 전함을 불태웠고, 을축에는 이숭게散吉 대왕과 보지普只 관인官人 등이 군사를 이끌고 옛 화주和州의 땅에 주둔하였다. 이때 조휘趙暉와 탁청卓青이 화주 이북의 땅을 가지고 몽골에 투항했는데, 몽골은 화주에 쌍성총관부雙城摠管府를 설치하고 조휘趙暉를 총관總管, 탁청卓青을 천호千戶로 임명하였다.[164] 1259년 2월 형부시랑刑部侍郎 이응李凝이 서경으로 몽골군 원수 가운데 하나인 왕영조王榮祖 만호와 사거지沙居只를 찾아갔을 때 왕만호王萬戶가 10령領의 군대를 이끌고 서경에서 고성을 다시 쌓으면서, 다른 한편으로 전함을 건조하고 둔전을 개척하고 있었다고 한다.[165] 당시 몽골

163) 李益柱는 강화론자인 최린의 문생 柳璥이 최씨정권을 무너뜨리는 데 중심적 역할을 한 점을 근거로 두고 이 정변이 강화론을 실현시켰다고 주장한다. 李益柱, 〈高麗 對蒙抗爭期 講和論의 研究〉, 《歷史學報》 151, 29쪽.

164) 《高麗史》 권24, 고종 45년(1258) 12월 "丙子朔,……東眞國以舟師來爲高城縣之松島焚燒戰艦.……己丑, 蒙古散吉大王, 普只官人等領兵來屯古和州之地. 龍津縣人趙暉, 定州人卓青以和州迆北附蒙古, 蒙古置雙城摠管府于和州, 以暉爲總管, 青爲千戶."(/38하)

165) 《高麗史》 권24, 고종 46년(1259) 춘정월 "丁卯, 遣二刑部侍郎李凝如西京王萬戶, 沙居只屯

의 고려원정군은 고려와의 전쟁을 장기전으로 몰아갈 작정이었던 듯하다.

이처럼 북계와 동계 두 방면에서 몽골이 고려 침략군을 다시 정비하고, 게다가 백성들이 피땀 흘려 지은 한 해 농사의 수확물도 몽골군의 차지가 됨166)에 따라 강도조정은 진퇴양난에 빠졌던 것으로 보인다. 강도조정이 장군 박희실朴希實과 조문주趙文柱, 산원散員 박천식朴天植을 몽골(진영)에 보내, 다루가치에게 내속內屬을 반대하던 권신 최의가 죽었으므로 몽골 군대가 철군하면 몽골의 요구를 받아들일 것이라는 의사를 전하고,167) 이듬해 1259년 4월 마침내 태자 전倎을 투배投拜의 뜻으로 몽골에 보낸 배경이다. 참지정사 이세재李世材, 추밀원부사 김보정金寶鼎 등 40명이 태자를 따랐다.

그런데 5월 병오에 올라온 북계병마사의 보고에 따르면, 잘라이르타이가 갑자기 죽고 카안이 사람을 보내 아두阿豆, 잉부仍夫, 삼미三弥 등 3명을 잡아갔다고 하는데, 당시 잘라이르타이가 고령이었던 점을 감안하면 그의 사망은 자연사였던 것 같다. 이리하여 정동군征東軍의 지휘권은 원수 예쉬데르와 이숭게 대왕에게 넘어간 것으로 보이지만 확실하지 않다. 고려태자 전倎이 동경에 이르러 몽골 지휘부에 백은白銀과 주과酒果를 보낼 때 예쉬데르와 이숭게 대왕에게 고루 보낸 뒤, 특히 이숭게 대왕을 따로 알현하는 것으로 보아 이숭게 대왕의 영향력이 컸음을 알 수 있다.

所(/40상)……(二月)庚子, 李凝還自西京日, 王萬戶云: 汝國王不愛百姓耶?……時王萬戶率軍十領, 修築西京古城, 又造戰艦, 開屯田爲久留計."(/40하)

166) 《高麗史》 권24, 고종 45년(1258) 12월 "是歲諸道禾穀盡爲蒙兵所獲."(/39하)

167) 《高麗史》 권24, 고종 45년(1258) 12월 "甲辰遣將軍朴希實, 趙文柱, 散員朴天植如蒙古, 請達魯花赤曰: 本國所以未盡事大之誠, 徒以權臣擅政不樂內屬故爾. 今崔竩已死. 卽欲出水就陸以聽上國之命而天兵壓境, 譬之穴鼠爲猫所守不敢出耳."(/39하)

맺음말

고려와 몽골 사이에 최초로 맺은 1219년의 강화조약의 성격은 무엇이며, 그 뒤 두 나라 관계에 어떤 영향을 미쳤는가. 최초로 이 문제를 검토한 야나이 와타루는 고려가 몽골에 투배의 예를 취하고 세공을 바치기로 정했지만, 요동의 정세가 안정되지 않아 몽골에서 10명이 채 되지 않는 사자를 보내 공납을 거두어 가기로 했다는 점을 지적했다. 그리고 이케우치 히로시는 고려가 몽골에 대하여 세공의 의무를 지는 형제국 관계였음을 지적하고 있다.[168] 고병익 선생은 세공을 바쳐야 하긴 하지만, 1219년의 형제맹약은 동일 평면 위에 선 관계로, 명령과 복종이라는 예속관계가 아니라고 보고 있다.[169] 이와 달리 윤용혁은 정기적인 세공을 바치는 복속관계로 보고 있다.[170]

윤은숙은 1219년 몽골제국이 고려와 형제맹약을 맺은 것은 약탈적 전쟁과는 완전히 양상이 다른, 1212년 야율유가와 맺은 동맹과 같은 성격으로 볼 수 있다고 한다. 그리고 고병익 선생의 의견에 동조하여 몽골이 동쪽에 동맹국을 가짐으로써 금을 양쪽에서 제압할 수 있는 효과를 노렸고, 그러고 난 뒤에 대금對金 공세의 중요한 포석을 다지기 위한 사전 정지 작업이었다는 결론을 내린다. 또 동진을 경유하여 고려에서 세공을 거둔 것은 몽골제국 지배 아래에 있는 모든 지역에서 이루어진 막대한 군비조달의 일환이었다고 한다. 전쟁을 수행하고 있었던 몽골로서는 어쩔 수 없는 것이었고, 고려 또한 그런 전시체제 아래 몽골의 물자수탈을 언

168) 池內宏, 〈金末の滿洲〉, 618쪽; 池內宏, 〈蒙古の高麗征伐〉, 4쪽.
169) 고병익, 〈蒙·麗의 兄弟盟約〉, 《東亞交涉史의 硏究》(1970), 172쪽.
170) 尹龍爀, 《高麗對蒙抗爭史硏究》, 32쪽.

제까지 견딜 수 없는 형편이었다고 보고 있다.[171]

물론, 1219년 체결된 여몽형제맹약에서 세공이 대몽고국에 중요한 의미를 지닌다는 점에 대하여는 필자도 동의한다. 또 몽골이 앞으로 금을 치는 데 필요한 동맹세력을 동쪽에 심으려 했다는 추론에도 동의한다. 그러나 필자는 몽골과 고려 사이에 맺은 여몽형제맹약이 강동성 함락 뒤에 포리대완을 보내 칭기스칸의 조서를 고려에 전달함으로써 시작된 것이 아니고, 이 글에서 논증한 바와 같이, 몽골 군대가 고려에 진입하기 전에 정주로 보낸 몽골사신이 고려에 전한 첩문을 통해 강화조건을 제시함으로써 여몽형제맹약의 체결과정이 시작되었다고 보고 있다.

그러나 여몽형제맹약을 평등한 관계로 보는 견해에는 동의하지 않는다. 앞에서 언급한 바와 같이, 고려는 몽골에 대하여 군사와 군량을 지원하고 해마다 공납을 하며 고려국왕에게 입조의 의무가 지워져 있었다. 이런 점에서 맹약 속의 두 나라는 복속관계임을 알 수 있고, 몽골과 동진의 관계 또한 입조의 의무를 진다는 점과 전쟁을 치를 때 군사적 지원을 했다는 점에서[172] 복속관계였음을 알 수 있다.

또 1231년 살리타이 코르치가 거느린 몽골 군대의 침략으로 시작된 제2차 여몽교섭과 강화는 1219년의 여몽형제맹약을 계승한 여몽강화협상이었다. 말할 것 없이 1231년의 강화는 납질(투르카그)과 공호수적 말고 다루가치 설치가 조건으로 제시되었고, 여기에 덧붙여 몽골 법제(大札撒과 聖訓)의 준수를 요구하고 있다. '이소사대以小事大'의 형식적인 칭신稱臣관계가 아닌 예속적인 속방의 지위를 고려에게 요구하는 협상이었다.

요컨대 몽골은 고려에 대하여 뒷날의 이른바 '육사'(助軍/輸糧·歲貢·納質·

171) 윤은숙, 박사학위 논문, 75쪽.

172) 烏云高娃는 합진과 찰랄이 고려에 들어오기 전에 동하를 토벌하여 포선만노가 몽골에 귀부한 뒤 동하국이 조병을 했다고 하나, 정황 말고 이를 뒷받침할 만한 사료는 제시하고 있지 않다. 烏云高娃, 《元朝與高麗關係硏究》(蘭州: 蘭州大學出版社, 2012), 20쪽. 한편 烏云高娃도 조충의 묘지명에 나오는 바의 정주에 보낸 첩문과 사절에 주목하고 있는데, 필자의 관련논문은 보지 못한 듯하다. 이개석, 〈여몽관계사 연구의 새로운 시점: 제1차 麗蒙和約과 지배층의 통혼관계를 중심으로〉, 동북아역사재단·경북대학교한중교류연구원 편, 《13~14세기 고려-몽골관계 탐구》(2011), 11~50쪽 참조.

設驛·供戶數籍·置達魯花赤) 가운데 '설역'을 제외한 오사와 입조, 몽골 법제의 준수를 요구하였을 뿐만 아니라, 수공업 장인을 요구하였고, 수달피 등 공납의 내용과 양을 대폭 늘렸다. 이 때문에 고려는 끝내 강화도 천도와 항쟁의 길을 택한 것이다. 1232년 고려는 힘에 닿을 만큼의 공물요구와 칭신을 받아들였지만, 몽골은 과도한 볼모와 더 많은 인적 자원의 유출을 원했기 때문이다. 두 나라는 다시 전쟁상태가 되었고, 이 싸움은 1259년 고려태자가 몽골황제에 조근朝覲하게 될 때까지 이어졌다. 말할 것 없이 강화조건을 둘러싼 협상은 계속되었고, 1241년 고종 왕철王瞮의 족자族子인 영령공 왕준이 의관자제 10명을 데리고 몽골로 가서 투르카그가 됨으로써 볼모 요청은 줄어들었다.

하지만 몽골의 고려에 대한 침략은 구육 카안이 즉위한 뒤에도 계속 이어졌다. 1259년 태자가 몽골 카안을 찾아갈 때까지 강도조정의 출륙과 국왕의 입조를 압박하여 마침내 뜻을 달성한 것이다. 이 글에서 필자는 13세기 초 여몽형제맹약 성립, 그리고 1230년대 몽골의 침략과 고려의 항전과정에서 수립된 고려와 몽골의 관계를 단계별 쟁점과 성격구명에 초점을 두고 새롭게 검토하고자 했으며, 결론은 아래와 같다.

먼저 1219년 1월 맺어진 여몽형제맹약은 1218년 몽골이 정주에 보낸 사절의 강화요구에서 비롯되며, 그 내용은 조군, 수량과 공납, 국왕의 입조였던 것으로 보인다. 몽골의 강동성 함락전투에 참여한 동진 군대는 몽골의 강동성 정벌을 지원하기 위해 보낸 군대이며(조병), 몽골과 동진의 관계도 여몽관계와 비슷하였다. 그리고 그 증거는 〈조충묘지명〉과 유승단의 〈회동하국서〉에 있다.

둘째, 여몽형제맹약은 칭기스칸이 파견한 합진과 찰랄 두 원수와 고려 사이에 체결되었으며, 신新복속국 고려는 옷치긴의 유수(감국)정부에 공납을 바쳤다. 몇몇 연구에 따르면, 고려정벌은 몽골의 동방경략의 창구였던 옷치긴 울루스가 담당했고, 옷치긴 예하의 병력이 고려정벌에 동원되었으며, 이 때문에 고려가 옷치긴 울루스의 영역이었다고 주장하나 필자는 이에 동의하지 않는다. 무칼리 국왕 휘하의 군대와 여타 제왕의 군대가 고려정벌에 함께 참여하였던 것으로 보이고, 1231년 이후에도 마찬가지기 때문이다.

셋째, 여몽관계는 1231년 살리타이가 이끄는 몽골군의 고려 침략 뒤 새로 조정되었다. 1219년에 맺어진 여몽형제맹약을 회복계승한 조건 위에, 볼모〔質子〕 등 고려의 내속국 의무를 일부 추가한 것이었다. 그러나 1232년 고려 무신정권이 강화도로 천도하고 끝내 국왕의 입조를 거부하였기 때문에 고려와 몽골의 관계를 새롭게 설정하는 데는 실패하였다.

넷째, 몽골의 고려 침략군 편성과 지휘부는 뭉케 카안 즉위 뒤 이루어진 제5차 정동군 지휘를 조치 카사르의 후왕 예쿠에게 맡김으로써 카안의 코르치에게 정동원수를 맡기던 관례가 바뀌었다. 제왕들 사이의 갈등으로 다시 잘라이르부 출신의 노장 잘라이르타이 원수가 정동군을 지휘하게 되었으나, 그럼에도 조치 카사르 가家 동도제왕의 역할이 눈에 띈다는 점이 뭉케 카안 시기 몽골의 고려 침략군 편성의 특색이다.

끝으로 고려와 몽골국은 여몽형제맹약을 각기 다르게 해석하였다. 몽골은 고려를 몽골에게 일방적 의무를 지는 속국관계로 이해하여, 친조를 요구하고 과도한 수탈도 서슴지 않았다. 이와 달리 고려는 이를 중국적인 천하관이 통하는 전통적인 사대관계의 틀로 재해석하였고, 1260년대 쿠빌라이로부터 '불개토풍'의 약속과 '책봉'을 얻어낼 때까지 그 방향으로 수정하려는 노력을 멈추지 않았다.

이 글은 2009년 6월 16~17일 울란바타르에서 개최된 "국제학술회의: 한몽관계의 재조명Revisiting Korea-Mongolia Relations"에서 발표한 〈초기 여몽관계의 재구성: 사료검토를 중심으로〉(동북아역사재단, 《국제학술회의: 한몽관계의 재조명》, 133~154쪽)의 내용과 논지를 새롭게 검토하여 대폭 수정한 글이다.

제2장

몽골 군대의 고려 진주와 내속국체제의 수용

머리말

1260년 몽골과 고려 사이에 성립된 지배와 복속관계, 곧 고려의 내속국內屬國 관계는 우리 역사에서 그 유례가 없는 것이다. 그 이전과 이후 중국의 한족 왕조나 북아시아의 거란, 여진 왕조와 맺었던 책봉-조공의 관계와도 다른 형식과 내용을 보인다. 제1장에서 검토한 바와 같이 이러한 여몽관계는 1219년 1월의 이른바 여몽형제맹약에 따라 씨 뿌려진 뒤 40여 년 동안 단속적으로 진행된 침략과 항쟁 그리고 화의和議를 거치면서 절충되어 왔다. 또 그 사이에 두 나라에서 이루어진 지배권력의 성격 변화에 영향을 받으며 성숙해 왔다고 할 수 있다.

1219년 여몽 사이에 처음 맺어진 맹약이 단순한 형제맹약이 아니었음은 제1장에서 검토한 바와 같다. 고려는 강동성이 함락되기 전날인 정월 13일 윤공취尹公就와 최일崔逸을 몽골진영에 보내 결화첩문結和牒文을 전달하였다. 얼핏 보기에 이 결화첩문은 고려가 주도적으로 작성한 여몽형제 맹약의 초안으로 보이지만, 이 초안은 1218년 몽골과 고려 양군이 접촉하기 이전 몽골이 배편으로 정주에 보냈던 40여 명의 사절을 통해 요구한 '강화요청講和要請'[1]에 근거하여 작성했을 가능성이 높다. 뒷날 현실로 드러난 '국왕의 친조'와 '공납'(輸糧) 등 요구가 포함된 1218년 몽골의 '강화요청'에 근거하여 고려가 맹약의 초안을 작성한 것으로 보인다.[2] 조충趙沖과 김취려金就礪에게 동맹의 내용을 확인한 몽골은 이에 대한 회답으

1) 〈趙冲墓誌銘〉, 金龍善 편저, 《高麗墓誌銘集成》(개정판)(한림대학교 아시아문화연구소, 1997), 334~337쪽.

2) 《東文選》 권61, 書 〈回東夏國書〉; 이개석, 〈麗蒙兄弟盟約과 초기 麗蒙關係의 性格: 사료의 재검토를 중심으로〉, 《大丘史學》 101(2010. 11), 97쪽 참조.

로 23일 포리대완蒲里帒完 등을 고려조정에 파견하여 칭기스칸의 조서를 전달하였고, 고려국왕이 이를 접수함으로써 맹약은 공식적인 절차가 끝난 것으로 보인다. 이로써 고려와 대몽고국 사이에 맺어지게 되는 내속관계內屬關係의 첫 단추가 끼워졌다고 볼 수 있으나, 이 관계는 1224년 공납물품을 받아서 돌아가던 저고여著古與가 도중에 피살된 사건으로 한때 중단되었다.

1231년 살리타이撒禮塔가 이끈 몽골 군대가 고려를 침략하자, 고려가 다시 항복함으로써 여몽관계는 형식상 1219년에 맺은 맹약의 기초 위에서 복원되었던 것으로 보인다. 그러나 몽골이 과도한 인질과 공납을 요구함에 따라 이를 견디지 못한 고려가 1232년 6월 강화도로 천도하게 됨으로써 두 나라 사이의 불평등한 화호관계和好關係는 다시 중단되었다. 물론 이것으로 대몽고국과 고려 관계가 단절된 것은 아니다. 반복된 군사적 침략과 약탈로 한반도 구석구석까지 참혹한 화를 입힌 몽골과, 끈질긴 항전으로 몽골군을 괴롭힌 고려, 두 나라는 협상의 창구를 열어두고 있었기 때문이다.

몽골의 전방위 압박을 견디다 못한 고려가 1258년 항몽투쟁의 주체였던 최씨 무신정권을 붕괴시킨 뒤 태자를 보내 투항하기로 결정하기까지, 고려는 물론 몽골도 화전和戰 양면정책을 포기하지 않았다. 교착상태에 빠진 양국관계의 회복을 위한 강화 노력은 1238년 몽골이 침입했을 때 고려의 철군요청에서 비롯된 외교교섭이 계기가 되었다.[3] 물론 몽골국은 고려를 몽골 법제를 준수하고 육사六事를 이행하는 복속국으로 두고자 하였고, 복속의 증거로 조군助軍[4]과 국왕의 친조, 몽골 법제의 준수를 강요하였다. 이와 달리 고려는 그러한 복속관계를 받아들이기 거부하였고, 요금遼金 이전의 중국 왕조와 고려 사이에 이루어지던 전통적인 사대관계로

3) 강화론에 대하여는 閔賢九 선생이 〈蒙古軍·金方慶·三別抄〉, 《韓國史市民講座》 8(서울: 일조각, 1991)에서 문제를 제기하였고, 이어서 李益柱가 본격적으로 논하였다. 李益柱, 〈高麗 對蒙抗爭期 講和論의 硏究〉, 《歷史學報》 151집.

4) 《元高麗紀事》 태종 5년 계사 기사; 이개석, 앞의 글, 123쪽 번역문 참조.

두 나라 관계를 재설정하려는 노력을 포기하지 않았다.

1259년 태자의 입조로 전통적인 조공책봉관계의 설정이라는 고려의 희망은 끝내 수포로 돌아갔지만, 1260년 등극한 쿠빌라이가 '조술변통祖述變通'과 '개행한법改行漢法'을 내걸고 대몽고국체제를 대원체제大元體制로 수정하는 길을 걷게 됨으로써 한법적 천하관에 기초한 책봉-조공의 체제가 부분적으로 작동하게 되었고, 이는 고려에 대한 쿠빌라이 카안의 새로운 지배정책에 최초로 채용되었다.

1260년 음력 4월 몽골 카안 쿠빌라이는 원종을 고려국왕에 책봉하는 조서를 보내왔고, 다시 8월에는 귀국하는 영안공永安公 희僖를 통해 3통의 조서를 보냈다. 첫 번째 조서는 쿠빌라이의 새로운 몽골정권이 중통中統이라는 한법적漢法的 연호年號를 세웠음을 통보한 것이고, 두 번째 조서는 "의관衣冠(제도)은 고려의 풍속을 따르고[不改土風],[5] 몽골사신은 조정에서만 보내며, 환도還都의 시기는 고려가 힘닿는 대로 당기고 몽골둔수군과 다루가치를 철수시키고, 고려인의 투항을 불허해 달라"는 고려의 요구를 받아들인 것이었으며, 마지막 조서는 방물方物의 공납과 사사寺社의 기도 등 고려의 성의에 답하여 고려국왕이 재량껏 통치하도록 허락하고 호부虎符와 국왕國王 인印을 하사한다는 내용이었다.[6]

그 결과 쿠빌라이 정권은 1262년 섣달 고예高汭 편으로 고려에 역曆을 하사하여 한족 왕조가 주변국과 맺고 있던 전통적인 사대관계의 틀을 활용하는 한편, 신부지국新附之國이 감당해야 하는 의무도 고려에 일깨워 주고 있다.[7] 국왕의 친조와 이른바 육사(납질·조군·수량·설역·공호수적·치달로화적)를 고려에 요구하였는데,[8] 고려는 왕국의 기본틀이 보장되는 것을 전

5) 이익주, 〈13세기 고려몽골의 전쟁과 강화〉, 《동북아역사재단·몽골과학원 공동주최 국제학술회의: 한몽관계의 어제와 오늘》(울란바타르, 2010. 6. 2~3).

6) 《高麗史》 권25/18하~19하.

7) 《高麗史》 권25/26하~27상, 원종 3년(1262) "十二月乙卯, 郎中高汭還自蒙古. 帝頒曆又詔, 日,……我祖宗有已定之規, 則必納質而籍民編, 置郵而出師旅, 轉輸糧餉補助軍儲. 今者, 除已嘗納質外, 餘悉未行. 卿自有區處.……其歲貢之物, 依例入進, 毋怠初心, 以敦永好."

8) 이 모델은 그 뒤 安南國에도 적용되었고, 일본에도 적용하고자 하였다. 이익주, 〈몽골제국의 침략과 고려의 저항(일문)〉, 《歷史評論》 no.619(2001. 11), 35~36쪽.

제로 몽골이 부과한 내속국의 의무를 받아들였다. 이것이 이른바 이익주가 말하는 세조구제世祖舊制[9]의 핵심이다. 따라서 고려의 내속형식과 성격을 결정하는 데에는 고려의 항몽투쟁 과정의 요구와 정국의 주도권을 쥔 몽골권력의 유목적 전통도 중요했지만, 1260년 전후 요동친 몽골과 고려 두 나라 내부 정국의 변화와, 더욱이 한법적 이념과 제도를 일부 받아들인 쿠빌라이 카안 권력의 성격변화와 고려의 전통적인 사대관계 요구 등도 큰 영향을 미쳤다고 볼 수 있다.

당시 고려 안의 객관적인 정세 또한 쿠빌라이 카안 정권 초기 여몽관계 설정에서 중요한 역할을 하였다. 최씨 무신정권이 붕괴된 뒤에도 권력이 여전히 무신들의 손아귀에 있었고, 더욱이 고종이 죽은 뒤 이루어진 원종의 왕위계승도 몽골의 무력에 의존하여 비로소 가능하였다. 따라서 신왕新王 원종은 그의 옹립에 주저한 권신 김인준金仁俊이나 폐립을 시도한 임연林衍 등 무신들과 대립관계에 있을 수밖에 없었고, 왕권확립을 위해 어쩔 수 없이 고려 경내에 진주한 몽골 군대의 군사적 영향력에 크게 의존하게 되었다. 결과적으로 고려왕실의 정치적 군사적 후원자가 된 쿠빌라이는 내부적으로 자신의 카안 위位 확보를 위한 내전內戰 승리와 이단李璮의 반란 진압을 위한 군사력의 재배치가 필요한 불안정한 사정이 있었음에도, 원종의 권력 안정을 위해 더욱 많은 병력을 고려 북방에 주둔시켰다.

임연 정권의 원종폐립사건元宗廢立事件을 해결하고 삼별초의 봉기를 진압하는 과정에서 고려에 진주한 몽골군의 규모는 커졌고, 다루가치 파견 등 고려에 대한 정치적 군사적 영향력도 갈수록 늘어났다. 따라서 고려왕실의 몽골에 대한 의존도 차츰 심화되어 갔다.

물론 13세기 60년대와 70년대 쿠빌라이 정권이 고려에 취한 정책은 앞으로 대對남송 전쟁과 일본 정벌전쟁에 대한 전략적 고려도 포함되어 있

9) '세조구제' 용어는 대원 시기 泰定帝 이래 빈번히 사용되었던 용어로(《元史》 권30, 泰定帝 2, 태정 4년 추7월 정미 "詔諭宗正府, 決獄遵世祖舊制"), 順帝 바얀정권이 쿠빌라이 시대의 정치로 돌아가고자 할 때에도 이 용어를 슬로건으로 활용하였다.

었다고 볼 수 있다. 또 그 뒤 남송과 일본에 관련된 정치군사적 정세가 바뀌었다면, 육사의 준수에 소극적이던 고려에 대한 몽골정권의 정책도 근본적으로 다시 검토될 여지가 있다. 하지만 쿠빌라이 정권 초기 여몽관계에 대한 몽골의 전략적 관점에서 앞으로 몽골이 남송정벌과 일본정벌을 수행하게 될 때 고려가 취할 수 있는 우호적 또는 적대적 역할에 대한 계산이 전혀 없었다고 볼 수 없다. 30년 동안 무력항쟁을 포기하지 않았던 고려가 몽골정권의 의도대로 앞으로 순순히 움직여 줄 것인지, 육사의 의무를 순순히 이행하는 속방으로 안주할 것인지 보장이 없었던 것이다.

따라서 몽골이 고려 경내에서 둔전을 설치하고 운영한 것을 1274년 이루어진 제1차 일본정벌을 위해 계획된 것이라고 이해하는 것은 고려의 존재를 부수적 존재로 이해하는 참으로 괴이하고도 아전인수적인 견해이다. 오히려 동북아시아의 전략적 요충인 고려를 복심腹心에서 견제하기 위해 고려에 진주한 몽골 군대의 장기 체류를 전제하여 둔전을 설치하였다고 보아야 할 것이다. 고려에 주둔한 몽골군의 군수에 충당하기 위한 식량생산이 둔전설치의 목적이었고, 1278년 몽골제국 안에서 공식적으로 고려가 부마국왕의 영토라는 새로운 지위를 갖게 되어 몽골 다루가치와 몽골군을 주둔시킬 필요가 없어짐으로써, 고려 경내의 몽골 둔전도 더 이상 유지할 필요가 없게 된 것이다.

제1절

고려왕권의 위기와 몽골 군대의 고려 진주: 삼별초의 봉기와 몽골의 일본원정을 중심으로

1. 쿠빌라이 왕조의 성립과 1260년대 말 대몽고국 안팎의 정세

조어성釣魚城 전투 도중에 입은 부상으로 뭉케가 급서急逝한 뒤 새로운 카안을 뽑기 위한 쿠릴타이가 1260년 3월 내몽골 동남단의 개평開平(금련천)과 몽골의 카라코룸에서 거의 같은 시기에 열렸다. 3월 초하루(무진삭)에 서도西道제왕을 거느리고 참석한 친왕親王 카단合丹과 아지키阿只吉, 그리고 훌라쿠르忽剌忽兒·자우투爪道 등 동도東道제왕을 거느리고 참석한 타가차르塔察兒와 이숭게也先哥가 대신들과 함께 쿠빌라이에게 즉위를 권하여, 쿠빌라이 정권이 개평에 성립되었다. 그러나 아릭 부케 또한 4월에 카라코룸의 서쪽 알탄 하河에서 열린 쿠릴타이에서 카안으로 추대되었다. 이로써 몽골세계에 두 명의 카안이 등장했고, 양쪽은 군사적 대결을 통해 자웅雌雄을 겨루게 되었다.

톨루이 왕가가 지배한 몽골제국의 붕괴 위기는 유목제왕游牧諸王의 후원을 받던 아릭 부케가 1264년 7월 쿠빌라이에게 투항함으로써 일단 수습되었는데, 여기에는 차가타이 왕가의 알구가 크게 이바지했다. 뭉케 카안 사망 뒤 쿠빌라이는 아비시카(첫째 무에투켄의 셋째 아들 부리의 장남)를 보내 당시 차가타이 울루스汗國를 통치하고 있던 오르카나 카툰(카라 훌레구의 아내)과 결혼시켜 차가타이 울루스를 통치하게 하였다. 그러나 아비시카는 차가타이 울루스로 가던 도중에 아릭 부케의 군대에 잡혀 죽었고,

아릭 부케는 대신 알구(여섯째 바이다르의 아들)를 보내 차가타이 울루스의 통치자로 삼았다.

하지만 알구는 1262년 아릭 부케의 군량 지원 요청을 거절한 뒤 쿠빌라이 편에 섰고, 또 오르가나 카툰과 혼인하여 울루스의 전권을 장악했다. 이에 아릭 부케는 알구를 공격하였고, 이 기회를 틈타 쿠빌라이의 군대가 카라코룸을 수복하게 됨으로써 형제 사이의 카안 위 경쟁에 균형이 무너졌다. 알구가 서방에서 전열을 재정비하여 공격하자, 알마리크에 머물고 있던 아릭 부케는 근거지로 후퇴했지만, 끝내 세력을 만회하지 못하고 쿠빌라이에게 투항한 것이다. 알구 또한 사망하여 차가타이 울루스의 군주 자리는 오르카나 카툰의 큰아들 무바락 샤의 차지가 되었다.

이처럼 쿠빌라이와 동생 아릭 부케가 카안 자리를 두고 싸우는 틈을 이용하여 산동의 세후世侯 이단이 1262년 2월 반란을 일으켰다. 이에 제왕 카비치合必赤가 이끈 몽골 진압군이 2월 20일 제남濟南을 압박하였고, 아추阿朮와 사추史樞가 이끄는 정예부대도 제남에 도착하여 이단 군대를 격파하자, 제남성濟南城에 농성하고 있던 이단은 중통 3년 5월 대명호大明湖에 투신하려다 붙들려 참형에 처해졌다.

이 사건은 아직 한지에 권력기반이 공고하지 않았던 쿠빌라이에게 한인협력자들에 대한 경각심을 환기시켰다. 쿠빌라이의 친신親臣으로 정권 초기 한법적 통치를 실현한 핵심인물이었던 평장정사 왕문통王文統[10]도 이단의 장인으로 이 사건에 연루되어 처단되었고, 왕문통을 천거하는 데 관련된 많은 한인 관료들도 쿠빌라이의 의심을 받았다. 이를 계기로 쿠빌라이는 한인 세후의 군사력 외에 색목인 위군衛軍을 편성하여 유사시에 대비하였는데, 이것은 나중에 대원 권력구조에서 색목인의 역할을 강화시키는 계기가 되었다. 또 이단의 반란을 기화로 조관調官(遷轉)법을 시행하여 세후의 토착기반을 없애고, 군벌가족이 군정권과 민정권을 동시에 장악할 수 없도록 분할하는 등 내정을 대대적으로 정비함으로써 황제권을

10) 陳學霖, 〈王文統謀反事件與元初政局〉, 《中央研究院第二屆國際漢學會議論文集》(臺北, 1988), 1129~1159쪽 참조.

강화하는 전화위복의 기회로 삼았다.

한편, 즉위 직후 쿠빌라이는 주요한 통치 대상인 한지의 통치를 위해 몽골의 전통적인 통치방식도 일부 고쳤고〔祖述變通〕, 한족의 통치제도를 일부 받아들였다. 몽골적 제도의 골간骨幹인 케식, 천호제千戶制, 투하제投下制 등을 유지하면서 동시에 중국식 통치제도(한법)인 관료제도를 통치에 적극 활용한 것이다. 1260년 4월 초하루 한법적 통치기구의 중추인 중서성을 세우고 평장정사에 왕문통, 좌승左丞에 장문겸張文謙을 임명하여 전국의 행정을 통괄케 하였다.[11] 또 지방을 열 구역으로 쪼개 선무사宣撫使를 파견하였고, 중서성과 더불어 몽골제국의 최고위 통치기관이었던 추밀원과 어사대를 두어 군사와 감찰을 책임지게 했다. 지방에는 로路·부府·주州·현縣을 두었는데, 지원 2년(1265) 2월 갑자에 각 로路의 관리로 몽골인을 카안의 이목관耳目官인 다루가치로, 한인을 목민관牧民官인 총관總管으로 임명하고, 회회인回回人 등 색목인을 동지同知로 임명하는 것을 바꿔서는 아니 되는 제도〔永制〕로 규정하여 서로 견제하게 했다.

당시 몽골국의 내외정세와 관련하여, 다음으로 고려할 사항은 1260년 이후 1270년대 초까지 쿠빌라이 정권과 동도제왕가 사이의 관계이다. 더욱이 옷치긴 왕가의 울루스는 훌룬부이르 지역에서 송화강 북쪽의 만주 지역까지 넓은 지역에 펼쳐져 있었다.[12] 또 그 후왕後王 타가차르가 카안위 경쟁에서 쿠빌라이를 지지하여 대원 건립의 버팀목이 되었기 때문에, 쿠빌라이 정권은 타가차르의 공로를 높이 인정하고 존중하였다. 따라서 쿠빌라이 집권 초기 그는 몽골제국 안에서 큰 영향력을 행사했다.

타가차르는 1278년 서해도西海道의 곡주谷州·수안遂安 두 성城에도 사신을 보내 이전에 투항한 이 지역의 민호를 조사하였는데,[13] 윤은숙은 이

11) 7월 禡禡를 丞相, 趙璧을 平章政事, 張易을 參知政事에 임명하였으며, 이듬해 다시 대폭 개편하여 不花와 史天澤을 우승상, 忽魯不花와 耶律鑄를 좌승상, 王文統 塔察兒 廉希憲 賽典赤贍思丁 등을 평장정사로 임명했다. 《元史》 권4, 世祖本紀 1, 63~64쪽.

12) 윤은숙, 《몽골제국의 만주지배사》(소나무, 2010), 79쪽 〈지도1. 동방왕가의 분봉지〉 참조.

13) 《高麗史》 권28, 충렬왕 1, (4年7月)당시 고려는 이 지역이 諸王投下가 멋대로 민호를 수습하지 못하도록 한 중서성의 성지와 고려부속국토임을 내세워 부당함을 쿠빌라이에게

를 타가차르가 대원제국의 법령을 어기고 독자적인 권력을 휘두르고 있었던 좋은 실례라고 보고 있다.[14] 하지만 필자는 당시 쿠빌라이 정권과 타가차르의 옷치긴 왕가 사이에 여전히 우호협력관계를 유지하고 있었고, 그 사이에 큰 모순은 없었다고 이해한다. 곧 당시 쿠빌라이 황제권력에 대한 위협으로 인식되지는 않았기에 이런 행위를 용납했던 것으로 본다. 물론 요양행성 설치과정에서 드러나는 여러 가지 문제점으로 보아 동도 제왕가의 울루스와 무칼리 국왕가, 오부五部 탐마치探馬赤의 투하가 섞여 있었던 요양행성 지역에 대한 몽골정권의 지배는 당시에도 적지 않은 애로가 있었던 것으로 보인다.[15]

카이두를 비롯한 서북제왕 세력과 쿠빌라이 정권 사이의 대립 또한 당시 몽골제국 내부의 중요한 정치·군사적 위협이었다. 1264년 아릭 부케가 쿠빌라이에게 항복한 뒤 그를 후원했던 것으로 여겨지는 우구데이의 손자(정처 투레게네의 막내 카시의 아들) 카이두는 뭉케가 나눠주었던 카야리크Qayaliq(현재 남 카자흐스탄 코팔 지역)와 킵차크 한국의 새 칸(1257~1267)인 베르케Berke의 군사적 지지를 바탕으로[16] 중앙아시아 지역에서 신新세력 알구의 대항세력으로, 다음에는 무바라크 샤와 바라크의 대항세력으로 새롭게 입지를 구축해 가고 있었다. 지원 3년(1266) 쿠빌라이는 황자 노무칸을 북평왕에 봉하고 카라코룸에 주둔시켜서 북변의 방위체제를 공고히 하는 한편, 차가타이 한국의 알구 후계자로 바라크를 임명하여 카이두를 견제하였다. 곧 쿠빌라이는 오랫동안 자신을 보좌했던 차가타이의 증손 바라크(장자 무에투켄의 둘째 아들 이순토아의 아들)를 보내서 새로 칸이 된 카라 훌레구의 아들 무바라크 샤와 공동으로 울루스를 통치하게 하였다. 그러나 바라크가 무바라크 샤를 축출한 뒤 새로운 독립권력을 지향했다.

바라크는 쿠빌라이가 투르키스탄에 파견한 관리를 자신의 인물로 교체

역설하고 있다.(/38상하)

14) 윤은숙, 앞의 책, 202쪽.

15) 崔允精, 〈元代 동북 지배와 遼陽行省〉, 《東洋史學硏究》 제110집(2010.3), 187~230쪽 참조.

16) Michal Biran, *Qaidu and the Rise of Independent Mongol State in Central Asia*. Richmond Surrey: Curzon Press, 1997, p.22 베르케는 카이두에게 군대와 식량을 지원하였다.

하는 등 카안의 지시를 듣지 않았고, 카이두를 공격하여 그에게 궤멸적인 타격을 가했다. 그러나 제2의 알구를 염려한 킵차크 한국의 군주 뭉케 테무르(1267~1280)가 삼촌 베르케 체르에게 5만의 군대를 주어 카이두를 원조하게 함으로써 바라크는 시르하반河畔에서 참패하여 패주하였다가 우구데이의 아들 킵착 오굴의 중재로 카이두의 화평협상 제의에 응하였다. 이리하여 1269년 봄에 탈라스 초원에서 카이두와 바라크, 그리고 뭉케 테무르를 대표한 베르케 체르가 참가한 쿠릴타이가 열렸다.[17] 여기에서 카이두가 황금가족의 연합을 역설한 것과 달리 바라크는 봉지封地와 초원에 대한 차가타이 가의 배타적 지분을 주장하며 전쟁의 선후협상善後協商을 타결하였다. 바라크에게 트렌스옥사니아의 3분의 2를 주고, 차가타이 한국의 칸 자리를 유지하도록 보장하였다. 나머지 3분의 1을 카이두와 뭉케 테무르가 차지했으며, 그 사이에 놓인 사마르칸드와 부하라의 천호와 공방工房도 카이두와 바라크가 분할하였다. 이는 탈라스 쿠릴타이 이후 카이두가 성장하는 데 확실한 바탕이 되었다.

그러나 쿠빌라이는 지원 8년(1271) 북평왕 노무칸에게 카라코룸 본영을 알마리크로 옮겨서[18] 제군諸軍을 거느리고 주둔하여 바라크를 견제하게 하고, 승상 안동安童에게 노무칸을 보좌케 했다. 카이두가 1269년 탈라스 초원에서 대회를 개최하여 회맹의 맹주 자리에 올랐다고 하여도, 새 수도인 개평은 몽골의 서북 변경에서 멀리 떨어져 있었고, 더욱이 삼별초가 봉기한 1270년 전후에 당장 쿠빌라이 정권에 아무런 위협이 되지 않았다.

끝으로 남송의 존재야말로 군사적으로 쿠빌라이 정권의 가장 큰 잠재적 위협이었다. 그러나 1272년 양번襄樊에서 본격적인 공격을 시작하기 전까지, 1267년 시작된 남정南征의 관문關門인 양양襄陽과 번성樊城 공략을

17) 와삽은 1267년 무렵 사마르칸드의 남쪽 카트완 평원이었다고 했지만, 여기서는 라시드 앗 딘의 견해에 따라 1269년 설을 택했다. 앞의 책, 26쪽 참조.

18) 《元史》 권63, 地理 西北地附錄 阿里麻里 조; 《元史》 권13, 世祖 10, 지원 21년 3월 "丁巳, 皇子北平王南木合至自北邊. 王以至元八年建幕庭于和林北野里麻里之地. 留七年, 至是始歸, 右丞相安童繼至."

위한 포위전투를 빼면, 1260년대 남송정권과 한지의 몽골정권 사이에 전투다운 전투는 없었다.

2. 임연의 쿠데타와 몽골군의 진주

1263년 4월 고려가 사행使行을 보내 달피獺皮 5백 령領 등 공물을 몽골조정에 바치면서 고려 안의 곤핍困乏한 사정을 설명하자, 몽골조정은 육사를 제대로 이행하지 않았던 고려에 대한 오해를 풀고 양 5백 마리를 내려 5품 이상 관리에게 나누도록 했다고 한다. 이에 고려는 10월 대사성大司成 한취韓就를 보내 감사를 표시하였는데, 《원사》 권5 〈세조본기〉 중통 4년 11월 병술조 기사에서는 "(육사의 일부인) 치역置驛과 적민籍民 등을 면제해 주어, 고려왕 왕식王禃이 그 신하인 한취를 몽골조정에 보내 표表를 올려 사례하니, 중통 오년력五年曆을 나눠주며 고려왕의 입조를 명했다"[19]고 적고 있다. 또 몽골은 이듬해 5월 다시 사신을 보내 상도에서 열리게 될 쿠릴타이(왕공의 조근대전)에 어기지 말고 참가하도록 통보했는데, 고려 원종은 교정별감敎定別監 김준金俊을 감국으로 임명한 뒤에 대전大典이 끝날 무렵인 8월 12일(계축)에야 고려를 출발하여, 9월 29일에 연도燕都에 도착했다.[20] 쿠빌라이 카안의 수레가 상도에서 돌아온 뒤 19일이나 지난 뒤에 도착한 데다가 다음 달 10월 초하루에야 비로소 카안을 배알했음에도,[21] 쿠빌라이 카안은 두 차례나 고려왕에게 친연親宴을 베풀어 환대했다고 한다. 곧 고려를 내부의 왕공질서 속에 편입시킨 것으로 치부하고 있었던 쿠빌라이의 지시를 고려는 정면으로 거부하지 않았지만,

19) 《元史》 권5, 世祖 2, 95쪽, "高麗國王王禃以免置驛籍民等事, 遣其臣韓就奉表來謝, 賜中統五年曆並蜀錦一, 仍命植入朝."

20) 《元史》 권5, 世祖 2, 지원 원년 "(6月)戊申, 高麗國王王禃來朝"라고 하나 사실이 아니다.

21) 《元史》 권5, 世祖, 지원 원년 "冬十月壬寅朔高麗國王王禃來朝" 같은 기사는 그해 6월의 무신조에도 있으나 《高麗史》 권26 元宗世家 5년 부분의 기사와 대조하면 6월의 기사가 衍文임을 알 수 있다.

그대로 받아들이지도 않았던 것인데, 쿠빌라이도 그것을 받아들인 것으로 볼 수 있다.

곧 당시 대원과 고려의 관계는 몽골제국의 지배질서 안의 카안과 왕공 사이의 엄격한 룰이 적용되는 관계는 아니었다. 육사의 의무를 받들지 않는 고려에게 이를 독촉하지 않으면서도 이를 근본적으로 면제하지도 않은, 비교적 느슨한 외번外藩으로 대원의 통치자에게 인식되고 있었던 것으로 보인다. 또 이러한 관계는 1270년 임연의 원종폐립사건을 계기로 새로운 관계가 수립될 때까지 큰 변화가 없었다. 1268년 2월 고려로 돌아가는 안경공安慶公 창淐에게 쿠빌라이가 친히 칙敕을 내려 고려국왕을 윽박지르며 예의를 따지고 있는데, 진실로 투속했으면 육사를 이행하라[22]고 들이대고 있는 점이 이를 반증한다. 3월 21일(임신)에도 몽골은 북경로총관 겸 대정부윤大定府尹 우야손탈于也孫脫과 예부낭중 맹갑孟甲 등을 고려에 보내 출륙환도와 육사의 이행을 재촉하고, 6월 25일(을사)에는 다시 오도지吾都止를 이장용李藏用과 함께 고려에 보내 몽골을 위해 제공해야 할 전함戰艦의 수와 군액軍額을 부과하였다.

당시 전함과 군액을 고려에 부과한 것은 말할 것 없이 1266년 이래 시작된 대對일본 교섭과 남송정벌에 대비한 것이라고 할 수 있다. 1266년 8월 병부시랑兵部侍郎 흑적黑的과 예부시랑禮部侍郎 은홍殷弘을 일본에 사신으로 보내면서 고려가 사신을 안내하게 하였고,[23] 이들이 1267년 정월 송군비宋君斐 등의 안내로 일본으로 떠났다가 중도에 바람과 파도로 돌아온 뒤 대원은 일본을 설득하기 위해 사절을 보내면서 고려에게도 역할을 주었다. 그에 따라 조군을 위한 군액의 확보와 전함의 건조를 지시한 것으로 보인다. 이에 고려는 대장군 최동수를 오도지를 따라 대원에 보내서 군사 1만과 1천 척의 배를 제공할 수 있다고 보고하였고, 몽골정권은 명위장군明威將軍 도통령都統領 톡타르脫朶兒와 무덕장군武德將軍 통령統領 왕국창王國昌, 무략장군武略將軍 부통령副統領 유걸劉傑 등 14명을 보내 확인하게

22) 《高麗史》 권26, 元宗 2, 9년 2월 임인.
23) 《元史》 권6, 世祖 3, 지원 3년 8월 정묘.

하였다. 아울러 몽골은 탐라에도 따로 1백 척의 배를 짓게 하였는데, 《고려사》 권26 〈원종〉 2 9년(1238) 10월 13일(경인)의 기사에는 몽골사절이 고려에 와서 1만의 군수軍數와 1천 척의 주함舟艦을 정열整閱하고 점시點視한 사실을 기록하고 있다. 또 몽골은 남송과 일본이 말을 듣지 않을 경우 적절히 대응하여 정토征討할 수 있도록 탐라로 가는 흑산도黑山島의 뱃길도 살피게 하였는데, 9일 뒤 이를 위해 떠나는 왕국창과 유걸을 위해 고려는 낭장郎將 박신보朴臣甫를 동행하게 했다.[24]

몽골의 이러한 고려에 대한 가중되는 요구와 압박은 고려 관민, 더욱이 실권을 쥐고 있으면서 출륙에 반대하던 무장들을 크게 압박했던 것으로 보인다. 1268년 몽골 카안이 사신을 보내 군사를 징발하는 한편 실권자인 김준金俊 부자와 동생 김충金冲을 경사(上都)로 소환했을 때, 김준은 입조를 거부했다. 그뿐 아니라 "사신을 죽이고 해중海中으로 들어가자"는 장군 차송우車松佑의 건의를 받아들여 거듭 천도를 요구하고, 이를 받아들이지 않은 원종의 폐위를 꾀하다가 끝내 그와 사원私怨이 있던 임연과 그를 증오한 원종에게 죽임을 당하였다. 또 김준을 대신하여 권력을 장악한 임연도 1269년 6월 21일 몽골의 요구에 순순히 응하는 원종을 핍박하여 안경공 창淐에게 왕위를 물려주게 했다가, 결국 몽골의 군사적 압력을 이기지 못하고 원종을 복위시켰다.

귀국하는 길에 7월 23일 파사부婆娑府에서 임연의 쿠데타 소식을 듣고 몽골로 다시 돌아간 고려세자 왕심은 고려에서 벌어진 정변사실을 몽골조정에 알렸고, 이를 들은 몽골조정은 8월 23일에 바로 아타스부카斡朶思不花, 斡脫兒不花[25]와 이악李諤을 세자서장관世子書狀官 김응문金應文과 함께 고려에 보내 자세한 내막을 알아보도록 하였고, 아울러 조詔를 내려 무단히 왕을 폐립한 임연을 질책하였다. 그러나 9월 7일 몽골사신을 따라온 김방경金方慶의 표문表文은 정변을 정당화하는 내용을 담고 있었다고 하니

24) 《高麗史》 권26, 元宗 2, 9년 10월 경인, 기해(/17하~18상).
25) 《高麗史》 권26, 원종 10년 8월 "戊戌, 蒙古遣斡脫兒不花李諤等與世子書狀官金應文偕來, ……."

한 자락이나마 당시 강도조정의 분위기를 엿볼 수 있다.

이에 고려세자 왕심은 몽골조정에 곧바로 파병을 요청하였고 몽골조정도 그 요청을 받아들였다. 9월 22일 추밀원과 어사대가 함께 올린 주奏에 따르면 세자 왕심은 몽골조정에 곧바로 출병할 것을 주장했다. 토벌군 3천이 5개월 동안 쓸 수 있는 양초糧草를 자신이 마련할 수 있고, 고려 신민의 협력을 얻을 수 있다고 설득하였으며, 1천의 선발군이 입경入境할 때 동행을 자청했다. 그리하여 몽골조정은 세자가 토벌군과 함께 귀국하는 것을 허락하는 성지를 내리고,[26] 9월 28일(신미) 통군統軍(使) 초불화抄不花와 관군만호管軍萬戶 송중의宋仲義[27]로 하여금 고려를 정벌하게 했다. 이어 10월에는 두련가頭輦哥 국왕과 조벽趙璧을 동경등로東京等路 행성사行省事로 삼아 고려 사태를 바로잡도록 지시했다.[28] 아울러 10월 25일 세자

26) 《元史》 권6, 世祖 3 지원 6년 9월 "戊辰, 敕高麗世子愖率兵三千赴其國難. 愖辭東安公, 乃授特進上柱國."

27) 《元史》 권208 外夷/高麗 "(至元6年9月)命抄不花往征其國, 以病不果行, 詔遣蒙哥都代之."; 《元史》 권6 世祖, "(至元6年9月)辛未, 敕管軍萬戶宋仲義征高麗." 두 사람의 관련 사료는 각기 다른 곳에서 찾을 수 있는데, 抄不花에 대해서는 《元史》 권6 世祖3 "(至元2年冬10月)癸未, 敕順天張柔東平嚴忠濟河間馬總管濟南張林太原石末總管等戶改隸民籍, 統軍抄不花萬戶懷都麾下軍士所俘宋人九十三口, 官贖爲民, 其私越禁界掠獲者四十五人許令親屬完聚, 並種田內地"라 하여 이에 앞서(1265) 對宋戰線에서 統軍司(뒤의 行樞密院) 統軍(使)로 군부 최고위 지휘관으로 활약했던 것으로 보인다. 한편 池內宏은 宋仲義를 蒙哥篤에게 임무를 넘겨준 抄不花와 동일한 인물로 보고 있으나(〈高麗元宗朝の廢立事件と蒙古の高麗西北面占領〉, 《滿鮮史研究》 中世第三冊, 55쪽), 뒤에 金方慶과 함께 三別抄의 진압에 나섰던 蒙古 宋萬戶가 宋仲義와 동일한 인물로 보인다(《高麗史》 권104 金方慶傳/5상하).

28) 《國朝文類》 권41/22상, 經世大典/雜著/政典/征伐/高麗, 〔細注〕"(至元)六年八月世子愖言權臣廢其父立安慶公淐爲王, 詔遣斡脫思不花李諤詳問, 九月蒙哥都征之, 十月差頭輦哥行省事撫定高麗,……." 頭輦哥에 대하여 屠寄는 무칼리 국왕의 증손인 忽林池와 동일한 인물로 본다(《蒙兀兒史記》 권27/10하~11상). 屠寄의 이 설은 蕭啓慶과 賈敬顔에게 받아들여지고 있으나, 沈衛榮은 和童과 동일한 인물로 보고(〈關于木華黎家族世系〉, 《元史及北方民族史研究集刊》 8), 葉新民은 제3의 인물로 보고 있다(葉新民, 〈頭輦哥事迹考略〉, 《內蒙古大學學報》 1992-4, 1쪽 참조). 그러나 《元史》 권119 木華黎傳에 附傳된 乃燕傳을 보면, 국왕 速渾察이 죽자 憲宗 뭉케는 장자인 忽林池가 유약하다는 이유로 그를 제쳐 두고 둘째인 乃燕에게 작위를 계승하도록 명하고 있으나 결국 乃燕의 固辭로 忽林池가 이었다. 하지만 또 《元史》 권13 世祖本紀 지원 21년 7월 정해 "塔剌赤言, 頭輦哥國王出戍高麗, 調旺速等所部軍四百以往, 今頭輦哥已回, 留軍耽羅, 去其妻子已久, 宜令他軍更戍. 伯顏等議, 以高麗軍千人屯耽羅, 其留守軍四百人縱之還家, 從之." 忽林赤의 군대가 忻都의 요구로 탐라 진압에 참가하였는데, 耽羅達魯花赤을 역임한 塔剌赤은 이 군대를 頭輦哥의 휘하로 적고 있다는 점이다. 이로써 忽林赤과 頭輦哥가 동일한 인물임이 입증된다. 여기서 뭉케의 忽林池 인품에 대한

왕심을 특진상주국特進上柱國[29]으로 임명하여 고려의 혼란을 수습하고 아비를 이어 번병藩屏의 책무를 다하도록 명했다.[30]

초불화는 성지에 따라 단사관斷事官 별동와別同瓦를 보내, 왕준王綧과 홍다구洪茶丘가 관할하는 고려 호구 가운데 지원 6년에 실제로 과차科差가 부과된 호구 안에서 군사를 뽑게 하였다. 백호百戶 단위로 군사를 편성하여 숫자를 확인한 뒤, 10월까지 동경東京(遼陽)에 모이게 하여 추밀원樞密院의 군호적軍戶籍에 이관移管하였는데, 그 수가 3천 3백 명이었다.[31] 그러나 정작 초불화가 병들어 출정할 수 없었기 때문에 대신 뭉케투蒙哥都[32]에게 정벌임무를 맡겼는데,[33] 그는 《고려사》 권26 원종 11년 2월 10일(경진) 기사의 '몽가독蒙哥篤'과 동일한 인물로 보인다.

그러나 당시 대원조정이 고려에 보낸 몽골 군대의 규모가 실제로 얼마나 되었는지, 주어진 임무는 무엇이었는지 확실히 알 수 없다. 《원사》 권208 〈고려전〉에 따르면 세자 왕심에게도 9월 25일 3천의 군사를 거느리고 가게 했다고 하고,[34] 초불화를 대신하여 정토군征討軍의 원수가 된 뭉케투가 2천의 군사를 이끌고 갔다고 하는데, 임연의 쿠데타 이후 새

평가 곧 '유약하다'가 눈에 띄는데, 그의 이름인 頭輦哥의 발음이 'DYIHGGY'(멍청하다)인 점과 연결지을 수 있다면 동일한 인물로 이해할 수 있을 듯하다.

29) 《元史》 권6 世祖本紀는 9월의 일로 기록하고 있다. "己未, 授高麗世子王愖特進上柱國東安公.……戊辰, 敕高麗世子愖率兵三千赴其國難, 愖辭東安公, 乃授特進上柱國."

30) 《元高麗紀事》, 24~25쪽.

31) 《元高麗紀事》, 25쪽, "(6年9月)是月抄不花奉旨於王綧洪茶邱所管戶內僉起軍士. 差斷事官別同瓦馳驛, 於綧茶邱所管至元六年實科差戶內僉起. 立百戶牌子, 整點足備. 限十月終, 東京取齊, 交付樞密院收管, 實得三千三百人." 葉新民은 廣倉學窘叢書本(學術叢編 14) 《元高麗紀事》에 근거하여 추밀원에 교부한 군사의 수를 2천 3백 명으로 보았는데(〈頭輦哥事迹考略〉, 《內蒙古大學學報》 1992-4, 3쪽), 필자는 3천 3백 명 쪽에 무게를 둔다.

32) 뭉케투는 몽가도蒙哥都, 몽가독蒙哥篤, 망가도忙哥都 또는 《고려사》에 망고도忙古都로 표기되며, 같은 이름은 高麗西京都統인 李延齡의 요구에 따라 2천의 병력을 거느리고 고려에 가게 한 忙哥都(《元史》 권208, 高麗, 4616쪽)가 있는가 하면, 〈中堂事記〉에 역시 上京路 총관 忙古都가 나오며(秋澗先生大全文集 권81/8하, "上京路總管忙古都喜見諸相於都堂."), 우구데이 카안의 손자 가운데 뭉게투(쿠텐의 장자)가 있는데, 이 가운데 상경로 총관 뭉게투와 같은 인물로 보인다.

33) 《元史》 권208, 外夷/高麗(/4615쪽), 지원 6년 9월 "命抄不花往征其國, 以病不果行, 詔遣蒙哥都代之."

34) 《元史》 권6, 世祖本紀, "(至元6年9月) 戊辰, 勅高麗世子愖率兵三千赴其國難,……."

정권과 대원조정 사이의 줄다리기가 진행되는 동안 서북면병마사영기西北面兵馬使營記 최탄崔坦과 전교위前校尉 이연령李延齡 등이 10월 임연의 주벌誅伐을 명분으로 반란을 일으켜 몽골에 투항한 뒤에 고려 새 정권의 공격에 대비하여 요청한 2천 명의 몽골군 파병 또한 받아들여지고 있기 때문이다. 복위한 원종이 1270년 정월 초하루에 입조하는 길에 박주亳州에서 보낸 표문에 따르면, 최탄 등이 요구한 원병援兵이 두련가 국왕 일행과 마찬가지로 (동경)행성에 도착해 있었음을 알 수 있다.[35] 더욱이 1270년 뭉케투 군의 서경 진주進駐를 말하는 《원사》 권208 〈고려전〉의 "고려 서경도통 이연령이 병력을 요청하여, 뭉케투에게 2천의 병을 거느려 보냈다"[36]라는 기사도 뭉케투 부대의 진주가 세자의 청병에 따른 것이 아니라 이연령 등의 청병 요청에 따른 것으로 되어 있다. 물론 세자 왕심에게 거느리고 가게 한 3천 군사의 실체나 통수권 부여 여부는 확실하지 않다. 곧 세자가 토벌군의 선발부대 1천과 동행입경同行入境을 자청하고, 쿠빌라이 카안이 3천 군사와 동행을 허락한 위의 성지에서 보이듯이 정벌군과 동행을 허락한 사실을 과장해 서술한 면도 보이기 때문이다. 이것조차 원종이 복위되어 입조함에 따라 결국 실현되지 못했다.

입조한 원종은 2월 10일(경진) 표문을 올려 서경을 고려에 돌려주도록 청한 뒤에, 마침 도당都堂에서 논의하고 있던 몽골의 전후군殿後軍 증파문제에 대하여도 고려의 반대 입장을 확실히 전하고 있다. 다시 대군大軍이 고려에 이를 경우 백성이 놀래 도망가서 이들 군사에 대한 보급〔供億〕을 부담하기 어렵다는 것이 이유였다. 아울러 이미 파견된 뭉케투의 대군도 고경古京(서경)에 주둔시키되 월경越境하지 않도록 해 주기를 요구했다. 하

35) 《高麗史》 권26, 元宗世家, "十一年春正月辛丑朔, 王次博州, 先遣崔東秀寄書蒙古都堂, 曰, 今聞小邦叛民崔坦等馳告上朝, 托以京兵欲侵, 請送天兵二千許遮護, 而帝決已到行省矣." 하지만 2월 7일(정축) 기사(주37 인용문 참조)를 보면 최탄 등이 3천의 군대를 서경에 주둔시키도록 요청했다고 하여 확실치 않다.

36) 《元史》 권208 外夷/高麗 "高麗西京都統李延齡乞益兵, 遣忙哥都率兵二千赴之"(4616쪽)에 따르면 비록 "益兵"이라 하여 파병이 결정된 다음에 다시 2천 명의 군대를 더 요청한 사실이 있는 것처럼 읽힐 수도 있지만, 蒙哥篤軍이 진주한 이후 李延齡이 독자적으로 몽고군의 증파를 요청하는 것은 전후 사정으로 보아 이치에 어긋난다.

지만 쿠빌라이 카안은 원종의 요구 가운데 군사의 월경금지와 다루가치 파견의 요청만 받아들였다는 것으로 보아,[37] 2차로 파견된 전후군도 두련가 국왕과 중서좌승 조벽 등을 따라 고려에 들어왔음이 확실하다.

한편 몽골군의 선발부대는 서경에 미리 도착하여 두련가 국왕이 이끄는 대군을 기다리도록 당초 계획되었던 것으로 보인다. 신왕新王의 표문을 가지고 입조한 김방경을 뭉케투가 거느린 군사와 동행시키자 중서성中書省은 "지금 뭉케투가 만약 서경에 오래 머무르며 대군을 기다려야 한다면, 임연이 명을 거스르고 군식軍食을 공급하지 않을 경우 어찌 하겠느냐? 세자는 마땅히 임연과 같은 편의 인물이 동행하지 못하게 해야 마땅하다"[38]고 세자에게 반대의사를 표명하고 있기 때문이다. 한편 몽골의 반대에도 당시 연도燕都에 있던 시중 이장용 등은 북계北界에서 두 차례나 벼슬살이를 한 김방경이 적임자라고 천거하여 동행시켰는데, 일행이 동경에 도착할 무렵 원종이 복위하여 입조한다는 소식을 듣게 되었으므로 연도에 돌아가 기다렸다가, 이듬해 안무고려사按撫高麗使로 임명된 뭉케투蒙哥都[39]의 선발부대와 함께 입경하여 서경에 머무르면서 뭉케투 군이 서경 이남으로 진출하지 못하도록 견제하는 데 힘썼다.[40]

마침내 이연령의 요청으로 동녕부東寧府 방위를 위해 몽골이 파견한 원병은, 원종이 동경에 도착했을 때 두련가와 함께 동경에 있었던 뭉케투의 부대로 볼 수 있으며, 같은 이유로 최탄 등이 요청한 몽골군의 동녕부 진주도 확실한 사실이 될 수 있다.[41] 또 그들은 초불화가 왕준과 홍다구의 관할 백성에서 뽑아 편성한 3천 3백 명의 고려 출신 신군 가운데

37) 《高麗史》 권26, 元宗世家, 11년 2월(/32상하).

38) 《高麗史》 권104, 金方慶傳, "世子請兵, 蒙哥篤領軍將發, 中書省謂世子日, 今蒙哥篤若久駐西京以待大軍. 林衍旣背命, 必不給軍食奈何. 世子宜令不與衍者偕行. 世子難其人, 侍中李藏用等日, 方慶再鎭北界, 有遺愛, 非此人不可."(/3상하)

39) 《元史》 권7, 세조 4, "(至元7年正月)丁巳, 以蒙哥〔都〕爲安撫高麗使, 佩虎符率兵戍其西京"이라 하여, 忙哥都를 蒙哥都와 동일인물로 보고 있다.

40) 《高麗史》 권104, 金方慶傳.

41) 《高麗史》 권26/31상하, "丁丑, 崔坦請蒙古兵三千來鎭西京, 帝賜崔坦李延齡金牌, 玄孝哲韓愼銀牌有差, 詔令內屬改號東寧府, 劃慈悲嶺爲界."

일부일 가능성도 높다. 물론 당시 서경에 진주한 뭉케투의 몽골군 부대가 최탄과 이연령의 요구로 파병된 몽골 군대인지 여부는 여전히 확실한 것은 아니다. 서경에 주둔한 뭉케투의 부대는 최탄 등이 파병을 요청하기 이전인 1269년 9월에 파병이 결정되었고, 다음 달(10월) 동경등로 행성사 두련가 국왕과 조벽을 동녕부에 진주시켜 고려에 대한 안무按撫의 임무를 수행하도록 결정한 군정체제의 구도 속에서[42] 뭉게투 부대가 서경에 둔주한 것이므로, 이듬해 1270년 2월에 두련가 국왕이 이끌고 온 본대本隊에 앞서 파병된 선발부대였을 가능성이 높기 때문이다.

몽골조정은 1269년 11월 아타스부카 일행이 돌아온 뒤에 다시 병부시랑 흑적黑的을 사신으로 보내 신왕과 임연 그리고 원종이 12월 초열흘까지 입조하여 해명하지 않으면 군사를 보내 징치懲治할 것을 천명하고, 아울러 두련가 국왕[43]이 거느린 행성과 파견된 군사력으로 임연을 압박하였다. 마침내 임연은 몽골조정의 압력에 밀려 창淐을 폐하고 11월 23일 원종을 복위시켰지만,[44] 몽골조정은 예정대로 이듬해 대규모의 군대와 함께 두련가의 행성을 서경으로 이동시켰다. 곧 2월 12일 몽골조정은 동경에 머물고 있던 두련가 국왕과 중서좌승 조벽으로 하여금 군사를 이끌고 원종과 함께 고려로 가도록 명령했으며,[45] 원종과 세자 일행도 나흘 뒤에 연도를 출발하여 4월 28일(정유) 대부성大富城에 도착했다. 5월 16일 용천역龍泉驛에 이르러 신하들의 하례를 받았으며, 5월 27일(병인) 비로소

42) 앞 주29 참조. 또《高麗史》권26/32상, 元宗世家 2, "時蒙哥篤軍已發, 都堂又議遣殿後軍. 又奏云若前後大軍到國, 則恐百姓驚竄, 抑供億難支也. 請停後軍且大軍留屯古京毋令越境, 又請達魯花赤偕往本國. 帝許請達魯花赤及兵不越境事, 餘皆不允."

43) 頭輦哥에 대하여 李玠奭, 〈《高麗史》元宗忠烈王忠宣王世家 중 元朝關聯記事의 註釋硏究〉, 《東洋史學硏究》88집(2004), 96쪽 주석67 참조.

44) 여기서는 復位日字를 十一月二十三日로 적고 있는 李承休의《帝王韻紀》細注를 따랐다(권하/13상).

45)《高麗史》권26/32상~33상; 張之翰,《西巖集》권19,〈大元故榮祿大夫中書平章政事趙公神道碑〉, "會高麗樞密林衍擅廢國王王禃, 立母弟安慶公. 詔趣公自襄漢廻, 授資政大夫中書左丞行東京等路中書省興師問罪. 師次襄平(遼寧省遼陽縣北70里), 公遣使密奏: 麗國避兵江華島餘四十載, 雖云身(?)貢終莫肯出, 致柄臣恃險擅王位, 王實何罪. 衍今憂畏而死, 王有意出島. 臣等乞降詔: 許率兵護王還國, 然後遷島之官吏兵民於古王京, 量留屯守, 則彼可安民社, 我可息甲兵, 一擧而兩得焉. 上可其奏."(/10상~11상)

구경舊京(개경)에 돌아왔다.

그렇다면 두련가 국왕과 뭉케투를 따라 들어온 몽골 군사의 규모는 정확히 어느 정도였을까? 물론 《고려사》 권27 〈원종세가〉의 12년 8월 대원에 올린 진정표陳情表에 '관군6천官軍六千' 또는 '정군6천正軍六千'이라는 언급이 있다. 당시 고려 경내에서 이루어진 몽골군의 활동기록을 보면, 고려에 진주했던 몽골군의 군세는 이보다 훨씬 컸던 것처럼 보인다. 원종의 삼별초 해산령에 반발하여 6월 1일 배중손裴仲孫이 이끄는 삼별초가 승화후承化侯 온溫을 왕으로 옹립하고 봉기하였을 때, 두련가는 타라타이朶剌歹에게 명하여 2천의 군사를 이끌고 강화로 쳐들어가게 했는데,[46] 타라타이가 지휘한 군사 2천은 두련가가 거느리고 간 본대의 일부로 보인다. 또 6월 몽골 송만호宋萬戶도 1천의 군사를 거느리고 김방경과 더불어 바다로 후퇴한 삼별초군 토벌에 나섰는데,[47] 그는 앞에서 말한 관군만호 송중의로 생각되며, 그가 지휘한 1천의 몽골 군사는 뭉케투와 함께 파견된 선발부대였을 가능성이 높다.

또 9월에는 두련가의 천거로 7월에 안무사按撫使가 된 몽골 원수 아카이阿海가 1천의 군사를 거느린 김방경과 함께 진도珍島에 웅거한 삼별초군 토벌에 나서고 있다.[48] 아카이는 무칼리 휘하에 있던 우야르吾也而의 아들(中子)로, 뭉케 카안 시기 부친의 도원수 직職을 계승했는데,[49] 다시 중통 4년 쿠빌라이가 북경·동경·평란平灤·의주·개주로蓋州路의 군인을 관령管領하는 도원수에 임명하였다.[50] 지원 2년(1265) 시위친군侍衛親軍 1만을

46) 《高麗史》 권26, 元宗世家 11년 6월, "癸酉, 頭輦哥國王遣朶剌歹領兵二千入江華."(/35상)

47) 《高麗史節要》 권18/52상하.

48) 《高麗史》 권26/37상, "(元宗11年9月)甲辰, 以金方慶爲全羅道追討使, 與蒙古元帥阿海, 以兵一千討珍島."

49) 《元史》 권120, 吾也而傳, "(憲宗)七年復來朝,……賜賚甚厚, 以都元帥授其中子阿海."; 《元史》 권120, 吾也而傳. 태종 13년 北京, 東京, 廣寧, 蓋州, 平州, 泰州, 開元府 등 7路의 征行兵馬都元帥로 임명된 부친의 都元帥職을 뭉케 카안 7년 계승하고 있었다.

50) 《元史》 권5, 世祖本紀 2, 중통 3년 2월 "辛亥, 敕元帥阿海分兵戍平灤海口及東京廣寧懿州, 以餘兵詣京師."(/82쪽); "(4年3月乙巳)命北京元帥阿海發漢軍二千人赴開平."(/91쪽); "(至元元年2月壬子)發北京都元帥阿海所領軍疏雙塔漕渠."(/96쪽); 《元史》 권98, 兵1/兵制, "(中統4年2月)後多故之際不暇分別, 命阿海充都元帥, 專於北京·東京·平灤·懿州·蓋州路管領見管軍人, 凡民

증편하게 되었을 때 3천의 군을 거느리고 여진군女直軍·고려군 각 3천 및 이단 반란 진압 뒤에 익도로益都路에서 징집한 1천의 군사와 더불어 시위친군에 소속하게 되었다.[51] 삼별초가 봉기할 무렵인 1270년 7월 20일 동경등처행성사 두련가 국왕 등의 요청으로 1천 5백의 군사를 거느리고 고려 왕경王京에 파견되었다. 왕경에 주둔하여 고려의 정치를 감시하고 있다가[52] 휘하의 1천의 군사를 거느리고 출정한 것으로 보이며, 이는 동시에 카안의 시위친군이 고려에 출병했음을 말해 준다.

그러나 아카이는 배를 타고 싸워야 하는 삼별초와의 전투를 겁내어 전선에서 멀리 떨어진 나주羅州에 주둔하여 곤경에 처한 김방경의 군대를 구원하지 않았기 때문에, 고려에서 상주하여 1271년 정월 소환되었다.[53] 《원사》〈세조본기〉에 따르면 1270년 12월 22일(정사)에 쿠빌라이는 칙령勅令으로 힌두忻都와 사추史樞에게 군사 2천을 주어 고려에 증파하고 있다. 이로써 이전에 파견된 군사를 포함해 6천의 군사로 고려에 둔전케 하고 힌두와 전좌벽총수前左壁總帥 사추를 함께 고려금주등처경략사高麗金州等處經略使로 삼아 이를 관할케 했다고 하는데,[54] 《고려사》의 1271년 3월 3일(병인) 기사에 몽골에서 힌두와 사추를 보내 아카이를 대신케 했다고 적혀 있다.[55] 곧 아카이 휘하의 군 1천 5백 명이 철수한 뒤 그에 대신하여 파견된 것이므로 두련가와 뭉케투가 거느리고 온 군사에 넣어서 셈할 수 없다. 또 1271년 4월에는 영령공永寧公 왕준王綧[56]의 아들 희熙·옹雍 등 2

間之事毋得預焉."(2512쪽)

51) 《元史》 권99, 兵二/宿衛, 2531쪽.

52) 《元高麗紀事》, "(至元7年)七月二十日丞相安童等奉, 頭輦哥等遣大託忙古斛來言, 令阿海領軍一千五百屯王京, 伺察其國中, 遂以阿海爲按撫使."(31~32쪽)

53) 《高麗史》 권27, 원종 12년 춘정월 "又以阿海畏縮不救, 遣將軍印公秀如蒙古, 以奏帝免阿海職召還."(/1상)

54) 《元史》 권7, 131쪽, "(至元7年11月)丁巳, 敕益兵二千, 合前所發軍爲六千. 屯田高麗, 以忻都及前左壁總帥史樞.並爲高麗金州等處經略使, 佩虎符領屯田事." 하지만 1270년 11월은 병인삭으로 정사일이 없다. 윤10월 21일이나 다음 달인 12월 22일이 정사일인 바, 따라서 이러한 칙령이 내린 날짜는 후자인 12월 22일일 가능성이 높다. 陳垣, 《二十史朔閏表, 附西曆回歷》(中華書局, 1978), 148쪽 참조.

55) 《高麗史》 권27, 元宗 12, "三月丙寅, 蒙古遣忻都及史樞等代阿海."

56) 태종 13년 吾也而를 따라 質子가 되었고, 이후에도 무칼리 부대나 그 휘하의 吾也而 후

명 또한 4백의 몽골군을 거느리고 진도 삼별초 토벌에 참여하고 있는데,[57] 이 숫자는 뭉케투가 거느리고 온 고려 유민으로 편성된 군사에 포함된 숫자인지 아닌지는 확실하지 않다. 한 가지 유의할 점은 위의 진정표陳情表에서 말하는 6천의 관군이 모두 정군正軍이라는 점이다.[58] 여기에는 숫자를 알 수 없는 코시치科施赤나 오로奧魯, 그리고 관인 자삭치扎撤赤나 수령관首領官, 영사令史와 관군의 가속家屬과 그 형제, 근무 교대를 위해 왕래하는 사람은 포함되지 않았다는 점이다.

이 밖에도 1269년 11월 홍다구가 거느린 3천 명의 군사와 왕준이 거느린 고려부민 1천 3백 호가 두련가 국왕을 따라 나섰다고 하는데,[59] 이들 군사와 부민은 초불화의 지시로 단사관 별동와가 홍다구와 왕준이 각각 관할하던 고려인 호구에서 선발하여 동경에서 추밀원에 교부하였던 3천 3백 명[60]과 분리하여 생각하기 어렵다. 또 뭉케투의 부대 또한 두련가 국왕과 조벽이 지휘하는 행성의 예하에 편성되었을 것으로 보이지만, 홍다구 등이 두련가를 따라 출병하였다는 기록 때문에 이들의 병력을 반드시 두련가의 직할 병력으로 계산할 필요도 없을 것이다. 하지만 진도

예와 일정한 관계를 맺고 있었던 것으로 보인다. 《元史》 권120, 吾也而傳; 《高麗史》 권26, 元宗 2, "(11年5月)甲子, 永寧公綧率妻子來謁."

57) 《高麗史節要》 권19/6하, "(元宗12年4月)蒙古遣永寧公綧子熙雍等二人領兵四百討珍島賊."

58) 《高麗史》 권27, 元宗世家, "(12年8月)又上陳情表略曰, 切以小邦元來倉廪所蓄旣薄, 自年前出來上朝軍馬至今留屯, 初以百官俸粟供給而不足, 繼斂兩班百姓之戶者至于四五度. 今接秋中外所供軍馬料以上朝碩數之, 則無慮十五餘萬. 始則耐忍艱苦, 今則絕不能輸納, 今有追討使金方慶報云, 界內百姓皆食草實木葉, 雖有徵索勢無可爲者. 且見今官軍六千而科施赤則不得細諳其數多少, 外有官人扎撤赤首領官令史并官軍家屬及其兄弟遞番往來者悉令給料, 至乃攻破珍島後驅掠人物亦令給糧. 今計正軍六千人所帶馬, 率以一人三匹爲計, 則凡一萬八千匹, 一匹日支五升, 自十月至明年二月, 則當用上朝碩十三萬五千, 而本國碩則二十七萬矣. 加以四千農牛料一首日支五升, 自十月至明年三月, 以上朝碩計之, 三萬六千, 本國碩則七萬二千, 然則……."(/22상하)

59) 《元史》 권154, 洪福源 付 俊奇, "至元六年高麗權臣林衍叛, 冬十一月詔以其軍三千從國王頭輦哥討平之."; 《元史》 권166, 王綧傳, "至元七年高麗臣林衍叛世祖遣頭輦哥國王討之, 綧簽領部民一千三百戶, 與國王同行."

60) 《元史》 권208, 外夷 高麗, "(至元6年)十一月, 高麗都統領崔坦等以林衍作亂, 挈西京五十餘城入附. 遣斷事官別同瓦馳驛, 於王綧洪茶丘所管實科差戶內簽軍, 至東京付樞密院, 得三千三百人."; 《元高麗紀事》, 32쪽, "十一月二十五日中書省奏於高麗設置屯田經略司, 以忻都史樞爲鳳州等處(屯田)經略使, 領軍五千屯田於金州, 又令洪茶邱以舊領民二千屯田, 阿剌帖木兒爲副經略司(使), 總轄之."

성 싸움에서 왕준의 두 아들 희와 옹이 거느리고 참가한 4백의 군사[61]는 왕준이 거느리고 간 위의 1천 3백 호에서 징발한 군사라고 보는 것이 타당할 것이다.

이 밖에 《고려사》 권25 〈원종세가〉의 1271년 4월 24일(정사) 기사에 몽골에서 주부개周夫介 편으로 보낸 조詔에 따르면, 여름 장마 전에 삼별초(역적)를 토평討平할 수 있게 군마를 증파해 주도록 힌두忻都와 바얀白羊이 주청했다. 그러나 쿠빌라이는 군사를 증파해도 장마 전에 도착하기 어려우니 마땅히 근처에서 6천을 첨군簽軍하여 진도를 점령하라[62]고 지시하고, 요청한 대로 금주金州에 파견된 쿠룸치忽林赤와 왕국창의 군과 함께 협력하여 삼별초를 진압하도록 명하였다.[63]

한편 《고려사》에 따르면 1272년 정월 초하루(경신)에 남쪽에서 도착한 바얀이 5일(갑자)에 몽골로 돌아갔는데, 포로로 데려간 진도 사녀士女가 몹시 많았다고 한다.[64] 그런데 여기서 바얀은 힌두와 함께 토벌군 증파를 요청했던 바얀인데, 지원 10년 남송정복 전쟁에서 행성 예쉬데르也速帶兒를 따라 가정嘉定을 공격하였고, 행원行院 힌두를 따라 로瀘·서敍를 함락시키고 중경重慶을 공격한 바얀과 같은 인물로 보인다.[65] 그를 데리고 고려에 온 힌두는 쿠빌라이 시기 비교적 중요한 역할을 한 색목인(타직인: 중앙아시아 이란계 주민) 출신 군사 지휘관으로 1274년 일본 원정군을 지휘했음에도 《원사》에 입전되지 않았다. 그 이유는 그가 셍게桑哥와 친밀한 관계에 있었기 때문에 지원 28년(1291) 함께 처형된 것과 관련이 있었던 것 같다.[66]

61) 《高麗史節要》 권19/6하, 원종 12년 4월. 熙雍은 王綧의 장남인 阿剌帖(怗)木兒와 兀愛의 고려명으로 보인다. 1270년 11월 왕준이 돌아간 뒤 阿剌帖木兒는 그의 職과 虎符를 이어받아 1271년 삼별초와 싸웠으며, 1274년에는 昭勇大將軍에 올라 都元帥 忽都(忽敦)를 따라 제1차 일본정벌에 참가하여 공을 세웠다. 1278년 鎭國上將軍, 按撫使, 高麗軍民總管이 되었고, 이어 輔國上將軍, 東征左副都元帥로 승진하였으나 1281년 제2차 일본정벌에 참가했다가 풍랑을 만나 죽었다. 《元史》 권166, 王綧 附傳, 阿剌怗木兒(/3891~3892쪽).

62) 《高麗史》 권27/12상하.

63) 《高麗史》 권27/12상하

64) 《高麗史》 권27/25하.

65) 《元史》(中華書局本), 3225쪽.

3. 몽골군의 병력 증강과 고려 경내의 몽골 군정기관

1270년 5월 29일 원종이 장군 김지저金之氐를 강화에 보내 출륙을 반대하던 삼별초를 해산하고 명적名籍을 가지고 돌아가자, 위기의식을 갖고 있던 배중손과 야별초夜別抄 지유指諭 노영희盧永禧 등 삼별초 지도부가 다음날 6월 초하루(기사삭)에 삼별초를 이끌고 거병하였다. 승화후 온溫을 새 왕으로 옹립하고 관부도 새로 설치하였다. 몽골군의 위세에 눌려 투항한 개경정권을 부인하고, 몽골 침략에 저항할 새로운 정권을 그들 스스로 구성한 것이다. 이것이 삼별초 봉기의 시작이다.

6월 3일 저항군은 선함船艦에 공사재화公私財貨와 백성을 싣고 섬을 떠났고, 두련가는 이틀 뒤인 6월 5일(계유) 비로소 타라타이朶剌歹에게 2천의 군사를 주어 강화도로 보냈다. 몽골의 대응이 비교적 신속했던 것과 달리 고려의 대응은 타라타이의 입도入島를 반대할 정도로 소극적이었기 때문에, 애꿎은 백성들만 약탈당하였다. 이틀 뒤에 원종은 융복戎服을 입고 둔소屯所로 두련가를 찾아가 반군叛軍의 진압을 논의한 다음 엿새만인 13일에 비로소 김방경을 역적추토사逆賊追討使로 임명하였다. 남하하는 반군을 치게 하여 송만호宋萬戶의 몽골군과 함께 추격하여 당성군唐城郡(남양부) 영흥도靈興島에 정박한 삼별초군을 발견했으나 송만호가 제지하여 추격하지 못하였다고 한다.

서서히 남하하면서 항전의 근거지를 찾던 삼별초군은 여몽 두 나라 군대가 이처럼 압박하자[67] 8월 19일(병술) 진도에 상륙하여 근거를 마련하였다. 진도는 토지가 넓고 많은 인구를 받아들일 수 있는 육지에 인접한 섬이면서도 해상요해海上要害라는 점에서 몽골군과의 전투에 유리한, 강화도에 못지않은 섬이었다. 삼별초군은 진도를 중심으로 서남해의 다도해多島海에 해상왕국을 건설했다. 남해의 거제도, 남해도와 제주도[68]까지 장악

66) 라시드 앗 딘/김호동 역, 《집사 3 칸의 후예들》, 440쪽.
67) 《高麗史》 권26, 원종 11년 "(秋7月)辛亥, 頭輦哥遣總管洪茶丘, 巡視全羅慶尙東界三道."(/35하)

했을 뿐 아니라, 삼별초의 군사활동은 육지에서도 활발하여 인근의 장흥부長興府와 멀리 합포合浦, 금주金州, 동래東來 등 동부의 연안요지에 손을 뻗쳤고,[69] 나주羅州와 전주全州까지 진공하여 토벌에 나선 관군을 격파하였다.[70] 또 방보方甫·계년桂年·박평朴平 등이 봉기한 밀성군密城郡을 비롯하여 청도淸道 등 곳곳에서 삼별초에 호응하여 봉기가 일어났고, 숭겸崇謙·공덕功德 등 관노들도 봉기하여 진도 저항정권에 투신하였다.

이에 몽골군부와 고려정부는 9월 7일(무술) 전라도추토사全羅道追討使 김방경에게 안무사按撫使 아카이와 함께 1천의 군사로 진도의 삼별초를 토벌케 했다. 그러나 아카이가 김방경이 이끄는 고려군이 위기에 빠졌음에도 구원하지 않았기 때문에 고려에서 이를 몽골조정에 항의함으로써 힌두와 전좌벽총수前左壁總帥 사추가 1270년 새로이 경략사經略使(고려금주등처경략사)로 임명되어 아카이의 임무를 대신하게 되었음은 앞에서 이미 살펴본 바이다. 이 밖에도 몽골에서는 왕국창王國昌을 파견하였는데, 그는 군사를 이끌고 조양필趙良弼을 합포까지 호행護行한 뒤 1271년 8월쯤에는 쿠룸치의 군대와 함께 의안義安에 주둔했다. 몽골 군대의 주둔은 남해동부 연안을 안정시키는 노릇을 했을 뿐 아니라, 힌두의 요청에 따라 쿠룸치와 왕국창이 거느리고 온 병력을 진도성 공략에도 동원하였다. 왕준의 두 아들 희와 옹 등이 거느린 4백의 몽골군과 홍다구의 군대도 합세하여 5월 15일 삼별초에 대한 총공격을 하였다. 방심하고 있던 삼별초군은 여몽군의 연합작전으로 끝내 무너지고 반군의 패잔세력은 김통정金通精에 이끌려 제주도로 들어가 그곳을 대몽항쟁의 최후의 보루로 삼았다.

몽골군의 고려 국내 군사 활동은 1271년 5월 삼별초의 근거지인 진도성을 함락시킴으로써 일단 소강상태에 접어들었다. 원수 힌두[71] 등은 많은 포로와 함께 북으로 개선凱旋했다. 그는 봉주鳳州로 돌아가 오산烏山의

---

68) 《高麗史》 권26, 원종 11년 "十一月己亥賊陷濟州."(/37하)

69) 金庠基, 《(新編)高麗時代史》(서울대학교 출판부, 1985), 483쪽.

70) 위의 책, 475~479쪽.

71) 《高麗史》 권27/20하.

둔소에 머물렀던 것 같다.[72] 9월 8일(경오)에 고려의 재추宰樞가 다루가치 톡타르脫朶兒를 동반하고 힌두를 찾아가 성지를 칭탁稱託하며 설득하여 역적을 제외한 많은 무고한 인민을 골라왔다.

한편 《고려사》를 보면 "(1294) 음력 7월 을해 대원에서 흘절사팔吃折思八 박시(八哈思)를 보내 승려〔沙門〕를 보호하는 조를 가지고 왔다. 백관이 관복을 갖추고 홀을 들고〔具袍忽〕 승도僧徒를 이끌고 (성)문 밖에 나가 맞아들여 숙능사肅陵寺에 묵게 하였는데, 고기가 아니면 먹지 않았다. 흘절사팔은 번승蕃僧의 이름이고, 박시는 번사蕃師를 부르는 말이다. 스님은 본래 진도인으로 신미년(1271) 삼별초〔南賊〕를 토벌할 때 포로가 되어 서쪽으로 끌려갔다가, 마침내〔遂〕 제사帝師에게 몸을 맡겨〔投〕 머리를 깎고 승려가 되었다고 한다. 고향을 떠난 뒤에 오랫동안 부모의 생사〔存歿〕를 몰랐다가, 이제야 서림현西林縣에서 찾았는데. 가난 때문에 남의 머슴이 되어 있어서, 왕이 쌀과 토지를 주어 교동현喬桐縣에 집 짓고 씨족과 함께 살게 해 주고〔聚其族〕 역을 면제〔復其役〕해 주었다"[73]고 한다.

또 "(임진) 왕이 중서성에 글을 올려 말하기를,……또 성지에, 북경·동경·동녕부는 경오년(1270) 이래 도망가고 꾀어내 노략한 사람도 조사하여 돌려준다 하였으나 한두 명도 보지 못했다.……탐라, 진도를 함락하였을 때 관군의 포로로 되었던 자들로서 도망가서 숨어 있는 자들을 조사하여 데려가는 것은 옳다고 본다. 그러나 수복한 뒤에 평민까지도 같은 포로라고 날조하여 노비로 부리고 있다. 이것은 몹시 곤란하니 금지하여 주기를 바란다"[74]고 하였다.

《고려사》 권104 〈김방경열전〉에도 "전에 관군〔元軍〕은 자주 삼별초와

---

72) 《高麗史》 권27, 원종 12년 "九月庚午宰樞與脫朶兒往忻都屯所烏山請還逆賊外人民, 忻都堅執不許, 脫朶兒稱聖旨力詰, 稍令揀出."(/23상)

73) 《高麗史》 권31/4상하, 忠烈王 4; 《高麗史節要》 권21/37상하. 이에 대하여는 白鳥庫吉의 〈高麗の喇嘛僧 吃折思八八哈思に就いて〉(《史學雜誌》 39-5)가 있으며, 이용범 선생도 〈元代 喇嘛敎의 高麗傳來〉(《佛敎學報》 2, 1964, 177쪽)에서 언급하고 있다.

74) 《高麗史》 권28, 충렬왕 1/37하~38상, "(壬辰)王上書中書省曰,……又有省旨: 北京東京路東寧府庚午年已來逃誘擄掠之人,亦令推刷還之. 自今還者未見一二.……耽羅珍島攻破時官軍所虜, 其有逃閃者則推刷爲然矣. 攻破之後, 齒役平民者, 妄稱虜獲, 據充驅役, 甚是難便, 望行禁止."

싸웠으나 이기지 못했다. 삼별초가 관군을 경시하여 방비를 하지 않아 관군이 갑자기 공격하자 모두 처자를 버리고 숨었다. 포로가 된 강도의 양갓집 여자와 보물, 진도 백성은 대부분 몽골군의 포로가 되었다. 김방경은 도망가는 삼별초를 추격하여 남녀 1만여 명을 포로로 잡고 전함 수십 척을 노획했다. 나머지는 탐라로 도망갔다"고 했다.[75)]

따라서 고려는 1271년 5월 28일(경인) 상장군 정자여鄭子璵를 몽골에 보내, 관군(원군)이 포로로 노획해 간 무고한 고려백성을 돌려보내 주도록 주청을 올렸다. 주청한 내용은 강화도에서 삼별초에게 끌려간 고려 관료의 친속을 돌려달라는 것이었지만, 위의 사료는 당시 많은 진도 백성이 전쟁 중 끌려간 관군의 포로 속에 있었음을 말해 준다.[76)] 그러나 진도와 탐라의 삼별초를 진압할 때 포로로 데려간 고려인들은 대부분 끝내 돌려받지 못했다.[77)]

진도의 삼별초 봉기군 진압을 계기로 몽골은 고려에 대한 통제를 차츰 강화시켜 갔다. 이는 고려인의 병장兵仗을 염주鹽州 둔소로 보내 저장시키는 것에서 알 수 있다.[78)] 그러나 외부에서 접근하기 불편한 봉주의 둔소는 군량 운반이 어려웠기 때문에 공급에 차질이 생겼고 백성들의 고초도 컸다. 이에 김방경은 염주나 백주白州로 옮길 것을 청하였고, 마침내 힌두는 12월 정미에 염주와 백주로 이둔移屯하는 데 동의하였다.[79)] 1272년 정월 22일(신사) 대원은 봉주둔전을 염주와 백주로 옮기는 것을 허락하고, 이듬해 2월 말 사람을 보내 염주와 백주에서 이둔할 만한 장소를 물색하였다.[80)]

75) 池内宏, 〈高麗の三別抄について〉(《滿鮮史硏究》 中世 第3冊); 池内宏, 〈附說: 三別抄の反亂〉, 99쪽.

76) 《高麗史》 권27, 원종 12년 5월 경인(/15~20, 21).

77) 《高麗史》 권28, 충렬왕 4년 7월 "辛丑, 哈伯孛剌謂忻都曰, 汝軍士有以高麗民稱爲妻黨挾帶而來者. 汝其不怕聖旨乎. 又謂王曰, 征珍島耽羅時官軍所擄者, 王亦不爭也."

78) 《高麗史》 권27/24상, 원종 12년(1271) 10월 "甲辰, 副達魯花赤焦天翼曰, 兵器不可畜於私家, 收國人功珍島兵仗悉輸于塩州屯所."

79) 《高麗史》 권27/24하~25상, 元宗世家 12년 12월.

80) 《高麗史》 권27/27하, "(2月)戊午, 元遣使于塩白州相移屯之地."

하지만 이러한 소강상태는 그렇게 오래가지 못했다. 제주의 삼별초가 다시 남해안의 주현州縣을 크게 약탈하였고, 조선漕船도 습격하였기 때문이다. 물론 몽골군부와 고려왕실도 손을 놓고 있지는 않았다. 이미 전주도全州道와 나주도羅州道에서 전함조성역戰艦造成役이 진행되고 있었고, 이를 위해 금주에 주둔하고 있던 몽골 군대가 파견되어 이를 방어해 주고 있었다. 곧 경상도의 관군 2천 가운데서 기사騎士 수백씩 나누어 배를 짓는 연해 지방뿐만 아니라 전주와 나주도 방어해 주었다.[81]

이 밖에도 고려 경내의 몽골군의 동향을 살펴보면 의미 있는 변화가 나타난다. 힌두의 경략사經略司와 둔전이 옮겨간 시점인데도 원종 13년(1272) 6월 현재 봉주에 5백여 명이 남아 있었던 것이다.[82] 또《원사》와《원고려기사》의 같은 해 11월 15일(기사)의 기사는 나란히 쿠빌라이 카안이 무위군武衛軍 2천의 증파增派를 지시한 것[83]으로 기록하고 있다. 이에 앞서 8월에는 대원에서 시위친군천호侍衛親軍千戶인 왕잠王岑을 보내 홍다구와 함께 탐라를 정벌케 하였고,[84] 만호 정온鄭溫 또한 탐라의 삼별초군을 정벌하기 위해 고려에 파견되었다. 그리고 같은 해 소용대장군昭勇大將軍 유복형劉復亨이 봉주등처경략사鳳州等處經略使로 임명되어 고려에 파견되는데,[85] 이들의 파견이 단순한 지휘부의 교체인지 또는 새로운 병력의 증파를 뜻하는지 확실한 증거는 없다.

이에 대하여 이케우치 히로시는 정온의 파견이 무위군 2천의 증파와 관계가 있을 것으로 추정하고 있다.[86] 지원 9년(1272) 11월 쿠빌라이는 탐라 정벌을 위해 둔전군屯田軍 2천과 한군漢軍 3천에서 2천, 그리고 고려

81)《高麗史》권27/32상하, 원종 13년 6월 임자조.

82)《高麗史》권27/32하, "故留在鳳州軍五百餘人糧料, 乞令東寧府應副."

83)《元史》권7, 世祖本紀, 지원 9년 11월 "己巳, 敕發屯田軍二千, 漢軍二千, 高麗軍六千, 仍益武衛軍二千, 征耽羅."(143쪽);《元高麗紀事》, 耽羅, "回奏, 臣等約量本處屯田軍可摘二千, 復於漢軍內選三二千人, 船中載馬費力, 蒙古軍可少. 差高麗國合僉五六千, 共一萬餘軍可矣. 上曰, 武衛軍差二千, 卿等更議餘者."(47쪽)

84)《高麗史》권27/34상, "八月丙戌朔日食, 元遣侍衛親軍千戶王岑與茶丘議征取耽羅之策."

85)《元史》권152, 劉通傳附子復亨, 3595쪽. 그는 이듬해 征東左副都元帥가 되어 일본정벌을 이끌게 된다.

86) 池內宏,〈元寇の新研究〉, 115~116쪽.

군 6천을 동원하자는 신하들의 회주回奏를 접하고 무위군 2천의 증파를 지시하는 칙령을 내리고 있다. 같은 사료의 10년(1273) 정월 장좌승張左丞의 상주上奏의 탐라 정벌에 참여하는 원군 가운데 제2군인 무위군을 정예케바투르鄭也可拔都兒가 지휘한다는 내용과[87] 정온의 탐라 정벌 참가[88]라는 사료에 근거하여, 정온이 정예케바투르이고 탐라 정벌을 위해 요청된 한군 2천과 증파된 무위군 2천을 거느리고 고려에 가서 탐라의 삼별초 진압전투에 참가했다고 보는 것이다. 1272년 12월 을미에는 제주를 공토攻討하는 데 필요한 군 6천과 수수水手 3천을 뽑으라는 조詔를 왕에게 내리고 있다.[89] 그리고 1273년 경상도에 사람을 보내 전함 건조를 감독하게 하였다. 한편 삼별초는 합포에 진출하여 32척의 전함을 불지르고 몽골병을 살해했다.

원종 14년(1273) 2월 2일(을유)에는 황봉주黃鳳州 경략사經略司에서 사람을 보내 원조元詔를 전해왔고, 6일(기축) 대원에서 돌아온 홍다구는 다루가치 이익李益, 단사관斷事官 마강馬絳 등과 함께 대궐에 들어와 고려군의 출군出軍에 대하여 논의하고 있다. 13일(병신)에는 염주 둔소에서 온 힌두·유복형·정온[90]·박고대朴古大[91] 등이 탐라 정벌을 명하는 조칙을 왕에게 전하고 있고,[92] 20일(계묘) 김방경이 정기精騎 8백을 거느리고 힌두를 따라 제주의 삼별초 진압을 위해 출정하고 있다. 그리고 4월 28일(경술) 김방경의 고려군과 힌두·홍다구·정온이 이끈 원군 합계 수륙병水陸兵 1만여 명은 전라도에서 건조한 160소艘의 배에 나눠 타고 탐라에 상륙했고,

87) 《元高麗紀事》, 耽羅 10년 정월 4일조, "張左丞再奏臣等議, 征耽羅軍將爲長者忻都, 第二武衛軍鄭也可拔都兒, 第三察忽."(47쪽) 池內宏은 鄭也可拔都兒를 鄭溫으로 보고 있다.

88) 《元史》 권154, 鄭溫傳, "(至元)九年詔溫統蒙古漢人女眞高麗諸部軍萬人渡海征耽羅平之."

89) 《高麗史》 권27/35하, 원종 13년 12월 을미.

90) 〈鄭溫神道碑〉, 《常山貞石志》 권19, "至元二年擢眞定彰德衛輝本翼侍衛親軍總, 佩金符如故. 又□□□懷遠大將軍右衛親軍副都指揮使(下缺), 車駕行上京,……尋統軍□人與忻都□忽取耽羅……."

91) 朴蒙古大와 같은 인물로 보인다. 《高麗史》 권28/31하, "(1278年夏4月乙丑)鳳州屯田千戶朴蒙古大以良馬一匹槖駝一頭來見."

92) 《高麗史》 권27, 원종 14년 2월, "丙申忻都劉統領萬戶鄭溫朴古大等來自鹽州屯所傳詔二通, 一以忻都等領軍討耽羅, 一禁官軍擅奪良家女爲婢,又聽自制兵仗從王請也."(/37상)

마침내 삼별초를 진압하기에 이르렀다.

삼별초를 진압한 뒤 대원은 쿠룸치 휘하 장수인 왕속旺速이 거느린 4백의 병력을 장군 송보연宋甫演 등이 거느린 고려군 1천과 함께 탐라에 남겨 두고,93) 나머지 원군은 새로운 임무를 부여받은 것으로 보인다. 힌두가 거느린 대원의 대군 4천 5백 명은 금주로 이동하여 주둔하고,94) 정온이 거느리고 간 2천의 무위군은 그와 함께 귀환한 것으로 보인다.

그렇다면 4월에 원종을 호위하고 고려에 도착한 두련가 국왕과 조벽이 지휘한 일종의 군전행성軍前行省인 동경행성은 어디에 있었으며, 이에 앞서 2월에 서경에 진주한 뭉케투가 거느린 군대의 영속관계領屬關係는 어떠하였는가? 고려는 두련가 국왕과 조벽이 지휘하는 군정기관軍政機關인 행성이나 경략사 또는 동정원수부東征元帥府와 어떤 관계를 맺고 있었는가?

먼저 두련가 국왕의 동경행성과 뭉케투 사이에 엄격한 영속관계가 존재한 것으로는 보이지 않는다. 앞에서 뭉케투는 서경 관내에 머물도록 명을 받고 있었음을 보았지만, 조양필이 안무사按撫使로 고려에 파견되면서 왕과 함께 개경에 머물게 되었고, 톡타르가 다루가치로 파견되면서 이 안무사는 폐지되었다.95)

한편 일종의 군전행성의 우두머리로 고려에 들어온 두련가는 처음 서경에 동경행성을 두었으나 안무사와 마찬가지로 왕경으로 옮겼다가, 다루가치가 파견된 다음에는 서경 가까운 곳으로 옮겼고, 1270년 말 대도大都로 철수한 것으로 보인다. 아카이 또한 진도 전투에 투입되기 전까지 1천 5백 명의 군사를 거느리고 왕경에 주둔했으나 삼별초와 싸우다 소환되었음을 앞에서 보았다. 하지만 그를 대신하여 진도 전투에 참가하는

93) 《高麗史》 권27, 원종 15년 "又正月十九日奉省旨云,…… 又濟州留守官軍并小邦卒一千四百人七箇月糧料已支訖."(/44상하) 윤6월 병진에 탐라에 다루가치를 두었고, 충렬왕 2년 8월 계미에 대원에서 탐라 達魯花赤로 塔剌赤을 보내왔는데, 말 160두도 함께 보내 기르게 했다.

94) 《高麗史》 권27, 元宗世家, "(15年)二月甲子…… 上書中書省日,…… 又正月十九日奉省旨云, 忻都官人所管軍四千五百人至金州."(/43하~44하)

95) 《元史》 권208, 高麗, 4617쪽, "初有旨, 令頭輦哥行省駐西京, 而以忙哥都趙良弼充安撫使, 與植俱入其京. 旣而復令行省入其王京, 而以脫朶兒充其國達魯花赤, 罷安撫司. 四月東京行尙書省軍近西京,……."; 《高麗史》 권26(/33상), "(元宗11年)五月丙午, 蒙古以脫朶兒爲我國達魯花赤."

힌두와 사추의 봉주등처경략사는 처음 봉주에 설치되었는데,[96] 뒤에 둔전을 옮기는 과정에서 염주나 백주로 옮겼고, 다시 마지막으로 금주(고려금주등처경략사)로 옮겼던 것으로 보인다. 그리고 제1차 일본원정을 계기로 동정원수부가 설치됨으로써 경략사의 기능도 마지막으로 인수된 것으로 보인다.

조벽의 신도비神道碑에 따르면, 원종이 귀국할 때 호위하였던 두련가의 행성과 군대는 처음 고려조정의 통치가 안정될 때까지 주둔할 목적으로 파견되었던 것으로 보인다.[97] 그러나 삼별초의 봉기 뒤로 혼란에 빠진 고려의 정국을 수습하는 과정에서 두련가 국왕과 행성관이 많은 횡포를 저질러 조야朝野의 원성을 샀다. 6월 5일 타라타이를 강화에 보냈을 때 무고한 인민을 학살하고 백성의 재물을 약탈했고, 8월 11일 사람을 강화에 보내 출륙을 재촉하면서 민가를 불태웠는데, 이로 말미암아 많은 양곡이 불탔다. 당시 몽골의 군사력에 의지하여 왕권을 유지해야 했던 원종은 6월 7일(을해) 둔소로 가서 두련가 국왕을 방문하였고, 7월 27일(병인)에도 백주로 가서 두련가를 접대하지 않을 수 없었다. 그러나 고려는 두련가 국왕이 지휘하는 행성(서경?)의 횡포에 대하여 문제를 제기하였고, 이로써 두련가 국왕의 행성은 1270년이 가기 전에 철수한 것으로 보인다.[98] 12월 몽골조정에서 보낸 조서에 따르면 고려사신이 제소하여 고려사신 원부元傅와 두련가 국왕 사이에 대질對質과 변호辯護가 벌어졌다고 한다.[99]

1270년 힌두와 전좌벽총수前左壁總帥 사추를 고려금주등처경략사로 임명해 군사와 둔전을 함께 맡겨 고려에 보냄으로써 아카이의 삼별초 진압의 임무뿐만 아니라 두련가 국왕과 조벽의 (군전)동경행성의 임무도 이들에

96) 《高麗史》 권27, 원종 12년 3월 "癸酉, 鳳州經略司以絹一萬二千三百五十匹來市農牛."
97) 앞의 주45 참조.
98) 《高麗史》 권27, 원종 12년 "秋七月丙寅,……年前頭輦哥班師, 至今年正月十五日, 有西京百戶福大始至其處……."(/19하~20상)
99) 《高麗史》 권26, 원종 2(/38상), "(11年12月乙卯)又詔曰, 陪臣元傅等奏陳頭輦哥國王行省官等擾害數事, 今使對辯, 皆是不實,……."

게 이관된 것으로 보인다. 특별히 금주를 밝혀 금주등처경략사를 강조한 것은, 환국한 두련가가 뒷날 금주로 돌아간 뒤 곧 삼별초를 진압한 흔두의 군대가 금주로 이동함으로써 금주 지역의 관할도 흔두에게 이관하였음을 보여 준다.

물론 두련가 국왕의 고려에서의 활동은 여기서 끝나지 않았다. 앞에서 살펴본 바와 같이, 두련가와 동일한 인물로 보이는 쿠룸치와 왕국창[100]이 홍다구와 더불어 정월 15일 몽골에서 일본으로 보낸 국신사國信使 조양필을 호행하여 금주까지 왔기 때문이다. 쿠빌라이는 조칙으로 쿠룸치 등에게 국신사를 바다까지 안내한 뒤에 그가 돌아올 때까지 금주등처金州等處에 둔주하면서 기다리게 했고, 기다리는 동안 필요한 것은 모두 고려로 하여금 제때에 공급하도록 명하고 있다.[101]

한편 흔두는 4월 카안에게 쿠룸치 부대와 왕국창 부대의 삼별초에 대한 합동작전의 필요를 주장하였고,[102] 이에 쿠룸치는 휘하의 왕속旺速[103]에게 군사 4백 명을 거느리고 가서 흔두 부대와 함께 삼별초와 싸우게 했다.[104] 〈열전〉에 따르면 왕국창도 흔두와 함께 싸워 진도성을 공격해 함락시켰다고 한다. 또 홍다구가 6월 흔두와 함께 삼별초 진압전투에 참

100) 《元史》 권167, 王國昌傳, "初爲膠州千戶, 中統元年入覲, 世祖察其能遷左武衛親軍千戶, 佩金符.……至元五年, 人有上書言高麗境內黑山海道至宋境爲近. 帝命國昌往視之.……而東夷皆內屬, 惟日本不受正朔,……遣使諭以威德, 令國昌率兵護送, 道經高麗. 時高麗有叛臣據珍島城, 帝因命國昌與經略使(卯)【印】突史樞等攻拔之. 八年復遣使入日本, 乃命國昌屯於高麗之義安郡以爲援. 冬十月卒于軍."

101) 《高麗史》 권27, 원종 12년 정월 "己卯, 蒙古遣日本國信使秘書監趙良弼及忽林赤王國昌洪茶丘等四十人來, 詔曰:……, 後以林衍之故不暇, 及今旣輯爾家, 復遣趙良弼充國信使期於必達. 仍以忽林赤王國昌洪茶丘將兵送抵海上, 比國信使還. 姑令金州等處屯住, 所需粮餉卿專委官, 赴彼逐近供給."(/3하~4상)

102) 《高麗史》 권27, 원종 12년 4월 정미 "忻都奏帝曰, 叛臣裴仲孫稽留使命負固不服, 乞與忽林赤王國昌分道追討, 帝從之. 壬子 蒙古遣來永寧公綧之子熙雍等二人領兵四百, 來討珍島."

103) 旺速은 삼별초의 잔여세력을 진압한 뒤인 지원 21년(1284) 무렵까지 탐라에 머물렀던 것으로 보인다. 그러나 葉新民은 頭輦哥가 소환된 뒤 다시 고려에 출병했다는 屠寄의 견해(蒙兀兒史記, 木華黎傳 附傳忽林池)를 《元史》 권13 世祖 10 지원 21년 7월 정해조의 기사를 잘못 이해한 것으로 보고 있다. 葉新民, 〈頭輦哥史跡考略〉, 4쪽.

104) 《元史》 권13, 世祖本紀, 지원 21년 7월 정해 "塔剌赤言, 頭輦哥國王出戍高麗, 調旺速等所部軍四百以往, 今頭輦哥已回, 留軍耽羅, 去其妻子已久, 宜令他軍更戍. 伯顏等議, 以高麗軍千人屯耽羅, 其留守軍四百人縱之還家, 從之."

가하게 된 것도 힌두의 요청과 쿠빌라이 카안의 승인에 따른 것으로 보인다. 요컨대, 당시 삼별초 진압전투의 수행은 물론 고려 경내의 몽골의 군사활동 전반에 걸쳐 힌두와 사추가 주도권을 행사하고 있었음을 알 수 있다.

이와 달리 두련가(쿠룸치) 국왕은 8월 11일 조양필을 호송함과 동시에 금주로 둔소를 옮기고 있는데,[105] 같은 무렵인 1271년 7월 대원이 두련가 국왕에게 북경요동등로北京遼東等路에서 행상서성사行尙書省事를 행하라고 명한다. 확신할 수는 없지만 이를 계기로 그는 고려를 떠난 것으로 보인다. 그러나 쿠빌라이의 지시로 조양필을 기다리게 한 몽골군이 그와 함께 모두 금주를 떠난 것은 아니었다. 힌두의 요청으로 홍다구나 왕속 등이 지휘하는 부대는 진도성에서 삼별초와 싸웠지만, 일부 군사는 1272년 정월 13일 조양필이 일행과 더불어 일본에서 귀환할 때까지 금주에서 기다렸고, 그가 일본에서 돌아온 뒤에도 금주에 남아 있었던 것으로 보인다. 1272년 6월 고려에서 대원 조정에 보낸 표문에는 "금주에 있는 원조의 군마를 나눠 보내 방어해 주길 바랍니다.……엎드려 바라건대 경상도의 관군 2천 가운데 전주와 나주에 기사騎士를 수백씩 나누어 보내 배를 짓는 지역뿐만 아니라 연해 지역도 방위해 주십시오"라고 되어 있다.[106]

이는 2천의 군사가 금주에 주둔하고 있었음을 말하며, 원래 왕국창이 거느렸던 부대일 가능성이 높다. 〈왕국창열전〉에 따르면, 왕국창은 합포에 도착한 뒤에 진도로 가서 힌두와 더불어 삼별초 진압전투에 참가했다고 하지만, 그가 8월 11일에 합포에 도착한 다음 진도에 가서 싸운 뒤에 다시 의안으로 돌아와 그해 10월 군영에서 죽었다고 보기에는 무리가 있다. 합포까지 조양필을 호송한 뒤 진도 전투에는 참여하지 않고 죽을 때까지 의안에 머물러 있었던 것으로 보인다.[107]

105) 《元高麗紀事》, 36쪽, "(至元8年)八月十一日忽林失至高麗赴鎭邊合浦縣屯所."

106) 《高麗史》 권27, 원종 13년 6월 "(壬子)乞令金州住在上朝軍馬分遣防禦,……伏望威先攻昧德尙固存滅慶尙道之官軍二千, 分全羅州以騎士數百, 不止衛乎造舟之地, 抑令防諸沿海之方."(/32상)

107) 《元史》 권167, 王國昌 주96 참조.

이처럼 금주도 고려에 진주한 몽골군의 중요한 주둔지 가운데 하나였다. 《원사》 권6 〈세조본기〉에서는 1269년 8월 6일(기묘) 금주초토사金州招討司를 세웠다고 하고, 권208 〈고려전〉에서는 1270년 11월에 힌두와 사추가 군 5천을 거느리고 금주에서 둔전을 했다고 한다. 그러나 전자의 금주초토사는 지원 6년 안무사按撫司가 설치된 섬서陝西의 금주로金州路를 가리키는 것으로 보이고,[108] 후자 또한 〈세조본기〉 지원 7년 11월 21일(정사)의 고려금주등처경략사란 직함에서 생긴 오해인 것 같다. 지원 8년(1271) 비로소 고려에 입경한 힌두와 전좌벽총수 사추가 경략사로 3월 아카이와 임무를 교대하여 삼별초 진압전투를 수행하고 있었음은 이미 앞에서 언급하였다. 요컨대 《원사》 권208 〈고려전〉의 기사 내용은 탐라의 삼별초를 진압한 뒤 동정을 위해 1274년 정월 19일 중서성의 지시에 따라 힌두 휘하의 군사 4천 5백 명을 금주로 보낸 사실을 잘못 기록한 것이다.[109]

이처럼 힌두와 사추가 이끈 경략사체제經略司體制 아래서 황봉주黃鳳州나 염주, 백주 등 경략사와 원군의 주둔지 외에 금주가 중요한 원군의 주둔지역이었다. 하지만 서남부의 나주와 전주 그리고 탐라도 삼별초 진압전쟁을 치르면서 원군의 주둔지가 되었다.[110] 탐라에는 왕속이 거느린 4백의 몽골군이 고려군 1천과 함께 남아 있었고, 오로奧魯와 코톨치ködolči군이 있던 나주도羅州道[111]와 전주도全州道에도 해변의 치안 확보를 목적으로 몽골군의 주둔을 고려왕실이 요청하고 있다. 더욱이 천관산天冠山과 변산邊山이 일본원정에 쓰일 전함의 건조기지建造基地가 되면서 몽골군의 주

108) 《元史》 권208, 고려전, "(至元6年)八月己卯, 立金州招討司."(122쪽); 《元史》 권99, 兵 2 鎭戍, "至元七年, 以金州軍八百隷東川統軍司,……十一年正月……命金州招討使欽察部領之."(2539쪽); 《元史》 권60, 地理三/陝西等處行中書省/興元路(1427쪽) 참조.

109) 《高麗史》 권27, 원종 15년 "二月甲子……上書中書省日……. 又正月十九日奉省旨云, 忻都官人所管軍四千五百人至金州."(/43하~44하)

110) 《高麗史》 권27, 元宗世家, "(15年2月甲子)……及羅州落後奧魯闊端赤軍糧八千碩馬料一千三百二十五碩悉令小邦支給.……以後金州全州羅州屯住軍并濟州軍民糧料供給實難. 又奉省旨令小邦應副鳳州屯田軍……."(/44하~45상)

111) 《高麗史》 권27, 元宗世家, "(15年2月)上書中書省日,……又正月十九日奉聖旨云,……及羅州落後奧魯闊端赤軍糧八千碩, 馬料一千三百二十五碩, 悉令小邦支給."(/43하~44하)

둔은 자연스런 현상이 되었다.

4. 몽골의 제1차 일본원정과 몽골 정동원수부

따라서 고려 안의 몽골 주둔군 병력이 크게 증가하는 것은 1274년 일본원정으로 말미암은 것이며, 제2차 일본정벌을 계기로 1281년에도 대군이 고려에 들어와 머물렀다. 몽골의 일본원정은 이미 쿠빌라이 카안 즉위 초부터 언급된다. 그러나 조양필이 돌아온 1272년 2월 무렵에는 동정론東征論이 일부지만 등장하였던 것으로 보인다. 그것은 당시 원도에 머물고 있던 세자에게 연경燕京에 함께 머물고 있던 종자從者들이 동정사東征事를 핑계로 쿠빌라이 카안에게 환국還國을 청하도록 권유하는 것에서도 알 수 있다.[112]

1272년 12월 초유招諭를 위해 두 번째 일본에 갔던 조양필이 태재부太宰府에 이르렀으나 국도國都에 들어가지 못하고 다시 돌아온 것이 결정적인 계기가 된 듯하다. 하지만 동정이 체계적으로 진행되었다기보다는 쿠빌라이 카안의 뜻에 의해 즉흥적으로 결정된 듯한 느낌을 지울 수 없다. 그것은 초유가 실패한 뒤 1273년 3월 20일(계유) 일본에서 돌아온 조양필이 22일(을해) 고려를 떠나 대원으로 돌아가고 있고,[113] 그해 말까지 고려에서는 대원의 일본원정과 관련해서 특별한 상황은 발생하지 않았기 때문이다. 또 대원으로 돌아간 조양필도 일본정벌의 의향을 가진 쿠빌라이 카안의 물음에 무익함을 설파했고 카안도 수긍했다고 한다.[114] 또 동정군을 운송할 전함의 건조建造가 1274년 초에 시작해 고작 4개월 보름 사이에 급격히 이루어진 것도 기왕의 연구에서 주장되듯이 동정이 장기적으로 준비된 것은 아니었음을 보여 준다. 물론 1972년 중서성과 추밀

112) 《高麗史》 권27/27상, 원종 13년 2월 기해.
113) 《高麗史》 권27, 元宗世家, "(15年3月癸酉)趙良弼如日本, 至太宰府不得入國都而還."(/38상)
114) 《元史》 권159, 趙良弼傳.

원의 신하들이 탐라와 일본의 문제를 논의하고 있지만, 조양필의 귀환을 기다려 다시 논의하자는 것이 당시의 결론이었다.115)

그러나 일본에 간 조양필이 뜻을 이루지 못하고 귀국함으로써 쿠빌라이 카안이 일본을 무력으로 제압할 결심을 속으로 굳히고 있었음은 앞에서 이미 본 바이다. 대원은 1274년 정월 3일 조지朝旨를 보내 대선大船 3백 소艘를 건조하게 하였다. 고려는 곧바로 추밀원부사 허공許珙과 좌복야 홍록주洪祿遒를 각각 전주도 변산과 나주도 천관산에 보내 재목을 준비토록 하였고, 대원은 총관總管 홍다구察忽를 보내 전함〔大船?〕 3백 소를 건조하는 것을 감독케 하였다. 감독조선관군민총관監督造船管軍民總管에 임명된 소용대장군昭勇大將軍 홍다구는 1월 16일부터 일을 시작하여 5월 말까지 마치도록 하고 감독을 매우 엄격하게 했는데, 그에 따라 6월 신유 중서성에 작업완료를 보고하고 있다.116)

또 1월 19일에는 힌두 휘하의 군사 4천 5백 명을 금주로 보내라는 성지가 내려왔고, 3월 병술에는 경략사 왕총관王總管(王岑?)을 보내 5천 군사를 징발하여 동정을 도우라고 하였다.117) 4월에는 대원에서 여룡우사汝龍于思에게 비단 3만 3천 1백 54필을 보내 군량을 구입하도록 관견도감官絹都監을 설치하였는데, 비단 1필에 미 12두斗였다. 또 5월 기축에는 대원의 정동병征東兵 1만 5천 명이 왔으며, 8월에는 일본정토도원수日本征討都元帥 홀돈忽敦이 대원에서 와서 경군京軍 458명을 징발해 갔는데, 이들은 고려에 둔수屯戍하고 있던 몽골군으로 보인다.

드디어 10월 을사에 고려군과 몽한군蒙漢軍이 9여 척의 전함에 나누어 타고 합포를 출발했는데,118) 이것이 제1차 동정東征이다. 하지만 고려에서

115) 《元高麗紀事》, 지원 9년 11월 15일 기사.

116) 《高麗史》 권27/48하, 6월 신유조.

117) 《元史》 권208, 外夷 高麗, "至元11年……三月, 遣木速塔八(무스타파)撒木合持詔, 使高麗簽軍五千六百人, 助征日本."(4620쪽) 《元高麗紀事》에도 "三月四日遣木速塔八撒木合持詔使高麗僉軍五千六百人助征日本"이란 비슷한 기사가 있다.

118) 《元史》 권208, 外夷 日本의 기록에 따르면, 3월에 鳳州經略使 忻都와 高麗軍民總管 洪茶丘에게 명하여 千料舟·拔都魯輕疾舟·汲水小舟를 각 3백 척 모두 9백 척을 만들게 하고, 7월에 1만 5천의 군사를 나눠 싣고 일본을 치도록 했으나, (원종의 홍거로 일정이 늦춰

출발한 정벌군의 병력 규모에 대하여는 관련 사료와 연구자의 설說이 분분하다. 《원사》 권8 〈세조본기〉와 권208 〈외이 일본전〉은 1만 5천으로 적고 있고, 같은 《원사》의 〈홍다구전〉은 2만, 그리고 《고려사》의 〈충렬왕세가〉와 〈김방경전〉은 2만 5천으로 적고 있다. 이에 바탕을 두고 현대의 연구자인 이케우치 히로시池內宏는 모든 기록을 검토한 뒤에 〈홍다구전〉의 2만설이 타당한 것으로 보고 있으며, 하타다 다카시旗田巍도 그의 설을 따라 2만을 주장하고 있다.[119] 이와 달리 로싸비는 〈외이전〉의 1만 5천설을 따르고 있으며, 김상기金庠基 선생은 《고려사》 〈원종세가〉와 〈김방경전〉의 2만 5천설을 따르고 있다.[120]

그러나 당시 고려에 머무르면서 고려에서 군량을 지원받고 있던 몽골군 정군의 병력이 6천이었던 점을 고려할 때, 황봉주黃鳳州 경략사 經略司에 속한 힌두 휘하 4천 5백의 군사와 홍다구 휘하의 5백의 군사만을 원정군에 포함시키는 것은 문제가 있을 수 있다. 서경 등에 진주한 다른 계통의 군사를 예상할 수 있기 때문이다. 또 고려군의 경우도 충렬왕 6년(1280) 상서上書의 군액 5천 3백과 《원고려기사》 등의 기록 5천 6백에 의거해 〈충렬왕세가〉 원종 15년과 〈김방경전〉에 기록된 8천설을 부정하고 있는데, 이 또한 대선大船 126소설艘說, 초공수수梢工水手 6천 7백 명의 근거 등과 함께 검토의 여지가 있다.

끝으로 당시 몽한군을 지휘한 원수부元帥府[121]의 구성도 논할 가치가 있다. 《고려사》 권28 〈충렬왕세가〉는 1274년 8월에 고려에 온 도원수都元帥 홀돈과 우부원수右副元帥 홍다구, 좌부원수左副元帥 유복형이 2만 5천의 몽한군을 지휘했다고 한다. 이와 달리 《원사》 〈세조본기〉와 〈외이 일본전〉은 봉주경략사鳳州經略司의 경략사 힌두와 홍다구 등이 동정군을 지휘했다고 적고 있다. 이는 봉주경략사가 동정원수부로 기능을 바꾼 것으로

져) 10월에 쳐들어갔는데, 몽골군이 패하고 군수품도 공급이 달려 주변지역을 노략한 뒤에 돌아왔다고 적고 있다.

119) 池內宏, 《元寇の新研究》(東洋文庫, 1931), 126쪽.

120) 김상기, 《高麗時代史》(동국문화사, 1961), 498쪽.

121) 《元史》 권208, 外夷 日本도 忻都와 洪茶丘가 동을 지휘한 것으로 적고 있다.

보이게 한다. 하지만 5월에 입국하는 1만 5천의 동정군의 지휘부가 존재할 경우 새로운 구성의 원수부가 존재하는 것이 자연스럽다. 그리고 이는 논란이 되는 동정군의 규모를 재검토할 근거가 될 수 있다.

그러나 5월 14일(기축)에 대원에서 1만 5천의 군사를 거느리고 온 지휘부는 전후의 《원사》 기록에 전혀 드러나지 않는다. 1274년 11월 쿠빌라이가 일본원정에 공을 세운 원수부의 인물로 위의 3명 외에 사무하Salmuha, 三沒合가 함께 궁궐로 부른 것이 고작이다.[122] 그는 1274년 3월 고려에 군사 5천을 동원하여 원정을 도우라는 조서를 가지고 간 무스타파 사무하Mustafa Sarmuha, 木速塔八撒木合[123]로 보인다.

따라서 8월 기유에 대원에서 고려로 오는 일본정토도원수日本征討都元帥 홀돈은 둔전경략사 힌두일 가능성이 높다. 두련가의 행성을 따라 종군한 홍다구는 둔전군의 기능을 겸한 휘하 고려군과 함께 당시 동경행성의 역할을 대신한 둔전경략사의 절제를 받게 됨으로써 자동적으로 경략사에 배속되고 자신은 원수부의 우부원수직右副元帥職을 받은 것으로 볼 수 있다. 또 좌부원수左副元帥 유복형의 경우는 지원 9년 소용대장군昭勇大將軍이 되어 봉주등처경략사에 임명되었다가 10년에 정동좌부원수征東左副元帥에 올라 4만의 동정군을 거느리고 일본을 정벌했다고 한다.[124] 요컨대 봉주등처경략사의 기능이 동정원수부로 전환했음을 보여 주는 것이다.

그렇다면 1274년 3월 13일(경인) 《원사》 〈세조본기〉의 "勅鳳州經略使忻都高麗軍民總管洪茶丘等將屯田軍及女直軍并水軍合萬五千人戰艦大小合九百艘征日本칙봉주경략사흔도고려군민총관홍다구등장둔전군급여직군병수군합만오천인전함대소합구백소정일본"이라는 기사는 어떻게 이해하는 것이 좋은가? 여기에 나오는 1만 5천의 병력의 구성을 문자 그대로 해석할 경우 고려 경내에 있는 봉주경략사 휘하의 몽골군과 둔전군, 동녕부東寧府 등에서 징발한 초공수수梢工水手를 가리키는 것으로도 볼 수 있다. 극단적으로는 〈원종세

122) 《元史》 권8, 世祖本紀, 지원 11년 11월조, 158쪽.
123) 주117 참조.
124) 《元史》 권152, 劉通 附子復亨, 3595쪽.

가〉 15년 5월 기축에 오는 대원 정동병 1만 5천 명[125]을 허수虛數로 볼 수도 있다. 하지만 1277년 정월 쿠빌라이 카안이 홍다구를 동정원수부의 도원수로 임명해 보내면서 환가동정군還家東征軍 3천 명을 다시 고려에 보내도록 명령하였고, 추밀원이 참호站戶 2백을 포함한 군사 3천 2백과 코톨치를 고려로 파견하고 있어 1만 5천의 병액兵額이 허수가 아님은 증명된다.

제1차 동정군은 11월 을해에 합포로 돌아왔으나 1만 3천 5백여 명이 함께 돌아오지 못했다. 12월 경오에 동정군 지휘부가 개경으로 돌아왔고, 동정원수東征元首 힌두와 홍다구, 유복형은 정월 병자에 북으로 돌아갔다. 11월 계사에 쿠빌라이가 일본정벌에 참가한 힌두, 홍다구, 유복형, 사무하三沒合 등을 대궐로 불렀고, 1275년 2월 병진에 정동원수부가 일본전공에 따라 금견錦絹·궁시弓矢·안륵鞍勒 등을 상으로 받은 것으로 보아[126] 이들은 모두 대원으로 돌아가 쿠빌라이를 알현했던 것으로 보인다.

제1차 원정의 실패에도 아랑곳하지 않고 쿠빌라이 카안의 동정의지는 꺾이지 않았고, 동정원수부도 해체하지 않고 그대로 둔 것으로 보인다. 1275년 정월 4일(병자) 힌두, 홍다구, 유복형 등 동정군의 지휘부가 북으로 돌아갔고,[127] 또 그들을 따라 대부분의 몽한군은 대원으로 돌아간 것으로 보이나, 오히려 한편에서 새로운 병력을 파견하고 있을 뿐 아니라 제1차 동정에 파견한 병력 가운데 일부를 고려에 잔류시키고 있기 때문이다. 물론 자발적인 잔류도 있었던 것으로 보인다. 3월에 사신을 보내 잔류군사의 귀국을 독촉하고 있기 때문이다.[128]

몽골에게 고려 주둔군 철수 의지가 없었음은 1275년 2월 29일(경오)에 대원에서 만자군蠻子軍 1천 4백 명을 고려에 보내 해海·염鹽·백삼주白三州

125) 《元史》 권8, 지원 11년 3월 "庚寅敕鳳州經略使忻都, 高麗軍民總管洪茶丘等, 將屯田軍及女直軍, 并水軍, 合萬五千人, 戰船大小合九百艘, 征日本."(154쪽); 《高麗史》 권27, 元宗世家 15년 5월 "己丑元征東兵萬五千人來."(/48상)

126) 《元史》 권8, 지원 11년 2월 "丙辰 賞征東元帥府日本戰功錦絹弓矢鞍勒."(162쪽)

127) 그러나 《元史》에 따르면 1274년 11월 계사에 일본을 정벌한 忽敦, 忽察, 劉復亨, 三沒合 等을 불러 입궐케 하고 있다. 《元史》 권8, 世祖本紀, 158쪽.

128) 《高麗史》 권28, 忠烈王世家, "(元年3月)戊子, 元遣使督東征軍留者以歸."(/8상)

에 나누어 배치하고[129] 스스로 경작하여 식량을 해결하도록 한 것으로 알 수 있다.[130] 곧 삼별초 진압을 위해 1273년에 징발된 2천 명의 둔전군 대신 전투와 둔전경작이 가능한 인력을 새롭게 보충한 것이다. 서해도의 안서도호부安西都護府와 관계가 있었던 이들 귀부군은 양양襄陽에서 포로가 된 생권군生券軍으로 매우 거칠었던 것으로 보이지만,[131] 종전군種田軍을 동반한 몽골군과 달리 직접 경작해 군량을 해결했다는 점에서 홍다구 등이 거느린 고려군과 비슷하였다. 또 충렬왕비가 시집 온 다음에 홍다구가 국인國人을 거느리고 송경松京의 남부에서 둔전하였다고 하는 것으로 보아,[132] 그가 거느린 둔전군 또한 대원으로 돌아가지 않고 고려에 남은 것으로 보인다. 그뿐만 아니라 금주에도 1천 명의 수선군守船軍이 장래의 동정에 다시 쓰이게 될 전함을 지키기 위해 남아 있었다. 이들은 1278년 다루가치와 주둔군, 둔전군을 모두 귀국시킨 뒤에도 남아 있었으며, 필수적인 감수군監守軍은 1279년 9월 일부를 귀국시킨 다음에도 남아 있었다.[133]

이 밖에 동정원수부가 고려에서 유지되고 있었음은 도원수都元帥 힌두가 여전히 고려 경내에 활동하면서 가권家眷까지 데려와 살고 있는 것을 보아 입증된다. 1275년 8월 신해에 원경元卿이 힌두 등에게 요자鷂子 사냥을 금하는 지시를 전하고 있고, 1276년 정월 정묘에는 힌두가 부副다루가치 석말천구石抹天衢와 함께 말을 왕에게 바치고 있다.[134] 더욱이 정월 을

129) 《高麗史》 권28, 忠烈王世家, "(元年2月)庚午元遣蠻子軍一千四百人來, 分處海塩白三州."(/8상)

130) 《高麗史》 권28/18상, 1276년 10월 갑자; 《高麗史節要》 권19(/39상).

131) 《高麗史》 권28/13상, 충렬왕 2년 1월 기묘조, 경인조 참조.

132) 《高麗史》 권123/13상, 李汾禧傳, "茶丘進曰,……奉王妃率國人來松京, 明年予領屯田軍駐京南……."

133) 《元史》 권10, 世祖本紀, "(至元16年9月)己酉, 罷金州守船軍千人, 量留監守, 餘皆遣還."(215쪽); 《高麗史》 권30, 忠烈王世家, 13년(1287) 3월 "乙巳, 元遣刑部侍郎六十來辨東寧府事.……庚申, 合浦戍軍還元."(/8상)

134) 또 東征元帥府의 都元帥 忻都는 1277년 12월 副다루가치 石抹天衢, 고려관리와 더불어 모반사건의 죄인을 심문하였다(《高麗史》 권28/29상). 1278년 1월에는 힌두와 홍다구가 김방경을 국문하였다.

미에 힌두의 처妻가 왕을 위해 잔치를 마련하고 좋은 말을 바쳤으며, 2월 병신에는 내전內殿에서 힌두의 처를 위해 잔치를 베풀고 있다. 또 3월 기사에는 힌두가 왕을 위해 잔치를 벌이고 있다. 대원 조정은 1276년 6월 기사에 동정원수부에 명하여 양양襄陽 생권군生券軍 5백을 선발하여 시위군侍衛軍을 보충하라는 지시를 내렸고,[135] 이에 앞서 고려에도 4월 병자에 생권군의 절반을 철수시키라는 지시가 내려지고 있어, 동정원수부가 당시 공식적인 기구로서 기능하고 있었음을 말해 준다.[136]

《원사》〈백관지百官志〉에 따르면 정동도원수부가 둘이며, 각각 원수 1명, 부원수 1명이 배치되었다고 한다. 그러나 1277년 홍다구도 도원수都元帥로 임명되어 서북의 중요한 도원수부와 마찬가지로 격이 높아짐을 볼 수 있다. 동정원수부의 부속기관으로는 진무鎭撫가 있었고, 1280년 9월 병진조 기사 아래 야속달也速達이 진무로 나오는데, 야속달은 1278년 5월 야속탑아也速塔兒라는 이름으로 도원수 힌두를 대신하여 선주善奏를 부탁하고 있다. 7년 동안 고려에 머물면서 특별히 좋은 일을 한 것도 없지만 나쁜 일을 한 적도 없다는 것이었다.

한편 1277년 정월 쿠빌라이 카안은 도원수 홀돈을 따라 일본정벌에서 공을 세운 홍다구에게 진국상장군鎭國上將軍(정4품) 동정도원수의 직職을 수여하여 힌두와 더불어 원수부를 지휘하도록 명했다. 아울러 일본원정 뒤에 원으로 돌아간 3천의 군사(환가둔전군)도 고려에 다시 보내라는 명을 내렸다. 그러나 홍다구가 1277년 2월 을해 군사를 이끌고 고려 경내로 들어설 무렵 시리기의 반군이 막북漠北으로 진출하여 사정이 급박하였기 때문에[137] 쿠빌라이 카안이 그를 다시 소환하였다. 몽골·고려·여진·한군

135) 1277년 2월 대원 조정이 귀부군 5백 명을 소환함으로써 고려 朝野가 온통 喜色이 되었다고 하는데, 이는 76년 3월 귀부군 5백의 聘妻를 위해 寡婦處女推考別監이 세워진 탓이다. 《高麗史》 권28, 忠烈王世家, "(3年2月)乙亥, 中郎將盧英還自元, 洪茶丘引兵將入我境, 帝召還, 又勅還歸附軍五百人擧國皆喜."; 《高麗史》 권28, 忠烈王世家, 2년 하4월 "丙子, 元勅歸附軍輟其半以歸."(/22하)

136) 《元史》 권9(/183쪽), "命東征元帥府選襄陽生券軍五百, 充侍衛軍." 《高麗史》에는 1276년 4월 병자에 칙을 내려 귀부군의 半을 철군시키고 있다. "丙子, 元勅歸附軍輟其半以歸."

137) 村綱倫, 〈シリギの亂—元初モンゴリアの爭亂—〉, 《東洋史苑》 24·25(1985) 참조.

을 거느리고 승상 바얀을 따라 북정北征에 참가한 홍다구는, 반왕叛王 쪽에 가담한 쿵그라트부部의 지루와타이只魯瓦歹 등 반군을 정벌하였고, 톨라 하河 부근에서 조우한 반군을 칠 때도 용맹을 떨쳤다고 한다.[138]

하지만 홍다구는 1278년 2월 이전에 동정도원수로서 고려의 원수부에 도임到任한 것으로 보인다. 2월 병진에는 충렬왕이 흥국사興國寺에서 힌두, 홍다구와 만나 김방경을 문초한 뒤 김방경과 그의 아들 김흔金忻을 대청도와 백령도에 각각 유배하고 있고,[139] 4월 임술에는 대원에 입조하러 가는 왕을 만나 김방경의 문제에 대한 의견을 묻고 있기 때문이다.[140] 물론 1277년 3월에 이미 환가둔전군 3천 명 가운데 2천 5백 명이 압록강을 건넜다고 보고되는 것으로 보아,[141] 홍다구에 더욱 앞서 환가둔전군 3천 명도 참군站軍 2백 명과 코톨치와 더불어 고려에 들어와 동정원수부의 절제를 받고 있었던 것으로 보인다. 한 가지 유의할 점은 이들 둔전군은 지원 7년 입경入境한 둔전군 2천 명과 구별되고 있다는 점이다.[142]

그러나 동정원수부의 고려에 대한 과도한 간섭과 요구는 고려왕실의 강력한 저항에 부딪쳤고, 쿠빌라이가 부마인 고려국왕의 손을 들어줌으로써 이는 마침내 다루가치와 몽골군의 철수로 이어졌다.[143] 곧 1277년 12월 힌두와 부副다루가치 석말천구가 유경柳璥·원부元傅 등과 모반죄로 고발된 김방경을 취조하고 있고, 이듬해 2월에는 힌두와 홍다구가 흥국사에서 김방경을 국문한 뒤 대청도로 유배 보냈다. 1278년 봄 동정원수부는 고려가 불안하다는 이유로 일본에서 돌아온 2천 7백 명을 충청과 전라 여러 곳에 주둔시켜 외이外夷를 진압하고 고려의 민심을 안정시키는 동시

138) 《元史》 권154, 洪茶丘傳, 3629~3630쪽. 1280년 용호위상장군, 정동행성우승, 그리고 1281년에는 우승인 힌두와 함께 4만 군을 이끌고 일본을 정벌하였다. 1284년에 다시 정동행성우승이 되었다.
139) 《高麗史》 권28/29하.
140) 《高麗史》 권28/31하.
141) 《高麗史》 권28/32상.
142) 《高麗史》 권28/21하.
143) 池內宏 등은 이것이 고려왕실의 대원에 대한 양보의 결과라고 해석하고 있다. 또 일부 군사력이 제2차 동정에 대비하여 뒤에도 고려에 잔류하였다.

에, 이들로 하여금 우축牛畜과 쟁기를 준비하여 둔전을 시킬 것을 청하고 있다.[144)]

이러한 원수부의 횡포와 과도한 요구에 대하여 충렬왕이 항의하자 쿠빌라이 카안은 홍다구를 소환하고 고려왕도 와서 스스로 해명하게 했다.[145)] 1278년 원도元都를 찾아간 충렬왕은 중서성을 거쳐 동정원수부의 비리를 강력히 제기하고, 아울러 조종祖宗의 경도京都이며 사우祠宇가 있는 동녕부東寧府를 돌려줄 것을 요청하였다.[146)] 양쪽의 해명을 경청한 쿠빌라이는 마침내 1278년 7월 무술에 힌두, 홍다구군과 종전군, 합포진수군을 파하고 소환케 하는 명을 내렸다.[147)] 그뿐만 아니라 심지어 번속국의 의무인 육사 가운데 다루가치 파견과 점호點戶를 폐지하며, 합포진수도 고려군이 책임지게 했다.[148)] 충렬왕이 오히려 놀라 합포진수군合浦鎭戍軍의 주류駐留와 다루가치의 파견을 요청했으나 쿠빌라이 카안은 오히려 충렬왕 스스로 다스리고 고려병력으로 방위하도록 충고하였다. 이로써 1278년 가을 힌두와 홍다구군, 그리고 종전군과 합포진수군, 그 가속의 귀환이 이루어지고, 대원의 다루가치와 그 관속도 모두 철수한다.[149)] 물론 1278년 5월 힌두의 귀환 뒤에도 고려에 머물고 있던 홍다구도 힌두군과 함께 가을에 대원으로 돌아간 것으로 보아야 할 것 같다.

---

144) 《元高麗紀事》, "(至元)十五年,……是春東征元帥府請於忠清全羅諸處屯兵, 以鎭外夷.……高麗初服民心未安. 可發征日本回卒二千七百人, 置長吏, 屯忠清全羅諸處, 以鎭撫獠夷以安其民. 復令士卒, 備牛畜耒耜, 爲來歲屯田之計."(39쪽) 《高麗史節要》도 3월에 印侯가 대원에서 돌아와 洪茶丘가 王京以南의 要害之處에 군을 주둔하여 防戍하고, 또 州郡에 모두 다루가치를 두도록 청하였음을 전하고 있다.

145) 《高麗史節要》 권20/3상하.

146) 《高麗史》 권28/37상하.

147) 《高麗史》 권28/40하.

148) 《高麗史》 권28/41상하, 충렬왕 4년 7월 무술조.

149) 쿠빌라이의 명대로 시행되었음은 9월 병술조 達魯花赤 經歷인 張國綱의 "今達魯花赤元帥及官軍皆還, 一國之福也"(권28/43하)라는 말로 입증된다.

제2절

몽골군의 고려둔전과 종전군種田軍

1. 동정이 둔전설치의 목적인가?

원종 12년(1271) 정월 고려는 대원 중서성에 편지를 보내 고려 경내에 둔전을 설치하려는 계획을 중지해 줄 것을 요구했다.[150] 이는 몽골이 1270년 말 고려 경역境域에 다시 둔전을 설치하고 둔전경략사를 둔다는 소식이 전해지자 고려가 이를 반대하고 나선 것을 보여 주며, 이와 같은 둔전과 관련된 기사는 그 뒤에도 《고려사》에 빈번히 나오고 있다. 이케우치 히로시池內宏는 이러한 기사들에 근거하여 대원이 고려에 설치한 둔전에 대하여 비교적 상세한 연구를 최초로 내놓았고, 당시 몽골이 고려에서 둔전을 경영한 배경은 동정(일본정벌)을 대비한 것이라고 주장했다.[151] 또 그의 이러한 견해는 김상기 선생이나 W. E. 헨토른Henthorn도 받아들이고 있으며,[152] 그 뒤 이루어진 다른 연구도 별다른 설득력 있는

150) 《高麗史》 권27/2하~3하, "時蒙古中書省請於高麗置屯田經略司. 王寄書中書省曰: 竊聞有人請於小邦置屯田未知信否. 小邦自林衍逆命, 王師問罪. 時有不軌之人, 妄自疑懼, 遂構亂(3上)而南下, 又有宿憾於小邦者, 幸其本國之有難因利乘便, 方小邦去水就陸之時放兵大掠. 由是中外嗷嗷愁怨. 今又逆賊之未除, 王師猶在於南鄙, 小邦人民外則勞於逆賊攻討之事, 內則困於兵馬資糧之費, 而內外蓄積去年爲逆賊偷掠無遺, 粗得出居臣民, 其將保喘供職難矣. 而此輩人有是請. 蓋嘗狃于去年亦欲東來, 名爲屯田而實欲殘害. 乃以小邦之所難堪者多般乞請. 萬一朝廷(3下)聽從其言, 則彼必恣行侵害靡所不至, 小邦人民殆無孑遺矣. 小邦今已欽奉詔旨所諭資糧事, 已差遣諸道勸農使盡力措辦. 伏望諸相公善爲敷奏以遏奸人屯田之請."

151) 池內宏, 《元寇の新研究》(東京: 東洋文庫論叢, 1931), 第6章, 89~116쪽 참조.

152) 金庠基, 《高麗時代史》(서울대학교 출판부, 1985), 493쪽; W. E. Henthorn, *Korea: The*

이견은 없다.[153]

이케우치 히로시가 이러한 주장을 하는 데는 나름대로 근거가 있지만 필자가 보기에 몇 가지 문제점이 발견된다. 첫째, 몽골군이 둔전을 설치한 목적과 장소에 대한 문제이다. 쿠빌라이 카안이 원종 12년 3월 고려를 설득하기 위해 보낸 조서에 나오는 바, 여러 차례의 설유說諭에도 아랑곳하지 않고 대원의 사신조차 제대로 맞아들이지 않는 완고한 일본에 대한 원정遠征 의사를 분명히 밝힌 구절이 있다.[154] 1271년 조양필의 사행使行을 호송하면서 쿠룸치忽林赤(두련가)와 동경행성의 군대를 금주까지 보내는 것도 무력시위로 보일 수 있다. 또 지원 9년 11월 15일에 쿠빌라이가 탐라에서 귀순한 뒤에 군사의 쓰임이 없더라도 따로 동원할 곳이 있으니 마땅한 병력의 규모를 논하라고 지시하는데, 여기서도 카안의 동정 의지의 한 자락을 읽을 수 있다.[155] 《원사》〈병지兵志〉의 고려국입둔조高麗國立屯條에서도 고려의 둔전은 이 무렵 일본원정에 대비해 군량을 축적하기 위한 진취지계進取之計였다고 명언하고 있어서, 일본정벌에 대비한 군량확보가 목적이었다는 주장을 뒷받침하고 있다. 또 이로 말미암아 황주黃州·봉주鳳州·백주白州·염주鹽州 말고도 금주에 둔전을 설치했다고 보는 것[156]도 아귀가 맞는다.

Mongol Invasion (Leiden: E. J. Brill, 1963), 4. Mongol Military Colonies in Koryo: pp.206~208

153) 屯田經略司에 주목한 金渭顯은 둔전설치가 대원의 뜻이 아니라 대원에 귀부한 고려인들의 책동이라는 견해를 제출하고 있으나 납득하기 어렵다.〈麗元日本征伐軍의 出征과 麗元관계〉,《國史館論叢》9(1989)→〈제3장 麗元日本征伐軍의 出征과 麗元관계〉,《高麗時代 對外關係史 硏究》(서울: 경인문화사, 2004), 451쪽.

154)《高麗史》권27/8하, 원종 12년 3월조, "今將經略於彼, 勅有司發卒屯田, 用爲進取之計, 庶免爾國他日轉輸之弊"와 앞의 주64;《元史》권100, 兵志 기록 참조. 이에 앞서 1268년 10월에도 몽골은 都統領 脫朶兒와 統領 王國昌 등을 보내 고려의 군사와 전함건조를 점검하면서 고려에서 준비한 전력을 征倭에도 투입할 수 있음을 언급하고 있다.《高麗史》권26/17하~18상.

155)《元高麗紀事》, "(至元9年11月15日)上日, 行之. 至如耽羅歸順不用兵, 別亦有調用之處, 卿等議合用多少兵力."(47쪽)

156) Henthorn도 같은 견해이며(op.cit., p.207), 최근 辛素然도 연구에서 금주둔전설에서 나아가 전주에도 둔전을 설치했을 것으로 추정하고 있다(〈高麗 元宗末·忠烈王初 元의 屯田置廢와 麗元關係〉,《歷史教育》115, 84~87쪽).

그러나 《고려사》는 말할 것 없고 그 뒤 국내의 자료에도 금주둔전에 관해 일언반구의 언급이 없다. 여러 곳에서 둔전설치의 목적을 명언하고 있다고는 하지만, 이케우치 히로시의 연구는 그것과 당시 고려의 상황을 관련지어 검토한 흔적이 없다. 사료와 같은 언급이 나온 전후 사정을 충분히 검토하지 않은 상황에서 동정으로 단정하는 것은 다소 성급하지 않은가? 고려둔전의 철폐과정 또한 이러한 의문을 증폭시킨다. 1278년 7월 동정 계획이 완전히 폐기되지 않는 상황에서, 쿠빌라이가 다루가치와 원군을 철수시켰을 때 종전군種田軍도 이들을 따라 철수한다. 동정군東征軍의 군량비축에 목적이 있었다면 전함을 지키도록 합포에 남긴 다른 병력과 마찬가지로 남게 하여 둔전을 경작케 함이 마땅하지 않을까?

둘째, 이케우치 히로시는 둔전의 경작에 투입된 노동력과 동정에 참여한 군사를 구별하지 않고 있어 마치 전투와 경작에 동시에 종사한 전통적인 한족 왕조의 둔전병과 같이 보고 있다. 하지만 이는 중국 내지에서 군둔軍屯의 경작에 많은 군구軍驅가 이용되었음을 밝힌 지금까지의 연구성과[157]를 고려할 때, 더욱이 고려에 군사를 파견하면서 둔전군과 달리 전문적으로 농경노동農耕勞動을 제공하는 종전군이 파견되고 있음을 고려할 때, 새로 검토할 여지가 있다.

요컨대 필자는 고려 경내 몽골군의 둔전경영에 대한 이케우치 히로시의 연구성과와 그 뒤 다른 연구자들이 밝힌 새로운 사실을 바탕으로, 대몽고국이 1270년 고려 경내에 새로 둔전을 설치한 목적과 실태에 대하여 새롭게 정리하고자 한다.

157) 海老澤哲雄, 〈元朝治下におけるモンゴル軍人と漢人奴婢〉, 《北海島教育大學紀要》(第一部B) 17-1(1966); 太田彌一郎, 〈元代の漢軍戸とその農業生産〉, 《集刊東洋學》 31(1974, 曾我部.愛宕兩先生頌壽東洋史特集號); 太田彌一郎, 〈元代の種田戸について〉, 《一關工業高等專門學校研究紀要》 14(1979); 李干, 〈元代屯田的發展和演變〉, 《中南民族學院學報》 1984-1; 姚家積, 〈元代的“驅軍”和軍驅〉, 《中國史研究》 1985-1.

2. 몽골의 고려둔전 설치배경

초기의 몽골 군대는 대외 정복전쟁을 수행할 때 대체로 선봉군先鋒軍, alginči과 중군中軍, qol, 치중군輜重軍, a'uruq이 일정하게 대형을 이루어 출정하였다. 치중군은 군인의 가족이나 축군畜群, 그리고 예속민으로 이루어져 후방에서 군량을 보급하는 병참조직이었으며, 전투나 원정의 경우에도 기본적으로 유목생활을 유지하였다.158) 칭기스칸과 그의 후계자들이 대규모 서정西征을 수행하는 과정에서 약취掠取한 포로들은 후방에 모아서 몽골족 대신 목축과 수공업 등 생산노동에 종사시켜 전투력을 유지하였다.159) 초원이 아닌 한지의 경우 축군의 동반은 사실상 어려웠다. 따라서 몽골의 오로奧魯, a'uruq는 초원이 있는 후방에 남게 되고, 한지에 들어와 획득한 포로로 이루어진 한인노비漢人奴婢를 사역하고 곡물을 생산하여 출정비용을 부담할 수밖에 없었다. 이처럼 쿠빌라이 카안 초기에 한지에서 출현한 오로제도奧魯制度는 후방에 남은 몽골인 군인가족과 한인 군인가족을 관리하고 이들의 안정적인 병참지원을 보장하기 위해 성립한 것이라고 말할 수 있다.160)

더욱이 대對남송 전쟁을 수행하는 과정에서는 대몽고국 시기부터 원천적으로 부족한 카안의 재정 때문에 부족한 군량을 해결하기 위해서 한지에 적응한 새로운 자급자족적 병참제도를 강구하게 되었고, 그것은 하남河南 지역에서 한족 왕조의 전통을 계승한 둔전의 설치로 이어졌다. 그러나 몽골군은 농업노동의 경험이 없어서 대체로 군구軍驅를 이용하여 둔전을 경영하였다. 따라서 고려에 진주하여 장기주둔하게 된 몽골군 부대의 군량을 해결하기 위해 둔전을 일구고 종전군을 배치한 것은 매우 자연스러운 현상이었다.161)

158) 蓮見節, 〈モンゴル軍の移動とa'uruqについて〉(上)(下), 《モンゴル研究》 16(1985), 17(1987) 참조.

159) 姚家積, 〈元代的"驅軍"和軍驅〉, 《中國史研究》 1985-1, 149~150쪽.

160) 矢澤知行, 〈モンゴル時代兵站制度試論〉, 《愛媛大學教育學部紀要(人文·社會科學)》 32-1(1999), 50쪽.

몽골군이 고려 경내에서 둔전을 설치한 사실을 말해 주는 가장 이른 시기의 기사는 《고려사》 권79 〈식화이食貨二/과렴科斂〉에 나오는 "高宗十三年三月令諸王及大小臣民出豆有差以助元軍屯田牛料고종십삼년삼월령제왕급대소신민출두유차이조원군둔전우료"이다. 하지만 헨토른도 이미 언급한 바와 같이 고종 13년(1226)은 고려와 몽골 사이의 관계가 일시 두절되어 있던 시기로 이는 1270년 이후의 사료[162]일 가능성이 높고, 특히 원종 13년 3월의 상황으로 보아야 할 것이다. 한편 《원사》 권100 〈병지兵志〉 3 '둔전屯田/고려국입둔조高麗國立屯條'에 따르면 고려의 둔전이 세조 지원 7년(1270)에 처음 설치되었다고 적고 있으나,[163] 다른 사료를 보면 1268년 이전에 이미 몽골에 귀속된 서경 부근에서 둔전을 경작한 것으로 보인다. 《고려사》 권127 〈최항전崔沆傳〉에 왕준王綧이 항沆에게 보낸 편지에서, 고려에 침략한 예쿠也窟 등 17명의 대왕大王·태자太子가 각기 병마를 거느리고 몽골·한아漢兒·여진인·고려인을 데려다 남북계南北界에서 둔전을 시킨 다음 몽골정병蒙古精兵으로 수내水內 산성을 공격시켰다고, 1253년의 사실로 인용하고 있다.[164] 《고려사절요》 권17 고종 46년(1259) 8월조에 따르면, 박희실朴希實 등이 대몽고국의 뭉케 카안을 섬주陜州(현재 하남성 서북)에서 만나 서경과 의주의 둔병屯兵을 파하고 백성들을 본업에 돌려보내 줄 것을 요청하고 있다.[165] 또 《고려사절요》 권18 원종 원년 즉위 직후에 몽골에 사신으로 다녀 온 교위校尉 이인李寅이 쿠빌라이의 즉위를 전하면서, 쿠빌라이가 서경의 둔병을 소환하는 조를 내린 것으로 전하고 있다.[166] 그리고 《고려사》 권15 원종 9년(1268) 2월 임인조 기사는 쿠빌라이 카안의

161) 앞의 주160 海老澤哲雄(1974) 참조.

162) Henthorn, op. cit., p.206

163) 《元史》 권100, 병지 3, 屯田/高麗國立屯條, "高麗屯田: 世祖至元七年創立, 是時東征日本, 欲積糧餉, 爲進取之計, 遂以王綧洪茶丘等所管高麗戶二千人, 及發中衛軍二千人, 合婆娑府咸平府各軍一千人, 於王京東寧府鳳州(鳳山)等一十處, 置立屯田, 設經略司以領其事, 每屯用軍五百人."

164) 《高麗史》 권127, 叛逆三 崔忠獻/附崔沆.

165) 《高麗史節要》 권17, "(高宗46年)八月……朴希實趙文柱偕蒙使尸羅問等來. 帝賜希實文柱金符爲萬戶. 初希實等(권17/51상)謁帝于陜州, 帝曰, 汝國王每食言, 汝等何爲來耶. 希實具陳表意, 仍奏請: 罷西京義州屯兵令民安業."

166) 《高麗史節要》 권18/6하.

말을 빌려, 당시 몽골이 서경에서 둔전을 경영하기 위해 부렸던 군민軍民을 돌려보냈음에도 고려가 개경으로 환도하지 않았음을 질책하고 있다.[167] 이 밖에 《원사》 권149 〈왕순전王珣傳〉에 부전附傳된 왕영조王榮祖가 고려 평양으로 이진移鎭한 뒤 "민을 모다 둔수하여〔募民屯戍〕, 천리를 개간했는데〔闢地千里〕", 고려가 세자 전倎을 보내 항복함에 따라 입조하였다고 한다. 곧 지원 7년 이전, 적어도 1259년 이전에 대몽고국은 고려의 옛 강역인 서경에 둔전을 설치하고 운영하고 있었음을 알 수 있다.

그런데 왜 몽골조정은 1270년 다시 고려에 둔전을 설치한 것인가? 앞에서 말한 대로 동정이 목적이라는 《원사》의 주장을 계승한 이케우치 히로시의 견해도 일리가 없는 것은 아니다. 당시 대원 조정의 동정 의지는 분명하여, 1272년 고려세자가 전함 건조와 군향軍餉 주선을 핑계로 환국을 청하였고, 이에 전함병량도감戰艦兵糧都監이 고려에 설치되었다. 그렇지만 일본원정이 아직 진행 중이었음에도 1278년 둔전이 철폐된 배경과 둔전이 설치된 지역에 대하여도 필자가 문제를 제기하기 전에는[168] 아무도 관심을 보이지 않았던 것은 무엇 때문일까. 둔전의 철폐가 1278년 충렬왕과 힌두, 홍다구 사이에 발생한 첨예한 갈등을 수습하는 과정에서 이루어졌고, 이들이 거느린 군대를 따라 종전군도 철수하였기 때문에 둔전문제를 굳이 따로 검토할 필요가 없었던 것인가.

하지만 그 뒤 둔전문제를 본격적으로 검토한 이강한李康漢(2007)과 신소연辛素然(2011)이 남송정벌의 결과 강남 지역의 막대한 재원財源을 이용할 수 있게 되어 고려 경내의 둔전을 철폐했다는 새로운 견해를 제출하였다.[169] 그 뒤로 둔전설치의 목적에 대한 토론은 다른 방향으로 전개되고

---

167) 《高麗史》 권15, 원종 9년(1268) 2월 "(/13상)壬寅, 安慶公淐還,……初帝以趙彝之譖, 怒不解, 親勅淐曰,……爾王奏云: '我國地窄, 今西京入排屯田軍民盡令還歸, 則當召集殘民, 力農三年, 然後復都舊京', 今屯田軍馬盡還, 果還舊京乎?"

168) 이개석, 앞의 논문(2004).

169) 특히 필자가 2004년 몽골의 둔전설치에 관해 검토한 뒤에 李康漢과 辛素然이 각각 〈고려 후기 元 屯田의 운영과 변화〉(《歷史學報》 196)와 〈高麗 元宗末·忠烈王初 元의 屯田置廢와 麗元關係〉(《歷史教育》 115)에서 둔전폐지의 원인에 대하여 새로운 견해를 제기하고 있어 이 글에서는 이를 반영하였다.

있어서, 1278년 당시 쿠빌라이 카안 정권의 재정 호전好轉과 관련 여부에 대해서도 보충적인 검토가 필요하다.

돌이켜 보면, 당시 대원이 고려에 둔전을 설치해야 했던 다른 요인도 생각할 수 있다. 첫째, 몽골조정의 고려둔전 설치는 몽골 군대의 장기주류長期駐留와 관련이 있다. 대원은 임연의 정변 뒤에 두련가 국왕의 동경행성의 군대를 파견하고 있는데, 이들은 처음부터 고려의 정국이 안정될 때까지 장기간 주둔할 목적으로 파견되었다고 한다.[170] 여기에 삼별초가 봉기하여 상황이 급격하게 변화함으로써 몽골 군대의 장기주둔은 피할 수 없었고, 양향糧餉의 안정적인 공급이 필요한 상황이었다. 또 같은 무렵 몽골조정은 다른 변경지역에도 둔전을 설치하고 있는데, 이를 속방屬方 또는 변방邊方에 대한 중앙정부의 지배를 강화하는 데 목적이 있었다고 보는 견해도 있다.[171] 둔전이 정복지역에 대한 대원의 지배수단으로 이용된 사실은 관련기록[172]을 통해서도 확인된다. 임연의 정변은 쿠빌라이 즉위 이래 출륙 약속도 번번이 미루고 속방의 의무인 육사도 제대로 이행하지 않던[173] 고려를 확실하게 조일 수 있는 절호의 기회였기 때문에 신속히 군대 파견을 결정하였다. 더욱이 삼별초의 봉기로 몽골정권은 이른바 만이蠻夷의 복심腹心에 해당되는 봉주鳳州 등에 둔전을 설치할 수 있는 기회를 다시 얻었다. 마침내 경략사가 지휘하는 대규모의 군대를 주둔시킴으로써 무장이 해제된 것이나 마찬가지인 고려는 완전한 속방 상태로 전락했다.

고려에서도 둔전설치와 군대의 장기주둔이 가지는 이러한 함축含蓄에 대하여 분명히 인식하였던 것으로 보이며, 철회를 요구하는 표문의 행간

170) 張之翰, 《西巖集》 권19, 〈大元故榮祿大夫中書平章政事趙公神道碑〉, "臣等乞降詔: 許率兵護王還國, 然後遷島之官吏兵民於古王京, 量留屯守, 則彼可安民社, 我可息甲兵, 一擧而兩得焉. 上可其奏."(/10상~11상)

171) 秦新林, 〈試論元代邊疆的屯田與灌漑〉, 《殷都學刊》 1987-1.

172) 《經世大典序錄》, 屯田, "欲因之置軍旅於蠻夷腹心以控扼之也."

173) Koh, Byong-ik, "Mongol Patterns of Conquest and Control." Presented at the 3rd East Asian Altaistic Conference, held at Taipei, Taiwan, August 1969; Koh, Byong-ik, *Essays on East Asian History and Cultural Traditions*(서울: 소화출판사, 2004), 290~299쪽.

行間에서 고려가 이를 고려 왕조의 영토와 인민의 지배에 대한 명백한 침탈행위로 인식하고 있었다는 점이 읽혀진다.[174] 몽골조정도 고려의 요구에 따라 출륙을 조건으로 헌종 치세 말기에 서경 지역에 설치되어 있던 둔전을 폐지한 전례를 알고 있었다.[175] 따라서, 쿠빌라이 조정 또한 고려의 완강한 둔전설치 철회요구에 직접 대응하는 것보다, 당시 그리 절실한 문제라고 볼 수는 없었지만, 일본원정을 구실로 내세운 것으로 보인다. 그리고 내우외환內憂外患이 겹친 고려는 부득이 이를 받아들이게 된 것으로 볼 수 있다.

3. 몽골의 고려둔전 설치과정

1271년 정월 고려조정은 중서성에 서신을 보내 완곡하게 둔전설치 논의를 멈추어 줄 것을 요청하였다. 하지만 쿠빌라이는 이미 1270년 12월 22일(정사)에 군사 2천을 고려에 증파하여 둔전을 설치하라는 칙령을 내리고 있다. 힌두와 전좌벽총수 사추를 고려금주등처경략사高麗金州等處經略使로 삼아 호부虎符를 줌과 동시에 둔전의 업무도 관장하게 하고 있다.[176] 《원사》〈고려전〉의 지원 7년 11월 기사에 따르면, 봉주등처경략사鳳州等

174) 《高麗史》 권27/2하~3하: 앞의 주63 참조; 《高麗史》 권27/7상, "(元宗12年正月乙卯)遣將軍印公秀寶城千戶等如蒙古請罷屯田表, 今聞上朝發遣種田軍人, 玆事非敢有辭於違拒, 但小邦蓄積方就陸時悉爲逆賊攘奪, 又因供億王師罄盡無餘. 時則留屯軍馬所須, 亦於中外人民家斂戶收甚爲艱難, 設有種田軍又至, 則農糧既乏, 於此時穀種更救於何處. 乃如耕牛元來不畜, 況城中居民鮮有畜, 使者當索於外邑. 然小邦忠淸全羅道方困討賊徵索未便, 唯慶尙道儻可得致斯, 亦不多耳. 然則上供之事豈唯難於成辦, 東作之事亦懼罹於歉難. 擬令世子權攝國事, 凡小邦情狀筆所未到者, 近當三月跨馬, 躬自朝于天陛, 一皆敷奏. 惟是賤介之陳, 異垂憐察." 또 이러한 우려는 1278년 가을 9월 5일(병술) 대원에서 돌아오는 충렬왕을 만난 達魯花赤經歷 張國綱의 다음과 같은 말이 반면언어로 압축해 준다. "今達魯花赤元帥及官軍皆還, 一國之福也."

175) 《高麗史》 권26, 원종 9년(1268) 3월 "(13상)壬寅, 安慶公淐還,……初帝以趙彝之譖, 怒不解, 親勅淐曰,……爾王奏云: '我國地窄, 今西京入排屯田軍民盡令還歸, 則當召集殘民, 力農三年, 然後復都舊京', 今屯田軍馬盡還, 果還舊京乎?"

176) 《元史》 권7, 世祖本紀, "至元七年十一月丁巳, 敕,益兵二千, 合前所發軍爲六千, 屯田高麗, 以忻都左壁總帥史樞並爲高麗金州等處經略使, 佩虎符領屯田事."

處經略使 힌두와 사추에게 군 5천을 거느리고 금주에서 둔전케 하고, 요양 지방의 고려인을 관령했던 홍다구에게 구령민舊領民 2천을 데리고 둔전케 했으며, 왕준의 아들 알라테무르阿剌帖木兒를 부副경략사經略使로 삼아 이들을 관할시키고 있다.[177] 《원고려기사》에서도 지원 7년 11월 25일 기사에 힌두와 사추가 5천의 군사를 거느리고 금주에서 둔전했다[178]고 한다. 같은 대상을 기술한 것으로 보이는 《원사》〈병지〉 2에 따르면 이 밖에 왕준과 홍다구 등이 거느린 고려호高麗戶 2천과 중위군中衛軍[179] 2천을 징발하고, 파사부婆娑府와 함평부咸平府의 군사 각각 1천을 거기에 합쳤으며, 왕경王京, 동녕부東寧府, 봉주 등 열 곳에 둔전을 설치하고 경략사를 두어 그 일을 관할케 하였는데 둔전 한 곳에 군사 5백 명을 배치했다고 한다.[180]

이러한 둔전설치에 대하여 고려가 몽골조정에 1271년 2월 다시 둔전을 파해 달라는 표를 올리고 있다. 그러나 쿠빌라이 카안은 이를 용납하지 않았고, 도리어 "군사를 보내 둔전을 경작함으로써 훗날 고려의 군량 전수轉輸 부담을 덜어 줄 것"이라고 달래고 있다. 성지에 의거 당시 중서성이 고려에 보낸 자문咨文에 따르면, 힌두와 사추에게 경략사의 권한을 주어 봉주(현재 황해북도 봉산군 지역) 등지에 둔전을 설치하게 하고, 둔전경작에 필요한 6천 두頭의 소 가운데 3천 두는 동경등처東京等處에서 보내며, 나머지 농우農牛 3천 두는 경략사가 고려에서 화시和市를 통해 조달하고,

177) 《元史》 권208, 高麗傳, "(至元7年)七月丞相安童等言, 頭輦哥等遣大托忙古䚟來言, 令阿海令軍一千五百屯王京, 伺察其國中. 遂爲阿海爲按撫使. 十一月, 中書省臣言於高麗設置屯田經略司. 以忻都史樞爲鳳州等處經略使, 佩虎符, 領軍五千屯田於金州. 又令洪茶丘以舊領民二千屯田, 阿剌帖木兒爲副經略使, 總轄之, 而罷阿海軍."

178) 《元高麗紀事》, 지원 7년 11월 25일 "以忻都·史樞爲鳳州等處經略使, 領軍五千屯田於金州."

179) 中衛는 지원 8년 새로 개편되어 설치된 侍衛親軍의 일부였다. 董文炳 등이 거느리고 있던 시위친군인 武衛를 지원 원년에 左右翼으로 나누었다가 다시 8년에 左·右·中衛로 개편하여 숙위와 扈從, 둔전을 맡게 하고, 전쟁 등 큰일이 있으면 파견하게 했다고 한다(《元史》 권99, 兵志 2, 宿衛 2525쪽). 같은 사료의 뒷부분에는 지원 2년 12월 고려인 3천과 阿海의 병력 3천을 포함한 시위친군 1만을 늘렸다(2531쪽 참조)고 하는데, 이들 병력 가운데 일부가 고려에 파견된 것으로 볼 수 있다. 또 같은 兵志 3 屯田/樞密院所轄條는 지원 4년에 이미 中衛屯田이 설치되고 있음을 보여 주고 있어 앞으로 검토가 요구된다.

180) 《元史》 권100, 兵 3, 屯田/高麗國立屯條; 앞의 주76 참조.

농기農器·종자種子·건초乾草와 가을걷이를 할 때까지 필요한 식량과 종곡種穀은 고려에서 부족하지 않게 지원하도록 요구하고 있다.[181] 이에 대원에서는 비단 1만 2천 350필로 3천 두의 농우를 고려에서 조달하였고, 고려는 다음 해 4월 제도농무별감諸道農務別監을 파견해 황주와 봉주에 농우와 농기를 보내는 것을 독촉하고 있다. 그리고 끝내 원래의 숫자를 채우게 하였다고 한다.[182]

하지만 몽골의 둔전설치 성과는 주둔군의 군량軍糧과 추말芻秣을 충족시키기에는 크게 부족했던 것으로 보인다. 이러한 부족분은 결국 고려에 떠맡기거나 본국으로부터 군량과 대체물품을 가져와 고려에서 식량과 바꾸어 메웠다. 그러나 부족한 군량이나 추말의 공급도 제때에 이루어지지 못해 원군의 많은 군마軍馬가 주리고 못쓰게 되었던 것으로 보인다. 예컨대 1271년 섣달(12월) 힌두는 봉주에서 개경으로 와서 군대에 대한 고려의 양료糧料 공급이 원활하지 못하다고 원종을 책망하고 있고, 고려는 거리가 멀어 군량의 운송이 어렵다는 이유로 주둔지를 염주나 백주로 옮기도록 권유한다. 이에 힌두는 말이 많이 죽었다고 처음 난색을 보였으나, 마침내 1272년 정월 봉주에 설치된 둔전도 염주와 백주로 옮기기로 하였고,[183] 2월에 대원 조정은 사신을 보내 이둔한 염주와 백주의 형세를 조사하였다.

---

181) 《高麗史》 권27/8하, "(元宗12年3月)……今將經略於彼, 勅有司發卒屯田, 用爲進取之計, 庶免爾國他日轉輸之弊.…… 又中書省移文曰, 欽奉聖旨以忻都史樞行經略司於鳳州等處營軍屯田. 所有屯田牛六千頭, 除東京等處起遣一半, 餘三千頭今經略司受直王國和市外, 農器種子芻秣之類及接秋軍糧一就供給無致闕乏."

182) 《高麗史》 권27, "(元宗12年3月)(/9상)癸酉, 鳳州經略司以絹一萬二千三百五十匹來市農牛.……(/10상)又承中書省牒, 鳳州屯田農牛農器種子軍糧等事, 若乃農牛如前表奏,……(/11상)夏四月丙申分遣諸道農務別監催納農牛農器于黃鳳州.……(/12하)是月斷事官沈渾還. 上表略曰, 前次使臣忻都等奉傳聖旨, 諭以屯田事, 此(/13상)蓋皇帝矜恤小邦將省軍糧芻秣之供給, 令就小邦和市農牛三千.……(/15하)(6월)丙申蒙古遣斷事官只必哥等六人來詔曰,……屯田農牛農器等漸次當依元數."

183) 《高麗史》 권27, 원종 12년(/24하), "十二月甲午忻都自鳳州來詰王曰, 軍馬多饑斃糧料不繼何也.……於是有司督輸軍糧道路悠遠人皆苦之. 金方慶請移屯鹽白州.……(/25상)丙午忻都使人來言, 馬饑多死難移鹽州.…… 丁未忻都移屯鹽白州.……(/26상)(12年 春正月)辛巳元以鳳州屯田于鹽白州."

이처럼 고려에 설치된 몽골군 둔전의 위치는 최초의 황주와 봉주 말고도 염주와 백주 등으로 확대되었고, 몽골군의 둔소 또한 이와 멀지 않았을 것으로 보이나, 둘 다 확실하지는 않다. 위에서 1272년 봉주에 있던 힌두군의 주둔지를 염주와 백주로 옮겨 가면서 둔전도 그곳으로 옮기는 것으로 보이는데, 1278년 당시에도 박몽고대朴蒙古大가 봉주둔전천호鳳州屯田千戶로 불리는 것으로 보아[184] 이 무렵까지는 봉주의 둔전이 완전히 폐지되지는 않았던 것 같다. 그렇지만 원종 14년(1273) 2월 2일(을유)에 황봉주黃鳳州 경략사經略使가 사람을 보내 대원의 조를 전하였고, 이어 13일(병신)에 경략사인 힌두와 유통령劉統領(유복형)과 만호萬戶 정온鄭溫, 박고대朴古大(박몽고대) 등이 염주의 둔소에서 오면서 두 통의 조를 전했다. 이것으로 보아 힌두의 둔소가 염주와 백주로 옮겨가면서 경략사도 옮겨갔고, 이들의 둔소도 부근에 분포되어 있었음을 알 수 있다.

이 밖에도 홍다구가 확실한 위치는 알 수 없지만 송경松京 남쪽에서 둔전을 했다고 하는데,[185] 이는 위에서 언급한 그와 왕준王綧의 구부舊部 2천에 의한 둔전으로 보인다. 다시 말해 오늘날의 황해도 북동부와 서남부, 그리고 경남 김해 부근에 대몽고국의 둔전이 설치되어 있었음을 말해 준다. 한편 더욱 뒷날의 기록에서도[186] 황주목黃州牧과 해주海州(안서대도호부)[187]가 둔전의 소재지로 언급되고 있다. 그런데 봉주가 황주에 속했고, 서해도의 해주에는 염주와 백주가 속해 있었으므로 새로운 장소는 아니다.[188]

184) 《高麗史》 권28, 忠烈王世家, "(4年夏4月乙丑)鳳州屯田千戶朴蒙古大以良馬一匹橐駝一頭來見, 王賜銀幣五斤紵布十匹."(/31하~32상)

185) 《高麗史》 권123, "李汾禧, 孛刺再問茶丘日, 李汾禧有何二功, 日, 歲庚午帝命復都古京,……明年子領屯田軍駐京南."(/13상)

186) 《高麗史》 권104, 金周鼎, "(/44하)(忠烈王)四年王如元, 周鼎爲行從都監使建白: 本國達魯花赤, 王京留守軍, 合浦鎭戍軍, 黃鳳鹽白四州屯田軍(/45상)供億繁重, 民不堪命." 이 밖에 《高麗史》 권27, (元宗12年)"(/9상)癸酉, 鳳州經略司以絹一萬二千三百五十匹來市農牛.……(/10상)又承中書省牒, 鳳州屯田農牛農器種子軍糧等事, 若乃農牛如前表奏,……(/11상)夏四月丙申分遣諸道農務別監催納農牛農器于黃·鳳州."

187) 《高麗史》 권28, 충렬왕 원년(1275) "……二月己酉, 副達魯花赤朱世昌卒.……(28/8상)庚午, 元遣蠻子軍一千四百人來, 分處海鹽白三州."

다만 여기서 유의할 점은, 《원사》와 《원고려기사》에 나오는 금주에 둔전을 설치했다는 기록과 《고려사》 권104 〈김방경전〉에 보이는 반남등처潘南等處의 선즙船楫이다. 후자의 경우 나주 부근에 종전군이 배치되었을 가능성을 보이지만,[189] 금주의 경우는 서해도에 설치된 다른 둔전들과 달리 나머지 다른 고려의 기록에 둔전경작과 관련된 어떤 기록도 확인할 수 없다. 대신 비록 후대의 기록이긴 하지만 《신증동국여지승람新增東國輿地勝覽》 권32 〈창원도호부昌原都護府〉에는 그 지역에 행성이 있었다고 하고,[190] 권25 〈고령현항高靈縣項〉에는 근처에 몽골군의 낙후둔소落後屯所가 있었다는 기록이 남아 있다. 더욱이 후자는 쿠빌라이 시대 행중서성行中書省(동경행중서성)이 반포한 것으로 보이는 방문榜文을 싣고 있다. 내용은 1273년 2월 고려에 도착한 조서와 대체로 궤를 같이하며,[191] 동정군이 출발한 다음 의안義安 일대에 머물고 있던 몽골군 낙후오로落後奧魯의 군사(정군과 코톨치)가 돌보고 있던 생축牲畜이 부근의 사찰에 침범하여 승려들의 축연성수祝延聖壽 기도를 방해하지 않도록 하라는 내용을 담고 있다.[192] 《원사》 권167 〈왕국창전王國昌傳〉을 보면 그에게 지원 8년 조양필이 일본에 간 뒤에 고려의 의안군에 주둔하면서 원군援軍을 지휘하게 하고 있다. 이를 보아 이 지역에 몽골 군대가 장기간 주둔하며 생축을 방목하였음을 알 수 있지만, 둔전을 했다는 기록은 보이지 않는다.

188) 《高麗史》 권58, 地理 3.

189) 《高麗史》 권104, 金方慶, "王上書都堂辨方慶誣曰,……指稱方慶所畜潘南等處船楫, 俱是種田軍人所具."

190) 《신증동국여지승람》 권32, 昌原都護府, 古跡/節度使舊營條, "城基在月影臺北, 世傳元世祖征日本時權置征東行省于此, 遣忻都領蒙古兵四千五百人留鎭." 비슷한 기사는 樓亭/燕賓樓條에도 나온다.

191) 《高麗史》 권27/36하, "(元宗14年)二月乙酉黄凤州经略使差人赉元诏来, 令僧徒出迎其诏云: 禁軍士騷擾僧舍損毀經像, 使之安心作法."

192) 《新增東國輿地勝覽》 권29, 昌原都護府/佛宇/盤龍寺, "在美崇山. 有元世祖時榜文云: 皇帝聖旨裏, 行中書省照得: 軍馬俱到合浦已上船征進外, 有落後屯住正軍闊端赤人等, 於義安上下丹城村寨牧放頭匹. 誠恐屯守各處寺院踏踐搔擾, 有礙祝延聖壽善事. 擬合出榜省諭禁約, 若有不畏公法之人於寺院內踏踐搔擾以致不安, 仰所在官司捉拿前來依條斷罪施行, 合行榜示者. 右榜附盤龍寺張掛, 省諭諸人各令通知."(/28하~29상) 중국사회과학원 역사연구소의 劉曉 선생이 원대 방문의 형식임을 일깨워 주었다.

그렇다면 왜 금주에 둔전을 설치한 기록이 보이지 않는 것일까? 둔전의 주체가 되어야 하는 힌두의 군대가 삼별초군을 멸하고 금주 지역으로 이동한 것은 1273년이었다. 힌두와 사추는 1271년 고려에 들어오자 곧 아카이를 대신하여 삼별초 진압에 나섰으며, 이것은 1273년 5월까지 이어졌다. 그런데 삼별초가 진압되기 이전 1271년 1월에 금주와 인접한 밀성密城에서 삼별초에 호응하여 방보方甫의 봉기가 있었으며, 이 밖에도 삼별초와 그에 호응한 세력이 수시로 이 지역을 장악하였다. 따라서 1273년 탐라의 삼별초군이 진압되기 전이라 할지라도 금주에서 몽골군이 둔전을 경작하는 것은 현실적으로 가능하지 않았다. 또 힌두가 거느렸던 4천 5백 명의 군대가 금주로 이동한 1273년은 몽골의 제1차 일본원정이 있었던 1274년의 바로 전년으로, 둔전을 새로 시작하기에 적절한 상황이 아니었다. 게다가 1274년 겨울 제1차 동정 뒤에는 종전군을 제외한 동정에 참가했던 대부분의 정군과 둔전군은 고향으로 돌아갔으며,[193] 이들은 모두 1277년에야 고려로 돌아오는 것을 확인할 수 있다.

그렇다면 고려에 설치한 둔전은 어떤 모습이었을까? 이와 관련하여 우리는 대원의 둔전제도에 대하여 잠시 들여다 볼 필요가 있다. 《경세대전서록經世大典序錄》의 둔전을 보건대 "欲因之置軍旅於蠻夷腹心以控扼之也욕인지치군려어만이복심이공액지야"[194]라 하여, 고려의 복심腹心에 해당되는 봉주 등에 둔전을 설치하고 군대를 주둔시켜 고려를 견제하려 했음을 엿볼 수 있다. 이어 추밀원소할樞密院所轄의 둔전을 말하는 자리에서 좌위둔左衛屯은 동안주東安州와 영청현永淸縣에 위치하고, 군 2천과 전田 1,310경頃으로 이루어졌으며, 그 가운데 1천 경은 경작하고 나머지 면적에는 영사營司와 장원場院과 여사廬舍를 세웠으며, 소 2천 두를 소유하고 있었다고 한다. 영청현과 패주覇州, 익진현益津縣에 둔전을 가진 우위右衛와 향하香河·무청武

193) 《高麗史》 권28/20하~22상, "(忠烈王3年2月)丁卯, 遣張舜龍如元上書中書省曰, 今蒙省牒: 樞密院奏奉聖旨, 令茶丘前去高麗, 與忻都一同勾當者, 征日本還家三千軍也教去者, 本院照得站軍二百名, 還家屯田軍三千名并闊端赤, 依先往日本時數目, 應副米糧草料."

194) 주82 참조.

淸·보지寶坻에 둔전을 가진 중위中衛는 위치만 달랐을 뿐 규모는 같았다.[195] 따라서 고려에 설치한 둔전도 6천 명의 인력에 6천 두의 역축役畜이 소요된 것으로 보이는데, 단위둔전의 규모는 4분의 1 정도로 줄었지만 둔전의 구조나 전체 규모는 이와 대체로 비슷했을 것으로 추정된다.

4. 몽골의 둔전경작 특색과 고려사회에 미친 영향

고려에서 둔전을 경작한 몽골의 노동력은 둔전군으로, 특히 종전군이라 불리고 있는데, 그 실체는 분명하지 않다. 《원사》〈병지〉 2는 왕준과 홍다구 등이 거느린 고려호 2천, 중위군 2천과 파사부婆娑府와 함평부咸平府에서 각각 1천씩 징발한 군사를 투입하여 왕경, 동녕부, 봉주 등 열 곳에 둔전을 설치하고 5백 명씩 배치하여 경작하며, 경략사經略司를 두어 이를 관리했다[196]고 한다. 《원사》〈세조본기〉는 쿠빌라이 카안이 1270년 11월 정사[197]에 고려에 군사 2천을 증파했고, 힌두와 사추를 고려금주등처경략사高麗金州等處經略使로 삼아 둔전업무를 총괄하게 했다고 하는데,[198] 당시 증파된 병사도 원래 둔전군인 중위군中衛軍으로 힌두와 사추가 거느리고 왔던 것으로 보인다.

1271년 5월 진도의 삼별초군을 붕괴시킨 고려는 그해 8월 대원에 올린 진정표에서 당시 고려의 공급에 의존하고 있던 6천의 고려주둔 관군官軍[199]에 대하여 언급한다. 여기서 관군은 정군正軍으로서 위의 둔전군과

195) 《國朝文類》 권41/68상.

196) 《元史》 권100, 兵 3, 屯田/高麗國立屯條.

197) 1270년 11월은 병인삭으로 정사일이 없다. 따라서 윤10월 21일이나 다음 달인 12월 22일이 정사일인 바, 이러한 칙령을 내린 날짜는 후자일 가능성이 높다. 陳垣, 《二十史朔閏表, 附西曆回歷》(中華書局, 1978), 148쪽 참조.

198) 《元史》 권7, 131쪽, "(至元7年11月)丁巳, 勅益兵二千, 合前所發軍爲六千. 屯田高麗, 以 都及前左壁總帥史樞. 並爲高麗金州等處經略使, 佩虎符領屯田事."

199) 《高麗史》 권27, 元宗世家, "(12年8月)又上陳情表略曰, 切以小邦元來倉廩所蓄旣薄, 自年前出來上朝軍馬至今留屯, 初以百官俸粟供給而不足, 繼斂兩班百姓之戶者至于四五度. 今接秋中外所共軍馬料以上朝石數之, 則無慮十五餘萬. 始則耐忍艱苦, 今則絕不能輸納, 今有追討使金方慶報云,

일정한 포함관계를 가지고 있으며, 고려주둔 둔전군이 가지는 성격을 일부 공유하고 있었을 것으로 보인다. 관군 6천 명은 모두 3필의 말을 대동한 것으로 계산하는 것으로 보아 이들 모두가 기본적으로 전투병력으로 구성되었음을 알 수 있다. 다음으로, 관군의 숫자에 포함되지 않는 코시치科施赤, qošči[200])가 있고, 이들 말고 관인 자삭치扎撒赤, jasaqči[201])나 수령관首領官과 영사令史, 그리고 관군의 가속과 체번遞番을 위해 왕래한 형제

界內百姓皆食草實木葉, 雖有徵索勢無可爲者. 且見今官軍六千, 而科施赤則不得細諳其數多少,外有官人扎撒赤首領官令史并官軍家屬及其兄弟遞番往來者悉令給料, 至乃攻破珍島後驅掠人物亦令給糧. 今計正軍六千人所帶馬, 率以一人三匹爲計, 則凡一萬八千匹, 一匹日支五升, 自十月至明年二月, 則當用上朝碩十三萬五千, 而本國碩則二十七萬矣. 加以四千農牛料一首日支五升, 自十月至明年三月, 以上朝碩計之, 三萬六千, 本國則七萬二千, 然則……."(/22상하)

200) 科施赤은 科k'ua(古)施cīa(古)/cie(廣)赤ț'iäk(古)/tɕ'iɛk(廣)(《漢字古音手冊》)으로 발음되며, 코시치 또는 쿠시치로 읽을 수 있다. qushichi는 라시드 앗 딘의 《집사》에 뭉케 카안紀와 쿠빌라이 카안紀에 나오는데(Rashīd Al-Dīn/tr. by John A. Boyle, *The Successors of Genghis Khan*. Columbia univ. press, 1971: pp.207~8, 297), 이는 터키어로 매잡이(falconer/Falkner 鷹坊戶)를 뜻한다(G. Doerfer, *Die Turkische und Mongolische Elimente im Neupersischen*, vol. Ⅲ, Wiesbaden, 1967, pp.548~549). 그러나 전후문맥으로 보아 qushichi가 전투부대를 따라왔다고 보기 어렵다. 한편 《蒙古秘史》를 역주한 이고르 드 라헤빌츠는 터키어 qoš(travel tent, 여행용 천막)를 빌려온 qošliq라는 몽골어 어휘를 설명하면서 qoš는 원대의 바퀴 달린 천막을 가리키고, qošiliq라는 표현은 《元朝秘史》 권10/41a에 "niken-boro qosiliq abcira'ulju(하나의 푸른 帳房을 가져오게 하여)"라는 말 속에 나오며, 칼무크語에도 xoš(임시 천막)라는 어휘가 있다고 한다(Igor de Rachewiltz, *The Secret History of Mongols: A Mongolian Epic Chronicle of the Thirteenth Century*, Brill: Leiden, 2004, p.374, 613). 이를 통해 科施赤qošči는 qoš에 어미 či를 붙인 말로 볼 수 있는 바, 奧魯와 함께 몽골부대의 이동을 위해 따라온 帳房(travel tent)을 모는 사람으로 볼 수도 있다. 또 이는 전쟁터를 따라 이동하는 奧魯를 뜻하는 터키어 köč(Maḫmūd al-Kāšrarī/tr. by Robert Dankoff, *Compendium of The Turkic Dialects Ⅲ*, Harvard Univ., 1985, p.107)에 či가 붙은 것으로 볼 수도 있다.

201) 扎撒赤은 몽골어 jsaɣči로 첫째, Doefer의 사전에서는 yasaghchi: "Gesandten Wachsoldat", "Wachsoldaten"로 전쟁터의 군사를 督察하기 위한 목적으로 파견한 군관이나 병사를 가리킨다(Ⅳ/p.82). 둘째, 《元朝秘史》 권7 189절에 "qadun-nu bidan-u gürbesü-yin jasaq"(우리 구르베수 妃의 法度/통치)라는 표현 등 jasaq라는 어휘가 빈번히 나오는데(Igor de Rachewiltz 2004, p.683), 여기에 či를 붙인 말(jasaq-či)로 볼 수 있다. 코발렙스끼 사전에 나오는 dsasaktchi(судья)와 같은 뜻으로 볼 수 있다(*Dictionaire Mongol-Russe-Fran çais. Kasan*, 1849: Ⅲ/p.2273). 법(자사크)을 집행하는 사람, 곧 고려에 빈번히 파견된 斷事官의 뜻으로 보는 것도 좋을 것 같다. 셋째, 현대 몽골어에서는 zasaɣci를 "one who repaires, corrects or fixes"로 해석하고(Lessing, *Mongolian English Dictionary*. Univ. of California press, 1960, p.1040), 최근 商務印書館에서 펴낸 《新蒙漢詞典》(北京, 1999)도 засарч를 수리공으로 해석한다. 《高麗史》 이와 같은 시기의 다른 기록에서 이 어휘를 찾을 수 없어 확정하기 어렵지만 필자는 첫째와 셋째 해석이 모두 문맥에서 가능한 것으로 보고 있다.

도 대동하고 있었다는 점에서 관군은 전업적인 일반 둔전군과 명확히 구분된다. 다만 이들 6천의 관군이 농우 4천 마리를 소유하고 있었다는 점이 여느 전투부대와 다르다. 이들 농우가 모두 역축으로 사역되었다면, 규모로 보아 전체 관군 가운데 4천 명 정도는 둔전경작에 투입되고, 나머지 2천 명 정도만 탐라의 삼별초 진압전투에 투입되는 상황이었다고 볼 수 있다.

이로써 1272년 이후 탐라의 삼별초를 진압하기 위해 새로운 병력이 증파되는 이유가 설명되며, 마찬가지로 1271년 초에 국신사 조양필을 호송하고 지원하기 위해 금주로 둔소를 옮기고 있는[202] 쿠룸치忽林赤와 4월 흔두의 합동작전 요청[203]으로 삼별초 진압전투에 참여하였다가 금주 지역으로 돌아간 왕국창 등의 부대를 6천의 관군 속에 포함시킬 수 없는 이유도 설명된다.

더욱이 후자의 경우는 1272년 정월 13일 조양필이 일본에서 돌아온 뒤에도 금주에 남아 있었던 것으로 보인다. 1272년 6월 고려에서 대원 조정에 보낸 표문을 보건대, "금주에 있는 원조의 군마를 나눠 보내 방어해 주길 바랍니다.……엎드려 바라건대 경상도의 관군 2천 가운데 전주와 나주에 기사騎士를 수백씩 나누어 보내 배를 짓는 지역뿐만 아니라 연해 지역도 방위해 주십시오"[204]라고 하여 이들 관군이 또한 기병임을 강조하고 있다.

한편《원사》〈세조본기〉에는 "봉상부鳳翔府의 종전호를 평양平陽의 병적兵籍에 편성하되, 출정시키지 말고 둔전의 경작에 힘써 군향軍餉을 공급케 하라"[205]는 조가 실린 중통 2년(1261)의 10월 1일의 기사가 나오고, 3년 10월에도 봉상부 둔전군을 그대로 병적에 편성하되 둔전을 경작하라[206]

202)《元高麗紀事》, 36쪽, "(至元8年)八月十一日忽林失至高麗赴鎮邊合浦縣屯所."

203)《高麗史》권27, 원종 12년 4월 정미, "忻都奏帝曰, 叛臣裴仲孫稽留使命負固不服, 乞與忽林赤王國昌分道追討, 帝從之. 壬子 蒙古遣來永寧公綧之子熙雍等二人領兵四百, 來討珍島."

204)《高麗史》권27, 元宗世家, "乞令金州住在上朝軍馬分遣防禦,……伏望威先攻昧德尙固存減慶尙道之官軍二千, 分全羅州以騎士數百, 不止衛乎造舟之地, 抑令防諸沿海之方."(/32상)

205)《元史》권4, 世祖本紀, 중통 2년 10월 경인.

206)《元史》권5, 世祖本紀, 중통 3년 10월 정묘.

는 조를 내린다. 이처럼 대원 시기에는 차경차수且耕且守의 전통적인 둔전과 달리 오로지 경작하여 군향을 공급하는 둔전군이 등장한다. 특히 농업노동에 익숙하지 않은 몽골군 등에 포로로 잡혀 농업노동에 종사하는 집단이 나타나는데, 이를 특별히 종전호種田戶라든가 종전군種田軍으로 불렀다.[207)]

하지만 힌두가 관할했던 고려의 둔전군 부대는 차전차경且戰且耕·차경차수且耕且守의 전통적인 형식의 둔전군이며, 이것은 방수군防守軍의 유지형 둔전으로 군향의 축적에 적합한 둔전형식이라 할 수 없다. 이간은 대원의 둔전군을 두 종류로 나누어, 일종은 정군으로 오로지 조련방수操練防守를 책임지는 둔전군으로 변방요지에 배치하고, 다른 일종은 병적에 편성하여 오로지 경작하여 군향을 공급하는 둔전군으로, 차경차수의 둔수군에서 발전한 전업專業 둔전군이 대원 시기 군둔軍屯의 가장 큰 특징이라고 주장한다.[208)] 그런데 고려의 몽골둔전은 차경차수의 전통적인 둔전군의 모습을 보여 준다. 〈세조본기〉 지원 3년 6월 을미조 기사가 파사부의 둔전군을 압록강의 서쪽으로 이주시켜 해도海道를 방어하게 했다[209)]고 하여 차전차경의 성격을 볼 수 있고, 아울러 고려에 온 6천 둔전군 가운데 1천을 파사부에서 징발한 점을 고려할 때, 이것도 고려에 설치한 둔전군의 성격을 보여 주는 의미 있는 사료라고 볼 수 있다.

그러나 한편으로 《고려사》에는 힌두군과 홍다구군 그리고 합포진수군과 별도로 종전군이라는 군종軍種을 구분하여 사용하고 있다.[210)] 또 고려에서도 둔전관리를 위해 박몽고대朴蒙古大와 같이 둔전천호屯田千戶라는 관리가 임명되었고, 종전사種田司라는 전문적인 종전관리기구種田管理機構가 설치되어 있던 점[211)]을 고려하면, 몽골은 고려에 설치된 둔전의 경작을

207) 주158 참조.
208) 李干, 앞의 논문(복인보간자료), 82쪽.
209) 《元史》 권5, 世祖本紀.
210) 《高麗史》 권28, 충렬왕 4년 7월 무술 "又命罷忻都茶丘軍·種田軍·合浦鎭守軍皆還."
211) 《高麗史》 권27, 원종 13년 6월 임자 "一曾稟聖旨, 官軍供給限以接秋, 而(/33하) 農牛·農器·種子等事早悉疕了. 分付種田司, 趁時耕播."

위해 전문적으로 농사를 짓기 위해 편성한 종전군도 투입했음을 알 수 있다.

한편 흔두는 1273년 탐라의 삼별초를 완전히 진압한 뒤에 4천 5백의 군사를 금주 지방으로 이동시켰는데, 이들은 차전차경의 둔전군으로 보기 어렵다. 제1차 동정에 참가한 일부 환가둔전군의 경우도 동정이 끝난 다음 대원으로 돌아갔다가 고려로 다시 파병되는데, 설사 대원에서 둔전군에 편성되어 있었다고 해도, 고려에서는 둔전경작에 동원되지 않고 전투요원으로 활용되었던 것으로 보인다.

요컨대 고려에 파견된 둔전군과 종전군, 정군은 때로 충렬왕 원년(1275) 2월에 새로 해주의 염주와 백주에 나누어 배치되는 1천 4백 명의 만자군처럼[212] 동일한 실체를 가리키지만, 때로는 확실히 구분되어 사용되었다.

고려에 남았던 이 만자군은 1273년 바얀의 설득으로 스스로 부오部伍를 갖추어 제1차 동정에 참가했던 양양襄陽 생권군生券軍으로 여겨지는 바,[213] 매우 거칠었던 것으로 보인다.[214] 이들은 종전군을 동반한 몽골군과 달리 직접 경작해[215] 군량을 해결했다는 점에서 홍다구 등이 거느린 고려군과 비슷하였다. 고려에서는 이들을 겪어본 경험이 있는 관리를 안서도호부安西都護府의 수령으로 임명하고,[216] 다른 한편으로 대원에 이들을 소환해 줄 것을 요청하였다. 대원 조정은 1276년 6월 기사에 동정원수부

212) 《高麗史》 권28, "忠烈王元年(1275)……. 二月己酉, 副達魯花赤朱世昌卒.……(28/8상)庚午, 元遣蠻子軍一千四百人來, 分處海鹽白三州."

213) 《元史》 권8, 世祖本紀, 지원 10년(1273) 9월 "甲申, 襄陽生卷軍至大都, 詔伯顔諭之, 釋其械繫, 免死罪, 聽自立部伍, 俾征日本; 仍敕樞密院具鎧仗, 人各賜鈔娶妻, 於蒙古漢人乃選可爲率領者." 생권군에 대하여는 安部健夫, 〈生熟券支給制度略考〉, 《元代史の研究》(東京: 創文社, 1972); 李康漢의 논문(2007), 24쪽 참조.

214) 《高麗史》 권28/13상, 충렬왕 2년 1월 기묘조, 경인조 참조. 이를 접한 고려왕은 고려는 땅이 좁고 해마다 흉년이 들어서 수확이 적으므로 그 생권군을 동경에 주둔케 하라고 요청하고 있다(임진조).

215) 《高麗史》 권28/18상, 충렬왕 2년(1276) "(10月)甲子,……又令西海道歸附軍自耕而食."

216) 《高麗史》 권28, 忠烈王世家, "(2年春正月)庚寅少尹朴瑞將赴安西都護府, 宰樞言安西生券軍所聚, 守非其人不能制, 少尹金瑊有口辨, 且嘗爲金方慶南征佐幕, 頗識蒙漢軍情, 僞請以代瑞, 從之."(/13상)

에 명하여 양양 생권군 5백을 선발하여 시위군侍衛軍으로 보충하라는 지시를 내리고 있다.[217] 이에 앞서 2월 고려에 귀부군歸附軍 5백 명을 소환한다는 소식이 전해졌고, 4월 병자에 생권군 절반을 철수시키라는 칙령이 내려, 조야가 온통 희색이 되었다고 한다.[218]

한편 최근 한 연구는 몽골의 고려 둔전경작에 고려인이 사역되었을 가능성에 주목하고 있다. 몽골군의 포로가 되었던 삼별초와 그 혈족, 강화와 진도 등지에서 끌려간 일반 백성이 몽골의 둔전에 사역되었을 것으로 추정하고 있다.[219] 몽골의 고려 침략기의 예로 보아 고려인이 몽골의 둔전경작에 사역되었을 가능성을 부인할 수는 없다. 위에서 언급된 바와 같이, 1253년 예쿠也窟 등 17명의 대왕·태자가 각기 병마를 거느리고 왔을 때, 몽골·한아·여진인과 함께 고려인을 데려다 남북계南北界에서 둔전을 시켰다는 기록이 보인다. 1259년 8월에는 박희실朴希實 등이 섬주陜州에서 뭉케 카안을 만나 서경과 의주의 둔병을 파하고 백성들을 본업에 돌려보내 줄 것을 요청하고 있다. 원종 9년(1268) 2월에도 당시 몽골이 서경에서 둔전을 경영하기 위해 부렸던 군민을 돌려보냈음에도 고려가 개경으로 환도하지 않았음을 질책하고 있기 때문이다.[220] 이 밖에, 앞에서 언급한 대로, 몽골군이 고려에서 둔전을 경작하면서 고려인을 사역한 흔적이 보인다. 하지만 이는 몽골의 본격적인 둔전이 시작되기 전의 사실이라는 점에 유의할 필요가 있고, 1270년 이후 고려인이 둔전경작에서 사역된 사실을 명백하게 보여 주는 사료는 아직 찾아볼 수 없다.

---

217) 1277년 2월 대원 조정이 귀부군 5백 명을 소환함으로써 고려 朝野가 온통 喜色이 되었다고 하는데, 이는 76년 3월 귀부군 5백의 聘妻를 위해 寡婦處女推考別監이 세워졌던 탓이다. 《高麗史》 권28, 忠烈王世家, "(3年2月)乙亥, 中郎將盧英還自元, 洪茶丘引兵將入我境, 帝召還, 又勅還歸附軍五百人擧國皆喜."; 《高麗史》 권28, 忠烈王世家, 2년 하4월 "丙子, 元勅歸附軍輟其半以歸."(/22하)

218) 《元史》 권9, 183쪽, "命東征元帥府選襄陽生券軍五百, 充侍衛軍." 《高麗史》에는 1276년 4월 병자에 칙을 내려 귀부군의 半을 철군시키고 있다. "丙子, 元勅歸附軍輟其半以歸."

219) 辛素然, 94~95쪽.

220) 《高麗史》 권15, 원종 9년(1268) 3월 "(/13상)壬寅, 安慶公淐還,……初帝以趙彝之譖, 怒不解, 親勅淐曰,……爾王奏云: '我國地窄, 今西京入排屯田軍民盡令還歸, 則當召集殘民, 力農三年, 然後復都舊京', 今屯田軍馬盡還, 果還舊京乎?"

물론 둔전을 설치하였다고 하여 고려에 파견된 군대의 군량 공급이 모두 해결된 것은 아니다. 현지 정권인 고려가 몽골군이 필요한 양료糧料의 일부를 부담했고, 대원에서도 수시로 부족한 양초糧草를 지원하였다. 하지만 고려의 부담이 매우 컸기 때문에 '군료軍料의 감경減輕을 청請하는 표表' 등을 올리고 있다. 4월 정사에 간의대부諫議大夫 곽여필郭汝弼을 몽골에 보내, 먼저 염백주등군鹽白州等軍의 주청에 근거하여 중서성이 고려에 보낸 '병사 한 사람 당 달마다 군량을 1두斗 늘여 모두 4두를 지급토록 하라는 요구'를 당시 고려 농업생산의 어려운 사정과 고려에 주둔한 몽골군에 대한 과중한 양료부담糧料負擔을 들어 월 3두가 적지만 겨울의 군량지급을 줄여 줄 것을 요청하고 있다. 당시 둔전을 통해 주둔군의 양료의 일부를 조달하였다고는 하지만 1270년부터 1272년 4월까지 고려가 부담한 군량은 자그마치 10만 9천 199석 6두, 마우료馬牛料 43만 2천 5석 6두였고, 왕경에서 사신을 접대하는 데에도 쌀 1만 7천 151석이 소요되었다고 한다. 그리고 둔전을 위해 제공된 종자種子만도 1만 5천 석이 되었다고 하니,[221] 당시 고려의 빈약한 재정으로 몽골 주둔군에 대한 군량부담은 매우 컸다고 볼 수 있다. 또 1274년 고려에서 대원 중서성에 올린 글에서도, 힌두의 소관군所管軍 행량行糧, 둔주처양료屯住處糧料, 나주락후오로활단적羅州落後奧魯闊端赤[222] 군량 8천 석을 합한 4만여 석과 금주·전주·나주 둔주군에 공급 봉주 둔전군 각월불부량 2천 47석, 우량牛粮 1천 1석 7두

221) 《高麗史》 권27, "(元宗12年2月)(/27하)戊午元遣使于鹽白州, 相移屯之地.……(3月)(/28상)癸卯元遣李益爲達魯花赤, 王迎于城外.……丁巳遣諫議大夫郭汝弼如元, 請減軍料表曰, 近承省旨, 據鹽白州等軍奏請, 令每軍一名添支粮一斗, 每月通支四斗." 이하 畧한다.

222) 나주 반남현 일대에 뒤떨어져 있던 몽골군 奧魯의 闊端赤를 말한다. 池內宏은 〈高麗史에 보이는 몽골어의 해석〉의 21항에서 《元史》 권99 兵志 宿衛條의 "侍上帶刀及弓矢者日云都赤·闊端赤"를 상기하면서도 《元史語解》 권8에서 庫特齊로 바꾼 점에 유의해서 küteči로 읽고, 이를 코발렙스키 사전(p.2593a)과 만주의 의미 등에 의해 몽골어의 案內者·陪從者의 對音으로 본다. 물론 그는 《元朝秘史》 권1에는 闊團勒(kötöl) 또는 闊脫勒周(kötölžü)로 나오고 '말을 끈다'든지 '수종한다'는 뜻으로 해석한다는 점도 상기시키고 있다(pp.437~438). 이와 달리 뻴리오는 이를 왕실 호위병의 한 범주로 보며, 轉寫는 kötölči로 할 수 있으나 kötöčin(馬夫)에서 온 것으로 어원을 추정한다. 뽈·뻴리오/민현구 역, 〈高麗史에 실려 있는 蒙古語〉, 《白山學報》 4(1968), 235쪽.

를 부담해야 했다고 한다.[223]

물론 고려에서는 이러한 과중한 부담[224]을 조금이라도 줄이기 위해 동녕부에 일부라도 떠맡기려고 애쓰는 모습도 보인다. 1272년 6월 고려의 표에 따르면, 동녕부가 이전 경략사에 보낸 군마가 많지 않고, 정월부터 3월 17일까지 지응량료支應糧料도 모두 고려에 부담시킨 까닭에, 봉주에 남은 5백여 명의 둔전군의 양료를 동녕부에서 지원토록 간청하였다. 그러나 동녕부가 도리어 왕경에 떠맡겼으므로 성지로 동녕부가 돕게 하라고 명하였다.[225]

이 밖에 몽골의 둔전설치와 유지는 고려의 농민에게 많은 피해를 주었기 때문에 대원에 보낸 표문 안에서 이러한 농민의 고충을 호소하는 내용도 볼 수 있다. 예컨대, 연전年前에 백성의 가호家戶에 들어가 겨울을 보낸 염주와 해주 등지의 종전군은 봄이 되면 비우고 농소農所로 돌아가야 하거늘 백성들의 집을 떠나지 않는 자가 많아 백성들의 고충이 크다고 호소하는 내용이다.[226]

동정을 위해 몽한군이 대규모로 투입될 때는 군량을 실어 오고 비단을 가져와 곡식으로 바꾸는 등 대원으로부터 양료가 지원되었지만, 그것을 준비하는 과정에 주류했던 병마를 위한 고려의 양료 부담도 만만치 않았다. 충렬왕 3년(1277) 2월 정묘에 장순룡張舜龍이 중서성에 보낸 글에 따

223) 《高麗史》 권27, "(/43상)元宗十五年春正月元遣總管察忽監造戰艦三百艘,……(/43하)二月甲子……如元上書中書省曰,……(/44상)又正月十九日奉省言云, 忻都官人所管軍……(/44하)行糧……又屯住處糧料……及羅州落後奧魯闊端赤軍糧八千碩……(/45상)計四萬餘碩, 續有以後金州·全州·羅州屯住軍……供給實難. 又奉省旨令小邦應副鳳州屯田軍各月不敷粮二千四十七碩牛粮一千一碩七斗, 然此種田軍其農牛農器種子至乃初年接秋粮及至元九年不敷粮已曾支足.……(4月)(/47하)自庚午年以來至今五年供軍糧餉早曾乏絕, 今此造船……等三萬五百人, 種田軍, 洪總管軍,……等粮米專取兩班祿俸."

224) 《高麗史》 권104, 金周鼎, "(忠烈王)四年王如元, 周鼎爲行從都監使建白: 本國達魯花赤, 王京留守軍, 合浦鎮戍軍, 黃鳳鹽白四州屯田軍供億繁重, 民不堪命."(/44하~45상)

225) 《高麗史》 권27, 원종 13년 "六月壬子上表曰 一. 東寧府前次經略司分遣不多軍馬, 而支應糧料始自今年正月至三月十七日而止, 曾稟聖旨諭以一體供億故, 留在鳳州軍五百餘人糧料, 乞令東寧府應副而未蒙. 憐察反使王京供億, 其得能辨甚爲未便. 乞依聖旨. 卒令東寧府添助. 一. 鹽州海州等處種田軍年前既入處百姓家戶而經冬, 春月出歸農所而便不離家戶者多矣. 實百姓所悶."(/32하~33상)

226) 앞과 같음.

르면, 새로 파견하는 참군站軍 2백 명과 환가둔전군 3천 명, 코톨치闊端赤에 대하여 앞서 일본에 갔던 때의 수목數目에 따라 미량초료米糧草料를 공급해 주어야 한다는 추밀원의 요구가 있었다. 이에 대하여 고려는 당시 고려가 합포진변군合浦鎭邊軍, 탐라방호군耽羅防護軍, 염백주귀부군鹽白州歸附軍과 코톨치에 대한 1년 총지출〔都支〕이 인량人糧이 18,629석 2두, 마우료馬牛料가 32,952석 6두(漢斗)로 모두 백성에게 부과시키고 있어서, 이번에 보낸 인원의 양료를 지급할 새로운 재원 염출이 어렵다고 하였다. 그리하여 그동안 둔전군이 축적한 식량과 마랑중馬郎中(馬絳?)이 관리하던 군량으로 나누어 충당하고, 부족분은 지원 9년 종전군의 우구牛具를 화매和買한 예에 따라 구입해 지급하도록 요구하고 있다.[227] 고려가 과중한 양료부담 때문에 추가부담을 거부한 내용이지만, 한편으로 둔전군에 의한 비축이 확인되어 흥미롭다.

1278년 가을 9월 5일(병술) 몽골에서 돌아오는 충렬왕을 만난 다루가치 경력 장국강張國綱은 "지금 다루가치 원수와 관군이 모두 돌아가니 국가(고려)의 복이다〔今達魯花赤元帥及官軍皆還, 一國之福也〕"[228]라 하례賀禮하고 있다. 고려에 주재하면서 고려를 억누르던 몽골의 권부權府 가운데 하나인 다루가치의 하속下屬 장국강이 일행과 철수하는 길에 충렬왕을 만나 모든 억압세력이 철수하게 된 것을 충렬왕에게 하례한 것이다. 쿠빌라이 카안의 명령에 따라 종전군 또한 대원군과 함께 철수하였고, 이로써 둔전도 모두 폐지된 것으로 보인다.[229] 그런데 1284년 5월 경신의 《고려사》〈충렬왕세가〉의 기사를 보면 종전군의 일부가 잔류하였고, 황제가 이를 허락

227) 《高麗史》 권28, 충렬왕 3년 2월 정묘조.
228) 《高麗史》 권28, 충렬왕 4년 9월 병술조.
229) 李康漢(2007)과 辛素然(2011)은 1276년 남송의 항복에 따른 급격한 호구 증가로 대원 중앙 재정이 상대적으로 풍족해져 둔전유지가 불필요해졌다고 보며, 더욱이 이강한은 그 증거로 1280년 10월 元行中書省이 이첩한 征東軍事牒(《高麗史》 권29, 충렬왕 6년/16상~22하)과 《大元聖政國朝典章》 권34 兵部 1/軍役/正軍/省諭軍人條劃(1278)을 비교하여, 1270년대 말 몽골의 고려둔전 운영이 실제로 중지되어 있었다고 추정한다. 省諭軍人條劃은 前文 외에 元典章에 23款, 《高麗史》에 17款이 보존되어 있는데, 《高麗史》에만 남은 것이 2款으로 전문 외에 최소 25款의 조문으로 이루어진 것으로 보인다.

했던 것으로 보인다.[230] 당시 일부 군대가 금주에 남아 전함을 지키고 있던 사정을 상기한다면 둔전설치의 목적이 이들 몽골 군대의 고려 주재를 뒷받침하기 위한 것이었음을 이해할 수 있을 것이다.

1271년 고려에 둔전이 설치된 다음부터 1278년 7월 쿠빌라이가 몽골군의 철수를 명하는 칙령을 내리기 전까지 약 8년 동안, 고려는 처음에는 대원의 동경행성東京行省, 다음은 둔전경략사屯田經略司와 다루가치, 마지막은 원수부元帥府와 다루가치의 실질적인 지배 아래 놓여 있었다. 1277년 정월에는 다루가치가 지난해 11월 군사에게만 허용했던 고려인의 궁시소지弓矢所持마저 금지하였고, 1277년 12월에는 고려군부의 수장인 김방경과 그 아들에게 모반혐의를 씌웠다. 충렬왕의 석방지시에도 아랑곳하지 않고 흔두와 홍다구는 충렬왕으로 하여금 그들과 더불어 김방경 부자를 심문하게 만들었다.

이러한 국면은 1274년 충렬왕이 쿠빌라이 카안의 부마가 되면서 차츰 완화되는데, 부마의 지위에 따라 대원제국 안의 고려왕의 위계가 높아졌기 때문이다. 따라서 그동안 왕과 항례抗禮를 하던 몽골 파견권력의 고려왕권에 대한 억압이 감소되었으나, 한편으로 다루가치, 원수부의 권력과 고려왕권 사이에 경쟁과 대립이 심화되고 첨예화하였다. 그러나 김방경 역모사건을 해결하기 위해 1278년 충렬왕이 입조한 것을 계기로 저울대는 극적으로 충렬왕 편으로 기울었다. 황실가족의 일원으로서 고려왕의 위치가 확인되었고, 쿠빌라이 카안이 그의 손을 들어준 것이다. 김방경의 무혐의를 확인하였고, 또 흔두와 홍다구의 군대는 말할 것 없고 종전군과 합포진수군, 그리고 다루가치도 파하도록 명하였다. 충렬왕이 다루가치와 합포진수군의 잔류를 요청하였으나 진수군鎭戍軍도 고려에서 대체하도록 명하였다. 물론 이것은 고려왕권이 대원의 압제에서 벗어났음을 뜻하는 것이 아니라 국면의 전환일 뿐이어서 대원의 지배가 고려왕권에 내재화한 결과로 볼 수 있다.

230) 《高麗史》 권29, 충렬왕 10년 5월 경신조.

요컨대, 1278년 둔전철폐가 다루가치와 원수부의 철수와 함께, 곧 소수의 진수군을 제외한 고려에 대한 대원의 강제 해제와 함께 이루어졌다는 사실은, 둔전철폐가 가지는 정치적 함축을 축소하기보다는 오히려 그것을 분명히 한다고 볼 수 있다. 고려가 나머지 다른 내속국과 일부 다른 독립적인 요소를 여전히 가지고는 있었지만, 부마가 다스리는 왕국인 고려의 국왕권력은 부마고려왕부의 권력으로서 대원 지배체제(통치체계) 안에 편입되어 이미 대원제국 안의 권력기구가 된 점도 간과해서는 안 될 것이다. 따라서 몽골은 고려에 강제력을 상주시킬 필요가 없게 되었고, 이를 뒷받침하던 둔전도 불필요하게 되었다고 보아야 할 것이다.

최근 국내 학계 일부에서 필자의 이러한 주장을 비판하고, 그 근거로 대원정권이 1276년 남송병합南宋倂合으로 강남의 방대한 재원을 이용할 수 있게 되어 고려의 자원이 불필요해짐으로써 고려 지역 안에 몽골둔전을 전격적으로 해체했다고 보거나,[231] 제2차 일본원정에 필요한 군수물자를 조달할 수 있게 되고 고려의 경제적 중요성이 떨어짐으로써 고려 경내의 둔전을 폐지하고 다루가치와 둔전경략사를 철수한 것으로 이해하였다.[232] 하지만 1278년의 시점에서 강남의 재원이 고려 안의 몽골 군대의 군수자원으로 이용될 수 있었을 지는 의문이다. 곧 구남송舊南宋 지역 가운데 아리해아阿里海牙가 다스리던 호광행성湖廣行省 지역에서 호세戶稅의 변형인 문탄세門攤稅를 거두는 등 새로운 세제를 적용하여 재정수입을 늘리기는 했지만, 1278년 당시 호구증가 외에 중앙재정의 급격한 증가를 보여 주는 형적이 없다. 그 밖의 지역에서도 양세법兩稅法이 1281년에 처음 시행된 점을 고려하면, 아직 정복지역에 대한 지배가 안정되지 않고 수취제도 또한 확정되지 않은 상태였다. 따라서 남송 지역 정복으로 말미암은 중앙재정의 증가를 근거로 1278년 고려 경내 둔전이 폐지되었다고 보는 것은 성급한 결론으로 보인다.[233]

231) 이강한, 앞의 글, 32~34쪽, 특히 주98 참조.
232) 신소연, 앞의 글, 11쪽.
233) 田山茂, 〈元代財政史に關する覺書—收支の額を中心として—〉, 《東洋の政治經濟》 廣島

끝으로 한 가지 덧붙일 것은 1276년 3월 귀부군 5백의 빙처聘妻를 위해 과부처녀추고별감寡婦處女推考別監이 설치되었는데, 이러한 신부군新附軍의 성가정책成家政策은 당시 몽골조정의 주요한 관심인 계세위군繼世爲軍의 목적과 관련된 것이었다. 고려에서뿐만 아니라 중국 안에서도 추진된 점을 고려할 때[234] 이를 단순히 점령군에 의한 성性 착취의 관점에서만 볼 수 없다.

(1949), 第二章 元朝の財政收入 第二節 歲入體系, 215~236쪽; 李玠奭, 〈14世紀 初 元朝支配體制의 再編과 그 背景〉, 1998년 서울대학교 대학원 박사학위 논문, 제2장 元朝財政의 팽창과 14세기 초 財政改革 3. 남송병합 이후 재정의 팽창, 61~66쪽과 제5장 江南支配와 14세기 초 元朝體制의 再編 제2절 江南支配의 성립과 그 性格 2. 江南支配 초기의 收取制度, 193~197쪽 참조.

234) 王曉欣, 〈元代新附軍述略〉, 《南開學報》 1992-1, 56~57쪽.

맺음말

이 장에서 필자는 먼저 1260년대 초 쿠빌라이 카안과 고려 원종 사이에서 약속된 '의관과 풍속의 유지(불개토풍)'와 '육사의 이행'이 몽골에 대한 군사적 의존을 통해 예속적인 여몽관계의 실질이 굳어져 가는 과정을 '삼별초 봉기의 진압'과 '몽골의 제1차 일본원정'을 축으로 살펴보았다. 다음으로 대규모 몽골 군사력을 고려에 주둔시킬 수 있었던 바탕이 된 몽골둔전에 대하여 새로운 관점에서 살펴보았다.

머리말에서는 최초 여몽형제맹약이 맺어진 이후 1261년 몽골 카안이 고려가 요구한 '불개토풍不改土風'과 '몽골 군대와 다루가치의 철수'를 받아들이고, 고려는 '국왕의 입조'와 '육사의 이행'을 받아들이기에 이르는 여몽관계의 전개과정을 개괄하였다. 고려에 설치된 몽골둔전은 일본원정을 위해 설치된 것이라기보다 고려를 몽골의 확실한 번속국으로 확보하기 위해 피할 수 없었던 몽골 군대의 장기체류를 위해 필요하였다는 문제제기를 하였다.

다음으로 다시 절을 둘로 나누어 제1절에서는 당시 쿠빌라이 카안 즉위 뒤 몽골정권이 안팎에서 맞닥뜨린 아릭 부케와 치른 카안 위 계승전쟁, 이단의 반란, 서북제왕 세력의 저항, 동도제왕 세력의 딴전, 더욱이 국경을 길게 맞대고 있던 남송과 자웅을 겨뤄야 하는 사정 때문에, 고려와 몽골제국의 관계를 시급히 안정시켜 고려를 우호세력으로 만들어야 했던 몽골의 내적 요구를 지적하였다. 또 두 번째 '임연의 쿠데타와 몽골군의 진주'와 세 번째 '몽골군의 병력 증강과 고려 경내의 몽골 군정기관'은 임연의 쿠데타와 삼별초의 봉기 등 고려 무신세력의 항몽투쟁이 결과적으로 몽골 군대의 진주와 병력증강, 총독의 성격을 가진 다루가치 파견, 몽골 둔전설치 등의 빌미를 제공하였음을 살폈다.

마지막으로 '몽골의 제1차 일본원정과 몽골 정동원수부'에서는 몽골의 제1차 일본원정을 계기로 고려 안의 몽골 주둔군이 대폭 늘어나고 군정기관인 정동원수부의 세력도 확대되는 사정을 실증적으로 검토하였다. 제1차 동정이 끝난 뒤 동정군의 일부가 동정군 지휘부와 함께 귀국했지만, 한편으로 주둔군이 새롭게 보충되고 정동원수부도 재편되어 고려에 유지되고, 도원수 흔두와 홍다구가 고려 내정에도 간섭하며 횡포를 부리다가 1278년 충렬왕의 입조와 부마국왕 책봉을 계기로 철수하게 되는 사정을 살폈다. 요컨대 고려가 국내 문제를 해결하기 위해 몽골 카안의 군사적 지원을 받는 과정에서 몽골에 예속되고 나아가 몽골의 동아시아 침략과 지배의 전진기지로 전락하는 과정을 살핀 셈이다.

제2절에서는 몽골의 고려 둔전설치와 그 배경 등에 대하여 살폈다. 먼저 몽골 군대의 장기주둔을 위한 군량보급이 둔전설치의 목적이었음을 밝혔고, 다음으로 몽골의 고려둔전의 규모는 흔두와 사추의 봉주둔전경략사鳳州屯田經略司의 지휘를 받는 5천의 둔전군과 홍다구가 거느린 고려호 2천을 포함한 6천 명 안팎의 둔전군이 왕경과 서경(동녕부), 봉주 등 열 곳에서 둔전을 경작하였으며, 둔전군은 5백 명 단위로 분할하여 둔전을 경작시켰다. 몽골군의 둔전의 중심은 초기의 봉주와 황주에서 염주와 백주로 옮겨갔으며, 몽골의 고려 둔전설치와 관련된 사료에 빈번히 등장하는 금주에는 둔전이 실제로 설치된 것은 아니었다. 끝으로 고려에 설치된 몽골 둔전군 가운데는 전문적으로 둔 경작에 투입된 종전군이 있었다. 이들은 종전사種田司의 지휘 아래 둔전경작에 종사하였지만 대부분 전투와 종전種田에 동시에 투입되는 둔전군이 다수를 차지한 것으로 보이는데, 후자 가운데는 강남 출신의 만자군(생권군)도 포함되어 있었다.

둔전의 설치로 주둔군의 양료의 일부를 조달하였다고는 하나 고려 주둔군의 군량문제가 해결된 것은 아니었다. 현지 정권인 고려가 몽골군이 필요한 양료의 일부를 부담했고, 대원에서도 수시로 부족한 양초를 지원하였다. 하물며 몽골은 고려에게 둔전경작에 필요한 각종 지원을 하도록 요구하였다. 둔전을 위해 제공된 종자만으로 1만 5천 석이 되었고,[235] 봉주 둔전군의 부족한 양식도 다달이 2047석을 부담해야 했다고 한다.[236] 이 밖에도 둔전군이 고려 백성의 집을 차지해 겨울을 보내는 등 고려에서 몽골의 둔전설치와 유지는 고려사회에 많은 피해를 주었다.

235) 《高麗史》 권27, "(元宗13年2月)(/27하)戊午元遣使于鹽白州, 相移屯之地.……(3月)(/28상)癸卯元遣李益爲達魯花赤, 王迎于城外.……丁巳遣諫議大夫郭汝弼如元, 請減軍料表日, 近承省旨, 據鹽白州等軍奏請, 令每軍一名添支粮一斗, 每月通支四斗." 이하 畧한다.

236) 《高麗史》 권27, "(/43상)元宗十五年春正月元遣總管察忽監造戰艦三百艘,……(/43하)二月甲子……如元上書中書省日,……(/44상)又正月十九日奉省言云, 忻都官人所管軍……(/44하)行糧……又屯住處糧料……及羅州落後奧魯闊端赤軍糧八千碩……(/45상)計四萬餘碩, 續有以後金州·全州·羅州屯住軍……供給實難. 又奉省旨令小邦應副鳳州屯田軍各月不敷粮二千四十七碩牛粮一千一碩七斗, 然此種田軍其農牛農器種子至乃初年接秋粮及至元九年不敷粮已曾支足.……(/47하)(4月, 又)自庚午年以來至今五年供軍糧餉早曾乏絕, 今此造船……等三萬五百人, 種田軍, 洪總管軍,……等粮米專取兩班祿俸."

제3장

여몽 통혼관계의 성립과 고려 안의 몽골 권력기관

머리말

몽골제국과 고려의 관계 및 성격을 이해하는 데 두 나라 왕실의 통혼관계의 성립과 유지, 그 소산의 검토 또한 관건적인 연구 주제라고 할 수 있다. 몽골황실과 고려왕실 사이의 통혼관계가 성립함으로써 고려의 대외적 위신은 더욱 손상되었으나 대내적으로 고려왕권은 무신세력의 위협으로부터 벗어날 수 있었다. 또한 그 뒤 예견할 수 있는 몽골의 새로운 군사적 침략은 말할 것도 없고 몽골의 고려에 대한 직접 지배, 곧 판적版籍의 보고와 조세의 납부 등을 면제받았으며, 고려 영토에 대한 왕씨王氏 왕조의 실질적인 통치권을 보장받을 수 있었다.

몽골도 두 나라의 통혼관계를 통해, 쉽사리 무력으로 제압할 수 없었던 고려의 군주를 몽골 황금가족의 외연에 편제함으로써 더욱 강화된 부마국왕駙馬國王의 권력을 통해 고려를 용이하게 제어할 수 있는 장치를 획득하게 되었다. 그뿐만 아니라, 앞으로 쿠빌라이 정권의 잠재적 경쟁세력인 동북 지역의 동도제왕東道諸王을 배후에서 견제해 줄 수 있는 확실한 우군을 얻었다.[1] 나아가 '동쪽 끝에 있는 대원에 아직 복속하지 않은 일본을 위세로 눌러 주는 변경의 번국藩國'을 얻었다.[2] 또 현실화하지는 않았지만 쿠빌라이 정권과 적대관계였던 남송南宋을 뱃길로 정벌하는 데 필요한 해군력과 정벌을 위한 전진기지도 확보하였다.

1) 李命美, 〈高麗·元 王室通婚의 政治的 의미〉, 《韓國史論》 49(2003), 50쪽.

2) 森平雅彦은 몽골제국 안에서 고려의 기능적 역할을 '威鎭東方極邊未附日本國'(《高麗史》 권 32, 충렬왕 28년 12월 是歲 이하)의 변경 임무라고 이해하고 있다. 〈威鎭東方極邊未附日本國邊面勾當: 元帝國における高麗の機能的位置をめぐって〉, 《13~14세기 동아시아와 고려: 高麗-大元 관계의 성격 탐구》(2009 12월 3~5일 경북대학교 한중교류연구원·동북아역사재단 공동주최 국제학술대회 논문집) 참조.

따라서 여원 두 왕실의 통혼관계 성립의 배경과 과정을 검토하는 것은 여원관계사를 새로운 시각으로 밝히는 데도 중요한 고리이다. 이에 대해 그동안 적지 않은 연구가 나라 안팎에서 이루어졌으며, 거듭 검토할 가치도 있다. 여원 두 나라 왕실의 통혼에 대한 국내 연구로는 1958년 김성준의 〈여대麗代 원공주출신왕비元公主出身王妃의 정치적政治的 위치位置에 대하여〉(《한국여성문화논총》)가 전론으로 처음 통혼관계를 검토하였지만, 고려 안에서 충선왕비忠宣王妃의 정치적 위치를 중심으로 살핀 글이고 여원관계에 초점을 맞춘 연구는 아니었다. 따라서 여원 두 왕실의 통혼관계의 성립과 이것이 여원관계에서 갖는 의의에 대한 최초의 본격적인 연구는 샤오치칭蕭啓慶의 논문이라 할 수 있다.[3] 그 뒤 김혜원金惠苑과 왕숭실王崇實이 또한 여원관계사의 시각에서 이를 다시 검토하였고,[4] 더욱이 최근 젊은 학자들인 모리히라 마사히코森平雅彦와 이명미李命美가 더욱 새롭고 폭넓은 시각으로 이 문제를 검토하여, 많은 것을 새로 밝혀내고 있다.[5] 특히 일종의 제후왕이 된 부마고려국왕의 지위와 성격에 착안한 모리히라 마사히코의 연구가 두 나라 왕실의 혼인관계 연구에 새로운 전망을 보여 주고 있다. 물론 필자도 몽골의 부마국왕으로서 고려왕의 왕부王府에 주목하여 왕부의 케식관직怯薛官職인 비체치 문제를 검토한 바 있다.[6]

요컨대, 몽골황실과 고려왕실의 통혼관계에 대하여 이미 적지 않은 연

3) 蕭啓慶, 〈元麗關係中的王室婚姻與强權政治〉, 《中韓關係史國際硏討會論文集: 960~1949》(臺北, 1983).

4) 金惠苑의 〈麗元王室通婚의 成立과 特徵〉, 《梨大史苑》 24·25합(1989); 王崇實, 〈元與高麗統治集團的聯姻〉, 《吉林師範學院學報》(1992). 이와 달리 鄭容淑의 〈元 公主 출신 왕비의 등장과 정치세력의 변화〉, 《고려시대의 后妃》(서울: 민음사, 1992)는 문제의식의 면에서 김성준의 연구를 잇는 연구라고 볼 수 있다.

5) 森平雅彦, 〈駙馬高麗國王の成立—元朝における高麗王の地位について豫備的考察—〉, 《東洋學報》 79-4(1998); 森平雅彦, 〈高麗王位下の基礎的考察—大元ウルスの一分權勢力としての高麗王家〉, 《朝鮮史硏究會論文集》 36(1998); 森平雅彦, 〈高麗王家とモンゴル皇族の通婚關係に關する覺書〉, 《東洋史硏究》 67-3(2008) 등 활발한 연구가 이루어져, 여몽 두 왕실의 통혼관계가 지닌 의의를 살피고 있다.

6) 이개석, 〈《高麗史》元宗·忠烈王·忠宣王世家 중 元朝關係記事의 註釋硏究〉, 《東洋史學硏究》 88(2004), 80~95쪽.

구가 축적되어 있고, 질적 수준도 괄목할 만하다. 그렇다고 여몽 두 왕실의 통혼관계 연구에 검토할 여지가 전혀 없다는 것은 아니다. 기존 연구 성과에 보이는 사실적 오류를 바로잡는 것도 필요하고, 일부 사실의 해석에 동의하기 어려운 부분도 있다. 따라서 필자가 이 주제를 새삼스럽게 다시 검토하는 것은 기존 학설을 크게 뒤집을 만한 새로운 발견이 있어서라기보다, 고려의 대원에 대한 내속관계 심화의 측면을 살펴보는 데 왕실 통혼관계와 통혼의 결과 새로 고려에 생겨난 몽골 권력기관인 고려국왕부와 공주부, 그 속관인 케식관에 대하여 좀 더 살펴볼 여지가 있고, 몇몇 사실의 해석에 필자의 이견도 제시하여, 장래의 토론에 이바지하고자 하는 것이다.

제1절

고려왕실과 대원황실의 통혼관계 성립과 내속관계의 심화

1. 여몽 왕실-황실 혼인의 성립 경과

1253년 뭉케 카안의 명을 받은 황숙皇叔 예쿠也窟와 황제皇弟 송주松柱가 이끈 몽골 군대가 다시 동서 양면에서 고려를 침략해 왔다. 음력 8월 무오 예쿠가 보낸 사신이 가져온 조서에서 뭉케는 고려왕에게 육사를 이행할 것을 촉구하였고,[7] 11월 정유 원수 예쿠도 따로 사절을 보내 다루가치의 설치를 압박했다.[8] 1254년 7월에는 새로 임명된 원수 잘라이르타이車羅大와 휘하 장수가 이끈 몽골 군대 5천이 압록강을 건너왔다. 주력군이 충주와 상주까지 내려가서 닥치는 대로 민가를 불태우고 남녀 20여만을 포로로 잡아가는 등 당시 고려사회에 전례 없는 혹독한 타격을 입혔으며,[9] 또 이듬해 봄까지 구경舊京에 주둔하며 강도江都의 최항 정권을 압박하였다.

1256년에도 잘라이르타이와 영령공永寧公 준綧이 이끈 몽골 군대는 담양潭陽과 해양海陽 무등산, 나주 등에 주류하며 한반도 서남부 곡창지대를 유린했으며, 철군의 조건으로 '최항과 고종의 출륙'과 '왕과 태자의 친조',

---

7) 《高麗史》 권24, 고종 40년 음8월 무오(/7상하).

8) 《高麗史》 권24, 고종 40년 음11월(/11상).

9) 《高麗史》 권24, 고종 41년 "是歲蒙兵所虜男女無慮二十萬六千八百餘人, 殺戮者不可勝計, 所經州郡皆爲煨燼. 自有蒙兵之亂, 未有甚於此時也."(/20상하)

'군신백성君臣百姓의 체발剃髮'[10] 등을 요구하였다. 나아가 몽골 군대는 고려정벌에 새로운 무력을 사용하기 시작했다. 전통적인 기병 말고도 압해도押海島 전투 등에서 수군〔舟師〕을 활용하기 시작했다. 또한 1258년에는 각도各道 농민이 거둔 곡식을 몽골 군대가 모두 차지하였고, 백성들도 강도정부의 수탈에 불만을 품고 오히려 몽골 군대의 진주를 환영하는 경우도 있었다. 그리고 무강설無降雪 등 천재지변과 역병은 이러한 상황을 더욱 악화시켰다.

1258년 3월 26일(병자) 대사성大司成 유경柳璥과 별장別將 김인준金仁俊(김준金俊의 초명) 등이 최의崔竩를 죽여 최씨 무신정권을 무너뜨리고 왕실에 권력을 돌려준 것은, 이러한 내외적 압력이 강해진 것도 원인이었음을 볼 수 있다. 하지만 최씨정권의 몰락으로 고려왕권이 온전히 회복된 것은 아니었다. 무신정권의 후계자인 김인준 등 무신들이 내부적으로 막강한 권력을 휘둘렀고, 이들의 권력은 10년 뒤 1268년 해양후海陽侯 김준이 실각하고 임연林衍이 죽을 때까지 이어진다.

1259년 태자 왕전王倎은 고종을 대신하여 귀순의 표表를 몽골에 바치기 위해 육반산六盤山까지 몽골 카안을 찾아가게 된다. 하지만 뭉케 카안의 진몰陣歿이라는 뜻밖의 정세 변화로 귀환하게 된 태자 왕전은, 도중에 회군하고 있던 황제皇弟 쿠빌라이를 양초지교梁楚之郊[11]에서 만나게 되자 의관을 갖추고 가져온 폐백幣帛을 그에게 바쳤다.

김호동 교수는 당시 태자가 뭉케 카안에 올릴 표문을 가지고 갔으나[12] 폐백만 올린 점,[13] 개평부開平府 가까이 갔음에도 쿠빌라이를 카안

---

10) 《高麗史》 권24, 고종 41년 임진 "車羅大云: 君臣百姓出陸則盡剃其髮, 否則以國王還如一不從, 兵無回期."(/15하)

11) 《高麗史》 권25, 원종 원년 3월 정해조의 '梁楚之郊'의 위치는 분명하지 않다. 다만 《史記》 권106, 列傳 46 吳王濞(2832쪽)에 "疾西去雒陽武庫, 食敖倉粟,……定矣. 卽大王徐行, 留下城邑, 漢軍車騎至, 馳入梁楚之郊, 事敗矣"라 하여 개봉 동부에서 그 지점을 찾는 것이 타당할 것 같다.

12) 《高麗史》 권24, 고종 46년 4월 "甲午, 遣太子倎奉表如蒙古."

13) 李齊賢, 《益齋亂藁》 권9상/9하, 忠憲王世家, "至梁楚之郊, 世祖適自襄陽班師北上, 奉幣帛謁于道."

으로 뽑는 쿠릴타이에 참석하지도 않았다는 사실을 지적하여, 태자 왕전에게 신속臣屬의 의사가 없었음을 지적했는데,[14] 이는 매우 날카로운 지적이다. 당시 불투명한 정세 아래서 유력한 카안 위 경쟁자인 쿠빌라이에게 예를 갖춘 것은 태자 왕전의 정치적 선택이라고 볼 수도 있다. 쿠빌라이가 자신이 임명한 다루가치 속리대束里大와 고려 출신 강화상康和尙(守衡)을 시켜 태자의 귀환행렬을 호위하게 했지만, 태자가 외국 사절로서 예를 취한 것을 신속의 맹약으로 볼 수 없다는 말도 일리가 있다.

우선 양초지교의 만남은 지리적으로 보아 고려태자가 일부러 찾아가지 않으면 성립할 수 없다. 양초지교는 통상의 교통로에서 벗어나 있기 때문이다. 양초지교는 《사기史記》 〈오왕비吳王濞열전〉에 처음 나오는데,[15] 이를 보면 낙양雒陽 동쪽 양梁과 초楚에 걸치는 평야지역으로 보인다. 양국梁國은 한초漢初 오초칠국吳楚七國의 난亂 당시 오늘의 하남성河南省 상구현商丘縣 남쪽에 치소治所가 있었고, 같은 시기 초국楚國의 치소는 오늘의 강소성江蘇省 서주시徐州市에 있었다. 그러므로 여기서 말하는 양초지교는 두 치소로부터 '1백 리 안의 들〔郊〕'의 어느 지점을 가리킨다.

몽골 카안의 조정에 입조할 목적으로 1259년 4월 고려를 떠난 태자 왕심은 조어산釣魚山에 있는 헌종憲宗의 행재行在로 찾아가기 위해 연경燕京에서 동관潼關을 거쳐 경조부京兆府에 이르렀다. 그리고 남송 공략을 위한 지원기지였던 육반산에 이르렀을 때, 헌종의 부음을 듣고 사태의 진전을 살피다가 강남에 머물고 있던 쿠빌라이를 만나기 위해 남하하게 되었다. 그러다가 양초지교에 이르러 마침 철군하고 있던 쿠빌라이를 만나 폐백을 바친 것이다.[16]

물론 두 사람의 만남이 우연한 것인가 아닌가를 판단하기 위해 쿠빌라

---

14) 김호동, 앞의 책(2007), 86~87쪽.

15) 《사기》, 오왕비열전, "吳少將桓將軍說王曰, 吳多步兵,步兵利險, 漢多車騎, 車騎利平地.願大王所過城邑不下, 直弃去, 疾西據雒陽武庫, 食敖倉粟, 阻山河之險以令諸侯, 雖毋入關, 天下固已定矣. 卽大王徐行, 留下城邑, 漢軍車騎至, 馳入梁楚之郊, 事敗矣."

16) 李齊賢, 《益齊亂藁》 권9상/9상하, 忠憲王世家, "至六槃山, 憲宗晏駕而阿里孛哥阻兵朔野, 諸侯虞疑, 罔知所從. 時世祖皇帝觀兵江南, 世子遂南轅間關至梁楚之郊, 世祖適自襄陽班師北上, 奉幣帛謁于道."

이의 귀환경로도 확실하게 비정할 필요가 있을 것이다. 타가차르를 대신하여 남정군南征軍의 좌익을 책임지게 된 쿠빌라이는 회하淮河 유역에서 뭉케 카안의 부음을 들었으며,[17] 바투르覇都魯의 조언을 듣고 남하하여 장강을 건너 악주鄂州를 포위공격하였다. 1259년 2월 형주邢州(하북성 형태시)에서 좌익제왕左翼諸王을 만났고,[18] 5월 동평東平 (소)복주濮州(현재의 범현, 견성: 치구부마가의 속령)[19]에 머물러 여름을 잠시 보냈다. 다시 남하하여 추7월 갑인(8.9) 여남汝南(하남성 여녕부)에 이르렀고, 대장大將 바투르를 먼저 선발대로 보냈다. 쿠빌라이의 본진은 8월 병술(9.4) 회하를 건너 신묘(9.9) 대승관大勝關에 들어갔고, 이튿날(임진) 황피黃陂(站)를 지나 진군했다. 9월 18일(경자) 선봉인 홍다구洪茶丘가 송宋 연강제치사沿江制治司의 방榜을 얻어왔는데, 내용인 곧 "몽골군이 황피 민선民船을 취해 뗏목[繫栰]을 만들어 양라보陽邏堡에서 건너 악주에 모인다"는 허위정보로 민심을 경각시키는 내용이었다. 쿠빌라이는 그 계책을 거꾸로 활용해 갑진(9.21) 장강을 건너 을사(9.22)에 남안南岸(호황주滸黃洲)에 도달했다.[20]

그러나 전략적 요충인 악주를 끝내 함락시키지 못한 쿠빌라이의 남정군은 뭉케가 죽은 뒤 남송군의 전력이 강화되어 여러 차례의 승전에도 고립 위기에 처하였고, 카안 위 계승 경쟁에서도 불리해졌다. 11월 2일(신축/11.16) 학경郝經이 올린 철군주의撤軍奏議[21]에 따라 정국의 주도권을 쥐기 위해 12월 17일(신미/윤11.2) 북으로 돌아갔고, 19일 만인 윤11월 20일(기축/1260.1.4) 연도燕都에 도착하였다. 11월 경오(12.23) 청산기青山磯에 돌아와 군사를 정비하고 신미(윤11.2)에 강안에 도착해서 북으로 돌아갔다고 한다.[22]

---

17) 라시드 앗 딘/김호동 역, 《집사 3 칸의 후예들》(서울: 사계절, 2005), 371쪽.

18) 《元史》 권1, 世祖本紀, 61쪽.

19) 杉山正明, 앞의 글(2004), 84쪽; 《元史》 권159, 商挺傳.

20) 汝南에서 남하하는 길은 汴梁에서 武昌으로 가는 驛路를 따르고 있다. 《永樂大典》 권19426, 驛站2/5상하.

21) 《郝文忠公陵川文集》 권32, 奏議/班師議, "……與宋議和, 許割淮南,……定疆界歲幣, 置輜重, 以輕騎歸, 渡淮乘驛直造都, 則從天而下……奸謀僭志氷釋瓦解."(/11하)

22) 杉山正明, 《몽골제국과 大元울루스モンゴル帝國と大元ウルス》, 95~96쪽 참조.

필자는 쿠빌라이의 귀환행군로는 원정로를 되짚어 갔을 것으로 파악한다. 곧 대승관을 거쳐 북상하여 회하를 건너 여남에서 동북쪽으로 북상한 뒤 황하를 건너 소복주를 거쳐 돌아간 것으로 보인다. 하지만 라시드 앗 딘은 개봉開封을 거쳐 귀환한 것으로 기술하고 있고,[23] 또 이제현李齊賢과 《고려사》의 기술은 변량汴梁 또는 변량지지汴梁之地라 하여 김호동 교수의 주장을 뒷받침하고 있다. 그리고 학경의 조언대로 역마를 이용했다면 연경행대燕京行臺에서 보정保定-대명大名-개봉을 거쳐 무창武昌으로 가는 역로驛路를 선택했을 가능성도 매우 높다.

그러나 쿠빌라이의 남정로南征路는 대명로大名路 동쪽의 동평東平에 속한 소복주를 거쳤고, 그곳에서 여남을 거쳐 진군했던 점을 고려한다면, 또 타가차르, 카단, 이숭게 등이 거느린 대군과 함께 귀환하였다면, 인구가 많은 개봉을 피했을 가능성이 더 높다. 더욱이 사전에 도르지나 알람다르에게 들키지 않고 불시에 연경에 도착하기 위해서는 사람의 통행이 번다한 개봉을 피해 동쪽으로 우회하여 이른바 양초지교를 지나 움직였을 가능성이 높은 것이다.

대원 시기 변량 동쪽의 주요 역로 가운데 황하를 건너 북상하는 지점은 흑강黑岡, 개주開州를 지나 대명으로 가는 기현杞縣(변량 예하)[24]과 조주曹州, 동창東昌을 거쳐 능주陵州로 가는 귀덕歸德(常丘市),[25] 그리고 패현沛縣, 제령濟寧, 동평東平, 고당高唐을 지나 역시 능주陵州에 이르는 서주徐州[26]나 쿠빌라이가 남정군을 이끌고 출발할 때 주하駐夏하였던 소복주를 통과하는 역로인 귀덕으로 비정하는 것이 가장 합리적이며, 이곳을 통과하여 연경으로 돌아간 것으로 보아도 좋을 것이다. 요컨대 고려태자는 육반산에서 다시 남하하여 동쪽으로 낙양, 변량을 거쳐 귀덕 부근에서 기다리다가 급히 귀환하고 있던 쿠빌라이를 만난 것으로 보는 것이 옳을 것 같

23) 라시드 앗 딘/김호동 역, 《집사 3 칸의 후예들》, 373쪽.
24) 《永樂大典》 권19426, 驛站2/3상.
25) 《永樂大典》 권19426, 驛站2/5상.
26) 《永樂大典》 권19426, 驛站2/4하, "陵州……分三路. 一路東南由平原渡河至徐州."

다.[27] 곧 태자 왕전이 쿠빌라이를 만난 곳은 《집사集史》에서 쿠빌라이가 반사班師 중에 들렀다고 하는 변량(개봉)이 아니라, 그곳으로부터 동쪽으로 130킬로미터 정도 떨어진 양초 근처까지 일부러 가서 만난 것이다.

잠저潛邸의 한인구신漢人舊臣들의 조언을 받아들여 쿠빌라이는 고려를 회유하는 방책으로 태자 왕전에 대한 예우를 바꾸고, 연경을 거쳐 개평부까지 동행하였다. 따라서 쿠빌라이와 함께 1259년 윤11월 20일(기축/양1.4) 금金의 고도古都 연경에 도착한 태자 왕전은 그 부근에서 겨울(음12~1월)을 보낸 뒤 2월 새 카안을 선출하는 쿠릴타이(3.1 무진삭/양4.12, 3.17/양4.28 쿠빌라이 즉위)가 개최되는 개평부로 향하던 도중에 고종의 부보訃報를 접했다. 《고려사》는 개평부에 도착하기 6일 전인 1260년 2월 24일(임술/양4.6) 경조부京兆府에서 이 부보를 접했다고 하나, 당시 경조부가 오늘날의 서안西安이었던 점을 고려하면 이 기사는 재검토할 필요가 있다.

태자 왕전은 3일 동안 복상服喪한 다음 도중에 쿠빌라이 카안의 허락을 받고 바로 고려로 귀환하였다. 쿠빌라이 카안은 잠저 신하들의 조언을 받아들여 다루가치 속리대와 강화상으로 하여금 왕전이 귀환하는 길을 호위하게 하였다. 돌아오는 길에 왕전 일행은 서경에서 8~9일 머물렀고, 예쉬데르也速達의 주둔지도 거쳤는데,[28] 당시 서경이 예쉬데르의 주둔지였던 것으로 보인다.

속리대의 호위를 받으며 개경에 도착한 것이 13일 만인 3월 17일(갑신/양4.28)이었던 것으로 보아 당시 태자 일행이 행정을 서둘렀음을 알 수 있다. 이어 20일(정해/양5.1) 몽골 다루가치 속리대와 함께 배를 타고 강도로 무사히 귀환하였다. 원종은 속리대가 출륙을 재촉하자 양부兩府와 의논하여 문무양반文武兩班과 제령부諸領府를 삼번으로 편성해서 개경을 왕래

27) 김호동 교수는 李齊賢 스스로 《益齊亂藁》의 다른 곳(권6/2상 〈在大都上中書都堂書〉)에서 "又於己未年, 世祖皇帝班師江南. 忠敬王(元宗)知天命之有歸, 人心之攸服, 跋涉六千餘里, 迎拜于汴梁之地"라 하여 王倎과 쿠빌라이가 만난 곳을 汴梁之地라 하고 그 細注에도 汴梁이라 한 점을 근거로 필자와 달리, 梁楚之郊를 현재의 開封 근처로 보고 있으나 위에 논술한 대로 歸德 부근을 가리키는 것으로 보인다.

28) 《高麗史節要》 권18, 원종 원년 2월 "及太子東還, 至也速達屯."(/2하)

하며 천도의 의지를 보이기로 하였다. 그리하여 4월 3일(경자) 상장군 신사전申思佺으로 하여금 문무양반과 16령領(약 1만6천 명)의 군사로 구성된 초번初番을 이끌고 속리대와 함께 개경으로 보냈다. 그리고 보름 남짓 지난 4월 21일(무오/양6.1) 원종이 강안전康安殿에서 즉위하였다. 왕위에 오르자마자 무신정권의 후계자인 김인준을 유경柳璥대신 위사공신衛社功臣 제1등第一等으로 바꾸고, 이어 추밀원부사樞密院副使에 임명했다. 이는 당시 김인준이 실권자로 권력을 휘둘렀음을 보여 준다.

당시 고려의 실상을 들여다보면, 태자 왕전이 서경을 지날 무렵까지 김준이 장악하고 있던 강도정권은 돌아오는 태자를 맞는 사절을 보내지 않았다. 또 다루가치 속리대와 강화상이 3월 17일(갑신) 태자를 호행하며 개경에 들어갈 때까지 강도에서 마중 나온 신료가 없었다. 2월 27일(을축) 뒤늦게 참지정사 이세재李世材와 동지추밀원사 황보기皇甫琦, 우승선 채정蔡楨 등을 보내 서경에서 태자의 수레를 맞게 했지만, 태자는 이미 서경을 지난 뒤였다. 태자 일행이 개경에 들어가기 2일 전인 3월 15일(임오)에 비로소 태손太孫이 제왕諸王 문무백관과 함께 삼별초 정예를 거느리고 태자의 수레를 맞으러 제포梯浦에 나갔다. 이 사실로 미루어 볼 때 당시 강도의 무신정권은 몽골 다루가치와 함께 돌아온 태자 일행의 귀국을 내심 환영하지 않았던 것으로 보인다.

한편 음력 3월 1일 쿠릴타이에서 카안으로 선출된 쿠빌라이는 3월 24일(신묘) 즉위하기 전에 태자가 바로 개경에 들어가지 못하고 서경에서 8~9일 머물렀다는 보고를 받고, 태자에게 편지를 보내(4.9 병오/양5.20) 김인준이 정변을 일으킨 뒤에 자립하지 않고 세손世孫을 세운 배경에 의문을 표했다. 그리고 태자 왕전에 대한 지지의사를 명백히 함으로써 12일 뒤 4월 21일(무오/양6.1) 원종이 즉위할 수 있도록 뒷받침하였다. 카안의 자리에 즉위한 뒤에는 중통 2년 6월 태자 왕식王禃 일행이 온 다음 8월 다시 중서성에 정식으로 고려국왕에 봉하는 수조手詔를 내리게 했다. 이어 고려국왕에게 호부虎符와 국왕지인國王之印을 내리고, 군대와 다루가치 철수 등 고려의 요구도 대폭 받아들였다.[29]

다시 말해 원종의 즉위는 쿠빌라이 카안의 지원에 힘입은 바 컸음을 알 수 있다. 이어 쿠빌라이 카안이 다시 왕전을 고려국왕으로 봉함으로써 무신권력에 대한 왕권의 권위를 높여 주었던 것으로 보인다. 그런데 여기서 한 가지 유념할 것은, 쿠빌라이 카안의 고려국왕 책봉은 몽골제국이 이때까지 피정복국가와 맺었던 일방적 종속관계 설정과는 다르다는 것이다. 잠저 이래의 한족 출신 신하들의 영향으로, 중화적 천하의 책봉 개념이 여몽관계 설정에 영향을 미친 것으로 볼 수 있다. 쿠빌라이가 고안한 몽골제국의 새로운 형식의 속방관계屬邦關係가 여몽관계의 기본골격으로, 그 뒤 차근차근 마련되는 바탕이 되었다.

그렇다고 몽골정권이 고려가 기대한 전통적인 조공-책봉의 관계를 그대로 받아들인 것은 아니었다. 원종 즉위 초부터 몽골은 고려왕실에 대하여 신부新附한 나라의 의무 곧 육사의 이행를 거듭 요구하였고,[30] 1264년에는 몽골의 제후왕諸侯王 자격으로 국왕의 입조를 요구하였다.[31] 하지만 안팎에 있는 적대세력의 위협으로 진퇴유곡의 곤경에 처해 있던 원종은 이를 모두 비교적 현명하게 대처했다.

원종은 김준 세력의 영향 아래 있던 조정신료들의 반대에도 아랑곳하지 않고 몽골의 요구에 응해 입조하였다. 우선 김인준을 원종 자신의 입조 기간 동안 강도의 감국으로 임명함으로써 김인준 등 무신세력의 의구심을 풀어 주었다. 또 일정을 늦추어 제후의 대전大典인 상도上都의 제왕대회諸王大會에 맞추지 않고, 1264년 8월 12일(계축) 강도를 출발 9월 29일(경자) 연도燕都의 동궁冬宮에 도착하여 쿠빌라이 카안을 알현했다. 몽골

29) 1261년 8월 10일(경자) 몽골 행중서성은 권신 金仁俊의 변을 당한 왕전을 고려국왕으로 봉하는 手詔를 내리고 있다. 王惲, 《中堂事記》(下)(《秋澗先生大全文集》 권82); 《高麗史節要》 권18, 원종 원년 8월 "又允許表請六事詔曰(이하)."(/9하)

30) 《高麗史節要》 권18, 원종 3년 12월 제조(/12상), "納質, 籍民, 置郵, 輸糧, 助軍."; 《高麗史節要》 권18, 원종 4년 3월 中書省云(/12하), "帝怒爾國不奉前降詔旨內, 置郵·籍民·出師·輸糧等事."

31) 《高麗史》 권26, 원종 5년 5월 "辛巳, 受詔於大觀殿, 詔曰, 朝觀諸侯之大典也. 朕纘承丕緒于今五年, 第以兵興有所不暇. 近西北諸王, 率衆款附擬, 今歲朝王公群牧於上都, 卿宜乘馹而來, 庸修世見之禮, 尙無濡滯."(/2상)

카안의 입조 요구에 따르면서 동시에 항몽의 의지를 굽히지 않은 무신세력의 요구도 일부 받아들이는 자세를 보여 주고 있다. 안팎의 적대세력 앞에서 국왕권력의 입지를 확보하기 위해 원종이 얼마나 애썼는지 알 수 있다.

한편 쿠빌라이 카안은 뒤늦게 입조한 고려왕 일행을 위해 친히 두 번에 걸쳐 잔치를 베푸는 참을성을 보였다. 당시 고려가 몽골 카안의 새로운 대외정책 실험에서 중요한 자리를 차지했음을 알 수 있다.

몽골 또한 강도정권이 보이는 미온적 태도에 대하여 의심의 눈을 거두지 않고 있었다. 도중에 만난 몽골군 원수 예쉬데르는 태자 왕전에게 김인준이 마땅히 백관과 더불어 서경에 나와 맞아야 하지 않느냐 따졌고, 태자는 김인준이 강도를 떠날 수 없는 사정을 들어 그를 변호하였다. 태자가 개경에 도착한 다음날인 3월 18일 태손이 태자를 알현하였고, 20일(정해) 태자는 속리대와 함께 바다를 건너 강도에 상륙했다. 재신宰臣으로 하여금 경령전景靈殿에 고하게 하고, 다음 달 4월 21일(무오) 강안전에서 즉위하고 경령전慶寧殿에서 다시 보살계菩薩戒를 받으니 이가 원종이다.

원종은 강안전으로 다시 가서 백관의 조하朝賀를 받은 뒤 황의黃衣를 입고 용상에 앉아 남면하였다. 속리대와 파투波透도 전각殿閣에 올라 상床을 두고 동면하였고, 태손과 공후백재추公侯伯宰樞, 문무양반 등 참상관이 차례로 전정殿庭에 들고 참상관 아래 관원은 전문殿門 밖에 서서 예를 표하고 만세를 제창하였다. 또 28일 속리대가 환도還都를 채근하자, 양부兩部를 불러 의논한 뒤에 문무양반과 제 영부領府를 삼번으로 편성하여 차례로 개경開京에 나가게 함으로써, 일단 천도의지를 보여 주기로 하였다.

이처럼 원종과 쿠빌라이 카안 통치 시기 여원관계는 대내외적 이유로 불안정하였다. 그러나 1271년 삼별초 진압을 계기로 무신정권이 완전히 붕괴되고 1274년 고려태자 왕심과 쿠빌라이 카안의 딸 쿠틀룩켈미시 공주의 혼인을 계기로 한층 안정되었으며, 두 나라 관계도 질적으로 진화한다. 말할 것 없이 황실의 가족이 되어 몽골의 인정에 기초하여 왕국의 독립성을 더욱 침해당하면서 얻은 이러한 안정이 고려로서 꼭 바람직한

위기돌파의 방법이었는지는 또 다른 검토가 필요한 문제이다.[32]

여기서 여몽 두 나라 혼인관계의 성립과정과 그 성격을 다시 음미해 볼 필요가 있다. 최초로 이에 대해 본격적인 연구를 한 샤오치칭은 고려가 먼저 왕실통혼을 요구하고 몽골이 이를 받아들였다고 보았다.[33] 또 샤오치칭은 여몽 두 나라가 왕실혼인을 양국의 정치적 이익을 촉진시키는 도구로 삼았다고 지적했다. 곧 몽골조정은 공주 하가下嫁를 고려를 제어하는 수단으로 보았고, 고려왕실은 황실과 혼인을 맺어 내우외환 가운데서 자보自保를 꾀하고 몽원 세계질서 속에서 자신의 지위를 높이는 계기로 보았다는 것이다.[34] 당시 원종은 국가주권을 희생해서라도 몽골조정으로부터 왕권을 보장받고자 했고, 대원도 고려를 무력으로 완전히 굴복시키는 것이 쉽지 않다고 보았다. 그리하여 잠재적인 반원삼각해상동맹反元三角海上同盟의 여지를 없애고, 앞으로 송宋과 일본을 정벌하는 데 고려의 협력을 얻기 위해서 여몽 왕실통혼이 필요했으며, 또 이를 통해 고려에 대한 통제를 강화할 수 있었다고 보았다.[35]

1260년 음력 3월 고려에 돌아온 원종이 쿠빌라이 카안의 책봉과 후원을 받아 4월 21일(무오) 순조롭게 즉위하였다. 8월 몽골 카안은 '불개토풍不改土風', '몽골 군대와 다루가치 철수' 등 고려의 요구사항을 받아들이고 호부虎符와 국왕인國王印을 내려 고려의 재량통치를 허락하는 조서를 보내왔다. 1262년 12월 다시 '국왕의 친조'와 신부지국新附之國의 육사 의무를 이행하도록 요구하는 것으로 기본적인 양국관계가 설정되었고, 1264년 원종이 무신 세력의 반대에도 아랑곳하지 않고 연도燕都에 입조함으로써 새로운 양국관계가 일단 정착되었다. 육사와 입조를 이행하는 보답으로 몽골 카안도 고려에 대하여 다루가치와 주둔군의 철수, 카안의 사절이

32) 이명미, 〈奇皇后勢力의 恭愍王廢位試圖와 高麗國王權〉, 《歷史學報》 206(2010), 27~28쪽 참조.

33) 蕭啓慶, 〈元麗關係中的王室婚姻與强權政治〉, 中華民國韓國研究學會 編, 《中韓關係史國際研討會論文集: 960~1949》(臺北, 1983 재수록), 234쪽.

34) 蕭啓慶, 앞의 글(1983), 235쪽.

35) 蕭啓慶, 앞의 글(1983), 235~236쪽.

아닌 사절 파견(동도제왕 등의 공납 요구 등)의 금지, 고려의 의관과 풍속을 유지 등 여섯 가지를 보장한 것을 말한다. 이것이 이른바 '세조구제'이며, 그 뒤 몽골과 고려 사이의 관계를 규정한 기본조약과 같은 성격이다.

하지만 당시 몽골제실이나 고려왕실 모두 대내적 불안정 요소가 엄존하였다. 귀부를 표시하기 위해 뭉케 카안을 찾아갔던 고려태자 왕전이 1259년 양梁과 초楚의 경계(양초지교)에서 황제 쿠빌라이를 만나 예를 표하고 폐백을 바쳤지만, 이것으로 고려와 몽골 사이에 복속관계가 정식으로 성립한 것은 아니었음은 앞에서 이미 말하였다. 1260년 4월 9일(병오) 몽골사신 형절荊節이 고려에 가져온 쿠빌라이 카안의 조서[36]는 이 시기 고려와 몽골국 관계의 좌표를 명확하게 보여 준다. 태자가 귀국길에 국경에서 머뭇거리고, 고려에 내란이 일어나 두 나라의 맹약이 바뀔 조짐이 있어 군대를 철수하지 못하였다고 토로하고 있다.[37] 또 몽골 군사의 호위 아래 태자가 고려에 돌아왔다고 해도, "하늘 아래 아직도 신복하지 않은 나라〔普天之下未臣服者〕는 오직 너희(고려)와 남송뿐"이라고 하고, "너희는 처음 태자〔世子〕가 예물을 바치고〔奉幣納款〕 귀순하였으나〔東身歸朝〕, 상喪을 당해 복상服喪을 청하매〔含哀請命〕 몹시 불쌍히 여겨〔良可矜閔〕" 은덕을 베풀어, 나라를 되찾아 백성을 다스리도록 했다고 하였다. 이를 보건대, 고려의 지위는 아직 몽골 카안의 지시를 그대로 따르는 몽골제왕이나 부마 울루스와 달랐음을 보여 주고 있다.

또한 쿠빌라이의 몽골정권은 이단李璮의 반란과 제위 계승전쟁으로 위기를 겪었고, 아릭 부케가 투항하여 내전은 종식되었지만 서북제왕 세력이 여전히 쿠빌라이 카안 즉위의 정통성을 부인하고 있었다. 고려는 몽골과 국경을 맞대고 있으면서도 송과 함께 몽골에 신복하지 않은 나라 가운데 하나였다. 고려의 강도 무신정권은 고려국왕과 달리 몽골의 요구

36) 《高麗史》 권25/10하, 원종 원년 4월 병오.

37) 《高麗史》 권25, 원종 원년 4월 병오 "曰,……用是已嘗, 戒飭邊將, 斂兵待命, 東方既定, 則將回戈於錢塘, 殆餘半載, 乃知爾國, 內亂渝盟, 邊將復請戒嚴, 此何故也!" 《高麗史節要》 권18, 원종 원년 하4월(/4상~6상)에도 같은 내용이 실려 있다.

를 순순히 따르지 않았으며, 호시탐탐 몽골의 통제에서 벗어나고자 하였다. 김준이 이끄는 무신권력은 원종의 대몽골 투항노선을 흔쾌히 받아들이지 않았다. 1268년 몽골이 3월 해양공 김준의 입조를 요구했을 때 김준과 그 일파는 더 멀리 떨어진 해도海島로 피난하자고 왕을 압박하였다.

더욱이 대원제국도 동방이 안정되면 고려에 파견된 군사를 남송에 돌리려는 계획을 가지고 있었다. 그 때문에 내부적 안정을 위해 두 왕실의 상호 협력이 필요하였고, 특히 고려왕실로서는 몽골 카안의 후원이 더욱 절실했던 것으로 보인다. 곧 고려왕실은 뒷배가 되어 줄 몽골의 권위가 필요하였고, 몽골에게는 고려의 봉사를 언제나 이끌어 낼 수 있는 새로운 장치가 필요하였다. 이때 두 왕실 사이의 통혼은 그들에게 이러한 요구를 순리적으로 달성하고 난관을 돌파할 수 있는 좋은 방도였다. 국가 사이 혼인동맹의 전례가 없는 고려와 달리, 몽골에게 칭기스칸 이래 통혼은 유력 부족이나 주변국가를 동맹세력으로 끌어들이고 또는 제어하는 효과적인 수단으로 활용되었던 터였기 때문에,[38] 몽골로서는 고려의 청혼을 굳이 마다할 까닭은 없었다.

더욱이 두 나라 군주 사이에 맺은 약속은 뒤에 고려와 몽골의 국내 사정으로 영향을 받게 된다. 먼저 고려는 국왕의 권위를 위협하는 김준, 임연 등 무신들의 전횡과 국왕폐립사건으로 스스로 몽골의 군사적 간섭을 요청하고 있다. 몽골 또한 서북제왕과 동도제왕 세력의 반기에 대비하여,

38) 이에 관하여는 이명미(2003)가 눈여겨보고 있고, 宇野伸浩, 〈チンギス·カン家の政略結婚にみられる互酬的縁組システム〉, 《國立民族博物館研究報告別册》 21(2000)이 이를 집중적으로 검토한다. 이 밖에 志茂碩敏, 〈イルカン國史上におけるフラグ家姻戚の有力諸部族〉, 《內陸アジア·西アジアの社會と文化》(山川出版社, 1983)→〈第三章 モンゴル帝國各王家と諸部族との姻戚關係〉, 《モンゴル帝國史研究序說: イル汗國の中核部族》(1995); 福島伸介, 〈12~13世紀のモンゴル社會におけるurugについて—親族構造論としての外婚集團の分析〉, 《モンゴル研究》 16(1985); 羅賢佑, 〈試論元朝蒙古皇室的聯姻關係〉, 中國社會科學院民族研究所 主編, 《中國民族史研究》(中國社會科學出版社, 1987); 宇野伸浩, 〈チンギス·カン家の通婚關係の變遷〉, 《東洋史研究》 52-4(1993); 宇野伸浩, 〈チンギス·カン家の通婚關係にみられる對稱的婚姻縁組〉, 《國立民族博物館研究報告別册》 20(1999); 宇野伸浩, 〈フレグ家の通婚關係にみれる交換婚〉, 《東北アジア研究》 別册 第1號(2008); 周淸澍, 〈汪古部與成吉思汗家族世代通婚關係〉, 《元蒙史札》(內蒙古大學出版社, 2001) 등이 통혼관계를 몽골정권의 정치·군사적 전략의 관점에서 검토하는 데 도움이 된다.

그리고 남송과 일본정벌을 위해 고려의 조군과 수량이 필요했고, 신종臣從한 고려왕실의 고려 지배를 안정시키기 위해 몽골 군대를 고려에 진주시킬 필요가 있었다. 그런데 몽골의 고려 무신세력에 대한 압박은 임연의 원종폐립사건을 일으켰다. 마침내 몽골이 군대를 파견하여 원종을 복위시켰지만, 다시 몽골의 압박에 항거하고 독립정권을 수립하고자 삼별초가 봉기하였고, 삼별초 진압과정에서 더 많은 몽골 군대가 한반도 서북과 남해안의 요지에 주둔하게 되었다. 이는 정동원수부로 개편되어 몽골의 일본정벌의 바탕이 되었으며, 정동征東한 뒤 몽골 군대가 철수한 다음에도 진변만호부鎭邊萬戶府를 순군만호부巡軍萬戶府와 함께 존치시켜 정동행성의 지휘를 받게 한 것으로 보인다.

이처럼 여몽 두 나라 왕실의 혼인관계도 처음부터 의도된 것이라기보다 우연한 사태발전이 왕실통혼으로 이어진 면도 무시할 수 없다. 1269년 11월 계해, 몽골의 사신으로 온 병부시랑兵部侍郎 흑적黑的이 왕이 베푼 연회에서 상좌를 사양하면서 실토한 "今王太子已許尙帝女금왕태자이허상제녀"란 발언에 의거하여, 지금까지 우리 학계는 위의 샤오치칭의 주장과 달리 대원이 먼저 통혼을 제안한 것으로 이해하기도 했다.[39] 그러나 모리히라 마사히코森平雅彦가 정인경鄭仁卿 묘지명의 "이해(1269) 7월 돌아가 파사부에 이르러 임연의 폐립사건을 들었다.……(카안의) 여름 수도에 이르러〔至闕庭〕, 우선 카안의 장전帳殿에 가서, 부왕의 복위와 공주의 하가下嫁, 그리고 군사를 보내 반적叛賊을 토벌해 줄 것 등 몇 가지를 요청하였다"는 기사를 근거로 위의 흑적의 발언에 앞서 그해 여름 6월 조회에 참석하기 위해 입조한 세자 신분의 충렬왕 일행이 임연의 원종폐위에 놀라 다시 입조했을 때 복위를 요청하면서 통혼을 요청한 사실이 있었음을 밝혔다.[40]

이명미李命美 또한 정인경鄭仁卿의 공신녹권功臣錄券[41]에 의거하여 고려

39) 이명미, 〈高麗·元 王室通婚의 政治的 의미〉, 《韓國史論》 49(2003), 46쪽과 주113.
40) 森平雅彦, 〈駙馬高麗國王の成立: 元朝における高麗王の地位についての豫備的考察〉, 《東洋學報》 79-4(1998), 353쪽.

쪽이 먼저 제의했다는 모리히라 마사히코의 주장을 뒷받침하였다.[42] 이명미는 그의 논문에 인용한 〈정인경공신교서鄭仁卿功臣敎書〉의 "과인을 호위하여 황제가 머문 곳으로 돌아가, 고려의 변란을 아뢰고, 황실의 자손과 혼인을 청하여 보살핌을 입게 되었다〔挾護寡躬, 還入帝所, 奏以本朝事變, 請昏天戚, 果蒙天眷〕"란 대목을 눈여겨보아,[43] 고려세자 왕심이 당시 밖으로 대원 조정의 일각에서 고려를 정벌하여 대원(몽골)의 군현으로 만들자는 논의가 제기되고 있었고,[44] 안으로 임연의 원종폐립사건으로 왕권의 위협을 느껴, 세자(충렬왕)가 대원과의 통혼을 통해 대원의 군사력을 배경으로 무신세력을 진압하고 왕권을 회복하고자 청혼했다고 보았다.[45] 요컨대 고려의 요구에 따라 여몽왕실 사이의 혼인관계가 이루어졌다는 주장을 재확인하고 있다.

이는 여몽 두 나라의 왕실혼인이 오랜 기간에 걸쳐 전략적으로 검토한 대對몽골 정책의 일환에서 나온 것이 아니라, 〈정인경공신교서〉를 통해 짐작할 수 있듯이, 세자와 정인경이 우발적으로 제기하였고, 1270년 2월 원종의 국혼 요청 또한 미리 대원황실에 알려 타진하지 않고 일방적으로 제기한 것임이 쿠빌라이 카안의 조서 내용으로도 뒷받침된다. 1270년 정월 연도에 도착한 원종은 2월 초하루 도당都堂에 올린 상주 안에서, 세자의 숙위宿衛와 상주尙主를 청하였다.[46] 쿠빌라이 카안이 "몽골 풍속〔達旦法〕은 중매쟁이를 통해 사돈이 된다〔合族〕. 진실로 혼인을 맺고자 하면 어찌 허락하지 않겠는가? 지금 다른 일〔請兵〕로 와서 청혼하는 것은 잘못이다. 나라로 돌아가 백성을 보살핀 뒤에 특별히 사신을 보내 청하면 그 뒤에

41) 이 功臣錄券은 최초 呂恩暎의 〈高麗後期 鄭仁卿 政案과 功臣錄券〉, 내암선생기념사업회 편, 《鄭來庵思想硏究論叢》 제1집, 9~32쪽에 의해 처음 보고되었고, 노명호 외 7명이 공동으로 역주한 《韓國古代中世古文書硏究(上) 校勘譯註編》에 거두어지고 있다.

42) 이명미, 앞의 글, 47쪽.

43) 이명미, 앞의 글, 46쪽.

44) 蕭啓慶, 〈元麗關係中的王室婚姻與强權政治〉, 《中韓關係史國際硏討會論文集: 960~1949》(臺北, 1983), 234~235쪽; 《元高麗紀事》, 지원 6년 11월 2일 "樞密院奏議征高麗事, 初五月間馬亨呈,……以取日本爲名, 乘勢可襲高麗, 定爲郡縣安撫其民."

45) 蕭啓慶, 위의 글, 117~118쪽과 주116, 주118 참조.

46) 《元史》 권7, 世祖 4, 지원 7년 2월 을미.

허락할 것이다. (그러나) 짐의 여식은 이미 모두 시집갔으니 형제들과 의논한 뒤에 허락하는 것이 마땅하다"고 하였다.[47] 이는 완곡히 거절함이었지만, 그 뜻은 몽골관습에 어긋난 고려의 청혼을 탓할 뿐 허혼할 의사를 간접적으로 표명하고 있어서, 흑적의 말대로 몽골조정에서도 통혼이 이미 긍정적으로 검토되고 있었음을 말해 준다.

2. 여몽 왕실-황실 통혼의 성립과 고려왕실의 지위변화

원종은 1270년 8월에 세자 왕심을 추밀원부사 원부元傅, 상장군上將軍 송송례宋松禮, 중승中丞 홍문계洪文系와 함께 몽골에 보내 그곳 사정에 익숙케 했고, 1271년 정월 임진에는 고려국왕이 보낸 세자 왕심을 위한 청혼표請婚表가 대원에 도착했다. 세자 왕심이 1271년 6월 7일(기해)에 숙위를 위해 몽골로 떠날 수 있었던 것은 몽골황실이 고려의 청혼표를 받아들인 데 따른 것이라 할 수 있는데, 이때 상서우승 송분宋玢과 군기감 설공검薛公儉, 호부낭중戶部郎中 김서金惰 등 의관윤주衣冠胤冑 20명, 아내직원衙內職員 1백 명이 따랐다.[48]

10월 11일(신축) 이창경李昌慶이 몽골에서 카안이 세자의 혼인을 허락했다는 소식을 가지고 돌아오자 원종은 바로 다음 달 23일(계미) 이창경과 문선열文宣烈을 하정사賀正使로 몽골에 보내 세자의 혼인을 허락해준 데 대하여 감사를 표했다. 그런데 흥미로운 것은 같은 해 11월 21일(정사) 몽골황제가 조를 보내 예부에 속한 기관으로 조회朝會, 즉위卽位, 책후冊后, 건저建儲 등 황실의 주요 의식과 외국의 조근례朝覲禮를 관장하는 관청인 시의사侍儀司를 고려에도 설치하도록 권한 것이다.[49] 시의사는 대원에서도

47) 《高麗史》 권26, 元宗 2, 11년 2월 갑술조(/31상).

48) 《高麗史》 권27, 元宗 3, 12년 6월 기해 "表奏云, 自臣至于輔相, 欲令子弟相遞入侍, 而先遣世子與衣冠胤冑二十人, 衙內職員百人進詣."(/17상) 필자는 이전 논문(2007)에서 수종한 관료 20명과 의관자제 20명을 별개의 사안으로 해석했는데, 誤讀으로 여기서 바로잡는다.

49) 《元史》 권7, 지원 7년 12월 "丁巳,……仍詔諭高麗國王立侍儀司."(131쪽) 이 기사의 정사는

이해에 설치된 관부인데, 이를 설치하도록 지시한 사실에서 대원황실도 두 나라 사이의 혼인을 매우 중시하였음을 알 수 있다. 이리하여 쿠빌라이 카안의 신변에 숙위로 머물렀던 왕심은 1274년 5월 11일(병술)[50] 쿠툴룩켈미시 공주와 혼인을 하여 부마가 되었고, 2년 남짓 숙위를 통해[51] 카안의 신하로서 자격을 얻은 것으로 보인다.

그러나 세자 왕심이 몽골공주를 아내로 맞은 지 한 달이 채 못 되어 원종이 6월 18일(계해) 제상궁堤上宮에서 훙거했다. 원종의 부음과 후사에 관한 표문을 받은 몽골조정은 7월 19일(계사) 동지상도유수同知上都留守 장환張煥을 보내 왕으로 책봉하였는데, 이 왕작王爵의 수여가 어떤 뜻을 갖는지 확실하지 않다.

다음 달 8월 25일(무진)에 세자 왕심이 개경에 도착하였고, 이튿날 26일 강안전康安殿에서 국왕을 계승하라는 카안의 조서를 받아 황포黃袍를 입고 군신의 조하를 받으며 즉위하였다. 그가 바로 충렬왕이다. 그는 먼저 의관자제로 이전에 그를 수종하여 투르카그禿魯花로 복무한 자들을 번番을 나누어 숙위하도록 하고, 이를 코르치라 불렀다. 10월 19일(신유)에 충렬왕은 왕족, 대신들을 거느리고 서북면으로 쿠툴룩켈미시 공주를 맞으러 갔는데, 당시 수행한 많은 관리가 아직도 몽골식으로 머리를 깎지〔開剃〕[52] 않은 것을 보고 충렬왕이 질책하였다고 한다. 10월 25일(정묘) 숙주肅州에서 공주를 맞은 왕 일행은 11월 5일(정축)에 비로소 개경에 들어와 죽판궁竹坂宮에 들게 되었고, 이듬해 9월 30일(정유) 공주가 왕자를 낳았다. 쿠빌라이 카안의 외손〔外甥〕으로 뒷날 고려 왕위를 잇는 최초의 고려-몽골 혼혈 혈통의 고려국왕 충선왕(謜)의 탄생이다. 그 뒤로 혼혈 혈통

윤월에 해당되나 《元史》는 이를 원월에 넣고 있다.

50) 《元史》에는 혼인 일자를 21일(병신)로 기록하고 있다. 《元史》 권8, 世祖 5, 지원 11년 5월 병신 "以皇女忽都魯揭里迷失下嫁高麗世子王愖."(155쪽)

51) 《元史》의 기사는 세자 왕심이 숙위로 몽골에 체재하는 도중에 고려로 돌아갔음을 말해준다. 《元史》 권8, 세조 5, "十年春正月乙卯朔高麗國王王禃遣其世子愖來朝."(147쪽)

52) 몽골식으로 머리를 깎는다는 것은 정수리 머리를 깎고, 이마에 네모나게 머리를 남기는 방식으로 당시 怯仇兒라고 불렀다. 《高麗史》 권28, 충렬왕 1, 원종 15년 동10월 신유(/4 상하).

이 다스리는 고려 왕조가 시작되었다.

하지만 이러한 고려-몽골 왕실통혼과 혼혈군주의 출현이 인류학적인 의미만 갖는 것은 아니다. 이는 한편으로 몽골제국 안에서 고려의 정치적 지위를 높여 주는 계기가 되었다. 이를 외교 관례 면에서 보면, 맨 처음 1269년 11월 계해 원종이 흑적 등 사신에게 상좌上座를 권했을 때 카안이 이미 고려의 태자와 공주의 혼인을 허락한 상태이므로 카안의 신하로서 부마의 부친인 고려왕과 항례抗禮할 수 없다고 사양하고, 왕은 천자의 사신을 하좌下座에 앉힐 수 없다고 사양하여, 끝내 동서상대東西相對한 것[53]에서 볼 수 있듯이, 왕실통혼은 몽골제국의 질서 안에서 고려국왕의 지위와 위상을 높여 주는 데 이바지했다.

이는 1274년 8월 26일(기사) 충렬왕이 즉위한 뒤 왕심의 왕위계승을 명한 쿠빌라이 카안의 조서를 가져온 조사詔使를 위로하는 잔치에서도 확인된다. 조사는 부마인 고려국왕을 남면케 하고 자신은 동향, 다루가치는 서향으로 앉았다. 왕이 술을 따르자 조사는 절한 뒤 받아 마시고 그 뒤 절하고 앉았는데, 다루가치는 바로 마시고 그 뒤에도 절을 하지 않아 조사가 잘못이라고 꾸짖었다. 그러자 다루가치는 공주가 없는 자리이고 선왕 대 이래 관례였다고 우기고 지나갔으나, 이를 통해 고려왕이 부마의 지위를 얻음으로써 대원제국 안에서 정치적 위상이 높아지고 있음을 알 수 있다.

이러한 여몽 왕실통혼의 정치적 이바지는 1274년 제1차 동정이 실패하여 동정군이 철수한 뒤에도 고려에 잔류한 동정원수부의 횡포로 고려왕권이 위협을 받고 있던 시기에, 특히 왕권의 위상을 되찾는 데 중요한 역할을 하였다.

또 1278년 친조에서 충렬왕의 요구가 받아들여져서, 갑작스럽게 몽골의 고려 주둔군이 소환되고 육사의무 가운데 일부가 폐지된 것도 대원체제 안에서 고려왕의 정치적 위상의 제고가 그 배경이라고 볼 수 있다.

53) 《高麗史》 권26, 元宗 2(/27상), 10년 11월 계해.

충렬왕 일행에 대한 행성관과 황족, 카툰과 카안의 융숭한 영접에서 보이는 바와 같이, 이는 쿠틀룩켈미시 공주와 왕심의 혼인을 통한 몽골황실과의 밀접한 유대가 형성된 덕택으로 볼 수 있으며, 이에 앞서 7월 21일(임인) 그가 부마금인駙馬金印을 받는 것도 이와 무관하지 않을 것이다.

더욱이 1280년 충렬왕은 제2차 동정에 관련되는 일곱 가지 건의를 올린 바 있는데, 친조하여 설명하라는 지시를 받고 8월 을미 차간노르 행재로 찾아가 이미 지시를 내린 정동원수부의 구성을 바꿔주도록 요청했고, 그해 11월 기유 다시 우승지 조인규와 대장군 인후印侯를 중서성에 보내서 고려의 요구사항을 전했다. 쿠빌라이 카안은 충렬왕의 요청을 대부분 받아들여, 행성의 대소군정공사大小軍情公事를 지휘할 수 있는 중서좌승상행중서성사中書左丞相行中書省事를 제수하고 인신印信을 지급했으며, 김방경을 중봉대부中奉大夫(종2품) 고려군도원수高麗軍都元帥에 제수하여 정동에 참여하는 고려군을 지휘할 수 있게 하였다. 특히 1281년 3월 20일(을묘) 카안이 내린 부마국왕 선명宣命과 정동행중서성인征東行中書省印을 장군將軍 노영盧英이 가져오면서 충렬왕의 입지가 확고해지는 것을 볼 수 있다. 3월 19일(갑인) 고려에 온 정동행중서성 우승 힌두와 홍다구가 21일 충렬왕과 동정을 의논하게 되었을 때 충렬왕이 남면하고 힌두와 홍다구 두 사람은 동면하여, 고려국왕과 항례할 수 없게 되었다. 이것도 국왕의 선명에 부마 두 글자를 보탬으로써 가능해진 것으로 《고려사》 편찬자들은 이해하고, 충렬왕 또한 이 두 글자를 보태 줄 것을 간청하고 있다.[54] 요컨대, 고려-몽골 두 왕실의 통혼관계의 성립은 몽골 통치질서 안에서 고려왕실의 지위를 크게 제고시켰고, 그 결과로 속방으로서 고려왕국의 자치권을 강화하는 데 이바지했다고 볼 수 있다.

4월 초하루(병인) 합포로 떠난 충렬왕은 15일(경진)에 도착하여, 18일(계미) 동정군 부대를 사열하였고,[55] 5월 4일(무술) 힌두와 홍다구가 이끈

54) 《高麗史》 권29, 충렬왕 2, 7년 3월 "乙卯, 將軍盧英還自元, 帝賜駙馬國王宣命征東行中書省印. 先是王奏曰, 臣旣尙公主, 乞改宣命, 益駙馬二字, 帝許之. 丙辰, 王與忻都茶丘議事. 王南面忻都等東面, 事大以來王與使者東西相對. 今忻都不敢抗禮, 國人大悅, 忻都等往合浦."(/33상)

몽골 군대와 김방경과 박구朴球, 김주정金周鼎 등이 이끄는 고려 군대가 2차 동정을 위해 떠났는데, 충렬왕은 이것을 지켜보았을 것으로 보인다. 《신증동국여지승람》에도 당시 충렬왕이 정동행성과 함께 합포에 온 것을 기록하고 있다.

55) 《高麗史》 권29, 충렬왕 2, 7년 "夏四月丙寅朔幸合浦,……庚辰, 王至合浦. 癸未, 大閱于合浦."(/33하)

제2절

부마고려국왕의 왕부와 몽골적 관제 '왕부비체치biciɤeci'

1. 고려국왕부와 공주부

몽골황실과 고려왕실의 혼인으로 고려국왕은 대원제국의 부마국왕이 되면서 고려왕실의 지위가 제고되었다. 하지만 동시에 다른 한편으로 국왕은 고려 안에 있는 대원제국의 기관 가운데 하나가 된다. 고려국왕과 혼인한 공주도 그러한 성격을 가지게 된다. 몽골기관으로서의 특징을 잘 나타내 주는 것이 곧 고려왕의 케식 설치와 관료적 기관인 왕부의 존재라 할 수 있다. 특히 왕부는 몽골제왕 공주의 케식이 발전한 것으로, 왕작을 가진 몽골의 종왕과 제왕, 부마만이 설치할 수 있는 가정기관家政機關이기 때문이다. 카안의 딸과 혼인한 충렬왕은 1274년 원종의 부음을 듣고 귀국하기 전에 부마로서 대원의 왕작을 받고 귀국하여 고려국왕에 즉위하였다. 따라서 국왕이 몽골적 기관인 왕부를 설치할 수 있는 필요조건이 충족되었다고 볼 수 있다.

하지만 왕작 수여가 곧바로 왕부의 설치로 이어진 것 같지는 않다. 그리고 충렬왕 즉위 초부터 왕부가 존재했는지 또는 어떤 모습이었는지를 구체적으로 보여 주는 사료도 없다. 다만 1274년 충렬왕은 즉위 직후 그가 세자 시절 투르카그로 숙위한 2년 남짓 동안 그를 수종했던 의관자제를 코르치로 개편하여 숙위하게 하고 있어서,[56] 고려에도 케식제도와 비슷한 제도가 도입된 것을 보여 준다. 최초 고려왕의 코르치는 몽골의 카안이나 후비, 황태자, 제왕의 케식과 마찬가지로 사번四番으로 편성되었으나,[57] 1275년 정월 삼번三番으로 개편하였으며,[58] 그해 6월에는 투르카그에게 3등을 높여 관직을 주는 제도도 새로 정했다. 또 1282년 5월에는 몽골인을 코르치 삼번에 분속시키고, 또 몽골의 체례에 따라 각 번이 3일씩 돌아가며 복무하게 했는데, 견룡牽龍 등 모든 숙위도 이와 같이했다. 하지만 이때 분속된 몽골인들이 어떤 사람들이었는지는 확실하지 않다. 또 1283년 세자부世子府에도 숙위가 설치되었고, 1287년 이후에는 코르치와 응방鷹坊의 3품 이하는 궁전弓箭을 메고 수직하도록 법이 바뀌었다.[59]

한편 《고려사》의 충렬왕 8년(1282) 10월조를 보면, "투르카그 상장군 김흔金忻을 몽골에 보냈다"라는 기사가 보이는데, 자세한 구성은 알 수 없지만 고려국왕의 케식도 투르카그와 켑테울 곧 낮과 밤 두 팀으로 나뉘고 상장군 등이 임명되었을 가능성을 보여 준다.[60] 그리고 그것은 공민왕 20년 7월 나주목사 이진수李進修의 상소문에 그려지는 케식관 제도와 맞아 떨어진다. 곧 케식관怯薛官 4명을 두되 노얀 몇 명을 두고, 상장군上將軍 8명, 대장군大將軍 16명을 소속시켜 각 번마다 상장군 2명, 대장군 4명이 낮과 밤 두 조로 나누어 3숙宿한 뒤 다음 번과 교대하는 골격을 보여 주고 있기 때문이다.[61] 그리고 경향京鄕의 42도부都府에서 뽑은

56) 《高麗史節要》 권19/24상, "(元宗15年8月)以衣冠子弟, 嘗從王爲禿魯花者, 分番宿衛, 號曰忽赤."

57) 劉曉, 〈元代非皇帝怯薛輪値的日次問題—兼談《元典章》與《至正條格》的一則怯薛輪値史料〉, 中國社會科學院歷史所隋唐宋遼金元史硏究室 編, 《隋唐遼宋金元史論叢》 第一輯(2011), 376~382쪽.

58) 《高麗史》 권82, 兵 2 宿衛, "十五年八月, 忠烈(/2상)王卽位, 以衣冠子弟嘗從爲禿魯花者, 分番宿衛, 號曰忽赤. 元年正月以忽赤四番爲三番. 八年五月, 以達達人分屬忽赤三番, 依中朝體例, 令各番三宿而代, 牽龍等諸宿衛亦然. 九年七月, 選衣冠子弟充世子府宿衛. 十三年閏二月令忽赤鷹坊三品以下佩弓箭入直. 忠宣王元年六月復分忽赤爲四番……(/2하)……(忠肅王)十二年五月, 命巡軍忽赤等, 別行巡綽, 禁街衢閑雜人."(/3상)

59) 《高麗史》 권82, 兵志/宿衛.

60) 《高麗史節要》 권20/40하, "遣禿魯花上將軍金忻如元."

61) 《高麗史》 권82, 兵 2 宿衛, "(恭愍王)二十年七月羅州牧使李進修上疏曰侍衛之於宮闕, 猶四支之於身體. 仁義識理者最, 勇敢者次之. 宜置四怯薛官. 各那演若干人不拘文武耆德. 其有八上將軍, 十六大將軍, 四十二都府忽赤忠勇各四番均分屬之. 訓練士卒嚴明器械, 更日侍衛稟行軍令. 又兼管中外(/3하)帥府, 則其於軍國重事, 若身之使臂臂之使, 指身安而事擧矣.……(辛禑)四年十月改忽

코르치와 충용이 사번에 고르게 편성되게 하는 것은 몽골의 케식 편성이 갖는 성격도 미루어 짐작케 한다.

이처럼 처음에 코르치와 응방으로 이루어진 고려국왕의 케식은 1278년 7월 26일(정미)에 김천고金天固가 설인舌人(켈렘치)으로서 내시內侍에 충원되고, 10월 21일(신미)에 당시 별청재추別廳宰樞라 불렸던 비체치必闍赤와 신문색申聞色이 새로 설치됨으로써 더욱 다양한 기능을 수행하게 되었다. 하지만 충렬왕이 공주·세자와 함께 입조하여 8월 10일 새로이 부마금인을 받게 되면서,[62] 부마고려국왕의 사적인 권력이 한 단계 더 강화되고 있음을 보여 줄 뿐 왕부의 설치와는 거리가 멀었다. 왜냐하면, 대원의 왕부제도를 보면, 왕부에는 왕부王傅(王相·內史·常侍), 부위府尉(傅尉·中尉), 사마司馬, 단사관斷事官과 하급 속료屬僚가 설치되었는데,[63] 이 무렵까지 고려에는 이러한 왕부의 속료가 설치된 기록이 보이지 않기 때문이다.

따라서 충렬왕의 왕부가 정식으로 설치되는 것은 1290년 조인규趙仁規를 왕부의 속관인 왕부단사관王府斷事官에 임명한 것으로 표지를 삼아야 할 듯하다. 물론 이에 앞서 몽골 중서성은 왕부가 아닌 왕경단사관王京斷事官이라는 과도적 관리를 임명하였다. 곧 1280년 8월 차간노르 행궁에서 쿠빌라이 카안을 만나고 돌아온 충렬왕이 12월 4일(11.기유) 다시 우승지 조인규와 대장군 인후를 중서성에 보내 동정과 관련한 자신의 요구를 전하면서, 특히 몽골어와 한어가 모두 능하여 충렬왕 본인과 공주를 가까이서 보필하는 우승지 조인규를 왕경토토카순王京脫脫和孫 겸 추고관두목推考官頭目에 임명해 주도록 주청할 것을 부탁하였다. 쿠빌라이 카안은 충렬왕의 요청을 대부분 받아들였지만, 조인규는 왕경단사관에 임명하고 있다. 당시 몽골정권은 부마국왕이 다스리는 속방 고려의 관부와 별개의 기관으로 부마국왕의 독립된 왕부의 설치를 쉽사리 받아들이지 못한 것

赤四番爲近侍左右前後衛, 置四品以下祿官."(/4상)

62) 《元史》 권10, 世祖本紀 7, "(至元15年7月)壬寅, 改鑄高麗王王賰駙馬印."; 《高麗史》 권28, 忠烈王 1, "(4年7月)壬寅, 帝賜王海東靑一連, 駙馬金印, 鞍馬."

63) 李治安, 《元代分封制度硏究》(天津: 古籍出版社, 1992) 제6장 諸王王府屬官, 206~223쪽.

으로 보인다.

요컨대 제2차 동정을 계기로 대원 왕조의 권력체계 안에서 부마고려국왕의 지위가 크게 높아진 것을 알 수 있지만, 부마국왕의 왕부의 기구는 정비되지 못했다. 그러므로 그 배경은 분명하지 않지만 부마고려국왕의 왕부관이 설치되는 것은 1290년 11월 28일(정묘) 쿠빌라이 카안이 조인규를 고려국왕부의 단사관에 임명하고 금호부金虎符를 내리는 것에서 시작된다고 볼 수 있다. 그러나 고려에서는 한희유韓希愈와 인후가 일반 왕부王傅(종2품)보다 품질品秩이 높은 왕상王相으로 한 차례 언급되는 것을 제외하면[64] 상급 왕부 속관의 설치를 보여 주는 흔적이 전혀 보이지 않는다. 1290년 조인규가 처음 왕부단사관에 임명된 뒤, 오로지 단사관 설치가 몇 차례 확인될 뿐이다.

그 뒤 부마고려국왕의 왕부단사관으로는 1300년에 오잠吳潛이 임명되며,[65] 자세한 내용은 알수 없지만 1308년에는 조인규의 차남인 조련趙璉이 충선왕의 왕부단사관을 겸하고 있다.[66] 또 권부權溥와 이제현도 왕부단사관을 역임했는데,[67] 이제현의 경우 1320년(경신) 당시 왕부단사관이었을 때[68] 그의 문생인 이곡李穀이 1340년 이제현의 아들을 위해 쓴 묘표墓表를 보면 당시 왕부단사관이 첨의평리僉議評理보다 자랑스러운 직책이었음을 알 수 있다.[69] 이 밖에도 선무장군합포진변만호부宣撫將軍合浦鎭邊萬戶府 만호萬戶를 세직世職으로 받고 있던 권렴權廉의 차남 권현權鉉[70]과 왕

64) 《高麗史》 권123 印侯傳에 "及公主薨, 王相希愈侯等畏莫敢發會"라 하였는데, 韓希愈는 1287년 봄 乃顔의 반란이 일어났을 때 右翼萬戶로 고려 조군을 이끌고 출정한 공으로 황제가 뒤에 雙珠金牌를 주고 帳殿萬戶로 임명했으므로, 왕부의 최고 관직인 '왕상'으로 불렸음 직하다.

65) 〈吳潛墓誌銘〉, 김용선 편저, 《高麗墓誌銘集成(增補)》, 490쪽. 이 묘지명의 찬자는 그가 대덕 2년부터 5년까지 4년 동안 집정했다고 하여, 당시 왕부관의 위상과 왕부의 권력을 짐작케 한다.

66) 〈趙仁規墓誌銘〉, 《高麗墓誌銘集成(增補)》, 631쪽.

67) 李玠奭, 〈《高麗史》 元宗·忠烈王·忠宣王世家 중 元朝關係記事의 註釋研究〉, 《東洋史學研究》 제88집(2004), 94쪽.

68) 《東文選》 권126(제7책/88쪽), 〈鷄林府院君諡文忠李公墓誌銘〉.

69) 李穀, 《稼亭集》 권11, 〈高麗國奉常大夫典理摠郎寶文閣直提學知制敎李君墓表〉.

70) 《牧隱文藁》 권16, 〈重大匡玄福君權公(廉)墓誌銘〉, "(/13상)又, 如京進奉帝所. 泰定甲子加中

부단사관 조련의 차남 조덕유趙德裕가 왕부단사관을 역임하고 있고,[71] 원징袁澄은 고려 왕부단사관의 지사知事를 지낸 것으로 사료에 나와 고려 왕부단사관 예하에도 속관[72]이 설치되어 있었음을 보여 준다. 요컨대, 카안의 내정과 성격이 비슷한 기능을 수행하는 국왕의 사적인 권력기구로서 왕부가, 고려조정과 별개의 기구로 존재하여, 고려에 대한 몽골 지배를 관철하는 중요한 통로로 작용하였음을 알 수 있다.

하지만 고려국왕의 왕부는 친왕親王이나 종왕宗王의 왕부와 달리 왕부王傅, 부위府尉, 사마司馬 등 왕부의 고위 속관이 갖추어 임명되어 있지 않은 불완전한 형태로 존재하였던 것으로 보인다. 위에서 말한 한희유와 인후가 왕상王相이었다고 해도, 그들은 당시 장전만호帳殿萬戶나 진변만호부鎭邊萬戶府 다루가치 같은 다른 중요한 관직을 겸직하고 있었다. 그것도 이후에는 왕상과 같은 관직은 사료에서 나타나지 않는다. 그것은 고려국왕의 독자적 통치기관인 첨의부僉議府(도첨의사사)가 존재하고, 또한 장관인 정동등처행중서성征東等處行中書省이 있었기 때문에 정무政務 기능을 수행할 왕부의 기관이 따로 필요하지 않았기 때문으로 보인다.

이와 달리 몽골적 시위기관인 코르치와 응방 등 케식기관의 경우, 응방은 새로운 기관이고, 코르치 삼번 또한 전통적인 견룡과 다소 기능이 겹쳤으나 직반숙위直班宿衛를 통한 의관자제 등용문이라는 고유한 성격을 갖는 기관이었기 때문에 유지된 것으로 보인다. 이와 달리 왕고王暠가 계승한 심왕부瀋王府에는 왕부의 고위 속료인 왕부王傅가 설치되어 있었음이 확인된다.[73]

正大夫司僕正, 明年奏授宣武將軍合浦鎭邊萬戶府萬戶, 蓋世職也. (/15상)長男曰鏞, 宣授宣武將軍合浦鎭邊萬戶府萬戶重大匡玄城君. 次曰鉉, 宣授王府斷事官奉翊大夫版圖判書上護軍,……."

71) 《稼亭集》 권3, 趙貞肅公(仁規)祠堂記, "(/10하)次璉官至中議大夫王府斷事官, 僉議贊成事, 謚忠肅,……次適江浙平章烏馬兒,……元帥長男……女適安吉王也兒吉尼.……(/11상)斷事官長男……次德裕今爲奉訓大夫王府斷事官判典儀司事."

72) 劉將孫, 《養吾齋集》 권32, 〈袁謹齋墓誌銘〉, "(/3하)子四女二, 尙幼卜, 延祐甲寅臘, 葬某處. 任老君婿也, 今以澄初名, 受勅命爲高麗王府斷事官知事(李治安, 《元代分封制度研究》, 제6장 제왕왕부속관 二. 제왕왕부속관의 건치,임용과 직장 (五) 기타 속료 가운데는 知事도 있었다. 230쪽). 先葬以館人彭應琦狀求銘. 予哀之, 懷之, 知之, 深也. 豈必狀而銘哉.……(/4상)澄初又能以其名蚤聞於仕版."

쿠틀룩켈미시 공주가 고려에 시집오면서 설치된 공주부公主府 또한 왕실통혼에 따라 나타난 몽골 권력기관이라고 볼 수 있다. 몽골공주는 고려국왕의 왕후이기 전에 카안이나 종왕, 제왕의 공주로서 고려 내정을 간섭하고 때로 감시자의 노릇을 했다. 더욱이 카안의 친생녀인 쿠틀룩켈미시 공주는 그 지위가 고려국왕보다 위에 있었다. 테무르 카안(성종)의 형인 진왕晉王 카말라甘麻剌의 딸이었던 보타시린寶塔實憐 공주는 고려에 시집온 뒤 충선왕이 총애한 조비趙妃를 투기하여 폐비시킨 뒤 몽골귀족에게 시집보내고 아비인 조인규를 안서安西(봉원로)로 유배 보냈다. 아들과 불편한 관계에 있었던 충렬왕은 며느리 편을 들어 측신인 왕유소王惟紹 등을 성종 황후와 측근 대신에게 보내 공주를 종친 서흥후瑞興侯 전琠과 혼인시키려 했다.

말할 것 없이 이들 공주에게는 공식적인 관부가 설치되었고 요속僚屬도 임명되었다. 충렬왕 원년(1275) 정월 6일(무인) 충렬왕은 쿠틀룩켈미시 공주를 원성공주元成公主로 책봉하고, 궁宮을 경성궁敬成宮, 전殿은 원성전元成殿, 부府를 응선부膺善府라 하였으며, 안동부安東府와 경산부京山府를 탕목읍湯沐邑으로 주었다. 민종유閔宗儒, 이존비李尊庇, 박전지朴全之, 채홍철蔡洪哲 등이 요속으로 임명되었는데, 이들은 각각 견룡행수牽龍行首,[74] 우첨사右詹事,[75] 녹사錄事[76] 등의 직무를 수행했다고 한다.[77] 또 1278년 2월 15일

73) 《高麗史》 권35, 忠肅王 2, 9년(1322) "九年春正月, 王在元, 代言慶斯萬等托王命請大寧君崔有渰以下群僚爲書, 請王復位還國. 書成, 付瀋王者多, 乃置書妙覺寺, 使巡軍任松守之. 斯萬等竊取其書, 付金之鏡, 趙石堅直呈中書省. 後瀋王傳寫其本, 付河中仁平, 以示宰執."(/8하)

74) 〈閔宗儒墓誌銘〉, 《高麗墓誌銘集成》(1324), 447~450쪽, "忠烈王尙帝女齊國公主, 特立膺善府, 乙亥(1275)徙爲膺善府牽龍行首."(《拙藁千百》 권1)

75) 〈李尊庇墓誌銘〉, 《高麗墓誌銘集成》(1287), 397~398쪽, "自三十七年內所歷殿中內給事戶部員外郎中……東宮侍讀學士膺善府右詹事階加朝散."; 〈朴全之墓誌銘〉, 《高麗墓誌銘集成》(1325), 454~457쪽, "父諱煇正議大夫典法判書膺善府右詹事."

76) 〈蔡洪哲墓誌銘〉, 《高麗墓誌銘集成》(1340), 507~509쪽, "二十三登進士第, 始命膺善府錄事, 五轉而爲通禮門祗候."; 《高麗史》 권108, 蔡洪哲, "忠烈朝登第, 補膺善府錄事, 稍遷通禮門祗候, 出守長興府有惠政."(/11하~12상)

77) 몽골공주부의 요속이 어떻게 구성되었는지는 확실하지 않다. 다만 충정왕의 생모이며, 충혜왕의 비인 희비윤씨가 충정왕 원년에 설치한 경순부에 丞과 注簿를 각 1명, 舍人 2명을 두었다고 한다. 《高麗史》 권89, 后妃列傳 2 忠惠王妃(/25상하).

(무술) 충렬왕은 다시 지旨를 내려 안동부와 경산부 관내 군현의 공부貢賦 가운데 대부大府, 영송迎送, 소부小府의 창고로 바치는 것을 제하고 나머지는 모두 원성전에 보내도록 했는데,[78] 공주부에 관속이 설치되고 대원의 투하投下와 비슷한 탕목읍으로부터 적지 않은 수입을 보장하는 것으로 보아, 쿠툴룩켈미시 공주의 응선부는 몽골제왕이나 부마의 왕부와 비슷한 성격을 가졌음을 알 수 있다.

이 밖에 쿠툴룩켈미시 공주는 몽골에서 시집올 때 게린커우드怯憐口, 私屬人인 쿠라타이忽剌歹, 印侯와 차구타이車古歹, 車信, 삼가三哥, 張舜龍, 식투르式篤兒, 盧英를 대동하고 왔다.[79] 이들은 공주부의 요속은 아니었지만 공주의 사속인私屬人으로 공주가 그들을 매개로 몽골에 유리하게 권력을 행사하였으므로, 이들의 사적事迹을 통해 고려에 시집 온 몽골공주의 권력을 검토할 수 있을 것이다.

예컨대, 몽골인 쿠라타이는 공주부의 권위를 이용해 횡포를 많이 부리기도 했지만, 몽골의 일본정벌을 위한 조선造船 문제와 나얀의 반란 진압을 위한 조정 논의가 일어났을 때 조신朝臣들의 소극적인 주장을 누르고 몽골의 이해를 적극적으로 조의朝議에 반영하였다.[80] 몽골정권이 금주등처金州等處에 진변만호부鎭邊萬戶府를 설치했을 때 그를 소용대장군진변만호昭勇大將軍鎭邊萬戶로 진변만호에 임명하고, 호부虎符와 인장印章을 주는 배경이다. 그 뒤 1290년 카단哈丹이 침입했을 때 이를 물리치는 데 공을 세워 진변만호부의 다루가치에 임명되었다. 이처럼 쿠라타이는 몽골과 고려의 관작을 받아 관리로서 고려를 위해 애쓴 점도 인정되나 공주권력을 이용해 불법적인 일도 많이 저질렀기 때문에, 《고려사》 권123 〈폐행전嬖幸傳〉에 입전되어 있다.

또 차구타이의 모친은 본래 몽골군에게 잡혀간 고려유민으로, 쿠툴룩

78) 《高麗史》 권28, 충렬왕 1, 4년 3월 무술 기사(/30하).
79) 舒健, 〈怯憐口與高麗政局關係初探—以蒙古人印侯爲例—〉, 《元史及民族與邊疆研究集刊》 第23輯(2011.12).
80) 舒健, 앞의 논문, 42쪽.

켈미시 공주의 유모였다. 그 인연으로 공주가 혼인하게 되자 잉신媵臣이 되어 고려에 왔으며, 벼슬이 상장군, 찬성사에까지 올랐다.[81] 한편 식투르는 본래 하서인河西人으로 나머지 셋과 달리 학식이 있었고, 뒤에 장군에 임명되었다. 충렬왕을 위해 고려사신으로 중요한 역할을 한 것으로 보이는데, 사신으로 몽골에 보내졌다가 그곳에서 죽었다.[82]

충선왕비 보타시린 공주 또한 공주부로 숭경부崇敬府가 설치되었고, 속료가 임명되어 있었다. 코코부카闊闊不花, 코코타이闊闊歹, 장길章吉, 철리徹里 등 게린커우드怯憐口를 부린 것도 제국대장공주와 비슷하지만, 충선왕 또한 카안의 외손이어서 공주 상위의 성격은 상대적으로 약화된 것으로 보인다. 시집온 지 3년 만에 죽은 충숙왕비 이린진바라亦憐眞八剌 공주 또한 마찬가지였던 것으로 보인다. 그녀의 부친은 쿠빌라이 카안의 제6자 쿠게치忽哥赤의 아들 영왕營王 에센테무르로 운남雲南에 출진하고 있었고, 금동金童 공주의 부친 위왕 아무게阿木哥 또한 진킴眞金의 둘째 다르마바라의 장자로 인종仁宗 아유르바르와다와 형제였지만 서출로 세력이 보잘것 없었다. 충혜왕과 결혼한 이린진발亦憐眞班 또한 관서왕關西王(진서무정왕) 초팔焦八의 장녀로, 초팔은 쿠빌라이 카안의 제7자 오로치奧魯赤의 손자 샤스카바로서 역시 변경인 티베트 지방에 출진하고 있었던 황실의 소속이었다.

곧 충숙왕비 이린진바라 공주 이후 고려왕실에 시집온 몽골제왕의 공주들은 카안의 친생녀가 아니었고, 심지어 종왕의 공주도 아닌 황실 소속인 평범한 제왕의 소생들이었기 때문에 그 위신과 권세가 쿠툴룩켈미시 공주나 보타시린 공주에 견주어 크게 낮아졌던 것으로 보인다.

---

81) 《高麗史》 권123, 張舜龍 付車信傳(/34하).

82) 《高麗史》 권28/10상, "甲午達魯花赤黑的還,……公主恐黑的讒構, 遣式篤兒偕往, 覘其所爲."; 《高麗史》 권28/22하, "乙亥, 中郎將盧英還自元."; 《高麗史》 권28/46하, "閏月癸丑, 遣大將軍趙仁規將軍盧英如元告歸國."; 《高麗史》 권29/33상, "乙卯, 將軍盧英還自元, 帝賜駙馬國王宣命征東行中書省印."; 《高麗史》 권123, 張舜龍 付盧英傳(/35상).

2. 고려국왕부의 케식관怯薛官: 비체치 설치와 그 성격

《고려사》 권28 〈충렬왕세가〉에는 "(4년 10월)辛未신미, 新置必闍赤及申聞色신치필도적급신문색"라는 기사가 나온다. 여기에 등장하는 비체치biciɣeci, 必闍赤는 몽골적 연원을 가지는 제도로서 그동안 비교적 많이 검토된 제도라고 할 수 있으나, 이를 둘러싸고 아직도 의견이 분분하다.[83] 초기에 나이토 슌포內藤雋輔와 김상기金庠基는 이를 고종 12년 설치된 정방政房 안의 정색서제政色書題로 보았으나, 충렬왕 4년 새로 설치된 정방 안의 내재추內宰樞로 파악하는 견해가 새로 우세하게 되었다.[84] 다시 이를 정방과 구별되는 별도의 관부官府 또는 권력기구로 파악하는 견해가 있는가 하면,[85] 비체치(필자적)가 정방과 별도의 기구로 출발했지만 고려 말에 이르러 정방의 기능을 겸하게 된다는 견해[86]도 있다.

그러나 이러한 관련 연구 또한 다른 연구를 진행하는 과정에서 단편적으로 검토한 것들이 많고, 이를 전론專論으로 다룬 논문은 박용운朴龍雲의 〈고려 후기의 必闍赤('필자적', '비칙치')에 대한 검토〉 고작 한 편이다. 그는 다른 연구자들과 달리 몽골 비체치제도必闍赤制度에 대한 일본 몽골사학계의 연구성과[87]를 참조한 바탕 위에서 비체치 문제에 접근함으로써, 몽골적 관제로서 고려 비체치제도에 대한 우리 학계의 이해를 한 단계 높여 놓았다.

83) 金昌賢, 《高麗後期 政房 研究》(고려대학교 민족문화연구원, 1998), 5~9쪽.

84) 李起男, 〈忠宣王의 改革과 詞林院의 設置〉, 《歷史學報》 52(1971); 李益柱, 〈高麗忠烈王代의 政治狀況과 政治勢力의 性格〉, 《韓國史論》 18(1988).

85) 張東翼, 〈高麗後期 銓注權의 行方—銓注參與官僚들을 中心으로〉, 《大丘史學》 15·16합집(1978), 124쪽; 金光哲, 〈高麗 忠烈王代 政治勢力의 動向〉, 《昌原大論文集》 7-1(1985), 160쪽; 金塘澤, 〈忠烈王의 復位 과정을 통해 본 賤系 출신 관료와 士族 출신 관료의 정치적 갈등—'사대부'의 개념에 대한 검토—〉, 《東亞研究》 17(1989).

86) 朴龍雲, 〈고려 후기의 必闍赤(필자적, 비칙치)에 대한 검토〉, 《李基白先生古稀紀念韓國史學論叢》(上)(1994); 金昌賢, 《高麗後期 政房 研究》(고려대학교 민족문화연구원, 1998).

87) 眞杉慶夫, 〈元朝の必闍赤について〉, 《元史刑法志の研究譯註》(教育書籍, 1962); 坂本勉, 〈モンゴル帝國における必闍赤=bitikči—憲宗メングの時代までを中心として—〉, 《史學》 42-4(1970); 片山共夫, 〈元朝必闍赤雜考〉, 《モンゴル研究》 17(1986).

하지만 필자의 관견管見으로는, 고려사 연구자들의 비체치 문제에 접근하는 방식에는 사소하지만 약간의 중요한 문제점이 발견된다. 곧 몽골적 내원來源의 제도인 비체치제도가 가진 서기書記 기능에 시선을 빼앗긴 나머지, 비체치제도를 도입할 때 몽골조정에서 그것을 활용하는 방식이나 고려에서 도입한 비체치의 기무참결機務參決방식과 걸맞는 대몽고국의 정책결정기구에 대한 비교사적 검토가 전혀 이루어지지 않고 있다. 다시 말해 신료臣僚의 조회朝會를 통해 조정에서 중요한 국사를 결정하는 전통적인 한족 왕조의 시정방식과 달리, 장전帳殿에서의 어전문주御殿聞奏와 배주陪奏라는 대원 카안 정권의 결책決策방식에서 중요한 역할을 맡고 있던 케식관怯薛官의 기능과 충렬왕 4년 재추회의를 대신하여 설치된 고려의 비체치의 기능을 비교해 볼 필요가 있는 것이다.

1278년 10월 충렬왕은 김주정金周鼎 등의 주청을 받아들여 새로이 비체치와 신문색을 임명한다.[88] 이에 대하여《고려사》〈김주정전金周鼎傳〉[89]과《고려사절요》[90]는 좀 더 자세한 정보를 제공한다. 기존의 재추회의는 국정기무를 논의하는 것이 비효율적이어서 비체치를 두어 이를 맡기고, 계사啓事 또한 내료 가운데 신문색을 따로 정해 그 일을 맡기자는 것이 골자였다. 충렬왕은 이를 받아들여 참문학사參文學士 박항朴恒, 밀직부사密直副使 설공검薛公儉, 좌부승지左副承旨 김주정金周鼎, 판예빈사判禮賓事 염승익廉承益, 대장군大將軍 조인규趙仁規, 내시장군內侍將軍 이지저李之氐 등 13명을

88)《高麗史》 권28, 忠烈王世家 1/45하, "(4年10月)辛未, 新置必闍赤及申聞色." 여기서 新聞色은 충렬왕 즉위 초에 復置되는 추밀원 執奏의 기능을 이어받는 것으로 보인다.

89)《高麗史》 권104, 金周鼎, "(4年)舊制凡國家事宰樞會議, 承宣稟旨而行. 周鼎言, 今宰樞甚多, 謀政無主, 宜別置必闍赤, 委以機務. 又內僚不可皆令啓事. 請擇人爲申聞色, 罷其餘. 令廉承益, 李之氐諷王, 遂置必闍赤, 申聞色. 周鼎及參文學士朴恒, 密直副使薛公儉, 左承旨李存庇, 判禮賓事廉承益, 大將軍印公秀, 趙仁規, 秘書尹鄭興, 內侍將軍李之氐, 寶文署待制郭預, 大府少尹安戩, 天牛衛錄事李子芬, 詹事府錄事尹文玉, 太常府錄事鄭玄繼爲必闍赤, 內僚郎將鄭承伍, 金義光, 姜碩, 李恕, 河汭爲申聞色, 常會禁中參決機務, 時號別廳. 宰樞以非祖宗舊制, 人多譏議.

90)《高麗史節要》 권20, 忠烈王 2, "(戊寅4年10月)新置必闍赤以朴恒金周鼎廉承益李之氐等爲之. 又以內僚鄭承伍等五人爲申聞色. 舊制凡國家事宰樞會議, 令承宣稟旨而行. 周鼎建議曰, 今宰樞旣衆無適謀政, 宜別置必闍赤委以機務. 又內僚不可皆令啓事. 當更擇人爲申聞色, 而罷其餘. 使承益之氐諷王遂爲此法. 自是恒等常會禁中, 參決機務, 時號別廳宰樞, 以非祖宗舊制, 人皆不平之."

비체치로, 내료낭장內僚郞將 정승오鄭承伍, 김의광金義光 등 5명을 신문색으로 임명하였다. 이들이 늘 금중禁中에 모여 기무를 참결했기 때문에 당시 별청別廳이라 불렸고, 재추宰樞를 비롯해 많은 사람이 이를 조종구제祖宗舊制가 아니라 하여 반대했다고 한다.

충렬왕 4년(1278)에 왜 비체치제도가 도입된 것일까? 먼저 왕의 친신親信으로 채워진 비체치가 재추를 배제하고 기무를 참결했다는 것으로 보아, 김광철·박용운 교수 등이 주장하는 왕권강화론은 설득력이 있어 보이며, 이 견해는 대부분의 고려사 연구자도 지지하고 있다. 고종 45년 유경柳璥 등은 최의를 주살한 뒤 권신에게 쥐어져 있던 권병權柄의 상징인 정방을 편전便殿 가까운 곳에 옮기고, 여기에서 전주銓注는 말할 것 없고 국가기무도 처결하였다.[91] 하지만 정방이 궐 안에 있다고 하여 그 권능조차 고종이 장악했다고는 말할 수 없다. 모두 유경의 추천에 따라 내시內侍의 정사점필원政事點筆員으로 취직한 허공許珙·최영崔寧·원공식元公植이 당시 정방의 삼걸三傑로 일컬어진 만큼, 실제 권력은 유경의 손에 쥐어져 있었다.[92] 마침내 고종이 김인준 등의 상소를 받아들여 유경의 우부승선직右副承宣職을 파하고 대신 첨서추밀원사簽書樞密院事를 제수하려 하였으나, 유경의 항의로 김인준 등 공신들이 양보하여 사태가 수습될 지경이었다.

궐 안, 편전 가까이 옮겨온 정방을 유경과 김준 등 공신들이 계속하여 장악하고 있었지만, 임연의 정변과 삼별초의 봉기를 거치면서 권신은 더 이상 존재하지 않게 되었다. 몽골조정이 파견한 행성 관원과 다루가치, 그리고 경략사經略使와 원수부가 새로운 권력기관으로 등장했기 때문이다. 하지만 충렬왕이 즉위할 무렵에는 이미 고려 안에서 왕권은 확립되어 있었다고 말할 수 있다. 더욱이 지원 15년(1278)에는 쿠빌라이 카안으로부

91) 《高麗史節要》 권17, "(高宗45年11月)初柳璥誅崔竩, 置政房于便殿之側, 掌銓注, 凡國家機務皆決焉."; 《高麗史》 권82, 兵志 2 宿衛, "元宗十年二月時誅金俊, 以勢家子弟持弓矢入衛殿內, 稱後壁. 將軍金保宜林惟茂趙允蕃崔宗紹等以後壁賜紅改衛. 十五年八月忠烈王卽位, 以衣冠子弟嘗從爲禿魯花者分番宿衛. 號曰忽赤. 元年以忽赤四番爲三番. 八年五月以達達人分屬忽赤三番, 依中朝體例, 令各番三宿而代. 牽龍等諸宿衛亦然. 九年七月選衣冠子弟充世子府宿衛. 十三年閏二月令忽赤鷹坊三品以下佩弓箭輪次入直. 忠宣王元年六月復分忽赤爲四番."

92) 장동익, 앞의 논문, 7쪽.

터 부마고려왕인駙馬高麗王印을 개주改鑄해 받음으로써 고려왕의 내외적 지위는 한결 공고해졌다. 왕권을 제약하던 다루가치와 대부분의 몽골 군대도 이해 가을 철수하였다.

설사 당시의 상황이 김방경이나 유경 등과 같은 고위직을 배제하고 별도의 기구를 설치해 왕권을 더욱 강화해야 했다고 하더라도, 그가 굳이 비체치라는 몽골적 제도[93]를 도입하여 왕권을 강화해야 할 이유는 어디에서도 찾을 수 없다.

또한 지금까지 고려의 비체치제도를 연구한 선학先學들이, 비교대상으로 이해한 서기書記로서 비체치라는 몽골제도는 군주권 강화와 특별한 관련이 없어 보인다. 몽골제도로서 케식怯薛의 중요한 성원인 비체치는 케식 가운데 행정업무를 관장한 자르구치斷事官를 보조하여 일반 행정사무를 주로 맡아서 처리한 비서秘書를 가리키는 명칭이다. 그러나 《원조비사元朝秘史》에는 케식과 비체치의 관계가 명확히 나타나지 않으며, 《원사》에 비로소 "위천자주문사爲天子主文史"라고 적고 있고, "사환위필도적四環衛必闍赤", "숙위관필도적宿衛官必闍赤" 등 명사를 통해 케식에 속해 있었음을 짐작할 수 있다.[94] 또 이들의 직무에 대하여는 《원사》 〈헌종기憲宗紀〉에 "케레이트인 볼가Bolgha, 孛羅合를 1252년에 비체치로 삼았는데 그의 직장職掌은 '장선발호령掌宣發號令, 조근공헌급내외문주지사朝覲貢獻及內外聞奏之事'였다"[95]고 나온다.

최초의 비체치는 칭기스칸이 1206년에 임명한 케레이트인 시라 오굴Kereyid Sira Oghl로 알려져 있으며,[96] 그의 아들이 위에서 말한 볼가이다.

---

93) 이 제도에 대한 비교적 체계적인 연구로는 札奇斯欽의 〈說元史中的'必闍赤'并兼論元初的'中書令'〉, 《蒙古史論叢(上册)》(臺北, 1980), 365~363쪽이 있다.

94) 《元史》 권135/1하; 《元史》 권146/12하.

95) 蕭啓慶, 《元代史新探》(臺北: 新文豊出版社, 1983), 70쪽. 윌리엄 루부르크도 볼가(*Bolgai/Bulghai* 주베이니와 라시드 앗 딘은 *Būlgha/Bulgha*)를 *magnus scriptor*(the chancellor/ the chief secretary at court)라고 묘사하고 있다. Peter Jackson(tr. by)with David Morgan(introduction, notes and appendices by), *The Mission of Friar William of Rubruck: His Journey to the court of the Great Khan Möngke 1253~1255*. London, 1990. p.173, 192, 196(Bulgai, the judge), 221(Bulgai, the chief secretary and judge).

96) 《元史》 권134, 也先不花傳(3266~3268), "蒙古怯烈氏. 祖日昔剌斡忽勒,……後兄弟四人皆率部

중국인들에게 중서성의 재상으로 알려진 야율초재耶律楚材와 점합중산粘合重山, 진해鎭海도 남송사신이었던 서정徐霆의 《흑달사략黑韃事略》(2상)에 따르면 실제 타이틀은 비체치였다고 한다.

여기서 비체치가 일반 행정사무를 주로 맡아서 처리하는 비서직 업무 말고 호령號令을 선포하고, 조근朝覲·공헌貢獻과 안팎 문주聞奏의 일도 하고 있음을 알 수 있다. 때로 그들은 알람 다르Alam-Dār, 阿藍答兒처럼 구고鉤考를 하고 사신使臣의 업무도 수행하였다. 그 가운데는 꽤 지위가 높은 사람도 있었던 것 같다. 예컨대 《용비어천가龍飛御天歌》에 나오는 알람 다르의 경우 "左大必闍赤阿藍答兒좌대필도적아람답아, 以丞相行省事于秦蜀勾較諸路財賦이승상행성사우진촉구교제로재부"[97]라고 하며, 그는 뭉케 카안의 즉위를 위한 케룰렌하반河畔의 쿠릴타이 참가를 독촉하기 위해 차가타이의 아들 예수 뭉케Yesü Mengü, 也速蒙哥에게 보낸 비체치 알람 다르Alam-Dār bitikchi이었다.[98] 원종 8년 9월 쿠빌라이의 조서를 가지고 온 염패로廉孛魯와 미실해아迷失海牙도 비체치였다.[99]

위에서 비체치의 직능을 살폈을 때 다양한 요소가 보이기는 하지만 그

屬來歸. 太祖以舊好, 遇之特異他族, 命爲必闍赤長, 朝會燕饗使居上列. 昔剌斡忽勒早世, 其子孛魯歡幼事睿宗, 入宿衛. 憲宗卽位, 與蒙哥撒兒密贊謀議, 拜中書右丞相, 遂專國政. 至元元年以黨附阿里不哥論罪伏誅."

97) 《龍飛御天歌》 권8/74장, "元憲宗時(細注 생략)世祖經理河南關右. 或讒于憲宗謂, 皇弟得中土心, 且王府諸臣擅權爲姦利, 憲宗信之. 乃罷世祖開府, 而命左大必闍赤阿蘭答兒, 以丞相行省事于秦蜀勾較諸路財賦." 한편 이 구절의 細注에서 "闍音舍. 必闍赤掌文書者華言秀才也"라고 하는데, 舍의 古音은 書魚 ɕ?a, 書冶切 ɕĭa, 또는 始夜切 ɕĭa로 볼 수 있어 비체치의 본래의 음을 찾는 데도 도움이 될 것 같다. 郭錫良, 《漢字古音手册》(북경대학출판사, 1986), 20쪽.

98) *The Successors of Genghis Khan*. Columbia univ. press, 1971, p.204. 이때 Oghul-Ghaimish와 그의 아들 Khoja와 Naqu에게는 역시 비체치 Bitikchi大官인 Shilemün을 보냈다.

99) 《高麗史》 권28, 원종 8년 9월 정미조. 이 밖에 대원의 비체치로서 《高麗史》에 나오는 예는 다음과 같다. 《高麗史》 권27/18상, 원종 12년 6월 "乙卯蒙古遣必闍赤黑狗李樞等七人來, 索宮室之材.……所用金漆良多, 今遣必闍赤往取."; 《高麗史》 권29/1하, 충렬왕세가 2, "(5年春正月)丙寅王謁帝, 帝使御史大夫月列倫樞密孛剌必闍赤忽禿哥兒闍兀等諭王,……."; 《高麗史》 29/7상, "(冬10月丁丑)于丹赤塔納必闍赤哈伯那來督修戰艦."; 《高麗史》 권34/28상, 충숙왕 5년 7월 "秋七月辛酉元遣吏部尙書卜顔必闍赤買驢來, 責問慰接魏王及耽羅叛狀."; 《高麗史》 권107, 權呾傳(/19상하), "近初名晉,……恭愍朝年十八登第,……選補史翰爲王府必闍赤."; 《高麗史》 권111, 李嵒(/5상), "祖尊庇……忠烈朝歷尙書右丞司議大夫拜左承旨, 時左副承旨金周鼎建議新置必闍赤委機務, 尊庇正直初不與其議, 故不在選中, 左右以爲不宜斥之, 卒以爲必闍赤."

러한 직능이 특별히 왕권강화에 직접 도움이 될 것으로 보이지 않는다. 이처럼 왕권강화에 특별한 보탬이 되지 않을 것 같은 비체치를 빌려 새로운 권력구조를 짰다고 볼 수 있는가. 더욱이 고려에는 이미 기무를 참결하게 된 비체치와 비슷한 기능을 수행했던 기구가 있었다. 곧 편전 부근에 이미 옮아온 정방이다. 정방의 진용을 개편하면 될 일을 왜 굳이 몽골적 제도를 도입한 것인가?

여기서 우리는 정방이나 기존의 권력구조를 건드리지 않고 새로운 권력기구를 만드는 것을 생각해 볼 수 있다. 하지만 필자의 관견으로는 정방을 그대로 둔 채 비체치를 설치하는 정도의 제도 변화로 몽골 비체치제도의 도입이 별청재추로 불릴 만큼 큰 영향을 줄 수 있었다고는 보지 않는다. 박용운도 몽골 비체치제도를 다각적으로 검토한 끝에 "가신과 같은 성격을 지닌 서기로서 그의 왕권강화를 위해 자기의 수족처럼 봉사해 줄 수 있는 요원이 필요했다"고 하는 것도 그 때문으로 보인다.

결국 새로 설치된 비체치와 신문색의 별청재추의 권능에 다른 측면에서 접근하는 것이 바람직할 것이다. 비체치와 신문색이 충렬왕 4년 그가 대원의 상도上都에 조근朝覲하고 돌아온 시점에 설치되자 재추가 조종祖宗의 구제舊制가 아니라고 반대했다는 점, 비체치와 신문색을 통한 정사처리의 형식에서 대원 황제의 결책방식과 비슷한 면이 발견되는 점을 눈여겨볼 필요가 있다. 다시 말해 고려에서 새로 설치한 비체치제도는 당시 대원 카안의 내정內廷운용 방식을 본뜬 것으로 볼 수 있다.

당시 대원 카안이 정사를 처결하는 것을 보면, 이전 한족 왕조 황제가 정사를 처결하는 방식과 사뭇 다름을 알 수 있다. 우선 대원에는 카안이 참석하는 일상적인 조회가 없었다. 대몽고국 카안의 궁전은 일년 가운데 대부분을 이동하는 행전行殿이기 때문에 조신朝臣이 모이는 조회는 열리기 어려웠다. 해마다 여름에 황제가 상도에 순행할 때 조근을 목적으로 온 제왕부마를 접견한 것을 조회라고 하나, 이전 중원 왕조의 이른바 조회—황제가 조정에 나아가 정사를 듣고 처결하는 것〔皇帝上朝聽政〕—는 이 시기에는 거의 존재하지 않았다고 할 수 있다.100)

조회가 열린다 하더라도 한족 왕조의 조회와 같은 청정聽政의 형식이라기보다 제후왕을 조근하는 대전이었다. 상도에서 거행된 이러한 대전에는 통상 고려왕도 참석해야 했는데,[101] 궁전이 아니라 상도 근처의 초원에서 거행되었다.

따라서 대원 치하에서는 한족 왕조의 조회와 같은 상조常朝[102]는 없었다고 할 수 있다. 대신 내정회의內廷會議[103] 또는 어전주문御殿奏聞 형식의 독특한 시조결책방식視朝決策方式을 취하고 있었다.[104] 예컨대, 중서성의 장관인 우승상右丞相이라도 수시로 카안을 만날 수는 없었다. 중서성이 정한 10조의 성규省規에는 비록 군국급무軍國急務는 예외라고 하나 "삼일일주사三日一奏事"로 되어 있다.[105] 말할 것 없이 추밀원과 어사대, 선정원宣政院·비서감秘書監 등의 관원도 정사를 주품奏稟할 수 있었지만 카안을 만나는 것은 제한되어 있었다. 이들 외정外廷의 관원들이 문주聞奏하는 자리에는 카안의 궁전宮殿이나 장전帳殿에서 직숙直宿하는 케식관이 반드시 배주陪奏하여 결정에 참여하는 것을 볼 수 있다.

어전주문에 배주한 케식관의 예를 보면 지원 2년[106] 4월 12일 아로阿魯가 케식장怯薛長이었을 때에 직숙한 비체치 사가반沙加班 등이 배주한 가운데 어사대의 관리들인 테무르부카帖木兒不花 대부大夫, 철적撒迪 대부, 톡토脫脫 중승中丞, 경耿 중승이 주문奏聞하는 것을 시작으로, 쿠빌라이 카안

100) 張帆,《元代宰相制度研究》(北京大學出版社, 1997), 107쪽.

101)《高麗史》 권26, 원종 5년 5월 "辛巳受詔於大觀殿, 詔曰, 朝覲諸侯之大典也. 朕纂承丕緒于今五年第以兵興有所不暇. 近西北諸王率衆疑附擬. 今歲朝王公牧於上都, 卿宜乘馹而來庸修世見之禮, 尙無濡滯."

102) 李治安,〈元代"常朝"与御殿奏聞考辨〉,《歷史研究》2002-5 참조.

103) 楊樹藩,《中央政治制度》(臺北: 商務印書館, 1977), 132쪽.

104) 李治安, 〈怯薛與元代朝政〉, 《中國史研究》 1990-4; 李治安, 〈元代"常朝"与御前奏聞考辨〉, 《歷史研究》 2002-5; 姚大力, 〈論蒙元王朝的皇權〉, 王元化 主編, 《學術集林》 권15(上海遠東出版社, 1999), 293~299쪽. 필자도 특히 무종 시기의 近侍干政問題를 중심으로 이를 다룬 바 있다. 李玠奭, 〈14世紀 初 元朝支配體制의 再編과 그 背景〉(1998년 서울대학교 대학원 박사학위 논문), 143~149쪽.

105) 王惲,《秋澗先生大全文集》권81, 中堂事記 中, "(中統2年5月22日)其一日凡三日一奏事, 軍國急務不拘此限.……."

106)《元憲臺通紀》御史臺 3/1쪽 상.

재위기에는 켈레메치怯里馬赤, 수구르치速古兒赤, 코르치火兒赤, 보르치博兒赤, 시바우치sibáuči, 昔寶赤, 비체치 등 카안의 신변을 지키는 내정의 근시近侍로서 이들이 성省·원院·대臺의 대신들과 더불어 병정兵政의 기무를 의논해 결정하였다. 물론 성·원·대의 대관大官 또한 케식관을 겸직하여 직숙한 경우가 많았지만, 외조外朝의 관함官銜을 띠지 않았던 내정 근시의 우두머리, 경우에 따라 친신인 환관도 이러한 논의에 참여하고 있다.107) 이처럼 카안의 결책과정에 친신과 근시가 배타적으로 개입하고 있는 점에서 고려의 비체치제도와 비슷함을 발견할 수 있다.

한편 배주한 카안의 근시는 대몽고국 시기 이래의 케식직숙관怯薛直宿官이었지만, 대원 중기인 인종 대에 접어들면 급사중給事中이 3차에 걸쳐 배주로 기록된다. 영종 대 이래 전중시어사殿中侍御史가 배주에 참여하는 것이 늘고 있는데, 기거주起居注에서 이름을 바꾼 급사중의 경우 종래 배주한 비체치의 기능이 분화한 것으로 볼 수 있다.108) 백관의 조의朝儀를 규찰하는 전중시어사殿中侍御史의 배주가 후기로 갈수록 느는 것 또한 몽골적 전통적 결책구조가 조의朝儀와 함께 변하고 있음을 보여 준다.109)

대원의 제도에는, 카타야마 토모오片山共夫가 최초로 그 역할에 주목한110) 바 있는, 주사奏事를 전담한 직성사인直省舍人이란 관원이 있었다. 숙위와 훈신자제勳臣子弟 가운데서 뽑아 충원한 직성사인의 직무는 안에 있을 때는 상신相臣을 보좌하고 밖에서는 성달省闥의 명령을 전달하였으며, 고려에도 조서를 전하기 위해 왔었다.111) 카타야마 토모오는 뒤에 케

107) 고려 출신 환관 大順(司徒)은 무종 대에 이러한 논의에 참여하고 있다. 《秘書監志》(高榮盛 點校本)(浙江古籍出版社, 1992), 102쪽.

108) 《元史》 권88, 百官4/2225/給事中, "秩正四品. 至元六年(1269)始置起居注,左右補闕, 掌隨朝省臺院諸司凡奏聞之事, 悉紀錄之, 如古左右史. 十五年(1278), 改陞給事中兼修記居注, 左右補闕改爲左右侍儀奉御兼修記居注. 皇慶元年, 陞正三品. 延祐七年, 仍(正)四品. 後定置給事中兼修記居注二員, 右侍儀奉御同修起居注一員, 左侍儀奉御同修起居注一員, 令史一人, 譯史四人, 通事兼知印一人."

109) 李治安, 앞의 논문, 44쪽 元代御殿奏聞相關情況統計表와 47~48쪽 참조.

110) 片山共夫, 〈怯薛と元朝官僚制〉, 《史學雜誌》 89-12(1980.12), 24~25쪽.

111) 《高麗史》 권33, 충선왕세가 1, 충렬왕 34년 윤11월 "閏月壬辰元遣直省舍人帖哥歹來頒詔."; 《高麗史》 권34, 충숙왕세가 1, "夏四月……丙戌王侍上王及公主發燕京, 上王遜位欲留,

식테이怯薛歹의 대임大任을 맡을 직무견습을 시켜 황제가 재기才器를 시험할 기간으로 최적이었다고 보고 있다.[112] 그 가운데 지위가 높은 두 사람의 관원을 택하여 주사를 전담시키는 제도가 지원 25년 이전에 이미 시행되었다고 한다.[113] 고려의 신문색과 같은 직능이 있는 직성사인이 위와 같은 결책과정에서 어떤 기능을 했는지는 알 수 없다.

요컨대 충렬왕 4년의 비체치와 신문색의 설치와 운영방식은 몽골 쿠빌라이 카안 궁정과 각 종왕부저宗王府邸의 케식테이에 속하여 정책결정과정에 참여한 비체치의 기능[114]을 본딴 것, 곧 비체치와 신문색은 명색일 뿐 대원 조정에서의 결책형식의 고려적 번안飜案으로 볼 수 있다는 것이 필자의 생각이다. 다시 말해 비체치가 그동안 정방이 장악하고 있던 기무를 참결함으로써 정방의 기능을 대체하거나 적어도 대폭 축소시켰다고 볼 수 있다. 무신정권 이래 상조常朝가 없어지고 도방·정방 등에서 정사가 의논되던 고려의 기존체제도 이러한 비체치제도의 도입을 용이하게 한 것으로 보인다.

朝廷不聽. 故不得已而遂行. 傳車百四十兩, 馬稱是. 帝遣丞相納剌忽宦者遙授平章李伯帖木兒等三十六人, 皇太后遣惚薛丹納憐等十八人, 中書省遣直省舍人脫脫帖木兒等十六人, 徽政院遣宦者……三人, 中政院遣……三人, 宣政院遣八哈思和尙等十六人護送."(/9하~10상); 《高麗史》 권35/11상, 충숙왕세가 2, "(10年冬10月)甲午帝以卽位遣直省舍人阿魯灰, 速古赤蠻子等來頒詔."; 《高麗史》 권35, 충숙왕세가 2, 11년 5월 "丁酉帝以册皇后皇太子詔天下, 遣直省舍人禿魯不花來頒詔."(/15상); 《高麗史》 권35, 충숙왕세가 2, "(12年春正月)甲戌元遣直省舍人塔不歹, 舍兒別赤伯顔帖木兒來頒赦."(/17상); 《高麗史》 권35, 충숙왕세가, "(4年)秋七月……元以册皇后遣直省舍人月魯博兒來頒詔."; 《高麗史》 권36, 충혜왕세가, 후3년(1343) "(5月)壬午元遣直省舍人實德來索宋丨金三國事蹟."; 《高麗史》 권37, 충목왕세가, "(3年10月)甲午元以三萬之死, 遣直省舍人僧家奴杖整治官……. 帝仍降璽書, 復置整治都監令王煦辦事(/12하)."; 《高麗史》 권38, 恭愍王 1, "(4年正月)庚午元誅妖賊韓山童……, 策免丞相脫脫遣直省舍人訥速兒來頒赦."(/27상); 《高麗史》 권41, 恭愍王, "(14年)十一月癸巳元遣直省舍人阿敦也海來詔以伯撒里爲太師右丞相, 廓擴帖木兒爲太傅左丞相."(/8상); 《高麗史》 권125, 姦臣/李春富傳, "父那海僉議評理, 美容儀心如其貌, 有寵於英宗皇帝除直省舍人."(/36상하) 이 밖에 《高麗史》 권131 奇轍傳에도 奇三萬사건으로 直省舍人 僧家奴와 忙哥를 고려에 보내고 있다.

112) 片山共夫, 앞의 논문, 25쪽.

113) 《元史》 권82, 選擧 2, "直省舍人, 內則侍相臣之興居, 外則傳省闥之命令, 選宿衛及勳臣子弟爲之. 又擇其高等二人, 專掌奏事. 至元二十五年, 省臣奏: '其充是職者俾受宣命.' 大德八年, 擬歷六十月者, 始令從政."; 《元典章》 7, 吏部 1 官制/資品/從五品/內任, 中書直省舍人條 참조.

114) 札奇斯欽이 말하는 제3류의 必闍赤에 해당된다. 〈說元史中的'必闍赤'并兼論元初的'中書令'〉, 《蒙古史論叢(上册)》(臺北, 1980), 366쪽.

연구자들 사이에는 비체치제도가 그 뒤 고려정국에 어떻게 기능하였는가를 둘러싸고 논의가 갈리고 있다. 그 가운데 몽골적 관속인 왕부비체치王府必闍赤가 논의의 한 부분을 차지하고 있어 이에 대하여 약간 언급하려 한다.

김광철은 정방과 별도로 설치된 비체치가 기무에 참결함으로써 첨의부가 충분히 제 기능을 발휘할 수 없게 되었다 보아, 구성원의 수가 늘어나 도평의사사都評議使司의 권한이 강화되었다는 변태섭의 견해와 반대되는 의견을 내었다.[115] 이에 대해 김창현은 비체치가 충렬왕 내내 유지되어 국정을 참결했다는 사례가 없고, 30년에 별청別廳을 다시 두었다고 하여, 비체치제도 출현에 따른 충렬왕 재위기간 도평의사사의 권한 위축설에 대하여 이의를 제기한다.[116]

1295년 8월 당시 세자였던 이지르부카忠宣가 귀국하면서 대원황제로부터 의동삼사상주국고려국왕세자儀同三司上柱國高麗國王世子와 영도첨의사사領都僉議使司로 책봉받고 양대兩臺의 은인銀印을 받은 뒤 돌아오자, 충렬왕은 그를 판도첨의밀직감찰사사判都僉議密直監察司事로 임명하였다.[117] 또 9월 갑신 세자가 도첨의사사都僉議使司를 서사署事한 뒤 바로 세자를 판중군사判中軍事에 임명하였다.[118] 이는 조정의 권력을 세자에게 모두 집중시킨 셈이어서,[119] 한편으로 충렬왕의 왕권을 제한하고, 다른 한편으로 그동안 지속되던 비체치의 기무처결 기능을 무력화시켰을 것으로 보인다.

1298년 충선왕이 즉위한 뒤 4월 문한학사文翰學士 최참崔旵, 박전지朴全之, 오한경吳漢卿, 이진李瑱과 승지承旨 김승金昇에게 전선銓選을 맡기고,[120]

---

115) 金光哲, 〈高麗 忠烈王代 政治勢力의 動向〉, 《昌原大學論文集》 7-1, 159~161쪽.

116) 김창현, 앞의 책, 295쪽의 주34, 주35 참조.

117) 《高麗史》 권31, 충렬왕 21년 8월 "戊午, 世子至自元. 庚申以世子判都僉議密直監察司事, 洪子藩知都僉議司事, 洪君祥知都僉議中贊修文殿大學士監修國史世子師臨安公……."(/9상)

118) 《高麗史》 권31, 충렬왕 21년 9월 "(/9하)甲申, 弟子署事于都僉議司,……壬辰, 以世子判中軍事."

119) 《高麗史》 권77, 百官 2, 諸司都監各色 都評議使司條, "忠烈王五年改都兵馬使爲都評議使司, 凡有大事使以上會議, 故有合坐之名, 事元以來事多倉卒, 僉議密直每爲合坐." 이로 보아 이 시기 세자 이지르부카는 대원 중서령 이상의 권력을 쥐고, 충렬왕을 대신하여 통치를 했던 것으로 볼 수 있다. 특히 洪君祥을 후원자로 끌어들인 것은 의미심장하다.

5월 신묘에는 교敎를 내려 대대적인 인사를 단행한다. 그 가운데 광정원사光政院使 인후印侯(참지기무)와 동지광정원사同知光政院使 김지숙金之淑(참지기무), 안향安珦(참지기무), 광정부사光政副使 유비柳庇(권참지기무)를 각각 기무에 참여케 하고, 을묘에 교를 내려 백료百寮로 하여금 무릇 대소공사는 아울러 장狀과 신申으로 올려 재추상의宰樞商議에 따라 처결한 연후에 보고하라고 지시한다.[121] 이로 보아, 일시적이지만 이미 비체치의 종래 기능은 무력화한 것으로 보아도 좋을 것이다.

한편 《고려사》〈백관지〉 2 제사도감각색諸司都監角色의 승지방조承旨房條(/23하)에는 충렬왕 24년 충선왕이 승지방을 파罷하고 그 임무를 사림원에 넘겼다가 이내 승지방을 복치復置했다고 한다. 〈충선왕세가〉에 6월 대원이 보낸 우승右丞 아리회阿里灰 홍중희洪重喜와 좌승左丞 양염룡楊炎龍이 고려에 와서 새 관제를 거둔 뒤에, 계해 승지방을 복설하고 장석張碩·홍선洪詵·전승全昇을 다시 승지로 임명한 것으로 되어 있다. 이로써 시기는 확실하지 않지만 승지방이 일시 폐지되고, 그 기능이 사림원詞林院으로 넘어간 것이 분명하다.

물론 김창현의 이러한 주장의 배경은 비체치제도의 도입 초기에 비체치기구와 정방조직이 별개의 조직이었다고 보는 데에서 출발하며, 박용운의 견해를 더욱 발전시킨 것이라고 볼 수 있다. 박용운에 따르면, 충렬왕은 왕권강화를 위해 비체치제도를 도입하였고, 따로 대부분 자신의 측근세력으로 구성된 '필자적piljajək'을 설치하였다는 것이다. 그는 기존 연구자들의 대부분이 충렬왕 4년에 새로 설치된 비체치를 정방의 요원으로 이해하였으나 이를 뒷받침할 직접적인 자료를 찾을 수 없다고 하였다. 그러면서 '필자적'은 국가의 기무를 참결하는 국왕직속조직으로, 왕권의 강화를 위한 일종의 비상대책기구와 비슷한 성격의 존재이며, 왕권의 강화를 위해 처음에 왕부에 설치되었던 '필자적'이 얼마 뒤부터 일부가 정방

120) 《高麗史》 권33/9상, 忠宣王世家, "(忠烈王24年夏4月)戊午雨雹命學士崔旵等四人及承旨金昇掌銓選."

121) 《高麗史》 권33, 忠宣王世家, 충렬왕 24년 5월조.

의 업무로까지 진출하여 기능을 확대시켜 갔다[122]고 보았다.

정방에 대한 본격적이고 체계적인 연구성과를 낸 김창현은 박용운의 이러한 견해를 발전적으로 계승한다. 충렬왕 4년 설치되는 비체치는 정방과 직접적인 관계가 없이 기무를 참결하는 별도의 기구였으나, 충혜왕 즉위년(1330) 정방 대신 지인방知印房이 설치되어 왕의 서기들로 지인방 곧 정방의 실무진을 채우게 되면서 정방비체치政房必闍赤란 명칭이 나타나게 되었다. 그들이 정방의 실무진을 겸하게 되고 인사행정까지 맡게 되자 서로의 구분이 없어져 정방비체치와 다른 왕부비체치王府必闍赤를 두지 않게 되었다는 것이다.[123] 나아가 "왕부비체치가 정방비체치가 될 수 있고, 왕부지인王府知印이 정방의 지인이 될 수 있는 근본요인은 정방이 왕부 안에 위치했기 때문"이며, "왕부는 왕이 기거하는 궁 안, 곧 금중을 의미한다"[124]라고 단정한다.[125] 그는 고려 말 충정왕 대 한수韓脩 이후 정방비체치란 명목이 나타난다고 보며, 차자방비체치箚子房必闍赤로 나오는 공민왕 대의 성석린成石璘과 우왕 대의 공부孔俯는 말할 것도 없고 왕부비체치인 이색李穡과 권근權近 또한 정방비체치로 이해하고 있다.[126]

그런데 같은 궁중에 위치하였다고 하여 왕부비체치와 정방비체치를 동일시하는 김창현의 주장은 납득하기 어려운 점이 있다. 그것은 왕부를 궁 안[禁中]으로 보는 것에서 비롯되는데, 이케우치 히로시池內宏가 그의 연구에서 왕부를 고려의 국정을 행한 기관, 곧 고려정부와 동일시한 것 만큼이나 엉뚱한 이해이다.[127] 여기에 나오는 왕부는 종왕과 제왕, 부마왕의 관부로서 특정한 장소를 뜻하는 것이 아니다. 몽골국 성립 이래 몽

122) 朴龍雲, 앞의 논문, 874쪽, 876쪽.

123) 김창현, 앞의 책, 132, 133, 135쪽 참조.

124) 김창현이 말하는 왕부는 왕이 기거하는 궁 곧 禁中을 의미한다. 왕부에 대하여 저자는 《高麗後期政房硏究》, 315쪽에서 《高麗圖經》을 이용해서 설명하고 있다. 박용운 또한 왕부에 대하여 명확한 설명이 없다. 그는 이를 "명칭으로 짐작컨대 필시 국왕과 관련된 관부를 의미한다"고 이해하고 있다. 朴龍雲, 앞의 논문, 870쪽.

125) 김창현, 앞의 책, 136쪽.

126) 김창현, 《高麗後期政房硏究》, 131쪽.

127) 池內宏, 〈高麗に於ける元の行省〉, 《東洋學報》 20-3→《滿鮮史硏究中世第三册》(吉川弘文館, 1963), 146쪽.

골의 종왕이나 제왕·부마·공주의 오르두에는 각기 케식 등 속료가 있었다. 이러한 집단이 대원 왕조가 성립하면서 왕부와 같은 관부로 제도화되는 것이다. 리즈안李治安 교수에 따르면, 왕부 아문이 정식으로 설치되고 왕부王傅가 임명되는 것은 쿠빌라이 즉위 초 진킴眞金이 연왕燕王으로 봉해지면서부터라고 한다. 리즈안은 왕부부王傅府의 장이요속長貳僚屬으로 보아 대원의 제도가 금의 제도[128]를 모방한 것으로 본다.[129]

이러한 면에서 볼 때 모리히라 마사히코森平雅彦의 일련의 연구는 고려의 왕부王府를 이해하는 데 새로운 진전이라고 할 수 있다. 그의 논문에는 왕부에 대한 비교적 정확한 개념이 도입된다.[130] 그는 이 논문에서 종래 왕부는 왕궁을 뜻하였으나, 충렬왕 이래 이를 구별하여 사용하고 있음을 밝히고 있다.[131] 이보다 앞서 발표한 연구[132]에서 충렬왕 4년(1278) 충렬왕이 대원에 행차함으로써 부마로서 고려왕의 실체적 권한이 확인되었고, 다루가치나 둔전경략사를 비롯한 고려에 주둔한 몽골군의 철수가 받아들여졌으며, 잠치站赤의 차자箚子발급권을 얻었다[133]고 하여 왕부의 성립을 뒷받침한다.

모리히라 마사히코는 고려에 왕부가 창설된 시기를 세조가 조인규를 고려국왕부단사관으로 임명한 충렬왕 7년 이후로 보고 있다.[134] 단사관과 케식에 대하여 살핀 뒤, 공민왕이 중서성에 올린 '만호부관련상서기사萬戶府關聯上書記事'를 매개로 고려 본국이 가지는 투하령投下領으로서 성격까지 검토하고 있다. 모리히라 마사히코에 따르면, 당시 고려 본국은 대원의 관점에서 보면 경역境域으로, 그것이 고려왕에게 배타적·차단적으로

128) 《金史》 권57, 百官 3 親王府屬官.

129) 李治安, 《元代分封制度研究》(天津, 1992), 제6장 諸王王府屬官, 220~238쪽.

130) 森平雅彦, 〈高麗王位下の基礎的考察—大元ウルスの一分權勢力としての高麗王家〉, 《朝鮮史研究會論文集》 36(1998.10).

131) 위의 논문, 77쪽, 주12.

132) 森平雅彦, 〈駙馬高麗國王の成立— 元朝における高麗王の地位についての豫備的考察 —〉, 《東洋學報》 79-4(1998.3).

133) 위의 논문, 21쪽의 주39; 《高麗史》 권28, 忠烈王世家 1, 4년 7월 갑진·임신·무술제조.

134) 위의 논문.

점유된 것이 아니고, 대원 울루스의 다른 경역과 똑같이 다양한 정치집단이나 조직이 분포되어 있었다는 것이다. 게다가 본국을 고려왕의 투하령으로 이해함으로써 막연히 경역으로 보는 것이 아니고, 소속이 다른 인호人戶를 제외하고 확실한 영민領民을 지배하는 위하位下로 보았다.

또한 고려는 대원 조정이 고려를 직할하려는 움직임에 대하여 세조구제를 내세워 막았고, 이를 통해 종래의 왕조체제를 유지하였다. 이것을 볼 때 투하령의 의미는 이러한 복합구조 안에서 찾아야 함을 지적했다. 모리히라 마사히코는 부마고려왕의 왕부가 카안으로부터 인호를 받았거나, 스스로 투항하여 인호의 보유를 인정받은 백성irgen에 바탕을 둔 일반 제왕·부마의 왕부와 근본적으로 다를 수밖에 없음을 인정한 셈이다.

그러나 여기서 한 가지 고려할 것은, 충렬왕 19년(1293) 3월 갑인에 조인규를 왕부단사관으로 임명하고 있는 점이다. 《고려사》 권29 충렬왕 6년(1280) 11월조에 충렬왕은 조인규를 왕경토토카순脫脫和孫 겸 추고관두목推考官頭目으로 임명해 줄 것을 요구하였고, 그 요청에 따라 12월 대원에서 조인규를 선무장군왕경단사관토토카순宣武將軍王京斷事官脫脫和孫에 임명한 뒤 금패를 주고 있다. 당시 왕부의 존부存否가 확인되지 않은 상황에서 왕경단사관은 왕경의 추고관두목일 뿐 엄격히 말해 고려국왕의 왕부단사관과 구별된다고 볼 수 있다. 그렇다면 고려국왕부단사관에 임명되는 것은 1290년 11월 황제가 조인규를 고려국왕부단사관에 임명하고 금호부金虎符를 준 다음부터라고 볼 수 있고,[135] 1293년에 이를 다시 확인한다. 그리고 7년 뒤에 대덕 4년 오잠이 고려국왕부단사관에 임명된다[136]고 보아야 할 것이다.

오잠의 묘지명에 따르면, 앞서 대덕 2년 정방에 들어가는데 이것은 2년 뒤에 그가 임명되는 왕부의 직책과는 구별된다고 볼 수 있다. 다만 묘지명의 찬자가 "대덕 2년부터 대덕 5년까지 모두 사 년 동안 집정하였

135) 《高麗史》 권30/23하.
136) 1300년 7월에 吳潛이 새로 고려국왕부단사관으로 임명된다. 〈吳潛墓地銘〉, 金龍善 編著, 《高麗墓地銘集成》(한림대학교 출판부, 1997), 490쪽.

다〔自大德二年至五年凡四年執政〕"고 적은 점을 새겨볼 필요가 있다. 이는 비록 38년이 지난 다음의 기록이지만 13세기 말 고려에서 정방의 지위를 가늠할 수 있는 중요한 자료이다.

다음으로 권부權溥[137]와 이제현李齊賢이 왕부단사관에 임명되는 것으로 보이나, 둘 다 시기가 확실하지 않다. 이제현의 경우는 충선왕이 천거하여 고려 왕부단사관이 수여되므로 인종 재위 연간으로 추정되는데, 《익재난고益齋亂藁》 가운데 〈연보年譜〉를 찬한 이는 연우延祐 7년(1320)으로 적고 있다.[138]

지금까지 충렬왕 4년 설치된 비체치와 신문색에 대하여 살폈다. 고려의 비체치는 세조구제로 대원이 고려의 배타적 통치를 허용한, 고려 경역을 지배하는 고려왕국의 전통적인 관제와 구별되는 새로운 관제로, 대몽고국의 부마고려왕의 기관인 왕부의 속관 가운데 하나였다. 이처럼 왕부의 속관으로는 왕부비체치 외에 조인규가 최초로 임명된 왕부단사관이 설치되어 있었다. 견룡군과 함께 번番을 나누어 돌아가며 고려왕을 밤낮으로 호위한 케식기관인 코르치와 응방도 왕부의 속관조직으로 보인다. 더욱이 직숙하는 케식과 숙위하는 견룡이 이중으로 숙위하고 있음은 왕부의 속관과 왕국의 관제가 이중으로 존재했음을 보여 준다. 단사관은 부자가 세습하기도 하고 다른 세가의 자제가 임명되기도 하였지만 비체치의 임면에 관해서는 구체적인 기록이 없다.

요컨대, 비체치와 신문색은 명색일 뿐 몽골 카안궁정의 상급서기上級書記와 비슷한 기능을 하는 관리로서, 종래 정방이 장악하고 있던 기무를 참결한 것으로 볼 수 있다. 이로써 위의 왕부비체치와 정방비체치를 근무장소의 동일성만으로 동일시하는 것은 무리가 있음이 명확해졌다. 앞으로 좀 더 다른 논거를 통해 두 기능의 통합과정을 설명해야 할 것이다.

---

137) 《高麗史》 권107, 權呾 付溥, "又嘗爲征東行省員外郎中王府斷事官."(/15상)

138) 《高麗史》 권110, 李齊賢, "忠宣嘉納遷知密直司事, 賜端誠翊贊功臣號, 又賜田及臧獲以賞燕吳侍從功, 奏授高麗王府斷事官."(/23상); 《益齋亂藁》, 〈益齋先生年譜〉(영인본)(서울: 아세아문화사, 1973).

맺음말

이 장은 고려와 몽골 사이에 통혼관계가 성립함으로써 내속국체제가 새로운 차원에서 전개되는 과정을 살폈다.

제1절 〈여몽 두 왕실의 통혼관계 성립과 내속관계의 심화〉는 먼저 역사에서 가능한 우연으로서 여몽 통혼관계 성립이 정치적 경제적 관계인 신新조공-책봉관계로서 여몽관계를 부마국의 요소를 덧붙인 특수한 종번관계로 차원을 바꾸어 놓게 된 경과를 논하였다. 물론 여몽 통혼관계의 성립은 몽골제국 안에서 고려의 지위를 제고하고 굳히는 데에 이바지했지만, 한편으로 부마국왕과 왕부, 공주 등 기관이 뒤에 설치되는 정동행성과 함께 고려 안의 몽골 권력기관으로서 고려 지배의 새로운 통로가 되었음을 역시 지적하였다.

고려와 몽골 두 나라의 내부적인 정치적 지형 때문에 혼인동맹에 대한 객관적인 요구가 있었을 것이라는 점을 눈여겨보고, 먼저 '1. 여몽 왕실-황실 통혼의 성립 경과'에서 왕실혼인의 성립과정을 고려와 몽골 양쪽의 국내 환경을 중심으로 천착해 보았다. 고려는 항몽하던 무신정권이 원종의 타협정책에 불만을 품고 있었고, 직접적으로는 임연의 원종폐립사건이 벌어지는 등 왕권이 위협받고 있었다. 이 때문에 고려왕실에게 강력한 후원자의 존재가 필요하였고, 쿠빌라이 정권 또한 안팎에 군사적 위협이 상존하고 있었기 때문에 허혼한 사정을 지금까지 축적된 연구성과를 참조하여 살폈다.

다음으로 '2. 여몽 왕실통혼의 성립과 고려왕실의 지위변화'에서는 당시 세자 신분의 충렬왕이 쿠빌라이의 허혼이 있은 뒤 몽골에 가서 카안의 숙위로 복무하고, 혼인하고, 원종이 훙거한 뒤에 봉왕封王되어 고려에 돌아와 카안의 조서를 받고 고려왕으로 즉위하게 되는 사정을 기술하였다. 충렬왕이 카안의 부마로서 고려국왕으로 즉위한 뒤 고려국왕의 지위가 제고되어 동정원수부의 고관들이 함부로 할 수 없게 되었다. 마침내 1278년 부마고려국왕의 선명이 내려짐으로써 정동원수부에 대한 고려국왕의 우위가 확립되고 몽골 주둔군과 다루가치가 철수되었다. 하지만 다른 한편으로 고려의 몽골에 대한 육사의 의무 일부가 면제될 만큼 고려국왕은 몽골제국에 충성하는 제후왕의 성격이 심화되었고, 국왕 자신이 고려 조야에 몽골 복식을 강요하는 등 몽골문화의 전파기구가 된 점도 지적하였다.

제2절 〈부마고려국왕의 왕부와 몽골적 관제 '왕부비체치biciɣeci'〉는 고려 안의 몽골 권력기관의 일종으로서 충렬왕 4년에 선명으로 임명된 부마국왕의 왕부와 왕부의 케식관 비체치에 대하여 검토하였다.

결론적으로 고려의 비체치는 세조구제로 대원이 고려의 배타적 통치를 허용한 고려 경역을 지배하는 고려왕국의 전통적인 관제와 구별되는 새로운 관제였다. 비체치는 대몽고국의 부마고려국왕의 기관인 왕부의 속관 가운데 하나였다. 왕부의 속관으로는 조인규가 최초로 임명된 왕부단사관이 설치되어 있었다. 견룡군과 함께 번을 나누어 밤낮으로 돌아가며 고려왕을 호위한 케식기관인 코르치와 응방도 왕부의 속관 조직으로 보인다. 특히 직숙하는 케식과 견룡이 이중으로 숙위하고 있음은 왕부의 속관과 왕국의 관제가 병존했음을 보여 준다. 왕부의 속관인 단사관은 대체로 세습하였던 것으로 보이지만, 고려국왕부의 비체치 임면에 관해서는 구체적인 기록이 없다.

제4장

몽골제국 안의 고려인과 여몽관계

제1절

대원 궁정의 고려 출신 환관

1. 머리말

동아시아 역사에서 환관宦官의 유래를 보면, 갑골문자 '강羌'이 양근陽根의 절단을 뜻한다고 하여, 중국의 경우 은殷대에 이미 환관이 존재한 것으로 추정된다.[1] 주周대 사회의 현실을 반영하고 있는 《시경詩經》과 《좌전左傳》 등 선진시대先秦時代의 기록에 엄인閹人을 나타내는 '항백巷伯'이 등장하는 것으로 보아, 당시 환관이 심궁深宮 내정內廷에 출현했음을 알 수 있다.[2] 역대 중국 왕조의 환관은 때로 궁중정치의 핵심적인 도구로, 또는 그 주역의 일원으로 중요한 노릇을 하였다. 이와 같이 환관제도가 중국에서 발전하게 된 것은 일찍부터 전제군주의 집권적 지배가 발전한 것과도 깊은 관계가 있어 보인다. 따라서 환관에 대한 연구는 전통시대 중국의 정치사를 구명하는 데 중요한 과제 가운데 하나이다.[3]

몽골국 건국 초기 환관이 존재했는지 아닌지는 확실히 알 수 없다. 그러나 쿠빌라이가 대원 왕조를 중창한 뒤 증가하여 후지원後至元 원년(1335)에 이미 환관 숫자는 1천 명 남짓 되었던 것으로 보인다.[4] 원대의

1) 三田村泰助, 《宦官: 側近政治の構造》(東京: 中央公論社, 1963·1976), 5~7쪽.

2) 陳偉慶, 〈試析元朝宦官的幾個問題〉, 《元史及民族与邊疆研究集刊》 21(2009.12), 127쪽.

3) 중국의 환관에 대하여 연구한 專著로는 三田村泰助의 연구 외에 王春瑜·杜婉言, 《明朝宦官》(北京: 紫禁城出版社, 1989); 余華青, 《中國宦官制度史》(上海人民出版社, 1993); 衛建林, 《明代宦官政治》(石家莊: 花山文藝出版社, 1998) 등이 있다. 다른 연구사로 景有泉, 〈十年來宦官研究綜述〉, 文史知識編輯部 편, 《中國史學研究動態》(中華書局, 1993), 350~357쪽이 있다.

경우 이웃한 송조宋朝나 24개의 환관아문宦官衙門이 설치되어 있었던 명明대의 환관조직과 비교해 규모가 작았고 환관의 전문 아문도 존재하지 않았다.[5] 그래서 환관의 정치적 기능이나 그로 말미암은 폐해도 다른 왕조에 견주어 컸다고 볼 수 없지만,[6] 대원 말 환관의 전횡이 궁중의 모순을 악화시켜 대원의 붕괴에 일조하였던 것은 사실이다.

물론 몽골권력의 통치 체제가 전통적인 중국 왕조의 것과 달랐고, 카안이 기거한 오르두의 구조도 정착농경사회를 다스리는 전제군주의 궁전과 달랐던 점이 원대 환관의 기능이나 폐해를 줄인 배경이라고 할 수 있다.[7] 환관이 케식〔直班〕의 우두머리와 함께 카안의 시중을 들었다는 점도 이전의 환관제도에서 볼 수 있는 환관에 의한 배타적인 '인人의 장막'이 형성될 수 있는 여지를 남기지 않았고, 따라서 환관의 전횡으로 말미암은 정치적 사회적 폐단도 상대적으로 적었다.[8]

그럼에도 환관제도에서 한 가지 뚜렷한 특색이 나타난다. 환관 충원의 방법으로 고려 출신의 환자宦者를 다수 징발한 점이다. 그 결과, 기록에도 한인漢人이나 남인南人 출신 환관에 견주어 고려 출신 환관의 족적이 두드러지며,[9] 역사에서 뚜렷한 대원 시기 환관에 관한 비리나 모순도 고려

4) 《元史》 권38, 順帝本紀, 후지원 원년 9월 경자 "御史臺臣言, 國朝初用宦官, 不過數人, 今內府執事不下千餘, 乞依舊制, 裁減冗濫, 廣仁愛之心, 省糜費之患., 從之."

5) 宋代는 隋唐五代의 환관제도가 더욱 분화되어, 禁中의 업무를 담당한 入內內侍省(後省)과 그 밖의 궁전의 잡무를 담당한 內侍省(前省)을 설치했다. 後省에는 都都知, 都知, 副都知, 押班, 前省에는 左右班都知, 副都知, 押班 등의 직을 설치하고, 그 아래 內東頭供奉官 이하 각 관과 御藥院, 內東門司 등 下屬官署가 설치되어 있었다(余華青, 《中國宦官制度史》, 307~343쪽 참조). 또 金代에도 천자를 근시하는 近侍局, 궁정의 제반업무를 관장하는 內侍局, 중궁의 사무를 관장하는 衛尉司, 東宮機構인 中侍局이 설치되어 있었으며, 明代에는 司禮監 등 12감, 惜薪司 등 4사, 兵杖局 등 8국으로 이루어진 24개 환관아문 말고도 경성과 지방에 환관조직이 설치되어 있었다(衛建林, 《明代宦官政治》, 第三章 宦官組織 참조).

6) 《宋史》 권466에서 권469까지 네 권은 〈宦者列傳〉으로 53명의 환관이 입전되어 있어서 단 2명만 입전된 《元史》와 대조된다.

7) 원대 두 차례 환관의 수를 줄이자는 주장이 나왔다. 《元史》 권38 順帝 후지원 원년(1335) 9월 경자 기사 외에, 《元史》 권46 順帝 지정 24년 8월에 中書右丞相 孛羅帖木兒가 "沙汰宦官, 減省錢糧" 등을 주청하고 있다.

8) 《元史》 권204, 宦者, "故天子前後左右, 皆世家大臣及其子孫之生而貴者, 而宦官之擅權竊政者不得有爲於其間."(4549쪽)

9) 《高麗史節要》 권23/25하, "成宗皇帝以來, 政由宮掖, 閹人用事, 甚者官至大司徒,……貴富光榮漢

출신 환관과 관련된 것이다. 《원사》 권204 〈환자열전〉에 남송 출신의 한족 환관 이방녕李邦寧과 고려 출신 환관 박불화朴不花가 한 명씩 나란히 입전立傳하는 것도 고려 출신 환관의 비중이 그만큼 컸음을 웅변적으로 말하고 있다.[10]

하지만 대원이 고려 출신 환자를 이처럼 많이 활용한 이유는 확실히 밝혀지고 있지 않다. 고려 출신 공녀貢女가 몽골궁중에서 시녀로 많이 활용된 점을 함께 고려할 때, 고려 출신 공녀나 환자가 몽골어를 쉽게 습득했을 가능성이 높다. 피치자의 절대 다수인 한족과 다른 언어를 사용하는 민족이었기 때문에 황실의 비밀유지의 필요성 등으로 신임을 받았을 것으로 추론해 볼 수도 있다.[11]

고룡보高龍普나 박불화와 같은 고려 출신 환관이 대원 말 기황후 득세 시기에 조정에 깊이 간여하고 고려의 내정에도 간섭하여, 14세기 중후반 두 나라 관계는 말할 것 없고 정국에도 큰 영향을 미친 것은 사실이다. 하지만 더욱 중요한 것은 대원 통치기구의 핵심인 카안의 내정에도 고려 출신 고위 환관이 케식관과 함께 배석하여, 카안의 결책決策에 영향력을 미칠 수 있는 제도적 장치의 존재도 확인된다는 점이다. 대원 궁정의 고려 출신 환관에 대한 연구가 여몽관계뿐 아니라 원대 역사를 이해하는 데 중요한 의미를 갖는 이유이며, 새삼스레 이 문제를 검토하는 배경이기도 하다.

대원 시기 환관에 대한 연구는 1983년 푸러슈傅樂淑가 《동양학보東洋學報》 6권 3호에 〈원대환화고元代宦禍考〉[12]를 발표한 뒤로 최근까지 거의 없

南人所未及也."

10) 《元史》 권204, 宦者傳은 朴不花만 특별히 입전하고 高龍普 등은 무시한 반면, 《高麗史》 권122 宦者傳은 高龍普 외에 李淑, 任伯顏禿古思, 方臣祐, 李大順 등 대원 궁중에서 활동한 환관을 입전하면서 朴不花를 제외하고 있다. 이는 대원 말 궁중에서 朴不花의 역할이 컸던 것에 견주어 고려 안의 정치나 사회에 미친 그의 영향이 뚜렷하지 않았기 때문인 것으로 보인다.

11) 勞延萱, 〈論元代的高麗奴隸與媵妾〉, 《慶祝李濟先生七十歲論文集》 二册(臺北, 1967), 1005~1031쪽.

12) 《元史論叢》 권2에 재수록(157~166쪽).

었다. 고려 출신 환관에 대하여도 작고한 이용범李龍範 선생의 선구적인 업적[13]과 고혜령高惠玲의 방신우方臣祐(1267~1343) 전론專論[14]을 제외하면 눈여겨볼 만한 연구가 없었다.[15] 그러나 최근 중국의 청년 학자 시레이喜蕾가 고려 출신 환관에 대한 최초의 본격적인 연구[16]를 발표하였고, 이어 고려공녀에 관한 체계적인 연구서인 《고려공녀제도연구高麗貢女制度研究》[17] 제3장 제3절 〈원궁고려공녀족군세력적후원宮高麗貢女族群勢力的後援—고려환관高麗宦官〉에서 《고려사》, 《고려사절요》, 《원사》와 《동문선》 등에 나오는 환관에 관한 기본사료를 비교적 잘 정리해 놓고 있다. 따라서 대원에 진출한 고려 출신 환자를 연구하는 데 필요한 디딤돌은 이미 놓였다고 할 수 있다.

이용범 선생의 연구는 자정원資政院을 중심으로 기황후 권력의 재정적 기반을 살피는 과정에서 부수적으로 환관을 언급한 것으로, 환관에 대한 본격적인 연구라고 보기 어렵다. 그럼에도 자정원을 관리한 고려 출신 환관을 중심으로 그들의 존재 양태에 대하여도 비교적 심도 있게 소개하고 있다. 더욱이 문집 등 고려 출신 환관과 관련된 주요한 사료를 두루 섭렵한 바탕 위에서 이루어진 연구라는 점에서, 시레이의 전론이 고려 출신 환관에 관한 사료의 보고라고 할 수 있는 이곡李穀의 《가정집稼亭集》 등을 참고하지 못한 점과 비교해 큰 의미가 있다.

고혜령의 논문은 대원 후궁에서 유성황후裕聖皇后와 답기태후答己太后, 태

13) 李龍範, 〈奇皇后의 冊立과 元代의 資政院〉, 《歷史學報》 17·18합집, 491~539쪽.

14) 高惠玲, 〈方臣祐小論〉, 간행회 편, 《고병익선생회갑기념사학논총: 역사와 인간의 대응》(서울: 한울, 1984).

15) 이 밖에 勞延煊의 〈論元代的高麗奴隷與媵妾〉이 고려 출신 환자에 대하여 비교적 요령 있게 소개하고 있고(1027~1031쪽), 국내 연구로는 張東翼, 〈원에 진출한 고려인〉, 《민족문화연구논총》 11(1990)과 金渭顯, 〈麗元間의 人的 交流考〉, 《關東史學》 5·6합집(1994)이 고려 출신 환관에 대하여 언급하고 있다. 그리고 전문적인 연구라고는 볼 수 없으나, 정구선의 《중세시대의 환관과 공녀》(서울: 국학자료원, 2004)가 환관에 관한 기본적인 자료를 소개하고 있다.

16) 喜蕾, 〈元代高麗貢宦制度与高麗宦官勢力〉, 《內蒙古社會科學(漢文版)》 23-3(2002), 38~42쪽.

17) 喜蕾, 《高麗貢女制度研究》(北京: 民族出版社, 2003).

정제황후泰定帝皇后 등의 시중을 들었던 방신우의 족적을 검토하여, 고려 출신 환관이 여원관계에 미친 영향을 밝혀낸 획기적 업적이다. 하지만 한 사람을 특정하여 연구한 것이어서, 대원 궁정에서 활동한 고려 출신 환관들의 다양한 활동상을 이해하는 데에는 한계가 있다.

대원 시기 고려 출신 환관에 대한 연구는 아직도 이처럼 초보적 수준에 머물러 있어서, 고려출신 환관과 관련된 다양한 영역, 예컨대 여원관계 속에서 고려출신 환관의 기능이나 그것이 초래한 영향 등에 대하여 아직도 검토할 여지가 많다. 필자 또한 여몽관계사를 새롭게 정리하는 과정에서 비로소 고려출신 환관의 활동과 관련된 자료를 검토하기 시작하였으므로, 아직 관련된 자료를 충분히 검토하고 분석했다고 볼 수 없다. 2009년 7월 북경 학술회의에서 구두로 이 논문의 초고를 발표한 뒤,[18] 까오잉셩高榮盛 선생이 새로 수정하여 발표한 연구[19]와 천웨이칭陳偉慶의 논문[20]을 이 글을 수정하기 전에 접하게 된 것은 매우 다행한 일이었다. 두 편의 연구 모두 새로 본고를 다듬는 데 크게 도움이 되었다.

2. 몽골의 환관 기용과 고려 출신 환자의 납공

원대 환관은 궁중에서 케식의 해당 직반直班과 더불어 카안, 카툰, 황태자, 공주[21] 등 황실 성원의 일상생활에 필요한 다양한 서비스를 제공하

18) 이 글은 2009년 7월 29~30일 북경에서 열린 元大都紀念學術會議에 발표된 논문 〈大都的高麗人: 高麗出身宦官与元代朝廷〉, 《紀念元大都國際學術研討會會議手册》(79쪽 요지 참조)을 수정하고 발전시킨 것이다.

19) 高榮盛, 〈元代"火室"与怯薛/女孩兒/火者〉, 《元史淺識》(南京: 鳳凰出版社, 2010), 69~98쪽. 高先生의 연구는 2009년 7월 紀念元大都國際學術研討會에서 발표한 논문을 대폭 수정 보완한 글로 같은 학술회의에서 발표한 필자의 글을 일부 인용하여 비판하고 있다.

20) 陳偉慶, 〈試析元朝宦官的幾個問題〉, 《元史及民族与邊疆研究集刊》(上海古籍出版社, 2009.12) vol.21, 127~133쪽. 이 글은 석사논문을 줄인 것으로 매우 짧은 논문이지만, 대원 환관에 대한 참신한 관점을 담고 있다.

21) 《元史》 권143, 自當傳, "復起爲浙西肅政廉訪使. 時有以駙馬爲江浙行省丞相者, 其宦豎恃公主勢, 坐杭州達魯花赤位, 令有司强買民間物, 不從捷毆之."(3419쪽)

였다. 때로 궁 밖의 일도 황제나 황후, 황태후의 명을 받고 처리하였다. 궁중 업무의 연장으로 지방에 출장가거나, 사찰에 찾아가 향香을 공양하였다. 고려에 가서 환자와 동녀童女를 구색求索하는 일과 같은 일회성 명령을 집행하였을 뿐만 아니라, 대내大內의 하도河道 준설과 같은 특별한 국가사업을 수행하기도 했다.[22] 휘정사徽政使, 전서사典瑞使, 태부太府(院)태감太監, 중정원사中政院使, 자정원사資政院使 등 궁중의 관함官銜을 띠거나, 궁의 업무를 지원하는 대도유수사大都留守司나 상도유수사上都留守司 예하 관청의 관직을 띠고,[23] 황제나 중궁中宮, 후비의 시봉侍奉에 필요한 다양한 업무를 처리하였다.

1243년 10월 자정원사 고룡보가 태감太監 박불화와 함께 기자오奇子敖를 영안장헌왕榮安莊獻王으로 추증하는 순제順帝의 선칙宣勅을 가지고 고려에 갔는데, 11월에 정동행성에서 교사郊祀와 사조赦詔 반포 임무를 띠고 파견된 대경大卿 타적朶赤과 미리 밀명을 받고 파견된 내주乃住 등에게 충혜왕이 포박되어 끌려가자 타적 등의 명으로 고룡보가 남아 고려의 국사를 처리한 경우도 보인다.[24]

원대 환관은 이와 같은 다양한 업무를 수행했던 만큼 궁중에 어린 환관이 들어오면 앞으로 급사給事의 일을 원활하게 수행할 수 있도록 필요한 교육을 시켰다.[25] 이방녕의 경우처럼, 때에 따라 몽골어나 기타 여러 민족의 언어를 익혀서 더욱 중요한 고위 관직도 수행할 수도 있었다.

몽골 카안이나 제왕이 언제부터 궁정에서 환자를 부리고 있었는지 확실한 기록은 남아 있지 않다. 몽골 왕조에서 처음으로 나타난 환관 관련 기록은 잠번潛藩시절 쿠빌라이가 금金의 유로遺老 이준민李俊民을 초빙했다

22) 《元史》 권44, 順帝 7, "(至元15年)詔浚大內河道, 以宦官同知留守野先帖木兒董其役, 埜先帖木兒言, 自十一年以來, 天下多事, 不宜興作. 帝怒, 命往使高麗, 改命宦者答失蠻董之."(929쪽)

23) 李穀, 《稼亭集》 권3/13하, 〈大元高麗國廣州神福禪寺中興記〉, "武宗之初, 奉旨, 入充內侍. 帝常呼小瑣魯兀大, 回賜爲名. 初拜儀鸞局大使, 再遷朝列大夫同知大都路北怯怜口諸色民匠都摠管府事."

24) 《高麗史節要》 권25/33상하, 忠惠王 후 4년 11월.

25) 李穀, 《稼亭集》 권4/2하, 〈韓國公鄭公祠堂記〉, "成宗愛其穎悟, 壬寅, 詔入學齒冑, 習書禮. 既通大意, 命給事仁宗潛邸."

가 뜻에 따르지 않는 그를 돌려보내면서 중귀인中貴人을 시켜 호송케 한 사실인데, 양환楊奐이 〈이장원사략李壯元事略〉에 기록하고 있다.[26] 쿠빌라이가 즉위하기 전 금련천金蓮川 막부幕府에서 이미 환자를 부리고 있었음을 알 수 있다. 이는 말할 것 없이 1260년 이전에 몽골 카안이나 제왕의 장전 등에 환자가 이미 존재하였을 가능성도 보여 준다. 그러나 쿠빌라이가 나머지 다른 몽골왕공과 달리 중국문화에 대한 이해가 깊고, 한법을 적극 받아들여 몽골 왕조를 집권적인 중국식 전제정권으로 중창重創한 특별한 인물임을 고려하면, 그가 개창한 왕국 초기부터 내정과 후비의 궁정에 환관을 사역하였을 가능성이 높다.

위구르畏吾兒인 염희헌廉希憲은 어려서부터 유학을 익혀 염맹자廉孟子라 불리기도 했다. 그가 지원 원년(1264) 성지를 전하러 조당朝堂에 왔던 중귀인이 자신의 의견을 개진하였다는 이유로 그를 핵주劾奏하여 매질한 것으로 보아,[27] 쿠빌라이 즉위 초부터 이미 환관이 장전 안의 시봉뿐만 아니라 성지 전달 등 카안의 다양한 심부름을 하고 있었음을 알 수 있다. 따라서 쿠빌라이 왕조의 후비와 종왕, 제왕의 장전에서, 이슬람교로 개종한 아난다를 포함하여,[28] 여러 용도로 환관을 부리게 된 것은 괴이한 일이 아니다.

위에서 보았듯이 쿠빌라이 카안은 잠저시절부터 환자를 부렸지만, 대원 사료에 이름과 행적이 확인되는 최초의 환관은 이방녕이다. 그는 남송이 망한 뒤에 1276년 공제恭帝(瀛國公 趙㬎)를 따라왔다가 내정에서 시중들게 되었는데, 세조의 신임을 얻어 몽골문자[國字]와 제번諸藩의 언어를 배웠고,[29] 뒤에 장패소감章佩小監, 예부상서, 제점태의원사提點太醫院事를 제

26) 《還山遺稿》 권상/42상하, "會皇弟經理西南夷. 聞其賢安車馳召, 不得已起而應之. 延訪無虛日. 遽乞還山. 王重違所請, 遣中貴護送之."; 陳偉慶(2009), 128쪽 참조.

27) 《國朝文類》 권65, 元明善, 〈平章政事廉文正王神道碑〉, "中貴人傳旨朝堂云云. 王曰, 小臣預政此其漸也. 當中覆之覆. 奏上抶中貴人."(/7상); 《元史》 권126, 廉希憲, "至元元年……有內侍傳旨入朝堂, 言某事當爾. 希憲曰, 此閹宦預政之漸, 不可啓也. 遂入奏, 杖之."(3091쪽)

28) 安西王 아난다阿難達가 1304년 고려에 환관을 요구한 것으로 보아, 종왕인 그의 帳殿에서도 환관이 사역되었음을 알 수 있다. 《高麗史》 권32/22하, 忠烈王 30년 "(6月)丙申, 安西王阿難達遣使來求閹人."

수받았다. 성종 대에 그는 다시 소문관대학사昭文館大學士, 태의원사太醫院使에 올랐으며, 무종 재위시기 강절행성江浙行省 평장정사平章政事로 임명되었으나 사양하였다. 그는 무종에게 황자 코실라和世剌를 동생(인종) 대신 황태자로 삼도록 주청한 적이 있어서 인종이 즉위한 뒤에 신하들이 주살할 것을 권했으나, 인종은 오히려 이방녕에게 문선왕文宣王의 제사를 맡겼다. 그 뒤로 개부의동삼사開府儀同三司, 집현원대학사集賢院大學士로 생을 마감한 이방녕의 생애[30]를 《원사》는 긍정적으로 평가하고 있어, 〈박불화전〉의 서술과 대조적이다.

그러나 쿠빌라이 왕조 초기 궁중에서 부린 환자는 많지 않았고, 《원사》 등 원대 사료에 등장하는 꽤 많은 환관도 이름을 몽골식으로 바꾼 경우가 흔해 그 족적을 분명하게 알 수 있는 경우가 드물다. 더욱이 이방녕과 같은 한족(한인과 남인)이나 색목인 출신 환관의 경우 숫자나 그들의 족적을 보여 주는 자료가 많지 않다. 이와 달리 고려 출신 환관에 대하여는 《고려사》와 《고려사절요》, 그리고 당시의 문집 등에 비교적 풍부한 정보가 남아 있다.

그렇다면 고려 출신 환관은 언제 처음 몽골 궁정에서 일하게 되었을까? 《고려사절요》에서는 그 유래를 안평공주安平公主 쿠툴룩켈미시가 부황父皇인 쿠빌라이에게 환자를 바쳐 궁중에서 사역되기 시작한 것으로 보고 있고,[31] 시레이 또한 안평공주가 대원에 갔을 때 환자를 헌납했다고 본다.[32] 그런데 세조가 재위하고 있는 동안 안평공주가 4번에 걸쳐 대원을 방문한 사실은 《고려사》를 통해 확인할 수 있지만, 그녀가 언제 부황

29) 宋代 환관을 뽑을 때 墨義와 같은 간단한 시험을 치른 뒤에 합격자를 대기시켰다가 供職케 한 것처럼(余華青, 330쪽) 원대에도 諸藩의 언어를 가르쳤던 것으로 보인다. 李邦寧이 쿠빌라이 궁정에 온 뒤에 諸藩의 언어를 배웠으며, 徽政使 鄭禿滿達의 경우도 학습 내용은 확실하지 않지만 원대 환관의 學習을 보여 주는 중요한 사료이다. 《稼亭集》 권4/1상~2하, 〈韓國公鄭公祠堂記〉, "初大德庚子(1300), 徽政生十一歲, 以內侍從忠烈王入覲, 回留事闕庭, 成宗愛其穎悟. 壬寅(1302), 詔入學齒胄, 習書禮. 旣通大意, 命給事仁宗潛邸."

30) 《元史》 권204, 宦者 列傳.

31) 《高麗史節要》 권23/25상.

32) 喜蕾, 〈元代高麗貢宦制度与高麗宦官勢力〉, 38쪽.

쿠빌라이에게 환자를 헌납했는지 확실한 기록은 없다.[33)]

고려에서 환자를 대원에 보내는 최초의 공식적인 기록은 《고려사》에 충렬왕이 1300년 7월 대원에 갔을 때 성종에게 3명의 환자를 바친 것으로 나타나며,[34)] 충렬왕 30년(1304)에 안서왕 아난다가 고려에 사람을 보내 환자를 구했다는 기록이 그 다음이다.[35)]

그러나 이제현의 증언에 따르면, 지원 26년(1289) 11월 쿠틀룩켈미시 공주가 대도大都에 갔을 때 데리고 간 방신우를 유성황후 처소에 두고 온 것으로 되어 있다. 이것이 현재 확인되는 고려 출신 환관이 대원 조정에 진출하는 최초의 기록이다.[36)] 방신우의 아명은 작은놈[小公]으로, 충렬왕 시기 쿠틀룩켈미시 공주의 궁에서 일하면서 '신우'로 개명했다. 지원 26년 입조한 공주를 따라갔다가, 공주가 그를 데리고 동궁東宮에 들렀을 때 성종의 모후인 유성황후 눈에 들어 대원에 머물게 되었고, 유성황후가 망구타이忙古台란 몽골이름도 지어 주었다. 성종이 유성황후를 황태후로 높이면서 그 또한 봉정대부奉政大夫(정5품), 장알승掌謁丞, 이어 통봉대부通奉大夫(종2품), 천부대경泉府大卿의 관직을 받았다. 무종 대는 흥성궁興聖宮에서 수원황태후壽元皇太后 답기를 모시며 장작원사將作院使로 승진했고, 품계가 정봉대부正奉大夫(종2품)인 장알경掌謁卿에 이르렀다.[37)]

---

33) 《高麗史》의 기록을 보면, 安平公主가 대원으로 돌아간 것은 1278년 4월, 1284년 4월, 1289년 12월, 1289년 11월, 1293년 10월, 1296년 9월 모두 다섯 차례인데, 그 가운데 언제 처음 환자를 헌납했는지 확실히 보여 주는 기록은 없다.

34) 《高麗史》 권31/30상, 충렬왕 26년(1300) "(秋7月)乙亥, 王詣闕獻童女二, 閹竪三, 又以童女一歸丞相完澤." 물론 다른 자료에 나타난 환관 개인의 기록으로는 이보다 앞서는 경우도 있다.

35) 《高麗史》 권32/22하, 충렬왕 30년 "(6月)丙申, 安西王阿難達遣使來求閹人." 아난다는 충렬왕 31년(1305)에 사자를 고려에 보내 동녀도 구했다고 하는데(권32/26상, "九月戊午, 安西王阿難達遣使來獻金, 且賂左右求童女. 使乃婦人也."), "使者가 婦人(女使)이었다"를 일부 연구에서는 잘못 읽어 동녀로 부인을 삼았다고 본다.

36) 李齊賢, 《益齋集》 7; 〈光祿大夫平章政事上洛府院君方公祠堂碑〉, 《益齋亂藁》 7/2하~5하; 高惠玲, 앞의 논문(1984) 참조.

37) 무종 대에는 答己 황태후가 천거하여 榮祿大夫(종1품)인 平章政事로 올랐다고 하는데, 이는 실직이 아니고 무종 대 남발되었던 遙授職이었던 것으로 보인다. 《高麗史節要》 권23/25하, 충선왕 2년 9월 "成宗皇帝以來, 政由宮掖, 閹人用事. 甚者官至大司徒, 其次皆遙授平章政事. 又皆爲院使司卿."

남파지변南坡之變 뒤에 방신우는 다시 태정제황후를 시봉하게 되었다. 진저晉邸 시절부터 부렸던 환관〔老璫〕들이 그를 황후에게 참소했으나, 황후는 오히려 그가 법도를 잘 아는 환관임을 알고 태자첨사太子詹事와 휘정원사徽政院使에 임명되도록 했다. 문종 천력天曆 2년(1329)에 광록대부(종1품)인 저경사사儲慶司使에 임명된 방신우는 이듬해 고려에 돌아와 지정 임오년(1342) 여름까지 12년 동안 머물다가 대원으로 돌아가 이듬해 76세로 죽었다. 7조2태후七朝二太后를 시봉하면서 기밀機密도 참장參掌하였다[38]고 일컬어지는 방신우는 광록대부光祿大夫(종1품)에 오르고 강남의 기름진 토지 4천 무畝를 받은 대표적인 고려 출신 환관이었다.

대원은 곧잘 고려에 사절을 보내 환자의 진공을 요구하였으며, 때로 조정의 대신大臣 또한 엄인의 상납을 요구했다.[39] 아흐마드阿合馬의 경우[40]에서 보는 것처럼 권신의 가정에서도 환자를 사역하였던 것을 알 수 있다. 대원이 고려에 환자를 요구한 흔적은 특히 무종 시기 이후 빈번히 기록에 나타난다. 1309년 동10월에 대호군大護軍 윤길보尹吉甫를 대원에 보내 동녀와 엄인을 바쳤고,[41] 1310년 5월에도 승상 캉리톡토康里脫脫가 사자를 보내 엄인과 동녀를 요구했다. 1311년 3월에도 고려는 평리評理 김문연金文衍을 대원에 보내 엄인을 바쳤고,[42] 인종 즉위 뒤 1312년 10월에도 우상시右常侍 조적曹頔을 대원에 보내 엄인을 바쳤다.[43] 1320년 8월에도 몽골이 사신을 보내 53명의 동녀와 23명의 화자火者를 요구했다고 하나,[44] 이듬해 정월 양성군陽城君 이정李梃을 보내 동녀를 바쳤다는 기록이 있을 뿐 엄인을 함께 바쳤다는 기록은 빠져 있다. 또 1324년 7월에도 대

38) '參掌機密'(《高麗史》 권122/21하, 宦者傳 方臣祐)이라 하지만 李大順처럼 內廷의 논의기구에 배석하는 것과는 차이가 있었던 것으로 보인다.
39) 《高麗史節要》 권23/22하, "夏五月元丞相脫脫遣使來, 求閹人童女."
40) 《元史》 권205, 阿合馬, "一閹豎專掌其扃鑰."
41) 《高麗史節要》 권23/21하. 《高麗史》에도 날짜는 분명하지 않다.
42) 《高麗史節要》 권23/27하.
43) 《高麗史節要》 권23/31상.
44) 《高麗史節要》 권24/16상; 《高麗史》 권35, 忠肅王 2, 7년 "(秋7月)癸巳元以尊皇太后爲太皇太后詔天下, 遣別里哥不花來頒詔.……八月庚戌帝遣使來求童女五十三, 火者二十三."

원에서 쿠쿠추闊闊出를 보내 동녀를 구하였고,[45] 1328년 2월에도 동녀는 바쳤으나 또한 엄인을 바쳤다는 기록은 나타나지 않는다. 1320년 이후 겉으로는 대원에 대한 환자의 공납이 중지되고 있음을 보여 준다.

이처럼 엄인에 대한 진공의 요구는 뜸해지고 있었던 것과 달리, 동녀에 대한 대원의 요구는 이후에도 계속되었기 때문에, 고려사회의 큰 반발에 부딪쳤다. 곧 1331년 8월 대원에서 홍대불화洪大不花를 보내 동녀를 요구하였을 때 고려조정 안팎이 소연騷然하였다고 한다.[46] 따라서 대원 조정 안에서도 공녀와 관련된 사회적 모순에 주목하여 이를 금지하자는 논의가 일어났다.

1335년 3월 경자에 대원의 어사대신御史臺臣이 "고려가 나라를 위해 신절臣節을 다하고 있으나, 근년 누차 사신을 보내 잉첩媵妾을 선발하므로, 딸을 낳으면 기르지 않고 딸이 자라도 시집을 보내지 못하기에 이르렀습니다. 금지禁止(하는 조서)를 내리십시오"라고 진언하고,[47] 윤12월 대원에 돌아간 전의부령典儀副令 이곡李穀도 어사대의 관리를 대신하여 동녀를 구색하는 것을 그만두라는 소疏[48]를 짓고 있다. 《가정집》에 수록된 이곡의 〈대언관청파취동녀서代言官請罷就童女書〉(지원3)에는 순제가 이를 받아들여 후지원 3년(1337)부터 시행되었다고 세주細注를 달고 있는데,[49] 이 모두가 당시 대원의 고려에 대한 공녀 요구로 야기된 사회적 모순이 심각했음을 반영한다.

그렇다고 그 뒤 환자에 대한 대원의 요구나 고려 출신 환자의 입원入元 가능성이 완전히 사라진 것은 아니었다. 바로 이듬해 1338년 7월 대원은 실리미失里迷를 보내 황후를 책봉한 사실을 공포하면서 동녀와 환자, 그리고 말을 함께 요구하였고,[50] 충목왕 4년(1348) 8월에도 손원지 테무르帖木

45) 《高麗史節要》 권24/38상.

46) 《高麗史節要》 권25/2하.

47) 《元史》 권38, 順帝本紀, 후지원 원년 3월 "庚子, 御史臺臣言, 高麗爲國首效臣節, 而近年屢遣使往, 選取媵妾, 至使生女不擧, 女長不嫁, 乞賜禁止."

48) 李穀, 《稼亭集》 권8, 代言官請罷取童女書; 《高麗史節要》 권25/8상~11상.

49) 李成珪, 〈高麗와 元의 官僚 李穀(1298~1351) 年譜稿〉, 서강대 동양사연구실 편, 《東아시아 歷史의 還流》(서울: 지식산업사, 2000), 222쪽 참조.

兒를 보내 또 한 차례 환자를 요구하고 있기 때문이다.[51] 하지만 요구대로 고려에서 환자를 대원에 보냈는지 보내지 않았는지는 또한 분명하지 않다. 동녀의 헌납요구는 지정至正 연간에도 계속되었던 것과 달리 엄인을 요구하는 사절의 왕래 기록은 이 두 기사를 제외하면 대원 말까지 《고려사》와 《원사》 어디에도 보이지 않기 때문이다.

연우 원년(1313) 이래 대원도 자식을 엄환閹宦으로 만들어 요역을 피하는 것을 금지하였다.[52] 또 자제를 환관으로 들여 부귀를 꾀하는 것을 강상綱常에 어긋나는 불량한 풍기로 인식하였고, 직관職官이 의남義男을 거세하여 환관으로 들이는 것을 대원 관리들도 대죄大罪로 보았다.[53] 이를 고려하면, 여원 두 나라의 관료사회 안에 형성된 환자의 진공에 대한 부정적인 인식이 공감을 얻고 있었던 것으로 보인다. 1345년 새로 제정된 《지정조격至正條格》 안에 환자의 구색을 금지하는 법률 조항이 2개나 포함되고 있는 것[54]도 이러한 추론을 뒷받침한다.

그렇다면 대원 궁중에는 얼마나 많은 고려 출신 환관이 존재했을까? 이들 고려 출신 환관의 숫자가 어느 정도였는지 보여 주는 구체적인 자료는 없다. 다만 왕위에 복위한 충선왕이 1310년 9월 을유에 왕위에서 물러났을 때 대원에서 함께 고생한 측신側臣을 수관授官하면서 이대순李大順 등 그동안 그에게 도움을 주었던 고려 출신 환관들도 부원군府院君과 군君에 봉하고 있다.[55] 이것이 당시 삼궁三宮(황제·태후·황태자 궁)과 후비

50) 《高麗史節要》 권25/31상하, "(1343年8月)元遣太監朴帖木兒不花來求童女."

51) 《高麗史》 권37, 충목왕 4년 "(8月)戊子, 元遣孫元之帖木兒來, 求閹人."(/15상)

52) 《元史》 권25, 인종 2, 연우 원년 "(3月)己酉, 勅: 奸民宮 其子爲閹宦謀避徭役者, 罪之."

53) 《元史》 권105, 刑法/鬪毆, "諸職官輒將義男去勢以充閹官進納者, 杖一百七, 除名不叙, 記過, 義男歸宗."(2673쪽)

54) 조문의 내용은 알 수 없으나, 《至正條格》 斷例의 目錄 제27권 雜律에 〈禁取高麗火者女子〉와 〈禁做火者(三條)〉가 나오는 것으로 보아, 고려 火者의 求索을 금지하는 조치가 이미 내려졌고, 그것이 《至正條格》 편찬 과정에 찬입된 것으로 보인다.

55) 《高麗史》 권33/38상하, "(忠宣王2年9月乙酉)李大順爲泰安府院君, 全禿萬帖古思爲寧仁君, 金亦剌兀塔爲樂安君, 全撤里爲咸昌君, 李淑爲平昌君, 方臣祐爲中牟君, 朴阿不花爲桂陽君, 李伯帖木兒爲星山君, 劉昌祿爲孝寧君, 崔欣莊爲錦城君, 鄭買撤爲河東君, 李信爲寧越君, 權古里爲奉化君, 任伯顔禿古思爲庇仁君, 李三眞爲淮陰君."

의 궁정에서 시봉한 고려 출신 환관의 숫자를 어림셈하는 단서가 될 수 있을 지도 모른다.

곧 이대순을 태안부원군泰安府院君에 봉한 것 말고 전독만첩고사全禿滿帖古思 이하 김역랄올탑金亦剌兀塔, 전철리全撤里,[56] 이숙李淑, 방신우方臣祐, 박아불화朴阿不花, 이백첩목아李白帖木兒,[57] 유창록劉昌祿, 최흔장崔欣莊, 정매철鄭買撤,[58] 이신李信, 권고리權古里, 임백안독고사任伯顔禿古思, 이삼진李三眞 등 14명을 각각 영인군寧仁君, 낙안군樂安君, 함창군咸昌君, 평창군平昌君, 중모군中牟君, 계양군桂陽君, 성산군星山君, 효령군孝寧君, 금성군錦城君, 하동군河東君, 영월군寧越君, 봉화군奉化君, 비인군庇仁君, 회음군淮陰君으로 봉하였다.[59] 무종 대에 이미 영향력 있는 지위에 오른 고려 출신 환자가 이토록 많았던 것으로 미루어, 간접적으로나마 대원의 궁정에서 활동한 고려 출신 환관의 숫자가 적지 않았음을 알 수 있다.

한편 《고려사절요》는 고려 출신 환관 가운데는 대원에서 삼공三公의 반열인 대사도大司徒에 오른 자가 있고, 그 다음으로 요수遙授 평장정사平章政事, 원사院使, 사경司卿의 지위에 오른 자도 적지 않다. 한인·남인 출신의 엄인은 고려 출신 환관의 지위에 미치지 못했다고 한다. 그들은 제택거복第宅車服을 받아 경상卿相과 같은 분수에 넘치는 생활을 하였고〔僭擬〕 부귀광영을 누렸으며 국왕도 "황제에게 주청할 일이 있으면, 먼저 그들에게 청을 넣었다"고 한다.[60] 또 이어지는 기사에서는 "그 동생이나 조카 또한 조명朝命을 받아 관직에 올랐다"고 한다. 망명지까지 따라가 명종明宗(和世剌)을 시봉한 중정원사中政院使 조백안불화趙伯顔不花의 형 자선고제점資善庫提點 홀도불화忽都不花와 동생 이용소감利用少監 완택完澤이 전형적인

56) 全撤里는 《高麗史》에 나오는 撤勒과 같은 인물로 보인다. 《高麗史》 권32/33하, 충렬왕 34년 "夏四月癸巳元遣宦者撤勒降香, 以皇太后命 選童女. 撤勒本國龍宮縣人也."

57) 李元楨의 《京山志》(1677 序)는 《宋元綱目》을 인용하여, 李伯帖木兒가 지정 7년 司徒에 올랐다고 적고 있다.

58) 《高麗史節要》 권23/32상, "(忠宣王5年春正月)乃因太后所幸宦者買撤以其事言於徽政院使失列門. 失列門許之."

59) 《高麗史》 권33/38상하, 충선왕 2년 9월 을유조.

60) 《高麗史節要》 권22/25상하.

예이다.[61]

경사京師에 오래 머물렀고 자주 삼궁에 출입했으며 고려 출신 환관들도 청이 있으면 왕에게 아뢸 정도로 특히 이들과 사이가 친밀했던 충선왕이 바로 위의 '환관에게 청을 넣은' 고려국왕으로 보인다. 그 결과 앞에서 말한 바와 같이, 대규모로 환관에게 작위를 내렸던 것이다. 특히 가까워 총애를 받은 자는 출신고향 읍의 군君(또는 부원군)으로 봉했으며, 나머지는 검교檢校, 첨의僉議, 밀직密直의 관직을 주었다. 친척들에게도 벼슬을 내렸는데, 《고려사절요》 찬자는 이로써 선법選法이 크게 무너졌다고 보고 있다.[62]

물론 이보다 앞서 충렬왕 대에도 고려 출신 환관 이숙을 군君으로 봉한 예가 있다.[63] 그는 1304년 11월 고려에 대원의 사신으로 금의환향하였는데, 이듬해 2월 충렬왕이 그를 평창군平昌君에 봉했다. 1306년에는 왕유소王惟紹 등 충렬왕 쪽 신하들이 그와 황자의 유모를 통해 성종 황후에게 충선왕을 모함하였다.

요컨대 충선왕이 대원에 머물러 있던 대원 성종과 무종 재위시기에 이미 대원 궁정에서 활동한 고려 출신 환관의 숫자가 꽤 많았음을 알 수 있고, 그들의 대원 궁정 안에서 영향력 또한 만만치 않았음도 짐작할 수 있다. 말할 것도 없이 인종 대 이후에도 대원 궁중의 고려 출신 환관의 영향력은 줄지 않았을 뿐만 아니라, 숫자로도 압도적인 비중을 차지했던 것으로 보인다. 가정稼亭 이곡도 "궁중의 환관으로 한때 출세하여, 거들먹거린 우리 고려인이 적다고 할 수 없다"[64]고 하여, 대원의 궁중에서 시

61) 李穀, 《稼亭集》 권4/5하~7상, 〈大元贈奉訓大夫遼陽等處行中書省左右司郎中飛騎尉遼陽縣君趙公墓塋記〉 참조.

62) 《高麗史節要》 권23/25하, 충선왕 2년 9월 "於是, 擇其尤近幸者賜封鄕邑, 其餘皆拜檢校僉議密直官, 又除其親戚不次. 由是選法大壞, 而熏腐未燥者亦輕視本國."

63) 《高麗史節要》 권22/43상, 충렬왕 30년 11월 기사; 《高麗史節要》 권23/1상, "(忠烈王31年2月)以宦者李淑爲平昌君." 또 《元典章》 권36, 兵部 3 驛站/違例/枉道馳驛에 보이는 火者 孛叔을 고려출신 환관 李淑의 誤植으로 볼 경우, 李淑은 명실공히 가장 먼저 중요한 위치에 오른 고려출신 환관이라 말할 수 있다.

64) 〈大元高麗國廣州神福禪寺重興記〉, 《稼亭集》 권3/11하, "且以吾東人言之, 其高步禁闥, 烜赫一時者, 不爲不多矣."

봉한 고려 출신 환관이 많았고, 그 가운데 높은 지위에 오른 사람 또한 꽤 많았음을 증언하고 있다. 이리하여 《경신외사庚申外史》의 지정 2년(1342) 조에 "이해 가을 감찰어사가 '환관이 너무 많다. 마땅히 환관과 궁녀의 수를 줄여야 한다'고 했다. 생각건대 당시 환자는 대부분 고려인이었다"[65]고 기록하고 있다.

《고려사절요》를 보면, 궁중에서 시중을 들게 된 환자가 총애를 입어서 황제의 제制를 받들고 고려에 사신으로 오기에 이르렀다. 그들의 가족이 부역을 면제받는 것〔復其家〕은 말할 것 없고, 벼슬도 받는〔官其族〕 등 매우 도타운 은택을 입게 됨으로써, 요행을 바라는 무리가 서로 본받아 몇 십 년 안 되어 고려 출신 환자의 수가 크게 늘었다고 한다.[66] 또 성종황제 이래 대원의 정치가 궁액宮掖에서 나오면서 엄인의 전횡도 나타났다.[67] 군으로 봉작된 환관 가운데 대부분은 본디 맹氓이 아니면 천예賤隷 출신이었다[68]고 하는데, 당시 이들 집단에서 태어난 고자〔火者〕나 자궁환자自宮宦者가 그 가족의 신분해방 기회로 삼아 입원하여 환관이 되는 길을 택함으로써 고려 출신 환관의 숫자가 늘었다고도 볼 수 있다.

고려 출신 환관 가운데 고려에 끼친 공적이나 오른 벼슬자리 등으로 볼 때 가장 혁혁한 환관은 몽골에 들어간 시기가 가장 빨랐던 방신우[69]이다. 그런데 《고려사》가 굳이 이숙, 임백안독고사, 방신우, 이대순의 순으로 입전한 기준은 무엇일까. 1304년 대원의 사신으로 금의환향하여 이듬해 2월 충렬왕에 의해 고려 출신 환관으로는 최초로 평창군에 봉해졌으므로 봉작封爵을 기준으로 이숙을 맨 앞에 세우는 것은 납득이 된다. 하지만, 이대순 또한 세황世皇의 생전에 총애를 받았고, 삼공의 하나인 대

65) 權衡 編輯, 《庚申外史》 권2, 周光培 편, 《歷代筆記小說集成: 元代筆記小說》(河北教育出版社, 1994), "壬午, 至正二年.……是年秋, 監察御史言宦官太盛, 宜減宦官額并宮女. 蓋時宦者多高麗人爲之也."(권1/5하)

66) 《高麗史節要》 권23/25상하, 충선왕 2년 9월조.

67) 《高麗史節要》 권23/25하, 충선왕 2년 9월조, "成宗皇帝以來政由宮掖閹人用事."

68) 《高麗史節要》 권23/24하~25하 참조.

69) 《高麗史》 권122, 宦者 方臣祐, "賜名忙古台. 忠烈時給事宮中, 從安平公主如元, 謁裕聖皇后, 因留之, 賜名忙古台. 宣宗(?)授掌謁丞, 加泉府大卿."

사도[70]의 함銜을 가지고 무종의 내정결책 자리에 배석하였으며, 부원군에 봉작한 고려에 대하여도 무소불위의 권세를 휘둘렀던[71] 고려 출신 환관이었다. 그런 점에서 충선왕보다 낮은 군에 봉작하였던 임백안독고사를 굳이 이대순 앞에 둔 이유가 설명되지 않는다. 이대순은 방신우조차 그의 제려弟侶로 여겼고,[72] 입원 시기가 비교적 빠른 환관 이삼진李三眞에게 제制를 들려 고려에 보내서 자신이 탈점한 전라도의 민호를 뺏은 낭장 백응구白應丘를 심문케 할 정도였다. 1293년 뽑혀 갔고, 영록대부榮祿大夫, 태의원사太醫院使의 지위까지 오른 조방趙芳[73] 또한 고위관직에 올랐던 고려 출신 환자 가운데 한 사람으로 눈여겨볼 만하다.

3. 고려 출신 환관의 내정결책內庭決策 참여와 여몽관계

원래 몽골 카안의 측근에는 호위를 맡으면서 카안을 위해 다양한 서비스를 제공하였던 케식이라는 근시조직近侍組織의 당번조當番組가 늘 대기하고 있었다. 따라서 쿠빌라이 집권 뒤 등장한 원대 환관[74]은 이러한 케식 근무자와 함께 행재行在인 장전帳殿이나 양도兩都의 궁전에서 카안의 시중을 들었다고 볼 수 있다. 그 때문에 이전이나 이후의 한족 왕조처럼 환관에 대한 수요는 크지 않았던 것으로 보인다.

그러나 직반에 따라 교대하여 장전에 직숙하면서 자신의 전문 영역에서 카안을 시봉했던 케식의 장관들과 달리, 환관은 카안의 측근에 거의

70) 《高麗史》 권122/22상, 宦者 李大順. 실제의 職事가 없는 虛銜이지만 太尉, 司空과 司徒를 함께 三公으로 불렀고, 李大順이 당시 가장 높은 지위의 환관이었음을 나타낸다.

71) 李齊賢, 《櫟翁稗說》 16, "中官李大順有寵於世皇, 我喬桐人也. 時忠烈王之入覲也. 請詔王以其兄校尉公世爲別將. 上曰官人有法制, 國有君, 朕何與焉. 因賜大官羊上尊酒令從其所自白于王. 王曰, 汝兄校尉耳. 越散員而授別將非舊例也. 大順不敢復言, 後聞上之言如是乃授之."

72) 《高麗史節要》 권23, 忠宣王(/20상), "(柳)淸臣卽庇(李)公甫, 宦者司徒大順之弟侶方臣祐之妹胥也. 大順·臣祐皆本國人, 入元有寵."

73) 〈大都天台法王寺記〉, 《稼亭集》 권4/3하, "至正三年癸未(1343)春, 法王寺成, 榮祿大夫, 太醫院使, 趙公謁予記其言曰, 芳高麗永春人也. 自昔至元癸巳(1293), 選充內侍給事掖庭."

74) 箭內亘, 〈元朝怯薛考〉, 《蒙古史研究》(東京, 1930 所收), 256~257쪽.

상주하면서 케식의 전문 직분에 속하지 않은 카안의 다양한 요구에 맞춰 시봉할 수 있는 장점이 있었다. 또 환관은 카툰과 후비의 처소에 왕래하면서 카안과 그들 사이의 내밀한 분야의 일까지 관할하였다.[75] 카툰과 후비의 처소뿐만 아니라 태후와 공주의 궁이나 장전에 두루 존재했던 이들 환관은 카안의 장전이나 궁전을 왕래하며 자신의 주군을 시봉하였기 때문에 환관의 기능이 점차 케식의 직역을 보완하거나 기능의 일부를 대체하게 되었다. 그러다가 마침내 몽골 카안의 궁전과 장전에서 새로운 필수 인원으로 정착한 것으로 보인다.

원대는 따로 환관의 아문이 없었다. 카안이나 후비, 제왕, 공주의 궁과 장전에서 케식과 같이 주군을 시봉하는 일 말고, 때로 이들 카안과 후비 등의 시봉에 필요한 물자를 공급하는 관청의 장이나 관리로 임명되기도 하였다. 특히 금중 대부분 창고의 출납도 환관이 관할하였다. 《원사》〈세조본기〉 지원 29년 기사에 따르면, 금중의 재화는 내장內藏, 우장右藏, 좌장左藏 3고로 나누어 보관하게 하였다. 어용보옥御用寶玉과 원방진이遠方珍異는 내장고內藏庫에, 금은과 지손의단只孫衣段은 우장고右藏庫에, 상과의단기라겸포常課衣段綺羅縑布는 좌장고左藏庫에 두고, 32명의 관리에게 열쇠〔鑰〕를 맡겨 출납을 관리하게 하였는데, 그 가운데 22명을 환관으로 임명하였다.[76]

또 《원사》 권90 〈백관지百官志〉에 따르면, 몽골정권은 일부 아문에 제도적으로 환관의 정액定額을 두었으며, 그 장관의 일부를 환관으로 기용한 관청들도 있었다. 대도유수사大都留守司 예하의 의란국儀鸞局,[77] 장신사

75) 勞延煊은 환관이 남녀 사이의 일conjugal matters에만 간여하고 나머지는 금정숙위가 장악하고 있었다고 한다(勞延煊, 앞의 글, 1028쪽). 하지만 蕭啓慶 선생은 쿠빌라이 즉위 뒤 怯薛의 황실 家務를 처리하던 권력 또한 중국식 기구, 예컨대 宣徽院에 예속된 尙飮局, 尙食局과 나누게 되었다고 하여(蕭啓慶, 〈元代的宿衛制度〉, 《元代史新探》, 臺北: 新文豊出版公司, 1983, 73쪽 참조), 한족 왕조처럼 환관이 발호할 정도는 아니었지만, 역시 황가의 家務를 케식과 나누었던 것으로 보인다.

76) 《元史》 권12, 世祖 9, 지원 19년(1282) 동10월 "(丙申)敕籍沒財物精好者及金銀幣帛入內帑, 餘付刑部, 以待給賜. 禁中出納分三庫: 御用寶玉遠方珍異隸內藏, 金銀只孫衣段隸右藏, 常課衣段綺羅縑布隸左藏. 設官吏掌鑰者三十二人, 仍以宦者二十二人董其事."(247쪽)

77) 《元史》 권90, 百官 6, 大都留守司/儀鸞局, "秩正五品. 掌殿庭燈燭張設之事, 殿閣浴室門戶鎖

長信寺,[78] 태부감太府監(內藏庫),[79] 중상감中尙監,[80] 장패감章佩監(御帶庫),[81] 비서감秘書監[82] 등이 그것이다. 특히 태부감의 내장고, 장패감의 어대고는 환관이 관할하였다고 한다.

이 밖에 환관의 정액을 두지는 않았지만 환관을 장관이나 관리로 임명한 관청도 많았다. 황태후보皇太后寶를 관장할 목적으로 성종 즉위 초에 설치한 장알사掌謁司 관리에 환자를 임명했고,[83] 인종 즉위(1311) 초 피화의물皮貨衣物의 출납을 관할하는 이용감利用監의 장관〔卿〕에도 환자 철석리鐵昔里를 임명하고 있다.[84] 태정 원년(1324)에는 환자 아역백阿亦伯을 케식 인원의 의량衣糧 등을 관할하는 장경사長慶寺의 장관〔卿〕에 임명하였고, 후지원 6년 순제도 환자 백불화를 장경사경長慶寺卿에 임명했다.[85] 특히 황후와 황태후 등을 시봉하는 관청이었던 휘정원徽政院, 중정원中政院, 자정원資政院의 장관에 환관이 많이 기용되었다. 황후 중궁의 재부, 영건營建, 공급과 중궁中宮 숙위와 탕목읍에 관한 사무를 담당한 중정원[86]의 장관〔使〕이나 예하 관청의 장관에도 환관이 많이 기용되었다.

鑰,……輪直怯薛大使四員, 正五品;……至大四年, 仁宗御西宮, 又別立儀鸞局, 設置亦同. 延祐七年, 增大使二員, 以宦者爲之. 領四提領所."(2282쪽)

78) 《元史》 권90, 百官 6, 大都留守司/長信寺, "秩正三品. 領大斡耳朶怯憐口諸事. 卿四員, 正三品; 少卿二員, 從四品.……(至大)四年, 仍爲寺, 卿五員, 增少卿一員, 以宦者爲之."(2289쪽)

79) 《元史》 권90, 百官 6, 大都留守司/太府監, "秩正三品,……大德九年, 改爲院, 秩從二品, 院判參用宦者.……內藏庫, 秩從五品,……至元二年, 置署上都. 十九年, 始署大都, 以宦者領之."(2292쪽)

80) 《元史》 권90, 百官 6, 大都留守司/中尙監, "秩正三品, 掌大斡耳朶位下怯憐口諸務,……(至大)四年, 復爲監, 參用宦者三人."(2294쪽) 그 실례로 《元史》 권25, 仁宗 2, "(延祐2年5月)甲戌, 日赤如赭. 加授宦者中尙卿續元暉昭文館大學士"(569쪽)를 들 수 있다.

81) 《元史》 권90, 百官 6, 大都留守司/章佩監, "秩正三品, 掌宦者速古兒赤所收御服寶帶.……御帶庫,……至元二十八年置, 具以中官爲之. 元貞二年增二員兼署上都之事."(2295쪽)

82) 《元史》 권90, 百官 6, 大都留守司/秘書監, "秩正三品, 掌歷代圖籍并陰陽禁書.……其監丞皆用大臣奏薦, 選世家名臣子弟爲之.……延祐元年定置卿四員, 參用宦者二人."(2296쪽)

83) 《元史》 권18, 成宗 1, "(元貞元年)夏四月……庚子立掌謁司, 掌皇太后寶, 秩四品, 以宦者爲之."(392쪽)

84) 《元史》 권24, 仁宗 1, "(至大4年)五月壬申〔朔〕, 以宦者鐵昔里爲利用監卿."(542쪽) 利用監의 장관은 8員 정3품이다.

85) 《元史》 권29, 泰定帝 1, "(泰定元年秋7月丁未)置長慶寺, 以宦者阿亦伯爲寺卿. 罷中瑞司."(649쪽); 《元史》 권40, 順帝 3, "(至元6年5月)丙子,……以宦者伯不花爲長慶寺卿."(856쪽)

86) 《元史》 권88, 百官 4 中政院.

1323년 태정제가 환관 강답리剛答里를 중정원사中政院使에 임명한 이래,[87] 환자 철고사鐵古思, 합리올답아哈里兀答兒, 흑구자黑狗者, 쿠쿠추闊闊出,[88] 이신李信[89] 등 많은 환관들이 기용되었으며, 1340년 완자홀도完者忽都 황후(기황후)를 위해 설치한 자정원(정2품)의 경우에도 원사院使 6명 가운데 고룡보와 박불화 등 환관이 잇달아 기용되고 있다. 이 밖에도 환관들이 천부사泉府使, 전서사典瑞使, 태의원사太醫院使,[90] 장작원사將作院使[91] 등 다양한 중앙 관서의 장관에 기용되었음을 알 수 있다. 물론 환자라는 이유로 기용이 거부된 관아도 있었다. 그 예로 영종 초에 환자 패라태孛羅台를 태상서령太常署令에 임명하였다가 형인刑人은 대제大祭에 참여할 수 없다는 이유로 태상관太常官이 반대하여 파한 일이 있었다.[92]

원대 환관 또한 높은 관직을 받았고, 대부분의 중국 역대 왕조의 환관과 마찬가지로 일시적인 전제황권의 도구에 머물지 않았다. 더욱이 대원 말에 접어들면서 대원 권력의 최상부에서 실제로 권력을 행사하는 새로운 정치세력이 되어 대원 왕조의 중요한 국정 결책과정에도 영향을 미쳤다. 심하게는 황제와 후비의 신임과 총애를 바탕으로 각종 중요한 정치적인 사명을 수행하였고, 생살여탈의 대권을 행사하기도 했다.[93]

그러나 원대 환관의 정치적 기능에 대하여, 특히 고려 출신 환관의 원대 조정에 대한 제도적 간여에 대하여 단편적으로 언급한 연구는 있지만,[94] 이를 체계적으로 탐구한 연구는 아직 없다.[95] 필자가 살펴본 바,

---

87) 《元史》 권29, 泰定帝 1, "(至治3年12月)庚申, 以宦者剛答里爲中政院使."(641쪽)

88) 《元史》 권37, 寧宗, 지순 3년 "(10月)庚戌, 修郊祀法服. 以宦者鐵古思哈里兀答兒黑狗者闊闊出並爲中政院使."(812쪽)

89) 《稼亭集》 권6/5하~8상, 〈大都大興縣重興龍泉寺碑〉, "延祐丁巳, 有顯琛顯進者, 以寺歸之站班達法師, 已而師還西域, 屬中政院使李信爲外護,"

90) 李穀, 《稼亭集》 권4/3하, 〈大都天台法王寺記〉.

91) (大都 房山 雲居寺)〈重修華嚴堂經本記碑〉, 賈志道 撰, "幸遇資政院使資德大夫龍卜高公, 匠作院使□□大夫党住申公, 慧月拜礼, 詳陳其事."

92) 《元史》 권27, 英宗 1, "(至治元年夏4月)戊辰, 敕賜鐵木迭兒父祖碑. 命宦者孛羅台爲太常署令, 太常官言: 刑人難與大祭, 遂罷之."(611쪽)

93) 喜蕾(2002), 38쪽.

94) 喜蕾(2002), 39쪽. 陳偉慶도 개별적인 사례를 제시하고 있을 뿐이다. 陳偉慶(2009), 131~132쪽.

고려 출신 환관의 정치 간여, 더욱이 대원의 대對고려 정책이나 대원 내부 정책결정에 대한 환관의 영향력 행사는 두 방향에서 이루어졌다. 첫째는 자신이 시봉하는 주군의 영향력을 이용하여 고려 관련 정책 등 대원의 정책결정 과정에 간접으로 영향을 미치는 방식이고, 둘째는 중앙권력의 정책결정 과정에 직접 간여하여 영향력을 행사하는 방식이다.

첫째 경우는, 성종 황후의 궁중에 있으면서 충렬왕과 보타시린 공주 편에서 황후와 당시 대원 조정의 실세였던 좌승상 아쿠타이阿忽台와, 평장정사 팔도마신八都馬辛에게 전왕前王 충선왕을 모함하여 궁지로 몰았던 이숙과, 노비 출신으로 자궁自宮하고 대원에 들어가 인종 황제의 번저藩邸에서 힘을 키워 충선왕과 적대하였던 임백안독고사를 들 수 있다.[96] 더욱이 임백안독고사는 1320년 초 충선왕이 황태후의 의지懿旨를 얻어 그가 뺏은 고려의 토지와 노예를 주인에게 돌려준 것에 앙심을 품고,[97] 영종이 즉위한 뒤 충선왕을 모함하여 티베트吐蕃로 유배 보낸 경우인데,[98] 영종의 측근에 있던 양안길楊安吉도 심왕瀋王과 결탁하여 충숙왕의 왕위를 위태롭게 하였다.[99]

이와 달리 방신우는 1309년 3월 요양행성 우승 홍중희가 국법을 무시하고 멋대로 관호官號를 고쳤다고 충선왕을 대원 중서성에 발고發告하여 양자의 정변廷辯을 요구했을 때[100] 답기태후에게 호소하였고, 이에 답기태후가 무종으로 하여금 중서성에 칙을 내려 대변對辯을 중지하고 홍중희를 장杖을 때려 조주潮州로 유배 보내게 하였다.[101] 또 황경皇慶 초에 귀

95) 高榮盛, 앞의 논문(2010).

96)《高麗史節要》 권24/15상~20상.

97)《高麗史》 권35, 충숙왕 7년 "三月甲申, 上王承皇太后懿旨, 命刷患者伯顏禿古思等六人所奪土田臧獲歸其本主."(/1하)

98)《高麗史節要》 권24/15상~20상.

99)《高麗史節要》 권24/18하~19상.

100)《高麗史》 권33/27하, 충선왕 원년 "(3月丁未)又前所革近侍茶房三官五軍皆復之. 時洪重喜以擅改官號訴于中書省故有是命."

101)《高麗史節要》 권23, 충선왕 원년(1309) 10월 기사(/21하~22상);《元史》 권154, 洪福源附 洪萬(重熙), "(大德)十一年, 武宗卽位, 重熙朝于上都, 七月復授遼陽行省右丞. 至大二年, 謫漳州, 行至杭, 遇赐而止" 참조.

부한 번왕 팔려미사八驢迷思의 부중部衆을 고려에 이주시키려 했을 때 "고려는 땅이 좁고 산이 많아, 목축할 곳이 없습니다. 유목을 한다면 만족스럽지 않고, 다만 고려백성을 놀라게 하고 편안치 않게 할 것입니다"라고 상주하여, 인종이 이를 그만두었다고 한다.102) 그뿐만 아니라 인종 즉위 초와 태정제 즉위 초 두 차례의 입성책동을 무산시키는 데 이바지하였다. 황경 원년(1312) 홍중희가 다시 중서성에 참소하여 행성을 설치하기로 하고 녹수祿守와 야율희일耶律希逸을 정동성관으로 임명하였을 때, 황태후 답기에게 세조 쿠빌라이의 "의관과 전례(풍속)는 옛것을 바꾸지 않는다〔衣冠典禮不改其舊〕"라는 약속을 상기시켜 태후가 의지를 내려 이를 중지시키도록 하였다.103) 태정 초에도 황후에게 아뢰어 보신輔臣에게 그대로 두라고 지시〔諭〕하여, 좌승상左丞相 다우랏사倒羅沙의 주장이 수그러들고 입성 논의가 멎었다104)고 한다.

다음 고려 출신 환관이 직접 정책결정과정에 간여하여 영향을 미치는 경우도 두 가지로 나뉜다. 카안의 내정에서 카안의 의사결정과정에 영향을 미치는 경우와 "기奇씨에게 임용되고, 그녀의 지시를 받든 대원 궁정 가운데 고려 출신 환관이 대원 중앙정부의 정책결정과 일상 업무에 적극 참여한"105) 경우, 곧 대원 말 기황후가 권력을 휘두를 때 환관이 그녀의 정치적 도구로 쓰인 경우이다. 후자는 기씨가 1340년 바얀이 실각한 뒤 제2황후에 오르고 득세하면서 고려 출신 환관 고룡보高龍鳳, 禿滿迭兒, 禿滿歹兒와 박불화朴帖木兒不華 두 명이 차례로 제2황후 기씨의 재부를 관리했던 자정원(원래 휘정원)의 제1원사院使가 되어 권력을 휘두른 경우이다. 기황

102) 李齊賢, 〈光祿大夫平章政事上洛府院君方公祠堂碑〉, 《益齋亂藁》(서울: 아세아문화사, 1973), "皇慶初, 朔方蕃王八驢迷思率衆自歸, 朝議將處之鴨綠之東, 平章奏曰: '高麗地狹多山無所田牧, 北俗居之必不樂居, 徒令東民驚動或不能安堵耳.' 仁宗然其言而止."(권7/4하)

103) 李齊賢, 〈方公祠堂碑〉, "祿守耶律希逸爲征東省官, 旣受命矣. 平章白興聖宮, 以爲高麗樹功帝室非一世矣. 衣冠典禮不改其舊, 惟世皇詔旨是賴. 今遣祿守等無乃非世皇意乎. 於是有旨, 留祿守等勿遣."(권7/4하~5상)

104) 李齊賢, 위의 글, "倒羅沙之爲左相也. 王立省之議甚力. 平章白中宮, 諭輔臣如前意. 倒羅沙議拙, 事遂寢."(권7/5상)

105) 喜蕾, 〈元代高麗貢宦制度与高麗宦官勢力〉, 40쪽.

후를 순제에게 천거한 공이 있었던 휘정원사 고룡보는 휘정원이 자정원으로 개편된 뒤 자정원사로서 흥성궁興聖宮(제2황후)의 재정사무까지 관장하게 되었다. 궁중의 인人·물物·사事를 실제로 관장했던 환관 고룡보의 권세 앞에 친왕, 승상도 눈치를 살폈다[106]고 한다.

고룡보나 박불화 등 환관은 기황후 권력의 등장 뒤 그 권력에 기생하여 궁정의 업무를 장악하였음은 말할 것 없고, 대원의 국정에 간여하고 고려조정에도 큰 영향력을 행사하였다. 더욱이 박불화는 기황후와 소생인 황태자 아유시리다라가 1360년 순제에게 양위讓位〔內禪〕하도록 압력을 넣을 때 주도적인 역할을 하였다. 자정원사였던 박불화는 기황후의 밀명을 받고 당시 국정을 책임지고 있던 좌승상 태평太平(賀惟一)의 뜻을 타진했는데, 그가 응하지 않아 내선 기도는 실패로 돌아갔다[107]고 전한다.

하지만 기황후 권력의 기반이었던 자정원을 매개로 한 환관의 정책결정 간여는, 권력의 누수가 심하여 황후가 통치에 간여했던 대원 말과 같은 특별한 경우가 아니었다면 카안의 통치권력 행사 과정에서 매우 제한적인 의미를 갖을 수밖에 없다. 따라서 더 중요하고 실질적인 환관의 결책 참여는 카안의 장전에서 이루어지는 내정결책에 참여하는 방식이었다고 할 수 있다.

환관이 케식관과 함께 내정결책의 자리에 참석하는 예로는 《원전장元典章》에 4개, 《영락대전永樂大典/참적站赤》에 1개, 《비서감지秘書監志》에 2개가 보인다. 그 가운데 《원전장》에는 성종 대덕 6년 화자火者 알장길패부歹藏吉孛夫,[108] 대덕 7년 화자 패숙孛叔(李淑?),[109] 대덕 9년 화자 소라小

106) 喜蕾, 앞의 논문, 40쪽; 《高麗史》 권122, 宦者/高龍普, "席寵怙勢, 作威作福, 親王丞相, 望風趨拜, 招納貨賄. 金帛山積, 權傾天下."(/24상)

107) 《元史》 권149, 太平, "(至正17年右丞相)搠思監旣劾罷, 太平所得俸祿多分饋之. 二皇后奇氏与皇太子謀, 欲內禪, 遣宦者資政院使朴不花諭意於太平, 太平不答. 皇后又召太平至宮中, 擧酒申前意, 太平依違而已."

108) 《元典章》 권6, 臺綱 2, 照刷〔指卷照刷〕, "(大德6年8月3日)本臺官禿赤大夫, 朶歹侍御, 扎忽完歹治書, 對, 火者 歹藏吉孛夫, 奏過事內一件……."

109) 《元典章》 권36/33b, 兵部 3, 驛站/違例/枉道馳驛, "大德七年三月二十一日江西行省准中書省咨: 通政院呈大德六年十一月三十日, 本院官奏塔察兒等脫脫和孫與將文書有來.……聖旨了也住時分, 火者孛叔等有來, 欽此."

羅,[110] 인종 연우 2년 화자 철찰아撤札兒,[111] 《영락대전/참적》에는 지원 29년 화자 독만독고사禿滿禿古思,[112] 《비서감지》에는 지대 2년 11월과 12월 두 차례 화자 태순太順, 大順 사도司徒[113]가 결책 자리에 배석한 사실을 보여 주고 있다.

물론 이 사료만으로는 몽원蒙元 왕조王朝에 특유한, 카안의 통치행위를 보좌하는 케식 중심의 통치시스템인 내정결책 자리에 얼마나 많은 환관이 배석했는지, 또는 통상적으로 배석했는지 짐작조차 할 수 없다. 또 배석한 환관 가운데 고려 출신의 비중도 알 수 없으며 내정결책 과정에 고려 출신 환관의 영향력이 의미 있는 수준으로 미쳤는지 가늠하는 것조차 어렵다. 하지만 《비서감지》에 보이는 '사도 대순'이 고려 출신 환관 이대순이어서, 고려 출신 환관 또한 내정결책에 참여한 사실만은 확인할 수 있을 뿐이다. 《원전장》 권36 〈병부兵部〉 3 역참驛站/위례違例/왕도치역枉道馳驛에 보이는, 대덕 7년 3월 21일 성종 테무르가 용무가 없는데도 참도站道를 이용하지 않고 성시城市를 통과한 사신에 대한 처벌을 결정하는 자리에 배석했던 화자火者 패숙도 1304년 대원의 사신으로 고려에 왔던 고

110) 《元典章》 권58, 工部 1, 造作/段疋/禁織佛像段子, "大德九年十月十九日湖廣行省准中書省咨, 該: 宣政院呈, 大德九年八月初二日, 忽都答兒怯薛第二日, 水晶殿內住時分, 火者小羅有來, 本院官阿思蘭宣政院使, 乞失迷兒同知, 桑哥答思同知."

111) 《元典章》 권32, 禮部 5, 學校 2, 陰陽學/試陰陽人, "中書省咨延祐二年四月二十八日, 也先帖木兒怯薛第一日, 嘉僖殿有時分, 速古兒赤也奴院使, 火者撤札兒, 帖木迭兒等李平章奏."

112) 《永樂大典》(中華書局 영인본) 권19423, 站赤 8/16하~17상, "至元二十九年三月二十一日. 忽都答兒怯薛第三日. 答蘭不剌裏四角殿裏有時分. 火兒赤兀渾察·阿魯灰·馬馬, 速古兒赤伯顏·參政也里審班·馬合謀沙(馬哈某沙)·塔魯忽歹·月赤徹(?察)兒, 宣徽赤·昔寶赤馬合謀·塔剌沙, 必闍赤答失蠻, 札撒兀孫禿滿·脫帖木兒·不花·脫脫·禿忽魯, 火者禿滿禿古思,剗這的每, 暗都剌參政·狗兒參議等奏過下項事理. 欽此."

113) 《秘書監志》(高榮盛, 點校本)(浙江古籍出版社, 1992) 권2, 41쪽, "至大二年十二月二十八日只〔兒〕哈郎怯薛第三日玉德殿西耳房內有時分, 昔寶赤大(慈)都, 丞相玉龍帖木兒, 丞相寶兒赤朶烈禿, 火者太順司徒, 速古兒赤抹乞等有來, 太尉脫脫丞相, 太保三寶奴丞相, 伯顏平章, 忙哥怗木兒左丞相等奏."; 《秘書監志》 권5, 102쪽, "於至大二年十一月初五日也可怯薛第一日, 宸慶殿西耳房內有時分, 速古兒赤也兒吉你丞相·寶兒赤脫兒赤顏太師·伯答沙丞相·赤因帖木兒丞相·昔寶赤玉龍帖木兒丞相·扎蠻平章·哈兒魯台參政·大順司徒等有來, 尙書省官三寶奴丞相·忙哥怗木兒丞相等奏過事內一件: 迭里哥兒不花太子軍前將著行的陰陽文書, 教秘書監裏與者, 麽道, 香山等俺根底傳聖旨來, 秘書監官人每說那文書是上位合看的文書, 這般與的體例無有麽道說有. 俺商量來, 休與呵, 怎生? 奏呵. 奉聖旨. 那般者. 欽此."

려 출신 환관 이숙의 오식誤植으로 볼 수 있다.[114] 그러나 아직 이를 뒷받침할 다른 사료는 발견하지 못했다.

물론 유목군주의 장전은 환관이 아닌 남성에게 접근이 제한되었던 정착농경지역 황제의 구중궁궐과 달랐다. 시위侍衛가 늘 장전을 호위하고, 직반 케식관이 입시入侍하고 있었다. 따라서 환관이 군주를 단독으로 만나 정책결정에 영향을 미치기 어려웠고, 더욱이 명대와 같이 {{표시}}이 비의批擬에 손을 댈 수 있었던 경우는 상정하기 어렵다. 하지만 중서성, 어사대, 추밀원 등 직할 기관의 고위 관리가 카안의 비준을 받을 사안을 주달奏達하고 카안이 판단하여 비준하는 통치의 중심적 현장인 내정에 제諸케식관 말고도, 전중殿中·급사중給事中과 더불어 고위 환관의 배석이 허락되어 있었다는 것은 매우 중요한 의미를 갖는다. 설사 관행으로 카안의 궁전과 장전에서 이루어지는 최상급 정책결정의 논의구조에 간여할 수 있는 자격이 배석자에게 주어지지 않았다고 하더라도,[115] 궁녀와 환관, 전중·급사중이 늘어나 케식직반怯薛直班의 구조에 변화가 일어나고 있던 당시 상황에서, 배석한 고위 환관이 정책결정에 참여할 수 있는 가능성은 열려 있었다고 보는 것이 필자의 판단이다.

필자는 이미 오래전에 다른 연구에서 정부의 고위관직을 겸하고 있던 케식관이 내정결책의 논의구조에 참여하고 있었다고 논한 바 있다.[116] 내정결책에 관한 사료는 대체로 정책결정을 위한 논의과정은 생략되어 있고, 결책이 이루어진 시간과 장소, 주사奏事를 위해 온 고위관리와 배석한 케식관의 이름과 관함에 관한 정보만 밝히고 있다. 필자는 이전에 배석한 케식관이 결책의 논의구조에 자연스럽게 참여한 것으로 보았는데,

---

114) 《高麗史節要》 권22/43상, "(忠烈王30年)十一月元遣宦者李淑來. 淑卽福壽也. 本平昌郡人. 母太白山巫女也. 王之遣使奏請也. 淑嘗有功, 故王特厚之."; 《高麗史節要》 권23/1상, "(忠烈王31年2月)以宦者李淑爲平昌君."

115) 高榮盛 교수는 저서(2010)에 수록한 앞의 논문, 88쪽 주1에서 '拜席'가 반드시 '參與'를 뜻하지 않는다고, 필자의 '환관의 정책결정 참여의 길'이라는 구두발표(2009) 주장을 반박하고 있다.

116) 李玠奭, 〈14世紀 初 元朝支配體制의 再編과 그 背景〉, 1998년 서울대학교 대학원 박사학위 논문, 143~149쪽 참조.

고위 환관의 배석 사실을 기록에 밝힌 것 또한 환관이 결책의 논의구조에 참여하였음을 간접적으로 증명하는 것으로 판단하였다.

요컨대, 환관의 아문이 설치되어 배타적으로 궁중의 서비스를 제공하였던 한족 왕조인 명대의 환관과 비교할 때, 당직 케식관이 번갈아 시위하고 있었던 카안의 장전에서 고려 출신 환관의 정치 간여나 카안의 통치권 행사에 미치는 영향력은 본원적으로 한계가 있었을 것으로 보인다. 하지만 정착농경사회에 바탕을 둔 한법적 관료제 아래의 조정의 논의구조와 다른 몽골 카안의 내정은 유목적 전통의 논의구조를 가졌던 만큼 대관의 관함을 겸하고 배석한 고려 출신 환관도 논의과정에 참여하였을 것으로 보는 것이 옳을 것이다.

대원 궁정에 들어가 높은 관직에 올라서 권세가 커진 고려 출신 환관은 여원 두 정권의 관계에 영향을 주었을 뿐만 아니라, 고려 내정에 직접 간여하거나, 고려 경내에 들어와 횡포를 부리기도 하였다. 무종 궁정의 사도 이대순은 자신의 처 위씨韋氏가 1310년 영평궁永平宮과 노비문제로 다투었을 때 무종의 제를 고려에 보내 위씨에게 유리하게 처결하도록 하였다. 그런데 얼부讞部 전서典書 김사원金士元 등이 말을 듣지 않자 대원의 사신 팔찰八扎을 시켜 제를 칭해 그들을 매를 때려서 유배 보내게 하였다.[117] 다음 임백안독고사는 1320년 상왕인 충선왕을 영종에게 모함하여 티베트로 유배 보낸 이듬해 충숙왕이 대원에 입조하자 자신의 집에 머물게 하고 그의 일족을 방량放良시키게 하였다.[118] 또 1354년 김광수金光秀는 3백여 명을 관리로 임명해 주도록[119] 청할 정도로 당시 고려 출신

117) 《高麗史節要》 권22/23상, 충선왕 2년 "六月, 元遣八扎等來, 頒册皇后詔. 八扎囚讞部典書金士元散郎李光時. 初大順娶韋得儒女, 與永平宮爭奴婢, 乃白于帝下制令讞部決之. 光時主其案不與韋氏, 大順怒使八扎等稱制杖流士元等." 또 그는 무종과 충선왕에게 청하여 동생인 李公世의 벼슬을 교위에서 별장으로 올려주게 하였다. 《高麗史節要》 권23/22상, 충선왕 원년 "十二月, 遣李公世如元, 獻酥油. 公世亦大順弟也. 初忠烈王入覲, 大順請帝詔王以公世爲別將. 帝日, 官人有法制, 國有君, 朕何與焉. 因賜大官羊上尊酒. 令大順自白于王."

118) 《高麗史節要》 권24/17상~20상 참조.

119) 《高麗史》 권38, 恭愍王 1, 3년 정월 "元遣宦者院使金光秀僉院迦剌撥皮, 賜王楮幣萬錠, 黃金一錠, 白銀九錠. 王悉歸之公府, 光秀請王除官三百餘人."

환관의 위세는 가히 고려왕권을 유린하는 수준이었다. 1355년 어향사御香使로 고려에 돌아온 야사불화埜思不花 또한 이르는 곳마다 존무사存撫使와 안무사按撫使를 욕보였다가 끝내 전라도 안렴按廉 정지상鄭之祥에게 포박을 당하고 금패를 빼겼다.[120]

이 밖에 《고려사》 등 사서와 문집, 그리고 비문을 보면, 대원에 간 환자의 가솔이 고려에서 벼슬을 얻거나 영달한 기록이 심심치 않게 나온다. 〈지리지〉에도 환관이 태어난 부곡部曲이나 속현屬縣을 현縣이나 군郡으로 승격시키고, 또는 환관의 청을 받아들여 행정구역을 승격시키는 것을 볼 수 있다. 환자 강금강姜金剛의 향鄕이라하여 안동부安東府 퇴곶부곡退串部曲을 내성현奈城縣이라 승격시켰고, 이어 또 길안부곡吉安部曲을 현으로 승격시켰다.[121] 또 대원에서 총애를 받은 환자 이대순이 살았다고 하여 양광도楊廣道 청주목淸州牧 부성현富城縣의 속현인 소태현蘇泰縣을 태안군으로, 또한 이대순의 청으로 서해도西海道 황주목黃州牧 수안현遂安縣과 전라도全羅道 나주목羅州牧 보성군寶城郡 식촌부곡食村部曲을 수주遂州와 풍안현豊安縣으로 승격시키고 있다.[122]

4. 맺음말

이 글은 원대 몽골 궁정에서 카안과 후비를 시봉한 고려 출신 환관의 입원 내력과 활동, 그리고 그들의 몽골 카안 내정과 후궁 안의 역할, 더욱이 내속관계인 고려에 미친 고려 출신 환관의 정치적 영향관계를 종합

120) 《高麗史》 권26/28하, 공민왕 5년 춘2월 "全羅道按廉鄭之祥囚元御香使埜思不花于全州, 不花本國人也. 入元有寵於帝. 其兄徐臣桂爲六宰, 其弟應呂爲上護軍, 擅作威福擧國畏之. 至是不花降香, 諸道所至縱暴存撫按撫使多被辱罵."

121) 《高麗史》 권57/28하, 地理 2, 慶尙道/安東府, "忠惠王以宦者姜金剛入元有負예(糸曳)之勞, 陞其鄕退串部曲爲奈城縣. 後又吉安部曲爲縣."

122) 《高麗史》 권57/50상, 地理 2 全羅道/羅州牧/寶城郡, "忠宣王二年, 又以仕元宦者李大順之請, 陞食村部曲爲豊安縣"; 권58/15상, 地理 3, 西海道/黃州牧, "忠宣王二年以元嬖宦李大順之請陞爲遂州."

적으로 살펴보았다. 그리고 지금까지 전론에서 언급되지 않았던 일부 새로운 자료를 이용하였다.

고려 출신 환관의 입원은 쿠툴룩켈미시 공주가 1289년 유성황후의 처소에 두고 온 방신우에서 비롯되며, 그 뒤 많은 고려 출신 환관이 카안의 장전이나 후비, 황태후의 궁에서 활동했다. 1310년에 충선왕이 이대순 등 15명의 환관에게 부원군과 군君 작위를 내릴 만큼 대원 조정에서 영달한 고려 출신 환관이 많았다. 특히 이대순은 무종 연간에 대사도의 직함을 가지고 카안이 국정을 결책하는 내정에 배석하였다. 그 뒤로 더욱 많은 고려 출신 환관이 대원 궁정이나 유수사留守司 예하의 다양한 관청에서 활동하였으며, 대원 조정이나 고려에 대한 이들의 영향력도 무시할 수 없게 되었다.

유목적 전통의 내정에서 원대 환관의 간정干政은 카안을 시봉하고 호위하는 전문조직 케식이라는 독특한 통치방식이 작동하였기 때문에 중국의 한족 왕조의 그것에 미치지 못했다. 그러나 고위 환관은, 고려 출신 환관 대사도 이대순을 포함하여, 내정에서 정책을 결정하는 자리에 케식관과 함께 배석할 수 있었기 때문에 의견을 개진할 수 있는 길이 열려 있었다고 볼 수 있다.

물론 특히 대원 말 고려 출신 환관의 발호가 초래한 문제는 작지 않았다. 기황후 권력의 재정적 기반인 자정원의 원사였던 고룡보와 박불화 말고도, 황태후나 태황태후의 권력을 뒷받침하는 중정원이나 휘정원과 같은 궁중기관의 원사 등 관직을 바탕으로 권력을 행사하였다. 더욱이 박불화는 대원 말 고룡보를 대신해 궁중정치의 주역이 되었으며, 1357년 순제의 선위禪位 획책과정에도 간여했다.

끝으로 원대 환관은 카안과 카툰의 궁정이나 제왕, 공주, 부마의 궁에서 주로 사역되었지만, 제왕과 조관朝官도 고려에 환관을 요구한 것으로 보아, 상당수의 고려 출신의 환자가 대원의 일부 귀족관료의 가정에서도 사역되었던 것으로 보인다.

제2절

두 나라 지배층의 통혼관계와 여몽관계

1. 머리말

최근 나라 안팎의 여몽·여원관계사 연구와 토론은 한층 뜨거워지고 있다. 모리히라 마사히코森平雅彦는 "고려가 독자적인 왕조체제를 유지한 것을 양국관계의 기축으로 중시하고, 여몽관계를 전통적인 중국 왕조에 대한 사대관계事大關係의 연장선상에서 파악하는 관점"[123]인 '간섭기론'의 대표적인 주창자인 이익주의 견해를 조목조목 비판하고 있다. 그리고 "결국 대원에 있어서 고려재래 왕조체제의 보전은 중국전통의 화이질서나 책봉체제의 재현이라기보다, 상대국에 대한 일정한 실질적 영향력을 가지고 있고, 비교적 고도한 자율성과 독자성을 인정한다고 하는 몽골의 정복지 지배의 일반적 방식이, 책봉·사인賜印·반력頒曆 등 형식에 있어서 부분적으로 중국풍의 외피를 두른 것으로 보는 것이 실태에 가까운 것은 아닐까?"[124]라고 하여, 몽골적 정복지 지배 형식이 여원관계에 관철되고 있다고 결론짓고 있다.

이와 달리 이른바 '원 간섭기론'은 현재 한국 고려사 학계를 대표하는

123) 森平雅彦, 〈事元期高麗における在來王朝體制の保全問題〉, 《北東アジア研究》 別冊 第1号(2008.3), 135쪽. 이 견해는 李益柱가 최근 발표한 〈'원간섭기'의 역사적 성격〉, 《한국중세사학회 제75회 연구발표회 논문집: 원간섭기를 어떻게 볼 것인가》(2009.6.26. 경북대학교), 7~27쪽. 이 논문은 일부 수정되어, 〈고려-몽골 관계사연구시각의 검토: 고려-몽골 관계사에 대한 통시적 접근〉이란 제목으로 《한국중세사연구》 제27호, 5~43쪽에 발표되었다.

124) 森平雅彦, 앞의 논문, 161쪽.

견해로서, 13세기 후반부터 14세기 전반까지 여몽관계가 약 1백 년 동안 계속된 것으로 보고 있다. 특히 이익주는 그 사이 몽골의 외압에 조응하여 고려에 독자적인 정치체제가 성립했을 것으로 보고 있고, 고려의 대원관계의 틀로서 세조구제世祖舊制와 이를 내적으로 반영한 국왕의 측근정치의 성립에도 주목하고 있다.[125)]

요즈음 필자도 13~14세기 대원과 고려 사이의 관계를 검토한 몇 편의 글을 쓰면서 위에 언급한 두 연구자의 연구에 대하여 언급한 바 있다.[126)] 여기에서 여몽·여원의 두 나라 관계가 매우 중층적인 구조로 얽혀 있어서 한두 가지 척도를 들이대어 간단히 성격을 규정하거나 단정 지을 수 없다는 교훈을 얻게 되었다. 그리고 그 사이 소홀히 여겼던 선배 연구자들의 연구성과와 문제의식에 대하여 다시 한 번 돌아보고 검토할 기회를 가질 수 있었다. 여몽·여원관계 연구에 아직도 해결되지 않은 많은 난제와 미개척 분야가 있음을 알게 되어 한편으로 절망하기도 했지만, 다른 한편으로 미력이나마 이바지할 여지가 있다는 점에 안도하게 된다.

여몽관계가 형식에서 이전 고려의 대송對宋, 대요對遼, 대금對金 사대관계나 이후 조선의 대명對明, 대청對淸 사대관계와 비슷한 점이 많다는 주장에도 일리가 있다. 하지만 필자는 유목민족이 세운 대몽고국과 그것을 계승한 대원이 고려와 맺은 새로운 관계는 그 이전과 이후에 고려와 외교관계를 맺었던 한족 왕조나 북방민족 왕조와 달랐다는 문제의식에서 출발하고 있다. 동시에 고려 관료와 지식인들이 설사 몽골 왕조를 중국 왕조와 비슷한 실체로 인식하고 있었다고 해도, 대몽고국과 대원은 결국 한족 왕조와 달랐다는 인식이 이 연구의 새로운 출발점이라 할 수 있다.

물론, 몽골 초원의 동남단에 천도하기 전의 대몽고국과 천도한 뒤의

125) 李益柱, 《高麗·元關係의 構造와 高麗後期 政治體制》, 1996년 서울대학교 박사학위 논문, 8~9쪽.

126) 〈《高麗史》元宗·忠烈王·忠宣王世家 중 元朝關係記事의 註釋研究〉, 《東洋史學研究》 88(2004); 〈大蒙古國-高麗關係 연구의 재검토〉, 《史學研究》 88(2007); 〈정통론과 13~14세기 동아시아 역사 서술〉, 《大丘史學》 88(2007).

대원은 권력의 성격이 크게 달랐다. 곧 권력을 장악하고 운용한 세력의 민족적 구성이 크게 달라졌고, 아울러 칭기스칸으로부터 뭉케 카안 시기까지 몽골권력의 시각에서 보면 쿠빌라이 왕조의 통치이념은 본래의 궤도에서 크게 수정된 것이었다. 새로운 권력은 몽골민족이 중심에 있었지만 그들이나 색목인이 독점한 것은 아니었다. 다수의 한족이 참여하고 있고, 고려인도 몽골권력의 건설과 유지에 다수 참여하여 매우 복합적인 성격을 보였다. 따라서 여몽관계 또한 전통적인 지배와 피지배, 책봉과 조공의 사대관계로 잘라 말하는 것도, 유목민족 특유의 정복지역 지배의 제도로도 설명하기 어렵다.

쿠빌라이 카안 이전 시기의 대몽고국과 고려의 관계에 견주면, 쿠빌라이 이후 대원과 고려의 제도화한 관계는 달라질 수밖에 없다. 하지만, 대원이라 불린 쿠빌라이 왕조에서도 대몽고국 제도와 이념의 기본 골격은 상당부분 유지되었다. 따라서 인적구성의 변화나 내재요건의 변용을 지나치게 크게 평가해서는 아니 될 것이다. 물론 14세기 인종 즉위 뒤 특히 영종과 문종 시기 급격한 한화漢化가 진행되었고, 세조구제의 준수를 강령으로 내건 바얀 집권시기의 반동정치를 거쳐 지정갱시至正更始의 한화정책이 추세가 되었을 때, 고려 또한 대원체제 속에 정치적·사회적으로 지나칠 만큼 깊이 통합되어 간 측면이 있음도 소홀이 평가해서는 아니 될 것이다.

여기서 우리는 대원 말 몽골권력의 주체에 대하여 진지하게 되물어 볼 필요가 있다. 14세기 중엽의 몽골정권의 성격을 어떻게 규정할 것인가? 이 무렵 몽골권력 안에는 몽골족과 색목인이 아닌 다수의 한족과 한화된 북방민족, 그리고 고려인이 참여하여 대원의 상층 권력 운용에 깊숙이 간여하고 있었음을 알 수 있다. 그렇기에 대원 권력은 13세기 초반 몽골 권력과 전혀 새로운 권력이라는 느낌을 지울 수 없는 것이 사실이다. 더욱이 고려인은 관료 말고도 환관과 궁녀라는 새롭고 독특한 대원 권력의 성분으로 권력의 운영에 깊숙이 참여하고 있다.

이 단계에서 중요한 것은 고려와 몽골 사이의 관계를 다각적인 관점에서 연구하고, 그러한 개별 연구를 축적하고 개념화하는 일이다. 본 연구는 종래 여몽관계 이해의 중요한 분석틀로 이용된 왕실통혼이라는 지렛대를 넘어서 여몽·여원관계 이해의 틀을 고려 지배귀족과 몽골 귀족가문 사이의 통혼관계로 넓혀서 새롭게 검토한 것이다.

2. 약탈과 강제에 따른 몽골지배층과 고려여인의 혼인

고려와 대몽고국 왕실 사이의 통혼문제는 두 나라 관계를 이해하는 데 중요한 기제이며, 이미 꽤 많은 연구가 이루어졌다.[127] 그러나 그 밖의 지배층이나 일반인의 통혼에 대하여는 본격적으로 검토된 바가 없다.

고려와 대원의 일반 평민 사이에도, 비록 일시적이었지만, 몽골 군대의 동정東征을 계기로 통혼이 이루어졌다. 1275년 남송 귀부군인 만자군蠻子軍 1천 4백 명이 해염백주海鹽白州에 정착하였는데,[128] 1276년 윤3월 갑자甲子에 대원에서 양중신楊仲信에게 폐백幣帛을 보내 그 가운데 5백 명에게 처를 구해 주게 하였다. 고려왕은 과부처녀추고별감寡婦處女推考別監인 정랑正郎 김응문金應文 등 5명을 각도에 파견하고 있다.[129] 이는 쿠빌라이 정권이 이른바 육사를 매개로 여몽관계를 새롭게 정비한 직후 고려에 파견된 대원의 군인과 고려의 평민 사이에 통혼이 이루어졌음을 보여 준다. 하지만 이것이 훗날의 여몽관계에 어떤 영향을 미쳤는지 살필 수 있는 자료는 전혀 남아 있지 않다.

127) 왕실 사이의 통혼을 다룬 글로, 蕭啓慶, 〈元麗關係中的王室婚姻與强權政治〉, 《元代史新探》(臺北: 新文豊出版公司, 1983); 김혜원, 〈麗元王室通婚의 成立과 特徵—元公主出身王妃의 家系를 중심으로〉, 《梨大史苑》 제24·25합집(1989); 王崇實, 〈元与高麗統治集團的聯姻〉, 《吉林師範學院學報》 1992-4; 정용숙, 〈원 공주 출신 왕비의 등장과 정치세력의 변화〉, 《고려시대의 后妃》(민음사, 1992); 이명미, 〈高麗·元 王室通婚의 政治的 의미〉, 《한국사론》 49집(2003); 森平雅彦, 〈高麗王家とモンゴル皇族の通婚關係に關する覺書〉, 《東洋史研究》 67-3(2008)이 있다.

128) 《高麗史》 권28/8상, 충렬왕 원년 3월 경오.

129) 《高麗史》 권28/14, 충렬왕 원년.

오로지 대원의 관군官軍이 고려백성을 처의 친척이라고 속여 데려가는 빌미로 혼인을 이용한 형적만 남아 있다. 1278년 7월 합백哈伯과 패라孛羅가 힌두忻都에게 "너의 군사 가운데 고려백성을 처의 가족이라고 속여 데리고 가는 자가 있는데, 너는 성지가 두렵지 않는가?"라고 따지고 있다. 그리고 9월 신묘에도 고려왕이 역자교위譯者校尉 최기崔奇를 중서성에 보내 상서한 내용을 보면, "일찍이 성지로 관군의 철수를 명하고, 또 힌두에게 칙을 내려 '군인이 처가의 족당族黨이라고 칭하고 데리고 오는 것을 금한다'고 하였는데, 지금 관군이 따르려 하지 않으니, 엎드려 바라옵건대 특별히 명문明文을 내려 고려 관사官司와 대원 관군이 함께 추쇄케 하소서!"라고, 황제에게 대원의 관군이 고려인을 협대挾帶하는 것을 금지해 달라고 요구하고 있다. 이는 관군과 고려여인의 통혼이 고려사회에 일으킨 사회적 모순 또한 작지 않았음을 보여 준다고 할 것이다.[130)]

이 밖에도 고려와 몽골국의 평민 사이에 통혼이 이루어졌을 가능성은 얼마든지 있다. 반드시 통혼을 전제한 것이었다고 말하기는 어렵지만, 1219년 여몽형제맹약의 관계가 시작된 뒤로 몽골국에서 고려에 대하여 여자아이〔女孩兒〕의 공납[131)]을 요구하고 있는데, 이것이 결국 여몽·여원 지배층 사이의 통혼관계의 단초를 열었을 수도 있다. 처음에는 고려가 여자아이는 말할 것 없고 함께 요구한 숙련된 장인匠人, 한아어漢兒語 능통자도 몽골국에 보내지 않았다. 하지만 1231년 본격적인 군사침략이 시작된 뒤에는 사정이 어느 정도 달라진 것으로 보인다. 당시 몽골 원수 살리타이撒禮塔가 수달피 등 다른 공납품과 함께 왕실, 고관 등 지배층의 자녀(대원 왕조 성립 뒤에는 양가자녀) 남녀 각 1천 명을 보내도록 요구하였을 때, 비록 숫자를 절충하여 각 5백 명으로 줄였어도, 결코 이러한 요구를 들어주지 않았다. 그러나 몽골의 고려 정복전쟁이 지속되는 동안 많은 남녀가 전쟁포로로 노획되어 끌려갔기 때문에, 그 일부가 몽골에 간 뒤 몽골지배층의 처첩妻妾이 되어 혼인관계로 발전되었을 가능성을 배제

130) 《高麗史》 권28/43하~44상, 충렬왕 4년.
131) 李奎報, 《東國李相國集》 권28, 蒙古國使賫廻上皇太弟書.

할 수 없다.

예컨대 세조 만년 한림학사승지翰林學士承旨, 중서성의 평장정사平章政事가 되어 쿠빌라이 카안의 한법 수용정책을 뒷받침하고 성종의 한법 계승과 실천에 이바지하였던 캉리인康里人 부쿠무不忽木의 어머니 김장희金長姬 또한 대몽고국 시기에 붙들려 가서 장성태후莊聖太后(소르칵타니 카툰)의 게르에서 시중들었던 고려 여인이었다.[132]

장성태후가 부쿠무의 부친 연진燕眞[133]에게 주어 혼인케 한 김장희는 5명의 아들을 낳았고, 부쿠무는 그 가운데 둘째였다. 어려서부터 진킴眞金을 동궁에서 시중들게 된 부쿠무는 찬선贊善 왕순王珣에게 배웠고, 12세가 되었을 때 그의 아버지가 부쿠무에게 독서를 시키고자 쿠빌라이 카안에게 청하여 그를 국자학國子學에 입학시켜서 배우게 하였다. 당시 국자학의 제주祭酒 허형許衡이 그를 매우 칭찬하여 '시용時用'이라 불렀고, 관리가 된 뒤에는 대원정권의 핵심에서 활동하면서 유자儒者관료로 이름을 떨쳤다. 그는 대덕 4년(1300) 46세로 죽었으므로 어머니 김장희는 적어도 1253년 이전에 몽골에 끌려간 것으로 볼 수 있다. 부쿠무가 국자학에 들어간 배경에 어머니의 가정교육의 영향도 있다고 여겨지므로, 간접적이긴 하겠지만 전쟁이 일어나던 가운데 끌려간 고려여인 김장희가 받은 가정교육과 교양도 부쿠무가 유자관료로 성장하여 쿠빌라이 왕조의 한법 수용에 이바지하는 데 일조했다고 볼 수 있다.

부쿠무의 아들들도 대원의 한법 수용에 이바지한 것으로 보인다. 《원사》〈열전〉에 입전된 두 아들, 곧 부인 구씨寇氏의 소생인 회회回回와 계실繼室 왕씨王氏[134]의 소생인 노노巎巎,[135] 그리고 딸 입동立童[136]의 존재

---

132) 趙孟頫, 《松雪齋集》(四部叢刊初編集部上海商務印書館縮印元刊本: 松雪齋文集附外集) 권7, "故昭文館大學士榮祿大夫平章軍國事行御史中丞領侍儀司事贈純誠佐理功臣太傅開府儀同三司上柱國追封魯國公謚文貞康里公碑."

133) 父는 쿠빌라이의 신정권 출범 당시 행중서성에서 단사관이었던 老塔察兒였고, 그 자신도 지원 24년 중서성의 단사관이었다. 王惲, 〈中堂事記〉, 《秋澗先生大全文集》 권80/4하(보충함).

134) 文淵閣四庫本, 加 "御史中丞薊國文正公壽之女."

135) 《元史》 권143, 巎巎, 附回回.

가 확인되고 있는데, 강리회회康里回回는 유능한 관리로 특히 이름을 떨쳤다. 고려 출신 시희侍姬와 사이에 국자학생인 탈탈목아脫脫木兒라는 아들을 두기도 했던[137] 강리회회는 영종 치세에 참의중서성사參議中書省事로 중서우승상中書右丞相 바이주拜住의 정무를 도왔고,《대원통제大元通制》의 심정審定에도 참여하였다.

특히 필자의 주의를 끄는 점은, 강리회회가 지치至治 연간의 입성책동立省策動을 중서성 내부의 논의과정에서 잠재운 중요한 인물이었다는 점이다. 당시 바이주가 강리회회와 함께 국가로서 고려를 폐하고 대원의 군현으로 삼고자 했던 영종을 오랜 시간 설득하여 마침내 입성론을 잠재웠다는 대목이 여몽관계를 새롭게 살피는 이 글에서 눈여겨볼 점이다.[138] 요컨대 할머니의 나라인 고려에 회회가 우호적인 역할을 했음을 볼 수 있다. 그의 동생 노노 또한 어려서부터 국학에서 수학한 박통군서博通群書의 대표적인 유자관리로 경연經筵을 맡았고, 삼사편찬三史編纂에도 이바지했으며, 강절행성江浙行省 평장정사平章政事, 한림학사승지翰林學士承旨에 올랐다. 김장희의 자손이 모두 대원 왕조의 한법 수용에 중요한 이바지를 한 것은 물론이고, 고려를 위해서도 기여한 점을 알 수 있다.

그러나 약탈이나 공녀의 형태로 몽골에 간 것은 여성의 노동력이나 성性을 수탈하는 것이 1차적 목적이었으므로 그 자체로서는 통혼이라 보기 어렵다. 실제로 1275년 10월 악탈연岳脫衍과 강수형康守衡이 가져온 조를 통해 몽골이 미녀의 공납을 고려에 요구한[139] 뒤로 대원 말까지 계속되었던 공녀에 관한 연구[140]는, 시레이喜蕾의 연구를 제외하면 여성의 약탈

136) 明刻本, 城書室本, 加 "女立童, 適御史中丞相朶兒赤之子不花."

137) 宋濂, 《潛溪後集(宋濂全集本)》 권8, 〈元故榮祿大夫陝西等處行中書省平章政事康里公神道碑銘〉.

138) 〈元故榮祿大夫陝西等處行中書省平章政事康里公神道碑銘〉, 270쪽, "丞相偕公入奏, 上不聽, 復叩頭力諍, 久之乃允留."

139) 《高麗史》 권28, 충렬왕 원년(1275) 동10월, "庚戌, 元遣岳脫衍康守衡來,……詔曰,……且我太祖皇帝征十三國, 其國爭獻美女良馬珍寶爾所聞也,……非苟使爾貢子女革官名減宰相也.……壬子, 以將獻處女于元禁國婚嫁."(/11상하).

140) 柳洪烈, 〈高麗의 元에 대한 貢女〉, 《震檀學報》 18; 정구선, 《공녀—중국으로 끌려간 우리 여인들의 역사》(국학자료원, 2002); 喜蕾, 《元代高麗貢女制度研究》(北京: 民族出版社,

이라는 측면에 주안점이 놓여 있다. 따라서 부수적으로 두 나라 지배층 사이에 성립한 혼인관계에 대하여 의미 있는 탐구는 대체로 부족하다. 물론 시레이가 공녀연구의 일부를 할애하여 공녀와 정복권력에 말미암은 여성의 약탈이라는 점에서 공녀와 비슷한 성격을 갖는 두 나라 지배층 사이의 혼인과 그 후대에 대하여 간단히 검토한 적은 있다 하지만, 그것이 여몽관계 또는 여원관계에서 가지는 의미를 본격적인 전론으로 다루지는 않았다.

3. 몽골지배층의 반강제적 청혼에 따른 혼인

따라서 두 나라 지배층 사이의 통혼은 원종 11년(지원7/1270) 윤동짓달 을유에 원종이 양가良家에 청혼하겠다는 다루가치 톡타르脫朶兒의 요구를 받아들인 것[141]으로부터 시작했다고 볼 수 있다. 지난해 5월에 다루가치로 취임한 톡타르가 고려 상문相門의 딸을 자부子婦로 얻고자 하였다. 그러자 딸이 있는 가문에서는 이를 피하기 위해 미리 사위를 들였고, 1271년 2월 나머지 두셋의 재상가 가운데 자색이 고운 김련金鍊의 딸이 낙점되었다. 김련의 집에서는 이미 예서預壻를 들이고 있었으나 도망쳤고, 마침 김련이 사신으로 몽골에 가고 집에 없었기 때문에 기다려 혼례를 치르자고 청했으나, 받아들여지지 않았다.[142]

이처럼 김련 가와의 혼인은 톡타르의 위세에 못 이겨 받아들여졌으나 여몽 두 나라의 지배층 가문 사이의 기록에 남아 있는 비교적 정상적인 최초의 혼인관계라고 할 수 있다. 비슷한 예로 힌두의 아들과 종실인 안평공의 딸 사이에서도 혼인이 이루어진 것을 볼 수 있다. 1277년 6월 을유에 힌두의 아들 기琪에게 수사공守司空의 직을 내렸는데, 이는 종실의

2003).

141) 《高麗史》 권26/37하, "閏月乙酉達魯花赤請婚良家從之."

142) 《高麗史》 권27, 원종 1(/8상).

혼인에 대한 예에 따라 준 것으로 그런 까닭에 성을 부르지 않고 이름만 불렀다고 한다.[143] 그러나 두 집안과 몽골 두 가문 사이의 혼인의 결과를 전하는 기록은 남아 있지 않다.

1280년 4월 병술 대원의 권신인 평장 아흐마드阿哈馬가 고려에 미녀를 구하였다. 홍원사弘圓寺 진전직眞殿直 장인경張仁冏이 스스로 청하여 그의 딸을 중랑장 간유지簡有之로 하여금 데려가게 하였으나, 명문가의 딸이 아니라고 받지 않아, 다시 총랑摠郎 김원金洹과 장군 조윤번趙允璠의 딸을 보냈다.[144] 하지만 1282년 아흐마드가 익도益都 천호千戶 왕저王著에게 피살되었고, 이어 자질子姪이 모두 복주伏誅되어[145] 자손을 남기지 못하였을 것으로 판단된다. 이 때문에, 이들의 혼인관계가 뒤에 고려와 대원지배층을 잇는 의미 있는 혼인관계로 발전하였을 것으로 보기 힘들다.[146]

세 번째 예는 고려에 부임한 대원의 관리가 고려여인을 처로 삼은 경우이다. 1283년 음력 9월 22일 탐라 다루가치 타라치塔剌赤의 구혼을 받아들여 내시內侍 정부鄭孚의 딸을 배필로 삼게 한 것이다. 네 번째 들 수 있는 예는 1289년 몽골사신으로 고려에 온 아쿠타이阿忽台와 고려의 공신관료였던 홍규洪奎의 장녀 사이의 혼인이다. 1287년 12월 기사에 따르면 나라에서 지旨를 내려, 양가 처녀는 관청에 고한 뒤 시집을 보내도록 하고, 허공許珙 등에게 동녀를 선발케 하여 황제에게 바치고자 하였다. 딸이 뽑히게 된 전추밀원부사前樞密院副使 홍문계洪文系는 궁여지책으로 딸의 머리카락을 잘랐다. 그런데, 1288년 동짓달 이 사실이 끝내 공주에게 알려졌고, 공주가 크게 노하여 홍문계의 재산을 몰수하고 혹형을 가한 뒤 섬으로 유배를 보냈다. 공주는 홍문계의 딸도 혹형으로 문초했는데, 이듬해

143) 《高麗史》 권28/26상.

144) 《高麗史節要》 권20/27상.

145) 《元史》 권205, 阿哈馬傳. 그러나 조카의 경우는 생존한 사람도 있었다고 한다. 아래 주 H. Franke의 논문 참조.

146) 당시 아흐마드에게는 많은 처첩이 있었으며, 일부 처첩은 노비로 다른 사람에게 하사되었다고 한다. Herbert Franke, AHMAD(?~1282)(in the *IN THE SERVICE OF THE KHAN: Eminent Personalities of the Early Mongol-Yuan Period*. edited by Igor de Rachewiltz etc.,Harrassowitz Verlag, Wiesbaden, 1993), pp.552~553 참조.

1289년 3월 아쿠타이가 공주에게 보내는 선물을 가지고 사신으로 오자 홍문계의 딸을 그에게 선물로 주었다.

공무를 띠고 고려에 온 사신과 고려 관료의 딸을 혼인시킨 예는 이 밖에도 또 있다. 1298년 8월 10일 대원은 패로올孛魯兀을 보내 충선왕이 전권을 휘두르고 개혁조치가 마땅함을 잃어 중심衆心에 의구疑懼를 불러일으켰다는 이유로 충선왕을 입조시키고, 18일 전송연에서 충선왕으로부터 국왕인을 빼앗아 충렬왕에게 돌려주었다. 25일 패로올이 돌아갈 때 대장군 강순姜純의 딸을 처로 삼게 하고 있다.147) 다음 달 9월 대원은 평장平章 쿠쿠추闊闊出과 좌승左丞 하싼哈散을 보내 국사를 함께 의논하여 처결케 하였다.

위의 몇 건의 혼인 가운데 징벌성懲罰性으로 억지로 이루어진 홍규의 장녀 홍씨의 혼인은, 포로로 잡혀간 김장희의 경우와 마찬가지로, 본인의 의지와 상관없이 강제로 이루어져 정상적인 혼인관계라고 볼 수 없다. 하지만 흥미로운 점은 아쿠타이의 후손이 그 뒤 다른 고려의 지배층 가문과 거듭된 혼인으로 이어지고 밀접한 관계를 유지하였다는 점이다. 그뿐만 아니라 14세기 중엽 고려와 대원의 사이의 관계 설정에도 작용했기 때문에, 여몽관계를 이해하는 의미 있는 지표로 볼 수 있다.

4. 자발적 청혼에 따른 여몽지배층 혼인관계의 성립

성종 대 중서좌승상의 지위에 올랐고, 볼루간 황후와 함께 안서왕 아난다를 추대하려 했다가 살해당한 아쿠타이는, 앞에서 말한 바와 같이, 사신으로 왔다가 공주가 내린 선물로 우연히 홍씨를 취한 것이었다. 그 때문에 공녀를 취한 것과 그리 다르지 않으며, 두 나라 지배층의 혼인관계로 이해하는 것은 적절하지 않은 면도 있다. 그러나 둘 사이에 자식이

147) 《高麗史》 권31/23하, 충렬왕 24년 8월 25일(기사); 《高麗史》 권31/23하, "己卯, 孛魯兀還, 以大將軍姜純之女妻之."; 《高麗史節要》 권22/11상.

있고, 그 자식과 고려 안의 외가 일족이 지속적인 관계를 유지하였다면, 고려 귀족과 대원의 세족世族 사이에 의미 있는 사회적 관계를 설정할 수 있다. 또한 몽골 세족인 엘지기드부部 아쿠타이 가와 고려 지배귀족 사이에 이루어진 세대를 거듭한 혼인관계나, 또 그러한 혼인관계가 내적인 기제에 따라 더욱 분화되어 갔다면, 두 나라 지배층 사이의 우연적이고 일회적인 혼인관계가 고려와 대원 두 사회를 이어주는 더욱 복잡한 형태의 연인관계聯姻關係로 발전했다고 볼 수도 있다.

그러나 논의를 진행하기 전에 우선 좌승상 아쿠타이와 홍씨 사이에 과연 자손이 있었는지 확인할 필요가 있다. 현재 《원사》〈열전〉에 입전되어 있는 베르케부카別兒怯不花와 그 형 즈단自當이 아쿠타이와 홍씨 사이에 출생한 자식이라는 확신을 줄 만한 당시의 1차사료는 어디에도 없다. 통상 원대 몽골 관료는 한인이나 남인 관료와 달라 복수의 처첩을 거느리고 있었다. 그렇기 때문에 베르케부카 형제가 아쿠타이의 자식이 분명하더라도 반드시 홍씨 소생이라고 단언하기는 어렵다.

베르케부카와 즈단이 아쿠타이와 홍씨 사이의 소생임을 확실하게 밝힌 것은 3백 년 뒤인 17세기 초(1604)에 편찬된 홍씨 족보[148]이다. 유성룡柳成龍이 서문을 쓴 이 족보에 홍규의 장녀의 부夫인 대원 아고대阿古大 승상의 자손으로 베르케부카와 즈단을 기록하고 있다. 11대 조홍휘규초휘문계祖洪諱奎初諱文系의 계보系譜 가운데 여女(婿)아고대원승상阿古大元丞相 아래 자벌개우벌子伐介于伐[戈]승상丞相, 자자당子紫當으로 적혀 있다. 이 족보 기록의 전거가 무엇인지 알 수 없으나, 베르케부카의 몽골이름의 한자 전사법轉寫法이 《원사》와 《고려사》, 《고려사절요》 등과 다르다. 이것으로 보아, 베르케부카의 이름이 독특하게 전사된 별개의 자료가 홍씨 가문에 전해져 족보 편찬에 이용된 것임을 알 수 있다. 다만 족보 편찬자의 무지로 베르케부카(伐介于戈)의 '과戈'를 '벌伐'로 고쳐서 쓰고, 형과 동생의 순서를 바꾸어 적는 잘못을 범하고 있다. 그러나 이 족보의 기록은 홍씨

148) 〈南陽洪氏世譜〉, 萬曆 甲辰五月日 豊原府院君 柳成龍 謹序(1604).

가문에서도 베르케부카와 그의 형 즈단을 자랑스러운 외손으로 기억했음을 말해 주고 있다.

즈단과 베르케부카 형제는 《원사》에도 입전하고 있다.[149] 특히 동생 베르케부카는 아룩투阿魯圖 집권 시기의 실권자로 《지정조격至正條格》의 편찬과정에 깊숙이 간여하였고, 또 그 법전의 성격에도 영향을 주었을 것으로 여겨지고 있어,[150] 더욱 눈길을 끄는 인물이다. 그렇다면 최근 몇 건의 연구에서 지적한 대로 과연 즈단과 베르케부카는 홍규의 장녀 홍씨의 소생인가?

국내 학계에서 최초로 베르케부카를 주목하고 본격적인 논의를 한 것은 민현구 선생의 논문[151]이었다. 고려 공민왕 대 '주기철공신誅奇轍功臣'에 대하여 검토한 논문에서 정동행성征東行省 유학제거사儒學提擧司의 유학제거에 임명된 홍언박洪彦博의 정치적 배경을 검토하면서 홍규의 손자인 홍언박과 지정 4년 중서좌승상中書左丞相에,[152] 7년 중서우승상中書右丞相까지 오른 베르케부카 사이의 내외종형제관계內外從兄弟關係가 대원에서 홍언박의 출세에 영향을 미쳤을 것으로 추정하였다. 더욱이 베르케부카가 홍규의 장녀 홍씨의 소생으로 충혜왕과 공민왕이 모두 그와 이종형제 사이로 고려와 특수한 관계를 맺고 있어, 대원과 고려를 연결시켜 줄 수 있는 친고려적인 대원의 정치가였다고 결론짓고 있다.[153] 나아가 베르케부카가 김순金恂의 3녀를 아내로 맞은 특이한 인물임을 강조하고, 중정원中政院의 관리로 강남에서 일한 적이 있는 염제신廉悌臣을 그가 황제에 천거한 것을 예로 들어, 고려인이 대원에서 사환仕宦하는데 그가 상당한 관심을 가졌다고 보았다. 민현구 선생의 추론은 대체로 사실에 의거하고 있

149) 《元史》 권140, 別兒怯不花; 《元史》 권143, 自當.

150) 金浩東, 〈지정조격至正條格의 편찬과 원元말의 정치〉, 한국학중앙연구원 편, 《至正條格校註本》(2007 소수), 375~383쪽 참조.

151) 민현구, 〈고려 공민왕 대 '誅奇轍功臣'에 대한 검토—반원적 개혁정치의 주도세력—〉, 《이기백 선생 고희기념 한국사학논총》 상(1994).

152) 《元史》 권140, 열전에는 지정 4년으로 기재되었고, 《元史》 권41 順帝本紀 4에는 3년 12월 정미에 베르케부카를 중서좌승상에 임명했다고 한다.

153) 閔賢九, 앞의 글, 906~907쪽.

지만, 그가 홍언박과 이종형제 사이였다는 사실을 입증할 만한 새로운 자료는 제시하고 있지 않고 있다. 설사 그런 관계를 말하는 사료가 있다고 하더라도, 명분상 이종형제인 것을 증명할 뿐 홍씨 소생임을 입증할 자료라고는 할 수 없다.

다음으로 베르케부카에 주목한 것은 이정란의 논문[154]이다. 그는 베르케부카와 몽골권력 안의 고려계통 인물들과의 관계를 검토하고 있는데, 그 또한 베르케부카가 홍규의 장녀 소생이라고 명토 박아 적고 있다.[155] 곧 충목왕 3년(1347) 베르케부카가 중서우승상에 오르자, 고려정부가 그의 매부인 김영돈金永暾과 김영후金永煦를 대원에 보내 베르케부카의 영향력을 이용하려 했다고 한다. 또 기황후를 천거한 고룡보가, 베르케부카가 탄핵되었을 때 그를 변호해 준 것을 예로 들어, 그와 기황후와 고룡보가 정치적으로 밀접한 관계를 맺고 있었으며, 충목왕 3년(1347) 정치도감의 설치 과정에도 개입하였을 것으로 추정한다.[156]

신은제의 최근 연구[157] 또한 베르케부카와 고려정권 사이의 관계에 주목한 새로운 것이다. 이 연구는 고려의 정국에 영향을 미친 순제의 즉위 뒤 대원정국의 변화추이, 특히 1340년 톡토가 권력을 장악한 뒤 대원정국의 변화추이에 주목한다. 그 가운데서도 명종 코실라의 잠저潛邸 구신舊臣들인 테무르타시鐵木兒塔識[158]와 베르케부카의 등장을 눈여겨 보고 있다. 《원사》에 대한 깊은 이해가 특징적인 이 논문은 두 사람이 명종 코실라의 잠저 시절의 종신이었다는 점[159]에 주목했다. 또한 대對고려정책에 나타나는 차별성에 대하여 지적하는 것도 잊지 않고 있다.

---

154) 이정란, 〈정치도감整治都監 활동에서 드러난 가家 속의 개인과 그의 행동방식〉, 《韓國史學報》(2005).

155) 이정란, 앞의 글, 304쪽 주21.

156) 이정란, 앞의 글, 301~304·306·317~322쪽.

157) 신은제, 〈14세기 전반 원의 정국동향과 고려의 정치도감〉, 《한국중세사연구》 제26호(2009.10).

158) 鐵木兒塔識(《元史》 권140, 傳) 또한 康里 계통으로 康里脫脫(《元史》 권138, 傳)의 아들이고, 阿沙不花(《元史》 권136, 傳)의 조카이다.

159) 신은제, 앞의 논문, 198쪽.

고려와 매우 친밀한 관계를 갖는 베르케부카에 대한 한국학계의 깊은 관심에는 미치지 않지만, 해외에서 여몽관계사를 연구하는 학자들 가운데도 그에 대한 관심이 나타나고 있다. 최근 중국사회과학원 역사연구소의 류샤오劉曉 교수도 베르케부카와 즈단의 모계母系는 고려로, 홍규와 김씨 사이에서 낳은 홍씨의 아들이라고 단언하고 있고,[160] 시레이喜蕾 또한 여기에 약간의 지면을 할애하고 있다. 시레이는 이제현의 〈김문영공부인허씨묘지명金文英公夫人許氏墓誌銘〉에서 상락군김순계녀上洛君金恂季女가 시집간 대원의 강절행성江浙行省 참지정사參知政事인 '별리가불화別里哥不花'와《고려사》권124 〈신청전申靑傳〉의 1340년 당시 평장인 김영후의 매서妹婿 '별가불화別哥不花'는 비록《원사》에 기재가 없지만[161] 동일 인물로 단정하고, 김씨가 1332년 이전에 대원에 들어갔을 것으로 추론하고 있다. 그러나 시레이 박사가 고려시대 자료를 충분히 확보하지 못한 결과로 이 논의를 더 이상 밀고 나아가지 못한 것이 아쉽다.

요컨대 이제까지 어느 연구도 당대의 문헌에서 베르케부카와 즈단의 모친이 홍씨라는 것을 논증하는 구체적인 증거를 제시하려는 노력은 하지 않은 채 당연한 것으로 치부하고 있다. 하지만 홍규의 묘지명(1316 作)에는 맏딸을 '중국좌승상中國左丞相 아쿠타이阿古歹'에게 시집보냈다고 하고, 그의 처 김씨의 묘지명(1339)에는 5녀 덕비德妃가 충혜왕을 낳았다고 적었다. 그 뒤에, 승상공丞相公의 두 아들 가운데 베르케부카別里奇普花는 어사대부御史大夫이고, 즈단은 동지휘정원사同知徽政院使로서 천하에 이름을 떨치고 있다고 적고 있을 뿐이다.[162] 사왕嗣王의 생모는 밝히면서도 홍씨를 선물로 취한 아쿠타이의 두 아들이 누구라는 것 외에 베르케부카와 즈단의 생모는 분명히 밝히지 않고 있다. 당시 몽골인들의 혼인은 일부일처제의 혼인형태가 아니었고, 공녀나 동녀로 주어진 여자를 정처로 맞았다

160) 이에 대한 근거는 이제현이 짓고, 1339년 세운 〈三韓國大夫人金氏墓誌銘〉과《元史》권140 〈別兒怯不花傳〉이다.

161) 위와 같음, 附錄: 高麗貢女入元疑年考, 291쪽.

162) 李齊賢撰, 三韓國大夫人金氏墓誌銘并序(後至元5年己卯11月).

는 증거도 없기 때문에 아쿠타이의 두 아들을 확실한 근거 없이 고려 출신 여인의 아들로 보는 것은 매우 위험하다.

김순의 묘지명(1321 作)과 그의 부인 허씨의 묘지명(1332 作)에 또한 아쿠타이의 아들 베르케부카에 관한 사료가 있다. 안정복安鼎福이 《잡동산이雜同散異》[163]에 거둔 1321년 김순 묘지명의 찬자는 여흥군驪興君 민지閔漬이고, 묘지명을 지은 시기는 영종 지치 원년(1321/신유) 10월 열나흘인데, 김순의 3녀가 대원의 승상 아쿠타이의 아들 사인舍人 베르케부카에게 시집갔다[164]고 적고 있다. 김씨가 베르케부카에게 적어도 1321년 이전에 시집간 것으로 보이며, 1320년 즉위한 대원 영종이 답기황태후를 태황태후로 높인 조를 반포하여 7월 계사에 베르케부카가 그 조를 가지고 고려에 사신으로 왔을 때, 김순의 3녀를 취했을 것으로 보인다. 사인은 김순의 처 허씨의 묘지명에 나오는 "계적왕인별리가불화강절성참지정사季適王人別里哥不花江浙省參知政事"[165]의 왕인王人과 같은 뜻으로 보이는데, 당시 그가 케식직책怯薛職責에 복무하고 있었음을 알 수 있다. 또 〈열전〉에 따르면 그는 어려서 일찍 아비를 잃었고, 8세가 되자 흥성태후 달기와 무종의 명으로 명종을 번저藩邸에서 시봉하였고, 이어 국자학에 입학했으며, 연우 3년(1316) 주왕周王 코실라가 운남雲南에 출진했을 때 대동大同까지 따라갔다가 돌아와 인종의 숙위가 되었다고 하는데, 1320년 김씨 부인과 혼인할 무렵 그는 21세가량 된 청년 관리였던 것으로 보인다. 따라서 김방경의 손녀 김씨와 젊은 사인 베르케부카 사이의 혼인은 특별한 정치적 배려에 따른 것이라기보다 베르케부카의 모친(또는 서모)의 친정이나 형제자매를 통해 미리 안배된 혼인이었을 가능성도 높다.

베르케부카에 대하여는 고려에도 꽤 많은 관한 자료가 남아 있어 그의 열전을 보충해 준다. 이색李穡의 〈충경공염공신도비병서忠敬公廉公神道碑并

163) (영인본)(아세아문화사, 1981). 이 묘지명은 《安東金氏大同譜》(1979)에서 가져온 것이다. 劉曉, 〈《三韓國大夫人金氏墓誌銘》讀後〉.

164) 〈金恂墓誌銘〉, "三嫡舍人別里哥不花大元左承相阿忽〔歹〕(反)之子也."

165) 《益齋亂稿》 권7, 〈金恂妻許氏墓誌銘〉, "忠肅王 復位年(元至順3年/1332)季適王人別里哥不花江浙省叅知政事."

序〉166)를 보면, 지정 계미(1343)에 염제신(불노)이 익정사승翊正司丞으로 강절행성江浙行省에 가서 중정원中政院에 속하는 전화錢貨를 회계할 때 일체의 뇌물을 거절하였기에, 베르케부카가 특별히 배려하였고, 입상入相하게 되었을 때도 황제에게 염제신을 특별히 천거했다는 기록이 남아 있다.

또 1344년 설곡雪谷 정포鄭誧가 대원에 갔을 때도 승상 베르케부카別哥〔普〕(共)化가 그를 크게 아끼고 천자에게 천거하려 했는데, 마침 병에 걸려 1345년(을유) 추7월 14일에 여사旅舍에서 병몰했다고 한다.167) 당시 중서성 좌승상이었던 베르케부카가 처 김씨의 이질姨姪인 그를 돌보아 주었던 것으로 보인다.

이 밖에 필자가 특별히 눈여겨보는 자료가 있는데, 그것은 많은 연구자들이 주목한 《고려사》 권124 〈신청전申青傳〉의 "永煦妹壻別哥不花時爲平章영후매서별가불화시위평장, 於王兩姨兄弟어왕양이형제, 故賜永煦鈔一百錠고사영후초일백정, 綾一十五匹능일십오필, 紵布三十匹저포삼십필"이라는 기사 가운데 "於王兩姨兄弟"란 대목이다. 신청이 충숙왕 생전에 충숙왕의 걱정을 덜기 위해 충혜왕(1315~1345)을 따르던 악소惡少 가운데 특히 행패가 심한 자인 송팔랑宋八郎 등을 가두고 혹독하게 문초하였는데, 충혜왕이 그들을 방면시키기 위해 신청을 불렀으나 가지 않았기 때문에, 충혜왕은 즉위한 뒤 바로 정동행성 좌승상을 대리한〔權省〕 홍빈洪彬에게 신청을 이문소에 가두게 하였다. 앞의 기사는 김영후를 보내 일곱 가지 죄목을 적어 중서성에 고하게 하면서 김영후의 매형인 평장 베르케부카에게 보낼 선물 꾸러미의 내용을 기록한 것인데, "於王兩姨兄弟"는 충혜왕과 베르케부카가 또한 이종형제姨從兄弟였음을 말하고 있는 것이다.

만약 베르케부카와 충혜왕 사이가 실제로 이종형제라면, 그의 생모는 1남 5녀의 자녀를 두었던 제국대장공주 쿠툴룩켈미시가 아쿠타이에게 준 홍규의 장녀임을 보여 주는 가장 유력한 사료임이 분명할 것이다. 첫 딸 외에 홍규는 첨의찬성사僉議贊成事 정해鄭瑎와 밀직부사密直副使 원충元忠에

166) 《東文選》 권119, 266~272쪽.
167) 《東文選》 권100, 鄭氏家傳, 230~231쪽.

게 두 딸을 시집보냈고, 나머지 두 딸도 충선왕의 순화원비順和院妃와 충숙왕의 덕비德妃가 되었다. 덕비는 충혜왕과 공민왕(1330~1374)을 낳은 생모였다.

고려의 공신가문인 홍규 가의 장녀 홍씨와 몽골의 훈구勳舊인 엘지기드가 연진燕眞의 아들 좌승상 아쿠타이 사이의 혼인은 형벌적 성격의 사혼賜婚으로 시작되었다. 하지만 그 뒤 아들 베르케부카가 김순의 셋째 딸과 다시 혼인함으로써 여몽 두 나라 지배층 가문 사이에 더욱 밀접한, 그리고 의미 있는 혼인관계가 이루어지고 있었음을 위의 베르케부카 관련 사료의 검토가 잘 보여 준다.

한편 〈신청전〉의 기사는 충숙왕이 훙거한 뒤, 충혜왕이 다시 정식으로 책봉되기 전인 1339년의 기록으로, 당시 베르케부카는 어사대부를 거쳐 바로 중서성의 평장정사에 임명되었을 때였다. 그러나 바얀 형제의 정권과 즈단, 베르케부카 형제의 사이가 불편했고, 또 충혜왕이 엘테무르와 친밀한 관계였기 때문에, 충혜왕이 중서성에 한 요청을 바얀이 받아들이기는 어려웠을 것이다. 오히려 1339년 11월 중서성 단사관 두린頭麟과 직성사인 구통九通을 보내 경화공주慶華公主를 범한〔烝〕 충혜왕을 종신從臣들과 함께 다시 붙잡아 갔다. 충혜왕은 1340년 여름 톡토脫脫가 바얀을 축출하고 그의 도움으로 순제가 친정을 하게 된 뒤에 비로소 귀국하게 되었지만 1343년 11월 대원에서 다시 내주乃住 등을 보내 조를 받으러 정동행성에 온 충혜왕을 압송해 간 것으로 보아, 당시 톡토의 영향 아래 있었던 중서성도 충혜왕과 관계가 원만하지 않았음을 알 수 있다.

5. 몽골황실과 고려지배층의 혼인

이와 조금 성격이 다르지만, 이 밖에 두 나라 지배층 사이의 의미 있는 혼인관계를 보여 주는 몇 건의 자료가 아직도 남아 있다. 먼저 대원의 고관과 황실에 시집보낸 고려의 종실 왕현王昡의 두 딸도 있다. 1308

년 충선왕이 취한 종실 왕현의 과처寡妻 순비順妃(1309년 책봉)는 1335년 65세로 사거하였는데, 이제현이 쓴 그녀의 묘비명을 보면 허공許珙의 9남매 가운데 계실 최씨가 낳은 6째(김변처허씨묘지명)로 충선왕이 취하였을 때 이미 38세의 중년 여인이었다. 그녀는 소생 일곱을 두었고, 그 가운데 연희옹주延禧翁主는 대원의 중서좌승 길길반의吉吉反懿에게 시집갔고, 다음의 백안홀독伯顔忽篤은 황태자 아유르바르와다에게 시집가 인종의 후비가 되었다.[168] 또 다음 경녕옹주慶寧翁主는 노책盧頙에게 시집갔는데, 노책은 딸을 공민왕 대 대원 순제에게 바쳐,[169] 고려조정에서 권세를 누리다가 기철奇轍 등과 복주伏誅되었다.

충렬왕의 총신寵臣 조인규 가와 대원지배층 사이의 혼인도 빼놓을 수 없다. 이곡의 〈조정숙공사당기趙貞肅公祠堂記〉에 그의 차녀가 (대원영록대부) 강절등처행중서성江浙等處行中書省 평장정사 우마르烏馬兒, 吳抹에게 시집간 것으로 되어 있다.[170] 그러나 부카라 출신 무슬림으로 대원의 운남 지배의 기초를 다졌던 쿠빌라이 시대의 명신 사이드 아잘賽典赤의 손자이며, 당시 중서성의 평장정사였던 바얀의 형제인 우마르와 조인규 차녀의 혼인생활의 경과는 알 수 없다. 다만 충선왕에게 시집간 조인규의 딸(조비)이 충선왕의 총애를 받자 계국공주薊國公主 보타시린이 이를 질투하고 무고하여 조인규의 가족에게 혹독한 처벌을 내렸다.[171] 1298년 5월에 조인규와 그 처를 가두었고, 마침내 그를 대원으로 압송하여 안서安西로 귀양 보냈다. 그 뒤에 6월 조비趙妃도 환자宦者 이온李溫과 함께 대원에 끌려갔는데, 끝내 강절행성 평장정사 우마르에게 다시 시집간 것으로 보인다.[172]

대원지배층과 조인규 가의 두 번째 혼인은 조인규의 손녀, 곧 장자 조서趙瑞의 딸과 대원 무종의 총신 야아길니也兒吉尼가 혼인한 것이다.[173] 시

168) 李齊賢, 《益齋亂藁》 권7, 〈順妃許氏墓誌銘〉; 金龍善, 《高麗墓誌銘集成》, 484쪽.

169) 《高麗史》 권131, 叛逆 5 盧頙.

170) 李穀, 《稼亭集》 권3, 〈趙貞肅公祠堂記〉.

171) 《高麗史節要》 권22, 567~569쪽에 자세한 앞뒤 사정이 적혀 있다.

172) 喜蕾(2003), 169쪽; 《高麗史節要》, (忠烈王24年5月)"闊闊不花等借太后使者還自元, 以帝命囚崔冲紹及將軍柳溫于巡馬所并囚趙妃.(권22/8상)……(6月)太后遣番僧五人道士二人來, 祓公主咀呪(/9상).……元遣使執趙妃及宦者李溫以歸.(/9하)"

레이는 그의 저서에서 《고려사》 권105 〈조인규열전〉에 의거, 1309년 혼인을 계기로 조서가 고려도부원수高麗都副元帥가 되었다고 하여, 조서가 당시 곤경에 처한 가문을 살리기 위해 딸을 대원의 권세있는 가문에 시집보낸 것으로 보고 있다. 그러나 지대 원년(무신/1308) 6월에 지어진 방우선方于宣의 〈조인규묘지명〉[174]에 이미 "宣授管高麗軍征東左副都元帥선수관고려군정동좌부도원수"로 나와 있어 시레이의 결론은 더 검토해 볼 여지가 있음을 보여 준다.

세조 쿠빌라이의 구신 안길왕 걸태보제乞台普濟의 적자인 야아길니는 어렸을 때부터 부친 걸태보제의 종용으로 무종과 인종이 수업할 때 옆에서 시독侍讀한 측신側臣이었다.[175] 대덕 2년(1298) 무종 카이샨을 따라 부친과 함께 막북漠北에 출정했을 때도 큰 전공을 세웠다. 스물 두 살이 된 성종 대덕 3년(1299)에 알타이 산 남쪽의 고포리庫布哩에 적이 출현하자, 야아길니는 좌위사사左衛射士를 선두에서 이끌고 싸워 적의 선봉장을 베었는데, 이 공으로 이튿날 카이샨이 상으로 자신이 입었던 옷과 말안장, 그리고 양가 여자를 내렸다고 전한다.

1300년에는 앙길이도昂吉爾圖에서 적을 멸하여 많은 인축人畜을 얻었고, 또 이듬해 대덕 5년(1301) 카이두 쪽이 대거 쳐들어왔을 때도 공을 세웠다. 대덕 10년(1306)에는 알타이 산맥을 넘어 차파르의 진영을 쳐서 1만여 명을 포로로 잡았다. 이처럼 혁혁한 전공을 세운 야아길니는 1307년 카이샨이 즉위하자 자덕대부資德大夫 동지추밀원사同知樞密院事에 임명되었고, 다시 6월에 사태부원사使太府院事, 당고친군도지휘사唐古親軍都指揮使, 7월 지추밀원사知樞密院事 겸兼 사전서원使典瑞院에 임명되었다. 또 이듬해(1308)

173) 李穀 撰, 《稼亭集》 권3, 〈趙貞肅公祠堂記〉.

174) 金龍善, 《高麗墓誌銘集成》(개정판)(한림대학교 출판부, 1997), 629~632쪽.

175) 姚燧, 《牧庵集》 권26, 〈開府儀同三司太尉太保太子太師中書右丞相史公先德碑〉(/1상~6하), "公夏人史姓,……七子, 同出五人, 公次居二, 以'奇塔特布濟克'名行, 自童幼從忠宣出入世祖帷幄, 天監灼其已克恭勤. 至元丙寅(1266)選侍裕宗於東宮. 將二十年, 敬畏益加無少僭忒 遞順考生皇上, 儲皇詔公保育鞠視之, 每帝召見, 則必左右兼抱之至前方, 幼而學, 詔教之經, 以其嫡子額爾吉納(也兒吉尼)侍讀, 俟其遨嬉廢誦, 輒撻其子以警之. 故能終業. 大會將畢聚諸侯王, 讀太祖大訓, 加丁寧告戒之. 始遣就國, 或皇上儲皇不在列, 必邀致之, 使與有聞."

5월에 인우원사仁虞院使를 겸하였고, 11월에 남대南臺의 어사대부御史大夫에 제수되었다.176)

한편 《비서감지》에 따르면, 지대 2년 11월 초5일 '예케케식也可怯薛 제일일第一日' 카안이 신경전宸慶殿 서이방西耳房에 있을 때 수구르치速古兒赤 야아길니 승상이 배석했다고 하여, 그가 중요한 사안을 함께 논의하는 핵심기구인 케식관을 겸하고 있었던 것으로 보인다.177) 또 《원사》〈본기〉를 보면, 1320년 3월 병신 지추밀원사知樞密院事 야아길니가 공창등로둔수鞏昌等路屯戍를 검핵檢覈하여, 감주수졸甘州戍卒을 선발한 뒤에 이어 7월 을사에 강서행성 평장정사로 옮겼다고 한다. 또 그 사이 행적은 확인할 수 없으나 1328년 9월 무자에 문종이 운남행성좌승상 야아길니를 불렀으나 오지 않았다는 기록으로 보아, 그가 그 무렵까지 건재했음을 보여 준다. 따라서 결과적으로 이 혼인이 조씨 일가와 대원 권부를 연결하는 중요한 고리가 되었을 것임은 틀림없어 보인다. 그러나 조인규의 장남 특수회원대장군고려부도원수삼사사特授懷遠大將軍高麗副都元帥三司使 서瑞의 딸이 대원 무종의 공신 안길왕安吉王 야아길니에게 시집간 뒤 자녀를 출산했는지 아닌지는 알 수 없다.

이 밖에도 비슷한 시기에 대원 관료에게 고려 관료 가문의 딸을 시집보낸 사료가 몇 건 더 있어 앞으로 검토해 볼 만하다. 1289년 8월 대장군大將軍 장순룡張舜龍을 보내 동지밀직사사同知密直司事 채인규蔡仁規의 딸을 대원으로 보냈다.178) 고려왕은 당시 권신이었던 승상 셍게桑哥에게 그녀를 보낸 것이었다. 그러나 셍게가 복주된 뒤 종적을 알 수 없었다. 그런데 복건성 천주泉州에 망명하여 살고 있던 패합리孛哈里가 1298년 고려왕에게 선물을 보내 이를 통지함으로써, 당시 쿠빌라이 카안이 마팔국馬八國 왕자 패합리에게 그녀를 주었음이 확인되었다.179)

---

176) 也兒吉尼는 1309년 3월 22일 현재 只兒哈郎과 더불어 남대의 어사대부를 하고 있다. 《南臺備要》 御史臺 5/10하.

177) 《秘書監志》 권5, 102쪽, "於至大二年十一月初五日也可怯薛第一日, 宸慶殿西耳房內有時分, 速古兒赤也兒吉尼丞相."

178) 《高麗史》 권30/18하.

또 앞에 언급한 바와 같이 1298년 8월 25일(기묘) 패로올이 돌아갈 때 대장군 강순姜純의 딸을 처로 주었다. 8월 10일(갑자) 국왕과 공주의 입조를 채근하려 온 패로올은 신미 대원으로 가는 길에 금교金郊에서 황제의 명으로 국왕의 인수印綬를 받아 전왕前王에게 돌려주고 복위를 명하는 성종의 조서를 주었다. 끝으로 1355년 7월에 찬성사贊成事 박수년朴壽年이 대원에서 갑자기 죽었는데, 그는 승상 왕가노王家奴의 부옹婦翁으로 승상의 대접을 받으면서 과음하여 갑자기 사망했다[180]고 한다. 찬성사 박수년가와 그의 딸을 자부子婦로 맞은 대원 중서우승상中書右丞相 왕가노 가 사이에 통혼이 이루어졌음을 알 수 있다. 후지원 2년 이미 선정원사宣政院使에 올랐던 왕가노는 지정 14년 어사대부, 그리고 이듬해 중서우승상에까지 오른 대원 말의 권귀權貴였다.

같은 시기에 관노 출신으로 찬성사에 올랐고, 진령부원군晉寧府院君에 봉해졌던 강융의 딸도 재상 톡토의 총희寵姬였기 때문에, 강융의 아들 천유千裕와 밀직密直 김경직金敬直의 딸을 맺어주었다[181]고 한다. 어떻게 해서든지 대원의 권력자와 사돈관계를 맺으려던 당시 고려사회의 풍조를 잘 보여 준다. 또 앞에서 언급한 홍규의 가족 가운데도 손녀(장남 융의 장녀)를 대원 자정원資政院 동지同知 별첩목아別帖木兒에게 시집보낸 경우가 있어 대원 관료와 혼인이 일부 가문의 풍속이 되고 있다.

끝으로 충렬왕의 총신 중찬中贊 염승익廉承益의 가문도 대원의 지배층과 혼인관계를 맺고 있다. 공녀인지 내막은 알 수 없으나 손자 염제신[182]의 고모가 몽골의 말길末吉에게 시집갔다. 말길은 무종 대 케식관이었던 수구르치 말걸抹乞과 같은 사람으로 보이는데,[183] 문종 천력 2년(1329) 선달

179) 《高麗史節要》 권22/9상.

180) 《高麗史節要》 권26, (恭愍王 4年/至正15年)"秋七月, 贊成事朴壽年卒于元, 壽年元丞相王家奴之婦翁也. 丞相宴慰, 過飮暴卒."

181) 《高麗史》 권124, 姜融傳, "恭愍以其妹爲元丞相脫脫寵姬, 命密直金敬直以其子妻之."(/20상하)

182) 李穡, 《牧隱集/牧隱文藁》 권15, 〈高麗國忠誠守義同德論道輔理功臣壁上三韓三重大匡曲城府院君贈諡忠敬公廉公神道碑并序〉.

183) 《秘書監志》(교감본, 절강고적) 권2, 41쪽, "至大二年十二月二十八日只(見)〔兒〕哈郎怯薛第

대사도에 임명되었으며,[184] 1335년 순제 토곤테무르 즉위 초기 선정원사宣政院使로 벼슬을 마치고 있다.[185] 조인규의 외손이기도 한 염제신은 6세에 아비를 잃고 고아가 되었는데, 11세(1314)에 고모부인 말길이 대원으로 불러 이후 고모부의 후견 아래서 자랐다. 말길은 특별히 유생儒生을 그의 집에 들여 10년 동안 염제신을 가르쳤다고 하니, 염제신은 당시로서도 드물게 고려와 몽골, 그리고 한문화를 모두 이해하는 인재로 양육되었고, 지정 초 강남에서 재부를 회계하며 명성을 쌓을 수 있었던 바탕이 이때 갖추어졌음을 알 수 있다.

말길은 1324년 태정제가 즉위할 때 염제신을 데리고 카라코룸까지 맞으러 갔는데, 염제신은 이때 태정제의 눈에 띄어 숙위가 되었고, 이어 황제의 수구르치가 되어, 그 뒤로 대원의 관리로 출세할 수 있는 확실한 기반을 구축한 것으로 보인다. 지순 2년(1331) 그가 강향사降香使로 고려에 오기 전에 한 차례 모친을 보기 위해 강향降香하러 왔었는데, 지순 4년 마침내 모친 봉양을 이유로 돌아와 정동행성의 낭중郎中으로 충숙왕의 시정을 뒷받침했다. 그러나 충숙왕이 죽은 뒤 염제신은 다시 대원으로 돌아가 중정원의 익정사승翊正司丞으로 복귀하였다. 특히 1343년 강절행성에 가서 중정원에 속한 강절등처재부도총관부江浙等處財賦都摠管府의 회계를 맡았을 때 그는 청렴한 일처리로 당시 행성의 좌승상이었던 베르케부카의 지우知遇를 받았고, 뒷날 중서성에 돌아온 베르케부카가 그를 황제에게 천거했던 사실은 앞에서 이미 언급하였다.

여말 고려인 관료 가운데 대원의 과거에 합격한 이곡 말고도 상당수가 염제신과 같이 대원과 고려를 오가며 사환仕宦하였지만 대체로 낮은 관직에 머무른 데 견주어, 염제신은 대원의 고위 관직에 오를 전망도 있었으나 결국 대원의 관직을 그만두고 돌아와 고려에서 사환을 마쳤다. 하지

三日玉德殿西耳房內有時分, 昔寶赤大(慈)都, 丞相玉龍帖木兒, 丞相寶兒赤朶烈禿, 火者太順司徒, 速古兒赤抹乞等有來, 太尉脫脫丞相, 太保三寶奴丞相, 伯顏平章, 忙哥怗木兒左丞相等奏.";《元史》권38, 順帝本紀, 後至元 元年(1335) "(12月乙丑)命宣政院使末吉以司徒就第."

184) 《元史》권33, 文宗本紀, 천력 2년 12월 경인(745쪽).

185) 《元史》권38, 順帝本紀, 후지원 원년 12월 을축 "命宣政院使末吉以司徒就第."

만 염제신의 예 또한 여원지배층 사이의 통혼관계가 만들어 낸 결과로 여몽관계의 성격을 새롭게 볼 수 있는 단서가 될 수 있다.

6. 맺음말

여몽관계의 두 번째 단계인 쿠빌라이의 대원과 고려의 관계는 대원에 머무르고 있던 많은 고려인의 자화상自畵像을 통해 이해해 볼 수 있을 것이다. 그들 가운데는 몽골의 고려 침략기에 포로가 되어 잡혀온 수십만의 고려인과 그 후예, 그리고 또 반역한 지도자를 따라 망명한 고려인과 그 후예, 그리고 공녀, 환관과 승려 말고도 몽골 왕조의 지배층의 처와 첩으로 살고 있었던 여인들과 그들의 후예도 있었다. 더욱이 몽골지배층의 처와 첩은 약탈적 여성 수탈의 대상으로 이해할 수 있는 측면도 없지 않았다. 하지만 한족가정이나 고려가정의 관습과 몽골, 색목가정의 혼인의 풍속이 달랐기 때문에, 그 자식에 대한 차별은 그렇게 심하지 않았다. 그들에게 몽골 지배 권력기구에 참여할 수 있는 기회가 열려 있었고, 이들 후손을 다시 고려지배층 가문 출신과 혼인시킬 수도 있어서, 두 나라의 지배층 사이에 새로 더욱 의미 있는 통혼관계도 성립했다. 몽골의 공신가문 가운데 하나인 엘지기드 가문과 고려의 대표적 명문인 홍씨 가문, 김씨 가문과 대를 이어 거듭 혼인관계를 맺은 것이 그 대표적인 예라고 볼 수 있다. 또 엘지기드 가문 아쿠타이와 홍문계洪文系(홍규)의 장녀 홍씨 아들로, 지정 연간 우승상까지 오른 베르케부카가 대원 말 조정 안팎의 고려인 집단과 우호적인 관계를 맺고 그들을 후원한 것은 통혼관계가 가져온 직접적 결과물이라고 할 수 있다. 김장희와 연진의 손자인 강리회회가 지치 연간 입성논의가 일어났을 때 영종을 설득하여 논의를 잠재운 숨은 공로자라는 의도되지 않았던 사실도, 통혼관계가 사회적 의미 외에 대몽고국과 고려 관계에서 갖는 정치적 의미를 보여 준다.

지배층의 통혼관계는 여원 두 사회를 더욱 강고하게 묶어 주는 측면도 있지만 동시에, 대상에 고려에 대한 인식을 심화시켜 고려라는 왕조의 정체성을 유지시키는 데에도 이바지했음을 알 수 있다.

부록

충선왕의 만권당(濟美基德痛掃溉)과 그 실체

〈충선왕세가〉에는 복위한 지 5년 뒤인 1313년 3월 갑인 황제의 허락을 얻어 아들 왕도王燾에게 왕위를 물려주는 기사에 이어, 심왕瀋王이 충숙왕 원년(1314) 연저燕邸에 만권당萬卷堂을 짓고 당시 중국의 대유大儒들인 염복閻復·요수姚燧·조맹부趙孟頫·우집虞集 등을 불러 더불어 놀며 학문을 즐겼다고 한다.[186] 문자 그대로 읽으면 대원 인종 재위 중·후반에 대원의 대표적인 유학자들이 만권당에 드나들었고, 충선왕은 당시 이들과 유학을 연구하며 즐겼다는 인상을 남기고 있다. 또 만권당이 고려 후기 신新유학 도입에 중요한 이바지할 수 있었으리라 추단할 수 있는 여지를 남기고 있다.[187]

이 밖에도 이 자료는 많은 사실을 왜곡하여 전하고 있다. 그 원인은 《고려사》의 이 기사가 근원사료인 이색李穡이 쓴 〈계림부원군시문충이공묘지명鷄林府院君謚文忠李公墓誌銘〉[188]의 "遂請傳國于忠肅수청전국우충숙, 以太尉留京師邸이태위유경사저. 構萬卷堂考究以自娛구만권당고구이자오. 因曰인왈, 京師文學之士경사문학지사, 皆天下之選개천하지선, 吾府中未有其人오부중미유기인, 是吾羞也시오수야. 召至都實延祐正月也소지도실연우정월야. 姚牧菴·閻子靜·元復初·趙子昻咸游王門요목암·염자정·원복초·조자앙함유왕문, 公周旋其間學益進공주

186) 《高麗史》 권34, 忠宣王世家(/6하), "忠肅王元年, 帝命王留京師, 王構萬卷堂于燕邸. 招致大儒閻復姚燧趙孟頫虞集等與之從遊, 以考究自娛."
187) 金光哲, 〈14세기 초 元의 政局동향과 忠宣王의 吐蕃流配〉, 《韓國中世史研究》 3, 319쪽.
188) 《益齊亂藁》 志.

선기간학익진, 諸公稱歎不置제공칭탄불치"(/2하)를 사실여부를 확인하지 않은 채 그대로 채택했기 때문으로 보인다. 곧 이색의 묘지명의 오류는, 그가 묘지명을 쓰면서 참고한 자료로 생각되는 이제현의 〈유원증돈신명의보절정량제미익순공신태사개부의동삼사상서우승상상주국충헌왕세가有元贈敦信明義保節貞亮濟美翊順功臣太師開府儀同三司尙書右丞相上柱國忠憲王世家〉[189]의 기사 "仁宗爲皇太子王爲太子太師인종위황태자왕위태자태사. 一時名士姚燧·蕭㪺·閻復·洪革·趙孟頫·元明善·張養浩輩일시명사요수·소구·염복·홍혁·조맹부·원명선·장양호배, 多所推轂다소추곡, 以備宮官이비궁관"(/17상)과 "王旣謝兩王位왕기사양왕위, 留京師邸稱病不朝유경사저칭병불조. 請所居堂名청소거당명, 濟美基德痛掃漑제미기덕통소개. 閉戶焚香竟日危坐폐호분향경일위좌. 飮酒至多음주지다, 平居不進一盃평거불진일배, 廏中唯飼一馬구중유사일마, 聲色之娛성색지오, 鷹狗之玩응구지완, 不萌于心불맹우심. 唯酷嗜浮圖法유혹기부도법. 捨本國舊宮爲旻天寺사본국구궁위민천사, 極土木之工극토목지공, 範銅作佛三千餘軀泥金銀범동작불삼천여구니금은, 寫經二藏黑本五十餘藏사경이장흑본오십여장, 邀蕃僧譯經受戒요번승역경수계, 歲無虛月세무허월. 人或以爲言인혹이위언, 好之彌篤호지미독"(/18상하)을 비교하면 저절로 드러난다. 곧 이색이 아유르바르와다가 황태자였던 시기(1307~1311)의 일과 그의 재위시기, 곧 충선왕이 퇴위한 다음(1314~)의 일을 무심코 뒤섞어 기록함으로써, 마치 두 가지 일이 1314년 이후에 일어난 것처럼 기술하였다. 이것을 다시 《고려사》의 찬자가 그대로 따름으로써 많은 사실이 왜곡되어 전해지게 된 것으로 볼 수 있다.

만권당의 이름에 관하여 김상기金庠基 선생은 그의 논문의 주[190]에서 목은 이색의 익재묘지益齋墓誌에 보이는 것이 처음이라 하고 있다. 또 선생은 만권당을 제미기덕濟美基德이라는 당명堂名의 속칭俗稱으로 짐작하고 있으며, 김광철도 이에 동의하고 있다.

그러나 김광철은 제미기덕당濟美基德堂이 여원의 유자들이 서로 교유하

189) 《益齋亂藁》 권9상.

190) 金庠基, 〈李益齋의 在元 生涯에 對하여—忠宣王의 侍從의 臣으로서—〉, 《大同文化研究》 1輯(1964)→《東方史論叢》(서울대학교 출판부, 1974), 234쪽 주19 참조.

면서 주자성리학을 서로 연구하고 나아가 대원에서 주자성리학을 관학화하는 데 주도적인 노릇을 했다는 주채혁周采赫의 주장[191]에 대하여는 동의하지 않는다.[192] 그는 요수와 염복은 충선왕 4년에 이미 사망한 상태이고, 더욱이 당시 충선왕의 불교편향의 사상적 기반이 심화되는 경향을 보이고 있어, 충선왕이 주자성리학을 여원 유자들과 함께 연구했다기보다, 인종의 지지세력인 대원의 지식관료들의 배타성과 충돌했을 가능성도 점치고 있다. 또 만권당에는 개인 불당인 제미기덕당과 유자들의 교유장소가 함께 있었을 가능성도 인정하지만, 결론적으로 불교에 심취한 충선왕은 유자들과의 교유에 소극적이었을 것으로 보고 있다.

충선왕이 퇴위한 뒤에 원유元儒와 교류하기 위해 자신의 거처에 따로 만권당을 세운 것인가? 아니면 김상기 선생의 추측대로 제미기덕당의 속칭이 만권당인가? 끝내 김광철도 만권당에 대하여 확실한 견해를 제시하지 못하고 있다.

필자는 이 문제를 근본적으로 다른 각도에서 새롭게 검토해야 한다고 생각한다. 먼저 온전한 당호인 '제미기덕통소개濟美基德痛掃漑'의 뜻부터 다시 새겨야 한다고 본다. 곧 만권당과 같은 의미일 것으로 추정하고 있는 제미기덕통소개당濟美基德痛掃漑堂의 '제미기덕통소개'는 어느 언어를 옮긴 것이며, 뜻은 무엇인지 정확히 확인할 필요가 있다. 〈충헌왕세가〉의 문맥으로 보아 이 당호는 대원의 인종이 하사한 것으로 보이므로, 황실의 언어인 몽골어이거나, 당시 황실의 종교인 라마불교의 언어 곧 티베트어에서 온 말로 볼 수 있다. 필자는 몽골어를 한자의 발음을 빌려 적은 것으로 보고 있다.

현대어와 14세기 관화官話인 중원음운中原音韻을 따라 전사하면, 제濟(tsi) 미美(mei) 기基(gui→ki) 덕德('tei) 통痛(t'ung) 소掃(sau) 개漑(k'ai)가 되며, 현대 몽골어(라틴전사)로 옮기면 'jimyi-gui-tei(濟美基德 묵언) tun(痛 명

191) 周采赫, 〈元 萬卷堂의 設置와 高麗 儒者〉, 《孫寶基博士停年紀念韓國史學論》(지식산업사, 1988), 235쪽, 249~250쪽.

192) 김광철, 앞의 논문, 320~324쪽.

상하며) suu-gai(掃漑 앉아 있다)'로 '입을 다물고 명상에 잠겨 앉아 있다'는 뜻이다.[193] 곧 이제현이 "제미기덕통소개"에 이어 적어 놓은 "폐호분향閉戶焚香, 경일위좌竟日危坐"와 맥락이 통한다고 볼 수 있다. 이른바 만권당은 '묵언참선黙言參禪하는 방'이라는 뜻이 잘못 옮겨진 것으로 볼 수 있으며, 이로 말미암아 그동안 많은 오해가 일어난 것이다. 충선왕의 연저燕邸에 초대된 적이 있는 정문해程文海(1249~1318)의 글에 따르면, 황경 원년(1312)에도 이미 뜰에 범패지성梵唄之聲이 가득하였다고 한다.[194]

---

193) 최초 라틴어 전사와 'tun'의 해석 및 전체 문장의 문법적 설명은 단국대학교 몽골어과 이성규 교수의 견해를 따랐고(楊耐思, 《中原音韻音系》, 北京社會科學出版社, 1981), 이 교수를 통해 몽골국립대학 자야바타르 교수의 자문을 받았다. 그리고 suu-gai는 tunu/tung에 붙는 어미 -sugai로 볼 수도 있다.

194) 程鉅夫, 《楚國文憲公雪樓程先生文集》(元代珍本文集彙刊) 권18/14상, 〈大慶壽寺大藏經碑〉.

제5장

몽골의 고려변경 지배와 고려 안의 몽골인, 몽골문화

제1절

몽골의 고려변경 지배: 탐라총관부를 중심으로

1. 머리말

고려와 대원 사이의 복속관계는 1219년 1월 맺은 여몽형제맹약까지 거슬러 올라간다. 1218년 겨울 합진과 찰랄 두 원수가 강동성에 농성하고 있던 거란 유민을 거둔다는 명분을 내걸고 1만의 몽골군과 2만의 동진군사를 거느리고 고려에 들어와 군량과 지원군을 요청했을 때 고려는 1천석의 군량과 1만의 군사를 보내 강동성 공략을 도왔고, 이듬해 칭기스칸의 조서를 고려국왕 고종에게 보내 형제맹약을 공식화함으로써, 대몽고국과 고려 사이에 최초의 정치적·군사적 동맹관계[1]가 시작된 것이다. 하지만 이 관계는 공납물품을 받아서 돌아가던 저고여著古與가 도중에 피살된 사건으로 중단되었다가 1231년 살리타이撒禮塔가 이끈 몽골 군대가 고려를 침략한 뒤에 다시 복원되었고, 몽골의 과도한 요구를 견디지 못한 고려가 1232년 6월 강화도로 천도함으로써 중단되었다.

마침내 대몽고국과 고려 사이의 군사적 침략과 항쟁, 그리고 화평협상의 새로운 형식이 유지되었다. 물론 그동안 고려사회가 몽골 군대의 단

1) 이 동맹관계는 고려가 일방적으로 몽골에 공납, 조병, 수량, 입조 등의 의무를 지는 것으로 몽골이 서하나 금, 동진과 맺었던 관계와 비슷하며 실질적으로는 복속관계였다. 이개석, 〈麗蒙兄弟盟約과 초기 麗蒙關係의 성격: 史料檢討를 중심으로〉, 《大丘史學》 101(2010) 참조.

속적인 침략과 약탈로 인해 한반도 구석구석까지 참혹한 화를 입었지만, 1259년 몽골의 전방위 압박을 견디지 못한 고려가 태자를 보내 투항을 결정하기까지 고려는 몽골에 대하여 화전和戰 양면정책을 포기하지 않았다. 물론 대몽고국이 고려를 육사의 의무를 충실하게 이행하는 복속국으로 두고자 압박하였던 것도 사실이다. 그러나 고려는 복속관계를 받아들이려 하지 않았고, 두 나라 관계를 요금遼金 이전의 중국 왕조와 고려 사이에 이루어지던 전통적인 사대관계로 재조정하려는 노력을 쉬지 않았다.

이러한 노력은 끝내 수포로 돌아갔지만, 1260년 등극한 쿠빌라이가 한법을 받아들여 대몽고국 체제를 대원 왕조로 탈바꿈시키고 그 뒤 몽골제국의 고려에 대한 새로운 지배정책이 성립하면서 부분적으로 받아들여졌다. 새로 성립된 고려-대원 관계에서는 고려국왕을 책봉하고 역曆을 하사하는 등 전통적인 중국의 사대관계의 틀을 활용하면서, 동시에 왕국의 기본틀과 이전의 풍속을 유지하는 것도 용인하였다.[2] 물론 몽골정권은 고려에 대하여 국왕의 친조와 육사(납질·조군·수량·설역·공호수적·치달로화적)를 요구하였고, 고려는 왕국의 왕조 존속과 현상유지에 대한 보장(불개토풍)[3]을 전제로 이러한 내속국의 의무를 받아들였다. 이것이 이른바 위에서 이익주가 말하는 '세조구제'의 핵심이기도 하다.

대원의 고려에 대한 지배는 크게 보아 기능적 분할지배와 영토적 분할지배의 두 방향으로 관철되었다. 전자는 육사의 준수 요구와 함께 부마국왕과 공주, 정동행성, 진변만호부鎭邊萬戶府 등 대원의 파견기구를 매개로 이루어졌고, 후자는 서북과 동북 변경, 그리고 한반도 남단의 섬 제주도를 부마고려국왕의 관할에서 떼어 내어 동녕부와 쌍성총관부, 탐라총관부를 설치하는 형태로 나타났다. 말할 것 없이 대원의 고려 지배의 틀도 두 당사국의 상황이 변화하면서 수정되고 재설정된다.

---

2) 이 모델은 뒤에 安南國에도 적용되었고, 일본에도 적용하고자 하였다. 이익주, 〈몽고제국의 침략과 고려의 저항(일문)〉, 《歷史評論》 권619(2001.11), 35~36쪽.

3) 이익주, 〈13세기 고려몽골의 전쟁과 강화〉, 《동북아역사재단·몽골과학원 공동주최 국제학술회의: 한몽관계의 어제와 오늘》, 울란바타르, 2010년 6월 2~3일.

더욱이 고려왕실과 맺은 혼인관계로 부마고려국왕의 왕부, 몽골공주와 공주부, 정동등처행중서성이 설치되면서 육사의 요구가 줄어들었고, 공주, 정동행성, 부마고려국왕의 왕부와 고려정부인 첨의부(도평의사사) 등으로 고려 본국에 대한 대원의 지배 통로는 다변화되었다. 1356년 5월 공민왕이 부원세력附元勢力의 핵심인 기철奇轍과 노책盧頙 일파를 제거하고 정동행성의 이문소理問所를 폐지함으로써 내속관계의 실질이 사라졌다. 하지만 그 뒤에도, 적어도 1368년 대원정권이 대도大都에서 축출될 때까지 쿠빌라이와 원종 사이에 맺어진 여원관계의 기본틀은 유지되었다.

몽골 침략정권은 고려 본부에 대한 지배정책 외에 투항한 고려인들의 근거지에 동녕부와 쌍성총관부를 설치하고, 제주도에도 탐라총관부를 설치하여 직할지로 삼아 통치함으로써 고려 본부에 대한 불충분한 지배를 보완하였다. 더욱이 대원 내지로 망명한 고려인 망명집단을 고려에 대한 지배에 충분히 활용하였다.

고려의 동북변경과 서북변경에 대한 분할 지배는 고려가 몽골에 투속하기 전인 1258년과 내속관계가 아직 유동상태에 있던 1270년에 그 지역 토호의 투항을 계기로 이루어졌다. 먼저 고려의 동북면에 쌍성총관부가 설치되는 경위를 보면, 1258년 몽골의 이숭게散吉 대왕이 군사를 거느리고 화주和州 지역을 점거했을 때, 정주定州 지역의 토호 조휘趙暉와 탁청卓青 등이 땅을 바치고 투항하였다. 여기에 쌍성총관부를 설치하고 이들을 총관과 천호로 임명했다.[4] 서북면의 경우, 원종 10년(1269) 10월 임연에 의한 국왕폐립사건이 일어난 가운데 서북면병마사영기西北面兵馬使營記인 최탄 등이 반란을 일으켜 부주현성府州縣城 60여 성(《원사》〈지리지〉)을 거느리고 투항하였다. 그러자 또한 대원은 1270년 2월 자비령慈悲嶺 이북 서북면의 땅에 동녕부東寧府를 설치했다. 또 이듬해 동녕부의 치소를 서경에 개설하였고, 1276년 이를 다시 동녕로총관부東寧路總管府로 개편했다.[5] 그리고 최탄 일당에게 투속하지 아니한 북방의 정주靜州·의주義州·인주麟州·

4) 《高麗史節要》 권17, 고종 45년 12월조.
5) 《元史》 권8, 世祖本紀 5, "(12年12月丙寅)升高麗東寧府爲路."(171쪽)

위원진威遠鎭을 따로 떼어 내 파사부婆娑府에 예속시켰다.

그러나 후자는 고려가 대원에 내속한 뒤에 분할한 지역이어서 고려가 반환을 요구하자,[6] 몽골로서 대응할 명분이 부족했다. 이 때문에, 1290년 끝내 분할한 지역을 고려에 돌려주고, 압록강 바깥에 따로 동녕부를 설치하게 되었다. 쌍성총관부는 1356년 고려가 무력으로 탈환하였다. 이 글은 탐라총관부에 대한 논의가 목적이므로 동녕부와 쌍성총관부에 대하여는 다른 기회에 검토할 것이다. 심양로瀋陽路 등 대원의 내지에 있었던 고려인들의 집거지集居地에 대한 검토 또한 다음으로 미룬다.[7]

2. 삼별초의 남하항쟁과 몽골-고려 연합군의 제주도 점령

배중손裵仲孫 등은 고려의 몽골에 대한 내속을 달갑게 생각하지 않았을 뿐만 아니라,[8] 특권적 조직인 삼별초가 해산된 것에 불만을 품었다. 그리하여 명적名籍이 몽골에 알려질 것을 우려해 동요하던 삼별초군을 이끌고 1270년 6월 20일 강화에서 승화후承化侯 온溫을 추대하여 봉기하였다. 삼별초 반란군은 서서히 남하하여 9월 5일 진도珍島에 대몽항전의 새로운 근거를 마련하였다. 진도를 항전의 근거지로 선택한 이유는 강화도와 마찬가지로 몽골군과의 전투에 유리한 육지에 인접한 섬이면서 동시에 울돌목을 끼고 있어 해상의 요해要害였을 뿐만 아니라 많은 인구를 머무르게 할 수 있는 넓은 섬이었기 때문이다.

삼별초군은 진도를 중심으로 서남해의 다도해에 다시 해상왕국을 건설하였고 남해의 거제도, 남해도와 제주도[9]까지 장악하였다. 삼별초의 군사

6) 《高麗史節要》 권20, 충렬왕 4년 7월 "府舞辭申覆, 擅置脫脫禾孫. 又耽羅達魯花赤擅置站赤於羅州海南, 願善爲敷奏. 東寧府元是小邦祖宗所都.……"

7) 요양로 안에 있던 교우로인 심양로에 대하여는 전고에서 개괄적으로 검토한 바 있다. 이개석, 〈大蒙古國-高麗 關係 연구의 재검토〉, 《史學研究》 88집(2007.12), 63~68쪽 참조.

8) 金庠基, 〈三別抄와 그 亂에 就하야〉(一), 《震旦學報》 9(1939), 45쪽; 李齊賢, 《益齋亂藁》 四, 〈拾遺〉 2상, 〈上征東省書〉, "忠敬王旣當國, 陪臣林惟茂父子不喜內屬, 擅廢立阻兵江華."

9) "(元宗11年)十一月己亥賊陷濟州."(26/37하)

활동은 육지에서도 활발하여 인근의 장흥부長興府와 멀리 합포合浦, 금주金州, 동래東來 등 동부의 연안요지沿岸要地에도 손을 뻗쳤다.[10] 그리고 나주와 전주까지 진공하여 토벌에 나선 관군을 격파하였다.[11]

이에 몽골군부와 고려왕실은 9월 7일(무술) 전라도추토사全羅道追討使 김방경金方慶에게 안무사按撫使 아카이阿海와 함께 1천의 군사로 진도의 삼별초를 토벌케 했다. 그러나 아카이가 김방경이 이끄는 고려군이 위기에 빠졌음에도 구원하지 않았기 때문에 이를 몽골조정에 항의함으로써 힌두忻都와 전좌벽총수前左壁總帥 사추史樞가 새로이 경략사로 임명되어 아카이의 임무를 대신하게 되었다. 이 밖에도 대몽고국에서는 왕국창을 파견하였는데, 그는 군사를 이끌고 조양필趙良弼을 호행해 왔다. 1271년 8월쯤에는 쿠룸치忽林赤의 군대와 함께 합포에 와서 의안義安에 주둔함으로써 남해동부南海東部의 연안을 안정시켰으며, 이들이 거느리고 온 몇몇 병력은 힌두의 요청으로 진도성을 공략하는 전투에 동원되었다.

왕준王綧의 두 아들 희熙, 옹雍 등이 거느리고 온 4백의 몽골군도 홍다구의 군대와 합세하여 1271년 6월 23일 총공격을 하였고, 방심하고 있던 삼별초군은 여몽 연합작전에 마침내 무너졌다. 김통정金通精이 이끄는 반군의 패잔세력이 제주도로 들어가 그곳을 최후의 근거지로 삼게 된 전말이다.

한편 1271년 6월 삼별초의 근거지인 진도성을 함락시킴으로써 몽골군의 고려에서의 활동은 일단 소강상태에 접어든 것으로 보인다. 원수 힌두[12] 등은 많은 포로와 함께 북으로 개선凱旋하여, 서해도西海道(?) 봉주鳳州로 돌아가 오산烏山의 둔소에 머물렀던 것 같다. 음력 9월 8일(경오)에 다루가치 톡타르脫朶兒가 고려의 재추宰樞와 함께 힌두를 찾아가 성지를 칭탁稱託하여 역적을 제외한 무고한 인민을 골라오고 있기 때문이다.[13]

10) 金庠基, 앞의 논문, 483쪽.

11) 金庠基, 《(新編)高麗時代史》(서울대학교 출판부, 1985), 475~479쪽.

12) 《高麗史》 권27/20하.

13) 《高麗史》 권27, 원종 12년 "九月庚午宰樞與脫朶兒往忻都屯所請還逆賊外人民, 忻都堅執不許, 脫朶兒稱聖旨力詰, 稍令揀出."(/23상)

하지만 고려인의 병장兵仗을 염주鹽州 둔소로 보내 저장시키는 것으로 보아,[14] 몽골의 고려에 대한 통제는 이후 더욱 강화된 것으로 보인다. 그런데 봉주의 둔소는 외부에서 접근하기 불편하였고, 군량의 운반이 어려워 공급에 차질이 생기고 백성들의 고초도 컸기 때문에 김방경은 염주나 백주로 옮길 것을 청하였다. 힌두는 마침내 염주와 백주로 이둔하는 데 동의하였고(12.정미),[15] 1272년 음력 정월 22일(신사) 대원에서 봉주둔전을 염주와 백주로 옮기는 것을 허락하여, 2월 말 사람을 보내 염주와 백주에서 이둔할 만한 장소를 물색하였다.[16]

하지만 이러한 소강상태는 그렇게 오래가지 못했다. 제주에 웅거한 삼별초가 다시 남해안의 주현을 약탈하고 조선漕船도 습격하였기 때문이다. 물론 몽골군부와 고려왕실도 손을 놓고 있지는 않았던 듯하다. 이미 전주도와 나주도에서 전함조성역戰艦造成役이 진행되고 있었고, 이를 위해 금주에 주둔하고 있던 몽골 군대를 파견해 방어할 수 있도록 청하고 있다. 곧 경상도에 주둔한 관군 2천을 나누어 전라주도全羅州道에 보내고, 기사騎士 수백은 배를 짓는 지역뿐만 아니라 연해 지방도 방어해 주기를 청하고 있는 것이다.[17]

이 밖에도 고려 경내의 몽골군의 동향을 살펴보면 의미 있는 변화가 나타난다. 힌두의 경략사와 둔전이 옮겨간 시점인데도 원종 13년(1272) 음력 6월 현재 봉주에 5백여 명이 남아 있었다.[18] 또《원사》와《원고려기사》의 같은 해 음력 11월 15일(기사)의 기사가 나란히 쿠빌라이 카안이 무위군武衛軍 2천 증파를 지시한 것[19]으로 기록하고 있다. 이에 앞서 8월

14)《高麗史》권27/24상, 원종 12년(1271) 10월 "甲辰, 副達魯花赤焦天翼日, 兵器不可畜於私家, 收國人功珍島兵仗悉輸于塩州屯所."

15)《高麗史》권27/24하~25상, 元宗世家 12년 12월.

16)《高麗史》권27/27하, "(2月)戊午, 元遣使于塩白州相移屯之地."

17)《高麗史》권27/32상하, 원종 13년 6월 임자조.

18)《高麗史》27/32하, "故留在鳳州軍五百餘人糧料, 乞領東寧府應副."

19)《元史》권7, 世祖本紀, 지원 9년 11월 "己巳, 敕發屯田軍二千, 漢軍二千, 高麗軍六千, 仍益武衛軍二千, 征耽羅."(143쪽);《元高麗紀事》, 耽羅, "回奏, 臣等約量本處屯田軍可摘二千, 復於漢軍內選三二千人, 船中載馬費力, 蒙古軍可少. 差高麗國合僉五六千, 共一萬餘軍可矣. 上日, 武衛軍差二千, 卿等更議餘者."(47쪽)

에는 대원에서 시위친군천호侍衛親軍千戶인 왕잠王岑을 보내 홍다구와 함께 탐라를 정벌케 하며,[20] 만호萬戶 정온鄭溫 또한 탐라의 삼별초군을 정벌하기 위해 고려에 파견된다. 그리고 같은 해 소용대장군昭勇大將軍 유복형劉復亨이 봉주등처경략사鳳州等處經略使로 임명되어 고려에 파견되는데,[21] 이들의 파견이 단순한 지휘부의 교체인지 아니면 탐라 삼별초 진압을 위한 새로운 병력의 증파로 이어졌는지 아닌지는 알 수 없다.

이에 대하여 이케우치 히로시는 정온의 파견이 무위군 2천의 증파와 관계가 있을 것으로 추정하고 있다.[22] 지원 9년(1272) 11월 탐라 정벌을 위해 둔전군 2천과 한군 3천에서 2천, 그리고 고려군 6천을 동원하자는 신하들의 회주回奏를 접하고 무위군 2천의 증파를 지시하는 칙령을 내리고 있고, 같은 사료의 10년(1273) 정월 장좌승張左丞의 상주上奏에 탐라 정벌에 참여하는 원군 가운데 제2군인 무위군을 정예케바투르鄭也可拔都兒가 지휘하는 것,[23] 그리고 정온의 탐라 정벌 참가[24]라는 사료에 바탕을 두어 정온이 정예케바투르이고, 탐라 정벌을 위해 요청된 한군 2천 곧 증파된 무위군 2천을 그가 거느리고 고려에 가서 탐라의 삼별초 진압전투에 참가했다고 보는 것이다. 또 1273년 1월 1일(12.을미)에는 고려왕에게 제주濟州를 공토攻討하는 데 필요한 군 6천과 수수水手 3천을 뽑으라는 조를 내리고 있다.[25] 그리고 1273년 경상도에 사람을 보내 전함 건조를 감독하게 하였다. 한편 삼별초는 합포에 진출하여 32척의 전함을 불 지르고 몽골병을 살해했다.

원종 14년(1273) 2월 20일에는 황봉주黃鳳州 경략사經略司에서 사람을 보내 대원의 조서를 전해왔고, 24일 몽골에서 돌아온 홍다구는 다루가치

20) "八月丙戌朔日食, 元遣侍衛親軍千戶王岑與茶丘議征取耽羅之策."(27/34상)
21) 《元史》 권152, 劉通傳附子復亨, 3595쪽. 그는 이듬해 征東左副都元帥가 되어 일본정벌을 이끌게 된다.
22) 池內宏, 〈元寇の新研究〉, 115~116쪽.
23) 《元高麗紀事》, 10년 정월 4일조, "張左丞再奏臣等議, 征耽羅軍將爲長者忻都, 第二武衛軍鄭也可拔都兒, 第三察忽." 池內宏은 鄭也可拔都兒를 鄭溫으로 보고 있다.
24) 《元史》 권154, 鄭溫傳, "至元九年詔溫統蒙古漢人女直高麗諸部軍萬人渡海征耽羅平之."
25) 《高麗史》 권27/35하, 원종 13년 12월 을미.

이익李益, 단사관 마강馬絳 등과 함께 대궐에 들어와 고려의 출군에 대하여 논의하고 있다. 3월 3일에는 염주 둔소에서 온 힌두·유복형·정온[26]·박고대朴古大[27] 등이 탐라 정벌을 명하는 조칙을 왕에게 전하여,[28] 10일 김방경이 정기精騎 8백을 거느리고 힌두를 따라 제주의 삼별초 진압을 위해 출정하고 있다. 그리고 5월 16일 김방경의 고려군과 힌두·홍다구·정온이 이끈 원군, 합해 수륙병水陸兵 1만여 명이 전라도에서 건조한 160소艘의 배에 나눠 타고 탐라에 상륙했고, 마침내 삼별초를 진압하기에 이르렀다.

삼별초를 진압한 뒤 대원은 쿠룸치忽林赤 휘하의 장수인 왕속旺速과 그가 거느린 4백의 병력을 장군 송보연宋甫演 등이 거느린 고려군 1천과 함께 탐라에 남겨 두고 떠났다. 힌두가 거느린 대원의 대군 4천 5백 명은 금주로 이동하여 주둔하였고,[29] 정온이 거느리고 간 2천의 무위군은 그와 함께 귀환한 것으로 보인다. 7월 20일 탐라 유진장군留鎭將軍 송보연이 항전군의 우두머리 김통정金通精의 시신을 찾고 휘하 장군들을 수색하여 체포함으로써 삼별초 진압전쟁은 명실공히 끝났다.

그런데 여기서 한 가지 꼭 짚고 넘어갈 것이 있다. 그것은 대원의 탐라 지배가 삼별초 진압으로 말미암은 부수적 산물인가 아닌가의 문제이다. 이에 대한 대답은 말할 것 없이 '아니다'이다. 당시 탐라의 정치적, 군사적, 경제적 가치에 대한 대원의 인식도 검토할 필요가 있다.

1260년 2월 경자에 고려조정은 제주부사濟州副使, 판예빈성사判禮賓省事 나득황羅得璜에게 방호사防護使를 겸하게 할 때 조의朝議에서 제주를 해외거진海外巨鎭으로 송상宋商과 도왜島倭가 무시로 드나드는 곳이라고 다소

26) 《常山貞石志》 권19, 鄭溫神道碑, "至元二年擢眞定彰德衛輝本翼侍衛親軍總, 佩金符如故. 又□□□懷遠大將軍右衛親軍副都指揮使(下缺), 車駕行上京,……尋統軍□人與忻都□忽取耽羅……."

27) 朴蒙古大와 같은 인물로 보인다. 《高麗史》 권28/31하, "(1278年夏4月乙丑)鳳州屯田千戶朴蒙古大以良馬一匹橐駝一頭來見."

28) 《高麗史》 권27, 元宗世家, "十四年二月……丙申忻都劉統領萬戶鄭溫朴古大等來自鹽州屯所傳詔二通, 一以忻都等領軍討耽羅, 一禁官軍擅奪良家女爲婢,又聽自制兵仗從王請也."(/37상)

29) 《高麗史》 권27, 元宗世家, "(15年)二月甲子……上書中書省日……. 又正月十九日奉省旨云, 忻都官人所管軍四千五百人至金州."(/44상하)

과장된 인식을 보이고 있다.[30] 당시 쿠빌라이 정권도 탐라를 남송과 일본을 견제하는 충요衝要 지점으로 눈여겨보고 있었다. 따라서 1269년 7월 명위장군明威將軍 도통령都統領 톡타르脫脫兒, 脫朶兒와 무덕장군武德將軍 통령統領 왕국창王國昌, 무략장군武略將軍 부통령副統領 유걸劉傑을 고려에 보내 탐라 등지의 도로를 살펴보게 한 것이다.[31]

《고려사》에도 같은 사실을 원종 9년(1268) 기사에 비교적 자세하게 기록하고 있다. 10월 13일(경인/11.18) 도통령 톡타르 등 14명이 쿠빌라이의 조서를 가지고 고려에 왔다. 왕국창과 유걸은 낭장 박신보朴臣甫 등의 안내로 10월 기해(11.27)부터 섣달 정축(1269.1.4)까지 한 달 남짓 흑산도 뱃길을 둘러보러 다녀왔고, 12월 임오(1.9)에는 톡타르가 본래의 사행使行의 임무인 '정열군수整閱軍數와 점시주함點視舟艦'의 일환으로 고려군을 열병하고 있다. 그리고 이어 갑오(1.21) 부통령 유걸은 서해도의 조선造船을 확인하러 먼저 출발하였으며, 톡타르와 왕국창은 병신(1.23) 몽골로 돌아가고 있다. 그러나 일본과 남송을 견제하는 요충으로 쿠빌라이 정권이 제주도를 중시한 것은 분명하나, 당시까지만 해도 대몽고국의 동아시아 정복계획에 대한 고려의 조병과 수량(조선)을 돕는 전진기지의 구실 이상으로 중시한 것 같지는 않다.

하지만 제주도에 다시 근거를 마련한 삼별초의 나머지 세력 진압을 계기로 탐라에 발을 디딘 뒤로 사정은 변하였던 것으로 보인다. 대원은 군대를 주둔시켜 탐라국을 직접 지배 아래 둠으로써 몽골의 동아시아 지배, 일본과 남송을 공략하기 위한 전진기지뿐만 아니라 고려를 배후에서 견제하는 지렛대로도 활용하고자 했던 것으로 보인다.

다음으로 탐라를 다스리기 위해 대원이 설치한 관부의 품급을 검토함으로써 대원이 탐라에 대하여 얼마만큼 큰 중요성을 부여했는지 살펴보는 것도 의미가 있다. 1273년 대원이 처음 설치한 탐라초토사耽羅招討司는 정3품 소용대장군昭勇大將軍 실리백失里伯을 초토사로 임명하는 것으로 알

30) 《高麗史》 권25/6상, 元宗世家 1, 원년.
31) 《元史》 권208, 外夷 1 耽羅.

수 있듯이 정3품 아문이다. 또 탐라국군민도다루가치총관부耽羅國軍民都達魯花赤總管府의 경우 도다루가치都達魯花赤가 정3품관이란 점에서도 정3품 아문으로 생각된다. 다음으로 《원전장》 권7 〈이부吏部〉 1 '관제官制/직품職品'에 탐라국과 군민안무사다루가치軍民安撫司達魯花赤가 함께 정3품으로 분류되어 있다. 이 법전은 1323년에 간행되었고, 내용은 인종 연간의 것으로 볼 수 있지만, 1284년에 새로 개편되는 탐라국군민안무사耽羅國軍民安撫司 또한 미루어 정3품 아문이었던 것으로 볼 수 있다. 또 1301년에 설치되는 군민만호부[32]와 원통 원년(1333) 12월 대원 조정이 복구한 탐라국군민안무사도 군민안무사다루가치軍民安撫司達魯花赤(정3품)를 우두머리로 하고 있어, 충렬왕 즉위 초 고려의 최고 관부 첨의부의 품급이 정4품 아문이었던 점[33]을 고려하면, 원대 내내 몽골정권이 탐라를 매우 중시하고 있었음을 알 수 있다.

끝으로 특히 제주도를 재해(주드)가 없는 목마장으로, 곧 새로운 군마 공급지로 개발함으로써 이 뒤로 탐라 지배는 정치군사적 의의뿐만 아니라 경제적 의의도 무시할 수 없게 된다. 대원이 탐라총관부를 더욱 중시한 배경이다. 다루가치 타라치塔剌赤가 1275년 탐라도에 160필의 말을 방목함으로써 탐라는 대원의 중요한 목마장이 되는 첫 발자국을 떼게 되었다. 또 1278년 대원은 합적合赤[34]의 거주구역이며 관할 단위인 동서 아이

32) 《高麗史》 권33, 충렬왕 27년 3월 계묘 "元置耽羅軍民萬戶府."(/2상); "(5月庚戌)又請罷耽羅總管府隸本國, 置萬戶府.(/5상)……頃者臣之所以擬議設立軍民都指揮使者, 不知上國曾有是命, 徒以本國舊例. 凡大官出鎭邊境者, 令帶指揮使之命. 故欲於是命加受宣命虎符, 如合浦鎭邊事耳. 今承中書省咨, 奏准設立耽羅軍民總管府, 勢有大乖, 事非本望倘許從便而毋固第期無失於所施. 令罷耽羅總管府, 依舊隸屬本國, 開置萬戶府如合浦鎭邊事. 但於頭目人員須降宣命虎符. 使得增威鎭壓, 則譬若毛之有皮得, 其所附亦如譬之. 使指動罔不宜."(/5하~6상); "中書省移咨略曰, 征東省欲依慶尙全羅道鎭邊萬戶府例, 於耽羅設立萬戶府事, 奉聖旨可依所請者."(32/7하); 《高麗史》 권31, 충렬왕 20년 "十一月庚戌賜耽羅王子文昌裕, 星主高仁旦紅鞓牙笏帽盖靴各一事. 耽羅今歸于我. 故有是賜. 然進馬于元不絕. 乙卯賜耽羅達魯花赤織金衣二襲."(/5상하)

33) 《高麗史》 권29, 충렬왕 2/5상, "奏奉聖旨, 鑄与印信者, 欽此, 送禮部, 依例鑄到高麗僉議府正四品銅印一顆, 付于差來官鄭貴朱碩等收受前去." 그 뒤 1281년 9월 다시 첨의부를 종3품 아문으로 승격시켰다. "帝陞僉議府爲從三品, 鑄印賜之."

34) 合赤 at qalīdi: the horse reared and bolted; qali- : rear and bolt(horse), Mahmud al-Kasgari, *Compendium of the Turkic Dialects*. *III*(ed. & tr. with Introduction and Indices by Robert Dankoff. Harvard univ. press, 1985), p.124

막을 설치하였고, 소·말·낙타·노새·양을 들여와 방목했다고 한다.[35] 더욱이 1300년에는 유성황태후裕成皇太后가 여기에 말을 방목하는 것을 볼 수 있는데, 이 무렵 이미 탐라가 대원의 중요한 목마장으로 인식되고 있었음을 보여 준다.[36]

이리하여 1320년대에는 탐라가 대원 시기 변경지역의 14개 대표적 목마장 가운데 하나[37]로 헤아려지게 되며, 실제로 여말에는 명明이 해마다 1천 마리에 이르는 탐라말의 조공을 요구할 만큼 큰 규모의 말 사육지로 목마산업이 발전하게 되었다.

3. 몽골정권의 탐라 지배와 이를 둘러싼 논쟁

대원의 탐라 지배는 1273년 삼별초를 평정하기 위해 몽골군이 제주도에 상륙하면서 시작된다고 볼 수 있는데, 6월에 설치되는 탐라초토사와 흔두가 돌아가면서 유수留守를 위해 남겨둔 4백의 몽골군을 운용하여 대원의 탐라에 대한 실질적인 지배가 시작되는 것이다.[38] 그리고 그 뒤 몽

35) 《新增東國輿地勝覽》 권38, 濟州牧.

36) 고창석은 필자의 견해와 반대되는 견해를 보이는데, 목장관리의 부실을 반영하는 것이고 따라서 아이막의 설치도 이 무렵의 일이라고 한다. 고창석, 〈원대의 제주도 목장〉, 《濟州史學》 창간호(1985), 9쪽.

37) 이 문제를 언급한 《大元馬政記》(광창학군총서/갑류 제1집)의 사료를 많은 학자들이 무심코 오독하고 있는데, 그것은 이어지는 "又大都上都以及玉你伯牙折連怯朶兒之週廻萬里無非監牧之野"라는 기술을 무시하기 때문이다. 玉你伯牙는 내몽골 奈曼旗 동북이고, 折連怯朶兒는 折連怯兒(折連怯呆兒)로 또한 내몽골 通遼 동북 大林 동남이다. 말뿐만 아니라 소도 제주에서 방목한 중요한 가축이었고, 방목한 소도 공물로 바쳐지고 있었음은 같은 책, 2쪽 "泰定元年十月十三日, 太僕卿渾丹寺丞塔海奏: 自耽羅起至牛八十三頭……" 기사로 미루어 분명하다.

38) 몽골의 탐라 지배를 지원할 목적으로 고려군 1천 명 주둔. 1280년 11월 상주문(《高麗史》, 599쪽 하~600쪽 하 참조). 《高麗史》 권104 金方慶傳(/9하)에는 "於是忻都留蒙古軍五百, 方慶亦使將軍宋甫演中郎將康社臣尹衡領京軍八百外別抄二百留鎭"이라 하여, 남겨진 몽골군이 5백으로 나온다. 또 《元史》 권208 외이열전 탐라전에도 탐라진변군이 1천 7백으로 나오고 있다. 池內宏은 1천 7백 명으로 본다(김일우, 266쪽 주23 참조). 하지만 《高麗史》 권27 원종세가 3 15년 2월 갑자에 고려가 중서성에 올린 상서 속에서 관군(몽골군)과 소방졸(고려군)을 합해 1천 4백으로 말하고 있고(아래 주75 인용문 참조), 다른 기록에

골이 탐라에 설치한 안무사安撫司나 총관부總管府, 그리고 목마를 책임지고 감독한 것으로 보이는 단사관의 속관이나 이를 담임한 인물, 그리고 실제로 지배가 어떻게 이루어졌는지는 그것을 전하는 사료가 매우 부족하다. 따라서 대원의 탐라 지배에 대한 구체적인 내용이 확실하지 않지만, 그 골격은 대강 엿볼 수 있다.

곧 《탐라지耽羅志》 고적古跡/달로화적부達魯花赤府 군민안무사부軍民安撫使府 항의 기사를 보면, 탐라총관부에 총관(高仁朝), 동지同知(文愼), (副)〔府〕판判(判官 塔兒), 지사知事(高貞幹)와 제공提控, 지방知房(?), 영사令史 등 서리가 임명되고, 다음 군민안무사부軍民安撫使府가 설치된 뒤 또한 다루가치塔羅赤와 안무사按撫使(高仁朝) 외에 동지同知(汀總都達)와 부사府使〔副使〕(文昌祐), 첨사簽事〔僉使〕(蔡有仁) 등 관리가 각각 임명되고 있어서, 완비된 지방통치 기구가 탐라에 설치되었음을 보여 준다. 여기서 동지同知 정총도달汀總都達은 색목인色目人 관리로 보인다.39)

몽골의 탐라 지배를 처음 체계적으로 그리고 본격적으로 수행한 국내 연구자는 고창석이다.40) 하지만 처음 근대적인 연구를 시작한 사람은 20세기 초부터 활동한 이케우치 히로시이며,41) 그의 연구는 뒤에 대원 지배 아래 탐라의 역사를 연구하는 학자들의 지남指南이 되고 있다. 그는 《원사》 권208 〈외이 탐라전〉을 근거로 대원이 1273년 삼별초를 평정한 뒤 음력 6월에 제주에 탐라초토사를 세웠고, 뒤에 이것이 군민도다루가치총관부軍民都達魯花赤總管府로, 또 다시 군민안무사로 바뀌었다고 본다. 곧 이케우치 히로시는 세조 쿠빌라이가 삼별초를 평정한 뒤 6월 28일 실리백을 초토사로, 윤방보尹邦寶를 부사로 임명함으로써42) 탐라가 대원의 직

서 왕속이 거느린 몽골군이 4백으로 나오고 있어, 여기서는 4백으로 보았다.

39) 《元典章》에도 권7 吏部/官制 1 職品/內外文武職品의 從四品 外任/軍民職 同知軍民安撫司事에 耽羅國이 나오고, 종8품 外任/軍民職 耽羅國軍民安撫司司獄 등 원대 탐라에 설치된 관직 이름이 보인다.

40) 고려시대 탐라사를 통합적인 시각에서 연구한 金日宇의 저서 《고려시대 탐라사 연구》(서울: 신서원, 2000)도 대원 지배 아래 탐라에 대하여 깊고 폭넓은 이해를 보여 준다.

41) 〈元の世祖と耽羅島〉, 《東洋學報》 16-1(《滿鮮史硏究中世第三册》).

42) 《元史》 권8 세조본기 5, (至元10年6月)"戊申(28일),……詔以失里伯爲耽羅國招討使, 尹邦寶

할령이 되었다고 본다. 또 "손탄遜攤을 탐라국 다루가치로 임명했다"는 《원사》〈세조본기〉의 지원 12년 6월 무진의 기사와, "실리백은 성지를 받고 상도에 돌아가서, 관군만호의 직을 새로 받고 바얀伯顔을 따라 남송 정벌에 참여했다"[43]는 《원사》 권133 〈실리백전〉의 기사를 근거로, 탐라 초토사가 지원 12년(1275) 6월에 군민도다루가치총관부로 개칭되었으며, 이것이 다시 1284년 군민안무사로 개편된다고 보고 있다.

따라서 그는 《고려사》 권27 〈원종세가〉 14년(1273) 윤6월 병진 기사 "원치달로화적우탐라元置達魯花赤于耽羅"(/14하~15상)는 신설한 초토사를 뒤에 설치한 다루가치로 잘못 기록했다고 보고 있다. 이러한 견해는 일본의 오카다 히데히로岡田英弘뿐만 아니라 국내 연구자들 곧 김상기金庠基,[44] 고창석[45]과 김구진[46]도 그대로 계승하고 있다. 하지만 초토사사를 설치하였다고 다루가치 설치가 불가능한 것만은 아니다. 삼랄마아강등처초토사사三剌馬兒剛等處招討使司나 육번초토사사六番招討使司 등의 경우도 각각 다루가치 1명을 설치하고 있기 때문이다.[47]

오카다 히데히로 또한 이케우치 히로시의 학설만을 따르는 것은 아니다. 1293년 음력 9월 을축 대원은 탐라 다루가치를 교지交趾에 유배하고, 1292년 3월 임술 그 죄를 다스렸던 우승右丞 아살阿撒을 대신 임명하였는데,[48] 고려는 쿠빌라이 사후 1294년 탐라의 반환을 요구하여 이것이 받

副之."

43) 《元史》 권133, 失里伯.

44) 金庠基, 《新編高麗時代史》(서울대학교 출판부, 1985) 제4장 대원관계와 국내의 동태(상), 2. 元의 耽羅管理 488~489쪽과 주31 참조.

45) 고창석, 〈麗·元과 耽羅와의 關係〉, 《제주대학교논문집》 17(1984); 고창석, 〈元高麗紀事 耽羅關係 記事의 檢討—13세기 耽羅와 元과의 關係—〉, 《慶北史學》 21(1998).

46) 김구진(1989)은 池內宏과 마찬가지로 《高麗史》 권7 원종 14년 윤6월 병진 "元置達魯花赤于耽羅"라는 기사가 잘못이라고 집어내고 失里伯이 부임할 때 2백 명 안팎의 군사를 데리고 와서 제주에 6백 명 정도의 몽골 군대가 주둔한 것으로 보고 있다. 그러나 당시 초토사에 副使가 임명될 경우 다루가치를 임명하지 않은 경우도 있음을 《元史》 百官 7 招討司와 《元典章》 吏部의 기사가 보여 주고 있다.

47) 《元史》 권87, 百官/宣政院 항목. 앞의 주38. 《元史》 百官 7의 招討司(中華書局 표점본, 2310쪽) 항에는 六番招討司 대신 土番招討司로 나와 있다.

48) 《高麗史》 권30, 忠烈王 3, (18年3月)"壬戌右丞阿撒來按耽羅達魯花赤罪."(/30하); 《高麗史》 권30, 忠烈王 3/39상, "乙丑元流達魯花赤於交趾, 以右丞阿撒代之."; 《高麗史節要》 권21/35상,

아들여진다. 하지만, 1300년 대원이 탐라군민총관부를 다시 설치하고 탐라를 직할하고자 했다가 고려의 반대에 부딪쳐 1301년 7월 정동행성에 속하는 탐라군민만호부를 설치하는 것으로 타협하였다는 견해를 내고 있다.49)

고창석의 경우도 대원의 탐라 지배에 대하여 기본적으로 이케우치 히로시의 설을 받아들이고 있지만, 여러 분야에서 독창적인 견해를 제출하고 있다. 비록 영성한 사료에 의거한 것이지만, 탐라를 다스리는 모든 기관에 다루가치가 파견되고 있는 점에 착안하여, 그 인물과 역할을 검토하였다. 그 뒤에, 그는 수졸戍卒의 독려와 목마장의 감독, 잠치站赤의 설치, 유배된 죄인의 관리가 그들의 임무였다고 결론짓고 있다.50) 또 하나 합적合赤(牧子)에 대한 소견에서 고창석의 독창적인 견해가 나타난다. 그가 조익趙翼의 《이십이사차기二十二史箚記》와 《원사》 권128 〈토토합전土土哈傳〉의 자료를 통해 카라치哈剌赤, 合赤가 킵챠크인欽察人의 언어에서 유래했으며, 이것은 킵챠크인이 대원황실의 마축馬畜을 관장한 것과 관계가 있다고 강조한 것51)은, 이제까지 카라치를 몽골인으로만 보았던 관점을 넘어선 것으로 보인다.

원의 탐라초토사 설치와 관련된 문제에 대하여도 최근 기존 연구의 관점과 다른 견해를 중국 연구자 아다阿達가 제출하고 있다.52) 그는 대원 조정이 탐라를 평정한 다음 탐라초토사를 설치하고 실리백과 윤방보尹邦寶를 정·부사로 임명하였으나, 실리백이 부임하지 않았기 때문에 윤6월 탐라에 다루가치를 설치했다고 보고 있다.53) 또 《원사》의 기사에 바탕을 두고,54) 대원에 투항한 고려인으로 초토부사에 임명된 윤방보가 농간을

충렬왕 19년 9월. 여기에 나오는 우승 阿撒은 《元史》 권17 세조 지원 29년 6월 병자 기사 "仍遣使責遼陽省臣阿散"의 阿散을 가리킨 것으로 보인다(/363쪽).

49) 《元史》 권20, 成宗本紀, 대덕 5년 7월 "立耽羅軍民萬戶府."; 岡田英弘, 〈元の順帝と濟州島〉, 《アジア文化研究論叢》 제1권(東京, 1958), 56~57쪽.

50) 池內宏, 〈元高麗紀事 耽羅關係 記事의 檢討〉, 469~470쪽.

51) 고창석, 〈원대의 제주도 목장〉, 《濟州史學》 창간호(1985), 8~9쪽.

52) 阿達, 〈耽羅隸元考述〉, 《中國邊疆史地研究》 1997-1, 22~34쪽.

53) 위의 글, 25쪽.

부린 결과로 초토사가 설치되었다고 이해하고 있는데,[55] 윤방보가 초토부사로 임명된 다음에 그 관서인 초토사를 설치하게 했다는 논리여서 받아들이기 어렵다.

또 아다는 군민안무사軍民安撫司가 폐지되어 고려에 귀속된 1294년에 이전에 초토사가 군민도다루가치총관부로 개편되었다가 다시 군민안무사로 개편되었을 것으로 보며,[56] 1300년 6월에 탐라군민총관부가 다시 설치된다고 보고 있다.[57] 말할 것 없이 고려의 반대로 군민총관부 대신 탐라군민만호부를 설치하는 것으로 낙착을 보게 되지만,[58] 그 뒤에도 대원은 탐라의 일에 깊이 간여했다고 보고 있다.[59] 따라서 그는 1301년 또 황태후가 구마廏馬를 방사放飼하여 1305년에 비로소 고려에 귀속될 수 있었다는 《고려사》 권57 〈지리〉 2 탐라현조 기사에 주목하며, 대원이 군민안무사를 폐지된 뒤에도 탐라 다루가치를 남겨 두고 있는 사실,[60] 1296년 목축을 위해 단사관을 보내는 사실,[61] 그리고 1308년 3월에도 대원은 제주에 다루가치를 파견하고 있는 사실[62] 등이 대원의 지속적인 탐라개입의 증거라고 본다.

---

54) 《元史》 권208, 外夷 耽羅 1, "三十一年, 高麗王上言, 耽羅之地, 自祖宗以來臣屬其國; 林衍逆黨旣平之後, 尹邦寶充招討副使, 以計求徑隸朝廷, 乞仍舊."

55) 阿達, 앞의 글.

56) 《高麗史》 권30/18하~19상, 충렬왕 15년(1289) 8월 "戊午, 耽羅安撫使忽都塔兒還自元."

57) 《高麗史》 권31/11하, 충렬왕 22년 2월 "乙丑, 元以耽羅牧畜事, 遣斷事官木兀赤來."; 《高麗史》 권32/2상, 충렬왕 27년 3월 "癸卯,……元置耽羅軍民萬戶府."; 《高麗史》 권32/30하, 충렬왕 34년 3월 "壬戌, 元遣濟州達魯花赤來."

58) 《元史》 권20, 성종 3, 대덕 5년 7월조; 《高麗史》 권32/2상, 충렬왕 27년 3월 "癸卯,……元置耽羅軍民萬戶府."

59) 阿達, 앞의 글, 27쪽.

60) 《高麗史》 권31/5ab, 충렬왕 20년 "十一月庚戌賜耽羅王子文昌裕星主高仁旦紅晶牙笏帽盖靴各一事, 耽羅今歸于我. 故有是賜. 然進馬于元不絕. 乙卯, 賜耽羅達魯花赤織金衣二襲."

61) 《高麗史》 권31/11하, 충렬왕 22년 2월 "乙丑, 元以耽羅牧畜事, 遣斷事官木兀赤來."

62) 《高麗史》 권32/30하, 충렬왕 34년 3월 "壬戌, 元遣濟州達魯花赤來."

4. 탐라 토착 지배세력의 관직 기용과 대원 탐라 지배의 추이

한편 몽골정권과 탐라 토착세력의 관계도 살펴볼 필요가 있다. 1267년 제주의 성주星主(고씨)가 고려사자 현석玄錫의 안내로 쿠빌라이를 만나면서[63] 대원과 탐라의 실질적 관계가 처음 시작된 것으로 보인다. 그런데 탐라의 성주 권력과 경쟁세력인 왕자 문씨도 1272년 이전에 몽골을 찾아간 것으로 보인다.[64] 하지만 탐라 토착세력과 몽골의 관계를 보여 주는 자료가 부족하고, 그 뒤 탐라의 몽골 지배세력과 토착세력 사이의 구체적인 관계를 보여 주는 당시의 자료도 어디에도 없다. 조선시대 정이오鄭以吾가 쓴 〈성주고씨가전星主高氏家傳〉[65]와 《탐라지》의 고적古跡/탐라안무사부耽羅按撫使府 항에 왕자와 성주 등 탐라의 토착 지배세력과 대원정권의 관계를 엿볼 수 있는 약간의 내용을 담고 있어 먼저 살펴 볼 필요가 있다. 그 요점을 간추리면 다음과 같다.

1273년 국가(대원)가 군사를 보내 삼별초를 섬멸한 뒤에 원종 신유년(1261)에 등제登第한 뒤 금규金閨에 올랐다가 고향에 돌아온 고적高適을 총관總管으로 임명하여 나머지 백성을 안집安集케 하였다. 그는 1278년(무인) 여름 입조하여 쿠빌라이 카안이 친히 금패를 내렸다. 1284년(갑신) 총관부를 군민안무사사로 바꾼 뒤에 제2차 일본원정을 위한 전함 1백 척을 건조한 공로로 오세五世 고인탄高仁坦도 명위장군明威將軍 안무사사安撫司使의 선명宣命과 금패를 받았다고 한다. 또 1292년 정동행중서성征東行中書省의 차부箚付로 탐라지휘사耽羅指揮使에 임명되었는데, 부사副使 문창우文昌祐와 동지同知 김선金瑄과 뜻을 모아 대원에 탐라지휘사 선임을 고려에 맡기도록 상주하였다.[66] 이에 충렬왕이 그의 충성을 가상히 여겨 역어낭장譯

63) 《高麗史》 권26, 원종세가, 7년 11월 (丙辰)"濟州星主來見, 同月甲子遣正言玄錫, 以星主如蒙古"(/9상); 金坵, 《止浦集》 권2, 〈遣濟州星主告奏表〉; 《元史》 권6, 세조 3, 지원 4년 춘정월 "百濟遣其臣梁浩來朝, 賜以錦繡有差."

64) 《元高麗紀事》, 1272년 조, "耽羅國王曾來朝."

65) 《東文選》(朝鮮古書刊行會本/民族文化刊行會 影印: 馬山, 1994) 권101, 鄭以吾, 〈星主高氏家傳〉.

66) 張東翼, 《高麗後期外交史研究》, 48~49쪽 참조; 鄭以吾, 〈星主高氏家傳〉, 지원 21년 "又受

語郎將 정공鄭恭과 임양필任良弼을 보내 불러서 성주운휘상장군星主雲麾上將軍으로 삼고, 홍정자의보개紅鞓紫衣寶蓋를 내렸다. 홍정보개紅鞓寶蓋는 신라 이래 성주星主에게 주어진 권여權輿였다. 이는 인탄仁坦의 동모제同母弟 수좌守佐와 아들 고석高碩에 이어졌고, 다시 고석의 총자冢子(장자 또는 적자) 순량順良과 동생 순원順元이 성주의 지위를 계승했다. 문씨 또한 대원 지배 아래에서 왕자의 지위를 유지했으며, 대원의 탐라 통치기구에도 참여하였던 흔적이 《탐라지》의 고적/탐라군민안무사부 항에 남아 있다.67) 곧 고적을 총관으로 임명하면서, 문신文愼을 총관부의 동지同知로 임명하고 있다.

이 밖에 당시 임명된 탐라총관부 관리들의 면면을 보면, 탑아塔兒를 부副〔府〕판判, 고정간高貞幹을 지사知事, 김숙金叔을 제공提控, 진사進士 정곤鄭琨과 양기梁琪를 지방知房, 진사進士인 부정재夫貞才·고순시高順時·문절수文節隨·조유현趙有賢·안비安庇를 영사令史에 임명하여 총관부의 일을 보게 하였으나, 곧 폐지되었다. 이어 1284년 군민안무사부軍民安撫使府가 설치되면서 삼별초 진압 직후 초토사로 임명되었던 실리백의 아들 탑라적塔羅赤이 다루가치로 임명되었다. 이때에도 토착호족의 대표격인 고인조高仁朝, 高仁坦를 안무사按撫使, 문창우文昌佑, 文昌祐를 부사副使로 임명하고, 정총도달汀總都達과 채유인蔡有仁을 각각 동지사同知事와 첨사簽事로 임명해 탐라안무사부耽羅按撫使府의 직무를 맡게 하였다. 하지만 10년 뒤인 1294년 대원이 군민안무사부를 혁파하고 탐라를 고려에 돌려줌에 따라 고려 중앙정부에서 임명한 도지휘사都指揮使(趙任), 목사牧使(崔瑞), 판관判官(池南翼)이 파견되었고, 1297년에는 다시 방어사防禦使(蔡得公)와 만호도지휘사萬戶都指揮使(任叔)

宣命金牌明威將軍按撫司使. 二十九年, 以征東行中書省箚付, 充耽羅指揮使. 至是, 乃與副使文昌祐同知金瑄定議, 奏達元朝, 選屬本國."(245쪽)

67) 《탐라지》에는 高仁朝로 기록되어 《동문선》의 高仁坦과도 다르게 표기하고 있다. 한편 《탐라지》에는 이어 "適爲總管, 副文愼爲同知總管, 塔兒副判, 高貞幹知事, 金叔提控, 進士鄭琨梁琪知房, 進士夫貞才高順時文節隨,趙有賢安庇爲令史, 行署府事, 尋罷之. 又設軍民安撫使府, 以塔羅赤爲達魯花赤, 高仁朝按撫使, 文昌佑(=祐)府使(=副使), 汀總都達同知事, 蔡有仁簽事行署府事. 甲午(1294), 元革所置府, 以耽羅還隸高麗. 翌年改爲濟州. 初以趙任爲都指招使, 崔瑞爲牧使, 池南翼爲判官. 丁酉(1297/1357)以蔡得公爲防禦使, 任叔爲萬戶都指揮使, 庚子(1300)元太后復放廏馬, 以仁朝之弟守佐爲星主, (文)公濟爲王子."

가 중앙에서 임명되었다.

1300년 대원의 유성황태후가 기르던 말을 방목하면서, 고인조의 동생 수좌를 성주에 임명하고, 문공제文公濟는 왕자王子에 임명하였다. 그 뒤 문씨 가문의 왕자 습작과 관련된, 고씨 가문의 성주 습작에 대한 사료와 버금가는 자료는 남아 있지 않으나 1375년 차현유車玄有가 반란을 일으켰을 때 왕자 문충걸文忠傑이 고순원高順元의 아들 고신걸高臣傑과 협력하여 이를 토평하고자 했던 것으로 보아, 오랜 대원의 탐라 지배 아래서도 문씨의 토착호족으로서의 지위는 흔들리지 않고 유지된 것으로 보인다.

물론 탐라국이 계속 고려에 귀속했던 것으로 보이지는 않는다. 대원의 순제 즉위 뒤 곧 원통 원년(1333) 12월 대원 조정이 노열니타奴列你他를 그 아버지 타라치를 대신해 탐라국군민안무사다루가치耽羅國軍民安撫司達魯花赤에 임명하고 삼주호부三珠虎符를 준 것으로 보아,[68] 적어도 이 무렵 탐라국군민안무사耽羅國軍民安撫司를 회복했던 것으로 보인다.[69] 또 아다는 1363년 다시 목호가 반란을 일으켜 성주 고복수高福壽를 추대하자 대원에 탐라를 직할할 것을 청하였다. 그러자 대원이 추밀부사樞密副使인 문아단불화文阿但不花를 탐라만호耽羅萬戶로 파견하여 고려가 파견한 만호 박도손朴都孫을 죽였고, 1365년에는 다시 추밀부사 테무르부카, 연리掾吏 조영가曹永嘉와 이지강李至剛을 해로로 탐라에 보내 그 땅을 지키게 한 것이었다. 이를 예로 들어, 당시 적어도 몽골 사람의 안중에는 탐라가 대원의 판도에 들어있었다는 주장을 펴고 있는데,[70] 최근 새롭게 변화하고 있는 중국학계의 견해를 잘 보여 준다고 볼 수 있다.

이처럼 탐라는 몽골 지배의 영향이 한반도에서 마지막까지 잔존한 지

68) 《元史》 권38, 順帝 1, 원통 원년 12월조.

69) 그 방증자료로 《高麗史》 권57, 地理 2, 耽羅縣, "忠肅王五年, 草賊士用嚴卜起兵搆亂, 土人文公濟擧兵誅之, 聞于元復置官吏"를 제시한다.

70) 그는 물론 1366년 10월 고려가 탐라를 다시 정벌하려 했을 때 탐라의 목자들이 대원에 보호를 청했다는 점과 공민왕 23년(1374) 최영이 배 314척 사졸 2만 5천 6백을 거느리고 탐라를 정벌했을 때도 合赤 石迭里必思, 肖古禿不花, 觀音保 등이 기병 3천을 이끌고 격렬하게 저항한 사실을 강조함으로써 탐라주민을 고려에서 분리하고, 대신 대원에 대한 탐라주민의 호감을 강조하고 있다.

역이다. 공민왕 23년(1374) 최영崔瑩에 의한 대규모 정벌이 있은 뒤에도 탐라의 목호牧胡는 다시 반기를 들고 있고,[71] 우왕 12년(1386) 7월 조정이 전의부정典醫副正 이행李行 등을 보내 적극 초유招誘한 뒤인 1387년 4월이 지나서야 비로소 제주도는 고려에 귀순하였다.[72]

하지만 이것으로 탐라와 몽골정권의 인연이 모두 끝난 것은 아니었다. 그 뒤에도 탐라는 멸망한 대원황실 일족의 가속家屬이 안치되는 장소로 이용되었다. 명明의 운남雲南 정복 직후 양왕梁王의 가속을 탐라에 보낸 적이 있고, 공양왕 4년에도 양왕의 자손인 애안첩목아愛顔帖木兒를 탐라에 보내 박박태자拍拍太子 등과 함께 거주하게 한 것[73]은 가장 눈에 띄는 예라고 할 수 있다. 요컨대, 탐라에 남았던 몽골세력의 고려귀속은 대원과 고려 관계의 마지막 장이었다. 따라서 대원과 탐라 관계의 검토는 대원과 고려 관계를 이해하는 중요한 지렛대가 될 수 있음도 분명해졌다.

지금까지 기왕의 연구성과에 의거하여 대원의 탐라에 대한 지배기구를 중심으로 탐라와 대원의 관계를 살폈다. 필자는 그 과정에서 한 가지 흥미로운 사실을 찾아내었다. 곧 탐라와 실리백 가문의 특별한 인연이 그것이다. 삼별초를 진압한 뒤 대원은 토벌에 참여한 병사 4백을 고려병사와 함께 탐라에 주둔시키고, 그해 6월에 탐라국초토사[74]를 설치한 뒤에, 실리백[75]을 초토사, 윤방보를 부사로 임명하였다. 그러나 실리백은 쿠빌

71) 《高麗史》 권133, 우왕 2년(1376) 5월 "濟州萬戶 金仲光捕斬逆賊合赤姜伯顔等十三人, 分配妻子于光羅二州."

72) 《高麗史》 권136, 우왕 12년 7월조(/9ab); 고창석, 〈원명교체기의 제주도—牧胡亂의을 중심으로〉, 《耽羅文化》 4, 20쪽의 견해에 따랐다.

73) 고창석, 앞의 논문, 21~22쪽; 《高麗史》 권45, 공양왕세가, 원년 11월 "壬午, 帝召還拍拍太子之子六十奴及火者卜尼, 初帝討雲南, 流拍拍太子及其子六十奴于濟州, 至是召之." 又 "(恭讓王4年3月)乙巳, 世子至自京師,……帝置前元梁王子孫愛顔帖木兒等四人于耽羅, 使與拍拍太子等完聚住居."(/3-905)

74) 《元典章》 권7 吏部 1 職品에 따르면 招討司는 정3품 군직 昭勇大將軍이 招討使로 보직되는 관아이다. 탐라에는 종4품의 軍民職인 同知軍民按撫司事가 임명된 것으로 되어 있다. 또 《元史》 권91 百官 7 招討司 항에는 副使 1員씩 설치하고 다루가치를 설치하지 않은 지역 몇 곳을 들고 있어, 耽羅招討司에도 다루가치가 임명되지 않았을 가능성도 열려 있다.

75) 《元史》 권133, 失里伯傳.

라이의 부름을 받아 상도上都로 가서 새로운 직을 받고, 이어서 1274년 9월에 시작된 남송정벌에 참여한다. 이 때문에, 앞에서 본 대로 실리백이 탐라에 부임하여 탐라초토사의 직을 수행할 수 없었다는 것이 아달의 주장이었고, 이것은 시간을 고려하면 나름대로 설득력이 있다. 그런데 관련 사료를 살펴보면, 실리백의 아들과 손자가 탐라의 관직을 습직하고 있는 것으로 나타난다. 요컨대 아다가 제기한 미취임설未就任說은 새로운 검토가 필요한 것처럼 보인다.

한편《원사》〈실리백전〉에 따르면, 그의 조부는 칭기스칸 시기 서하정벌에 공을 세웠고, 그의 부친은 쿠빌라이를 위해 아람다르를 정벌했으며, 그는 조부와 부친의 공로로 직을 세습하여 추밀원 단사관과 하남행중서성 단사관을 거쳐, 지원 7년 금호부金虎符를 받고 수군 4만을 이끌고 양양襄陽 전투에 참여하여 8년 남송의 맹장인 범문호의 군대를 패배시켰으며, 번성樊城을 포위하고 공격하는 데도 선봉에 섰다고 한다. 그 공로로 지원 10년 소용대장군(정3품)에 오르고 탐라국초토사에 임명되었으나, 미구에 관군만호管軍萬戶로 양양제로신군襄陽諸路新軍을 거느리게 되었고, 승상 바얀伯顔을 따라 장강을 건너 남송정벌에 참가하여 호주湖州에서 안무사사安撫司事의 직을 수행한 것으로 적혀 있다.

그리고 말미에 아들로 타라치라는 이름이 나오는데, 이 사람이 곧 손탄遜攤[76]에 이어 1276년 탐라에 다루가치로 부임하는 타라치, 바로 그이다. 따라서 순제 원통 원년(1333) 아버지 타라치를 대신하여 탐라국군민안무사사다루가치耽羅國軍民安撫使司達魯花赤가 된 노열니타는 실리백의 손자가 되는 셈이다. 대원이 탐라를 다스리기 위해 설치한 최고 관직이 실리백 가문의 인물에게 습직된 것으로 나타난다. 곧 실리백이 탐라초토사로 취임하지 않았다고 하더라도 이때 초토사招討司가 설치된 것임을 알 수 있다.

76)《元史》권8, 世祖, 지원 12년 "六月戊辰, 以遜攤爲耽羅國達魯花赤."

5. 제주도에 남은 몽골 탐라 지배의 유산

1백 년 가까운 몽골 지배의 영향은 대원과 고려가 멸망한 뒤에도 남아 있었으며, 오늘날의 제주도에서도 그 흔적을 찾을 수 있다. 그 가운데 가장 뚜렷한 것은 목마와 관련된 것들이며, 일상의 언어 속에서도 흔하지는 않지만 몽골어의 흔적이 있다. 그것은 당시 제주도에 머물고 있던 광의의 몽골인들의 후예와 고려 말 명나라에서 보낸 몽골인들의 후예가 아직도 남아서 혼혈이 된 것과도 관계가 있을 것이다.

《신증동국여지승람》 권38 제주목濟州牧 성씨조姓氏條를 보면 대원에서 온 조趙·이李·석石·초肖·강姜·정鄭·장張·송宋·주周·진秦의 10개 성씨와 운남雲南에서 온 양梁·안安·강姜·대對의 4개 성씨가 조선 초기《동국여지승람》을 편찬하던 무렵까지 제주에 살고 있었음을 보여 준다. 대원이 멸망한 뒤에도 제주도에 남겨져 눌러 살게 된 이들 14개 성씨는 제주도 43개 토성土姓 가운데 약 3분의 1에 해당하였으며, 그 가운데 몇 가지 성씨는 극소수이지만 오늘날에도 확인되고 있다.[77)]

이들 가운데는 대원의 몽골정권이 1276년 처음 160필의 말을 제주에 방목했을 때 다루가치 타라치를 따라 와서 말을 치기 시작하였던 목호牧胡(合赤)의 후예도 있을 것이고, 또 이보다 앞서 1273년 삼별초를 진압하기 위해 힌두를 따라 이곳에 왔다가 유수군으로 남았던 두련가 국왕의 휘하 왕속 등이 거느렸던 4백 명 병사나 그들을 대신하여 파견되었을 집단[78)]의 후예도 있을 것이다. 그 뒤 이곳에 와서 벼슬살이를 했거나 대원에서 죄를 짓고 유배되었던 죄수들의 후예도 있을 것이다. 그리고 운남에서 온 것으로 보이는 4개 성씨 가운데는 대원이 주원장에게 망하면서 새로 입도한 쿠빌라이의 후손 운남왕의 후예도 섞여 있을 것이다.

---

77) 중앙일보사, 《韓國姓氏 大百科: 姓氏의 故鄕》(중앙일보사, 1989)에 따르면 제주 초씨(1998~1999쪽)와 제주 진씨(1970쪽)가 1985년 인구조사에서 각각 93명, 35명 확인되고 있다.

78) 《元史》 권13, 世祖 10, 지원 21년 7월 정해.

마지막으로 필자는 항파두리缸波頭里성과 탐라총관부의 위치에 대한 소견을 적어 볼까 한다. 김통정金通精이 이끈 삼별초 저항군이 몽골 군대와 고려 군대의 협공에 최후로 항전하다가 패한 곳이 바로 항파두리성이고, 삼별초를 멸한 뒤 윤방보가 고려 관군 1천 명을 이끌고 몽골군 4백 명과 남았던 곳이 항파두리성이라는 것 또한 우리 모두가 알고 있다.[79)]

먼저 기록을 보면《신증동국여지승람》에 "缸波頭古城항파두고성: 在州西四十里재주서사십리, 城中有泉성중유천, 大旱不渴대한불갈.……金通精率三別抄來김통정솔삼별초래, 據貴日村[80)]缸波頭里築此城以拒之거귀일촌항파두리축차성이거지"라 하여, 이 성을 삼별초군대가 처음 쌓기 시작하였음을 알 수 있다. 한편 이 성 안에는 큰 가뭄에도 마르지 않는 샘이 있다고 하는데, 이 샘은 오늘날의 '구시물'을 가리키고 있음을 알 수 있다.《탐라지》에도 고적조古跡條에서 항파두리성에 대하여 기록하고 있는데, 그 내용은《신증동국여지승람》과 같다.

근대 이후의 연구에서 처음 항파두리성이 언급되는 것은《고고학잡지考古學雜誌》 28-10(1938)에 실린 세키노 다케시關野雄의 짧은 제주도 조사 보고서이다. 이 보고서에서 세키노 다케시는 항파두리성이 도청島廳 소재지에서 서남 3리 남짓 떨어진 애월면 고성리古城里에 축조된 제주도의 가장 큰 성이고 유일한 토성임을 강조하고 있다.

이 성은 몇 가지 특징이 있다. 첫째, 성城의 이름이다. 기록에 항파두缸破頭성 또는 항파缸坡성으로 경우에 따라 다르게 불리고 있어서 '항파두리'가 제주 방언이 아니며 다른 어원을 갖고 있음을 알 수 있다. 둘째, 이 성이 제주도에서 발견된 고려시대 유일한 토성土城이라는 점이다. 셋째, 유지遺址에서 많이 발굴된 이른바 '돌쩌귀' 모양의 돌과 그 용도이다.

먼저 필자는 이 성의 이름이 몽골어 또는 투르크어에서 온 것이 아닌

79)《新增東國輿地勝覽》 권38/16하~17상.

80)《新增東國輿地勝覽》 권38/17상, "在州西二十里." 한편《탐라지》古跡에는 缸坡城이 "在州西二十五里"(/52하)로 되어 있다. 이와 달리《新增東國輿地勝覽》에는 주 서쪽 40리에 있다고 하여 기록이 서로 어긋난다.

가 의심하고 있다. 항파缸波는 몽골어로 병瓶이나 배[船]를 뜻하는 'хумх-а(н)'나 말이나 소가 마시는 구유(구시 漕)를 뜻하는 'хомбого/хомбоо'가 있는 성城이라는 뜻의 몽골어의 홈보고 투르хомбого-тур성城 또는 홈보 투르 хомбоо-тур성이라는 명칭에서 온 것이라고 생각하기 때문이다. 이 토성의 북편 성벽 밑에 있는 샘인 구시물 아래 2.5미터 떨어진 곳에서 최근 대형 목조 구유(470cm×265cm×70cm)가 발견된 것[81]은 이러한 필자의 주장을 뒷받침한다.

다음으로 토성은 대몽고국 시기 흔히 발견되는 성의 형태이다. 현재 북경에는 원대 대도大都의 토성 유적이 남아 있으며, 하북성河北省 장북현張北縣의 14세기 초에 축성된 원대 중도中都 유적 또한 토성이다. 쿠빌라이의 금련천金蓮川 막부 자리에 이보다 앞선 13세기 중엽에 쌓은 대원의 최초의 수도 상도의 성벽도 모두 토축이다. 끝으로 이들 성에서는 모두 사각형 돌쩌귀 모양의 돌들이 발견되고 있는데, 이 돌의 용도는 대형 게르를 지탱하는 지주목의 받침돌이었다. 요컨대 항파두리성은 최초 삼별초가 몽골 군대에 항전한 장소였다는 점을 부인할 수는 없으나, 현재의 항파두리성의 유지에 남은 흔적으로 보나 이름으로 보나, 13~14세기 대원에서 파견된 몽골인들의 거처 곧 다루가치의 관부자리였을 가능성이 매우 높은 것이다.

《신증동국여지승람》 권38 제주/고적古跡/달로화적부達魯花赤府 군민안무사부軍民安撫使府에 "今州城北海岸有古官府遺址금주성북해안유고관부유지, 疑卽其地然不可考의즉기지연불가고"라 하여 현재의 제주시 관덕정 근처에 몽골 지방관부의 유지가 있었을 가능성을 제기하고 있다. 하지만 이곳에서는 몽골과 관련된 어떤 유물의 발견도 보고된 적이 없다. 따라서 다루가치가 주재했던 탐라총관부의 위치도 항파두리성일 가능성이 매우 높다.

81) 이 목제 구유는 이청규 교수가 1993년 12월 21일부터 29일까지 처음 조사하였다. 제주도, 《국가문화재보고서: 제주항파두리 항몽유적지》(1998), 제2장 항파두성 시굴조사 29~44쪽과 발굴사진 37-61, 63~75쪽 참조.

6. 맺음말

탐라총관부 설치는 13~14세기 몽골제국의 세계 지배의 한 자락이라고 할 수 있다. 탐라총관부는 1273년 몽골이 삼별초 봉기를 마지막으로 진압한 뒤에 몽골이 처음 설치한 탐라초토사에서 비롯된다. 원대 법전인 《원전장》 권7 〈이부吏部〉 1 관제官制/직품職品에 탐라국과 군민안무사다루가치가 함께 정3품으로 분류되어 있고, 그 장관에 정3품 소용대장군 실리백을 초토사로 임명하는 것으로 보아 탐라총관부도 대원의 정3품 아문이다. 탐라국군민도다루가치총관부耽羅國軍民都達魯花赤總管府의 경우 도다루가치都達魯花赤가 정3품관이란 점으로도 몽골이 탐라를 대원의 동방 지배의 전진기지로서 매우 중시했음을 알 수 있다. 고려국의 중앙정부인 첨의부僉議府가 최초 4품 관아에서 출발하고 있기 때문이다.

1294년 고려에 귀속되어 관리가 새로 파견되었지만, 1301년 5월의 표문을 보면, 1301년 3월 설치된 탐라군민만호부耽羅軍民萬戶府 외에 탐라총관부의 존재가 확인된다.[82] 말할 것 없이 이 탐라총관부는 다시 폐지되어 군민만호부에 통합되어, 그 뒤 합포진변사合浦鎭邊事와 마찬가지로 대원제국의 동방의 변방 지배를 위한 기구인 정동행성의 관할이 됨으로써 탐라의 독립적인 지위가 강화된 것으로 보인다.

물론 탐라를 정동행성의 관할로 옮긴 것은 사료에서 확실하지 않은 것도 사실이다. 그러나 탐라를 고려에 귀속시킨 뒤에도 말을 대원에 바치는[進馬]의 의무가 남아 있었던 것, 곧 몽골의 군사적 또는 경제적 이해와 관계가 깊은 대원의 관목장官牧場이 유지된 것으로 보아 실질적으로 고려와 몽골의 지배 두 권력의 이중 지배 아래 있었던 것으로 볼 수 있다.

1296년 음력 2월 27일(을축)에 대원은 탐라목축耽羅牧畜의 일로 단사관 무구치木兀赤를 보냈는데, 3월 11일(기묘)에 대원은 다시 사신을 보내와 관역館驛을 정리하고,[83] 5월 26일(계사)에 패란해孛蘭奚와 독로禿魯를 보내 다

82) 《高麗史》 권32, 충렬왕 27년 5월 경술 "(表曰)又請罷耽羅總管府, 隸本國置萬戶府."
83) 《高麗史》 권31, 충렬왕 22년 "三月己卯元遣使整理館驛."(/11하)

시 관역을 점검하고, 이어 다음날(갑오) 대장군 남정南挺을 대원에 보내 탐라마耽羅馬를 보내고 있다. 이를 보아 몽골의 목마장으로서 탐라의 의미가 무엇보다 컸던 것으로 보인다. 따라서 황태자 진킴眞金의 카툰[妃]이며 황제 성종의 어머니인 유성황태후가 죽은 뒤에 황태후의 구마廏馬를 탐라에 방목하는 것은 상징을 넘어 실질적인 뜻을 갖는다고 볼 수 있다.

필자가 이처럼 몽골제국의 동아시아 지배의 중요한 전진기지임과 동시에 관목장인 탐라총관부에 대하여 검토하게 된 또 하나의 배경은 현재 제주도에 남아 있는 탐라총관부의 유적에 대한 잘못된 통설을 검토하는 것도 관련이 있다. 토성인 항파두리缸波頭, 缸波頭里 고성 유적에 대한 오해가 그것이다. 필자는 이 성의 이름이 몽골어 또는 투르크어에서 온 것이 아닌가 의심하고 있다. 항파缸坡, 缸波는 몽골어로 병甁이나 배[船]를 뜻하는 хумх-а(н)나 말이나 소가 마시는 구유(=제주 방언으로 '구시' 漕)를 뜻하는 'хомбого/хомбоо'가 있는 성城이라는 의미의 몽골어의 홈보고 투르хомбого-тҮр성城 또는 홈보 투르хомбоо-тҮр성 곧 구시물이 있는 성이라는 몽골식 명칭에서 온 것이며, 토성의 축성 형식에서도 당시 몽골의 축성과 관련이 있을 것이라는 것이 필자의 생각이다. 곧 이 고성은 최초 삼별초군의 항몽근거지일 가능성이 있지만, 이름으로 보아 뒤에는 몽골의 탐라 지배의 근거지였을 가능성이 매우 높은 것을 알 수 있다.

제2절

대청도와 몽골황자, 몽골제왕의 고려 유배

대청도大靑島는 원대 여러 명의 황자皇子와 제왕諸王의 유배지였기 때문에 여원관계를 연구하는 학자라면 모두 궁금해 할 만하다. 하지만 필자가 특히 그곳에 가보고 싶은 마음을 갖게 된 것은 중견 작가 이인화가 쓴 한 편의 중편소설 때문이었다. 2000년 제24회 이상문학상 대상 수상 작품인《시인의 별—〈채련기採蓮記〉 주석 일곱 개》[84]인데, 필자는 작가의 스토리텔링 기법에 감쪽같이 속아서 이 소설의 줄거리가 된 가상의 사료를 연구했다는 가상의 일본학자 다무라 마사아키의 논문이 실렸다는《대곡학보大谷學報》 79-1을 찾느라 한참 동안 헤맨 부끄러운 경험을 했다.

지어낸 이야기지만, 소설가의 13세기 몽골제국의 역사에 대한 깊은 이해와 매끄러운 이야기 전개는 가상의 이야기를 진짜로 여길 만큼 13세기 몽골사회를 이해하는 데 도움이 된다. 이 소설로 말미암아 대청도에 대한 관심이 더욱 높아진 10여 년 전부터 몇 차례 실제로 답사를 계획했지만 번번이 여의치 않았는데, 마침내 실행에 옮겼다.

2010년 3월 23~24일 만사를 제치고 마음을 내어 휴전선 이북 대한민국 영토의 최북단에 가까운 대청도를 답사하였다. 오래 전부터 이 섬을 가보고 싶었지만 살고 있는 대구에서 너무 멀리 떨어져 있고, 항로 사정이 날씨에 따라 변했기 때문에 마찬가지로 몽원사를 공부하는 여치호 군과 함께 현지를 답사한 것이다.

84)《문학사상》 2000년 1월호, 23~57쪽.

《시인의 별―〈채련기〉 주석 일곱 개》는 고려에 유배 왔다가 돌아간 수많은 몽골귀족(황자와 제왕)과 관리들 가운데, 기록에서 맨 처음 1280년 대청도에 유배 왔다가 이듬해 바로 돌아간 쿠빌라이의 여덟째 아들 아야치라는 실제 인물을 소재로 창작해 낸 중편 소설이다. 고려의 말단 소관小官인 안현은 사랑하는 처를 아야치에게 뺏긴 뒤, 아내를 찾아 대도大都로, 투르판 북쪽 비쉬발리크(五國城/北庭)로, 다시 알타이 산맥을 넘어 항가이 산맥의 동쪽 오르콘 강변의 초원을 헤매다가 다시 만나게 된다. 하지만 천신만고 끝에 만난 그의 아내는 아야치의 가신 지다이에게 주어져 그의 아들을 낳아 기르고 있었고, 이름도 아수친으로 바꾼지 오래였다. 더욱이 아수친은 지다이가 죽은 뒤에도 성종 테무르의 모후 바이란예체치伯藍也怯赤(일명 코코친闊闊眞)의 여관女官이 되어 아들 우량카이가 성년이 되어 가문을 다시 일으키는 것에 만족하고 있었고, 고려로 다시 돌아가자는 안현의 간청을 끝내 거절한다. 이리하여 안현은 끝내 옛 아내를 죽이고, 상도 근처의 초원에서 죽는 것으로 이 소설은 끝맺는다.

대청도는 황해도 장산곶에서 19킬로미터 떨어져 있으며, 면적은 15.56제곱킬로미터의 섬이다. 필자는 대청면사무소의 적극적인 협조를 얻어, 정희철 부면장의 안내로 아야치를 비롯해 대청도에 유배온 몽골황족의 거주 흔적과 유배된 몽골귀족의 발길이 미쳤음 직한 장소를 구석구석 찾아다녔다. 특히 배를 타고 바깥쪽에서 섬을 일주하면서 대청도의 외관도 살펴 볼 수 있었던 것은 큰 행운이었다. 육지와 그리 멀지 않지만 외부로 쉽게 나가기 어려운 대청도의 특성도 한눈에 들어왔고, 왜 이 섬이 유배지로 사용되었는지 알 수 있을 것도 같았다. 섬 둘레 삼면은 해안에 군데군데 모래톱이 형성되어 있고, 대체로 깎아지른 절벽이거나 경사가 급한 지형으로 이루어져 있었는데, 백령도를 향한 북쪽으로만 그리 넓지 않은 개활지가 해안 쪽에 펼쳐 있었다. 오늘날 사람들이 많이 살고 있는 양지동과 서내동 등 마을 위치에 아마도 몽골황족의 발길이 머물렀음 직하였다.

또 필자가 현지에서 만난 촌로村老(최봉조 씨)의 구전口傳에 따르면, 양지동(내동)의 남향받이 언덕배기에 있는 현재의 대청초등학교 자리(북위 37도 49분 57.2초, 동경 124도 41분 45.0초)에서 고려시대 유배 온 몽골귀족들의 거처로 추정되는 흔적을 발견했다고 했다. 현재의 양지동은 옛날 관기동, 장안동 등으로 불렸던 곳이다. 학교의 운동장 터를 새로 넓히는 데 직접 참여했던 최봉조 씨는 당시 초등학교 운동장을 만들기 위해 터를 파고 고르는 과정에서 옛 사람들의 흔적을 직접 보았다고 하면서, 운동장에서 당시 흔적을 발견했던 장소를 가리켜 보이기도 했다. 그는 20세기 중엽 마을 사람들이 인근 모래산 등에서 몽골 유배자들이 남긴 유물로 보이는 몇 점의 금동 유물을 수습하였다고도 했으나 확인하지는 못했다. 지금 개활지에는 농사를 짓는 주민의 전답이 펼쳐져 있는데, 당시 그곳은 소나무 등 상록수로 덮여 있었을 것으로 보였다. 따라서 대청도가 해로로 개경 등과 연결되었다고 해도, 비좁고 습한 이곳의 자연환경은 광활한 초원에 익숙한 몽골황족들이 오랜 시간 지내기에 매우 큰 도전이었을 것이다.

물론 대청도에는 쿠빌라이 카안의 아들 아야치[85] 말고도 뭉케 카안의 셋째 아들 시리기昔里吉[86]를 비롯하여, 코코타이闊闊歹, 도길출闍吉出, 아무게阿木哥, 패랄孛剌, 토곤 테무르妥懽帖木爾 등 많은 몽골황자와 제왕들이 유배되었다. 특히 뒷날 대원의 마지막 황제에 오르는 토곤 테무르(순제)도 1330년 음력 7월부터 다음 해 12월까지 이곳에서 1년 넘게 유배생활을 보낸 뒤 두 번째 유배지 계림桂林으로 옮겨갔다.[87] 충숙왕 4년 유배된 위왕魏王 아무게와 같이 고려왕실이 때로 거처를 배려하고 위문한 경우도

85) 《高麗史》 권29, 충렬왕 2, "(6年8月)丙子, 元流皇子愛牙赤于大青島.……辛卯, 公主宴愛牙赤于新殿."(/14상); "(7年12月)乙丑, 元召還皇子愛牙赤, 庚辰, 王與公主餞于碧瀾渡."(/36상)

86) 《高麗史》 권29, 충렬왕 2, "(9年9月庚申)元流室剌至于大青島."(/35하); 《高麗史》 권30, 충렬왕 3, "(15年/1289 9月)庚辰, 元流大王石列訖于人物島, 野里不于高鸞島, 撤里只于與音島."(/19상); 《高麗史節要》 권21, 충렬왕 15년 9월조에도 같은 기사가 나온다.

87) 《高麗史》 권36, 충혜왕, "(忠肅王17年)秋七月丁巳, 元流明宗太子妥懽帖睦爾于我大青島. 年十一歲."(/4상); 《高麗史》 권36, 忠惠王, "(元年)十二月甲寅, 元遣樞密院使尹受困中丞厥干等, 召還妥懽帖睦爾太子. 王遣護軍曺益淸奉迎于大青島. 二年春正月庚辰, 遼陽省遣人來索朱帖木兒趙高伊. 先是二人誣譖于帝曰, 遼陽與高麗謀欲奉妥懽太子, 叛已而來奔."(/10상)

있었다.[88] 하지만 건조하고 광활한 초원의 생활에 익숙했던 몽골황자와 제왕들에게 이곳은 마치 지옥과 같았을 것으로 보였다.

따라서 제왕 가운데 몇몇은 유배 도중 사망했다. 세계世系가 분명하지 않은 대왕 코코타이는 1288년 유배되었다가 1297년 섣달 대청도에서 사망하였고,[89] 1317년 유배된 아무게는 1323년 10월,[90] 1324년 유배된 패랄은 1329년 대원으로 돌아갔지만,[91] 시리기와 충렬왕 18년 대청도에 유배된 도길출[92]의 종말은 어찌 되었는지 불확실하여, 이곳이나 다른 섬에서 사망한 것으로 보인다. 시리기의 경우 충렬왕 15년 9월 경진에 "元流大王'石列訖'于人物島원류대왕'석렬흘'우인물도"라는 기사가 나온다.[93] 나얀과 카단의 반란이 일어나 계속되던 1289년에 시리기의 유배지를 대청도에서 인물도人物島로 옮긴 것으로 보이지만,[94] 그 뒤로 어찌 되었는지 알 수 없다.

인물도는 인물도仁勿島로도 나오는데, 오늘날의 덕적도德積島이며[95] 당시

88) 권오중, 〈대청도에 온 유배인〉, 193쪽; 《高麗史》 권34, 충숙왕 2, "(忠肅王4年閏正月)壬申, 元流魏王阿木哥于耽羅, 尋移大青島.……乙酉,魏王館庭磚日照霜潤光彩斕班有人白王曰, 魏王館庭中光彩皆成牧丹諸花卉狀, 豈天降祥以表聖德, 王甚喜厚賞其人, 乃命畵工圖其狀."(/24가); "(5年)秋七月辛酉, 元遣吏部尙書卜顔, 必闍赤買驢來, 責問慰接魏王及耽羅叛狀." 이에 대하여는 김난옥의 〈원나라 사람의 고려 유배와 조정의 대응〉, 《한국학보》 31권 1호(118호) 2~19쪽에서도 다루고 있으나, 위왕관이 대청도의 숙소를 말하는 것인지는 의문의 여지가 있다.

89) 《高麗史》 권30, 충렬왕 3, "(忠烈王14年6月丁巳)元流大王闊闊歹于大青島."(/14나); 《高麗史》 권31, 충렬왕 4, "(忠烈王23年)十二月……庚子闊闊歹大王死于大青島."(/20가)

90) 《高麗史》 권35, 충숙왕 10년 "(冬10月)戊辰, 帝召還魏王阿木哥."(/11가); "(冬10月)戊寅, 德妃宴魏王于永安宮."(/11나)

91) 《高麗史》 권35, 충숙왕 11년 "(春正月)丙辰, 帝流孛剌太子于我大青島."(/12가); 《高麗史》 권35, 충숙왕 16년 "(3月)庚辰, 帝(文宗)召還孛剌太子."(/27가)

92) 《高麗史》 권30, 충렬왕 18년(1292) "(3月)戊午, 元流哈丹下阿里禿大王于芿盆島."(/30하); "夏四月癸亥,……元流賊黨塔也速于白翎島, 闍吉出于大青島, 帖亦速于烏也島. 庚午, 元流哈丹下大王于靈興祖月二島."(/30나~31가)

93) 이어지는 "野里不于高鸞島, 撒里只于與音島"에서 高鸞島는 《高麗史》 권56 地理 1 清州牧 홍주 보령현에 속한 섬으로(/30나), 《東國輿地勝覽》과 《大東輿地圖》에는 高巒島로 표시되어 있으나, 與音島는 알 수 없다.

94) 대청도에 유배된 시리기가 뭉케의 아들임은 風修青이 처음 밝혔으나, 그가 다시 인물도에 옮겨진 사실은 아직 주목한 사람이 없다. 風修青, 〈蒙元帝國在高麗的流放地〉, 《內蒙古社會科學》 1992-3, 63~64쪽 참조.

인주仁州 당성군唐城郡에 속했다.[96] 요컨대, 필자가 답사한 대청도에 원대 많은 몽골황족이 유배되어 왔음을 보여 주는데, 대청도 말고도 고려의 해도海島에는 쿠빌라이의 서자 코코츄[97]를 비롯하여, 카단哈丹의 반란에 가담하였다가 잡힌 제왕[98]과 탑야속塔也速 등 몽골 귀족이 유배되었다. 따라서 고려에 유배된 몽골황족들에 대한 기록이 비교적 많이 남아 있는 《고려사》 등 고려의 자료가 몽골역사 연구에, 특히 몽골황족의 역사를 복원하는 데 매우 유용하고 귀중한 자료임을 알 수 있다. 위의 시리기 관련 자료가 그 전형이라고 할 수 있을 것이다.

95) 편집부 편, 《세종장헌대왕실록》 30(지리지 색인)(세종대왕기념사업회, 1975), 103쪽.

96) 《高麗史》 권56, 地理 1, 楊廣道 仁州 唐城郡條(/14가).

97) 《高麗史》 권37, 忠宣王 1, "(2年)九月己卯, 元流寧王于我國. 寧王世祖庶子, 謀叛事覺, 與其家屬五十餘人偕來."(/37상하)

98) 《高麗史》 권30, 忠烈王 3, "(18年3月)戊午, 元流哈丹下阿里禿大王于芿盆島."(/30하); "(4月)庚午, 元流哈丹下大王于靈興祖月二島."(/31상)

제3절

고려의 색목인 상인과 몽골문화: 〈쌍화점〉과 염제신의 초상화를 중심으로

1. 개경의 회회상인과 쌍화가게

요즘 몽골 텔레비전에는 한국드라마가 심심치 않게 방영되고, 몽골 초원에서도 게르 앞에 세워진 낡은 한국제 자동차를 흔히 볼 수 있다. 한국인들이 운영하는 자동차 정비소와 한국인 목사나 신부, 승려가 세운 교회와 사원을 쉽게 찾아 볼 수 있다. 또 시내 여러 곳에 한국음식점이 있어 몽골 사람들도 즐겨 이용하고 있다. 한국의 몽골에 대한 직접투자는 2009년 현재 모두 539건으로 3억 5천 4백여만 달러이고, 2006년 이래 갈수록 증가하는 추세라고 한다. 그렇다면 13~14세기 고려의 수도 개경의 사정은 어떠하였던가?

널리 알려진 대로 1218년 몽골 군대가 고려 영토에 진입하여 강동성에 농성하고 있던 거란족을 데려간 이래, 더욱이 1231년 몽골 군대의 본격적인 침략전쟁이 시작된 뒤로 한반도에는 단속적으로 몽골 군대가 주둔하고 있었고, 관리와 승려, 상인, 죄수가 왔다. 1260년대 초 고려와 몽골 사이에 속방관계가 성립하면서 더욱 많은 몽골 사람들이 고려에 머무르다가 돌아가기도 하고, 또는 그대로 눌러 살았다. 때로 폐위된 고려국왕을 복위시킨다는 명목으로, 때로 몽골에 항거하는 저항세력을 진압하기 위해, 또 일본원정을 위해 많은 몽골군이 고려에 다시 들어와 머물렀다.

1278년 국내적으로 고려국왕의 지위가 확고해지고, 대외적으로 고려국왕의 몽골 카안에 대한 충성이 확고한 믿음을 주게 되었다. 그리하여 몽골 군대와 관리가 완전히 철수할 때까지는 왕경에 주재한 몽골인 다루가치가 순마소巡馬所를 설치하여[99] 수도의 치안을 장악하고 있었다. 말할 것 없이 개경에는 그 뒤에도 고려왕과 혼인한 몽골공주와 그녀를 따라온 케식怯薛에 속한 게린커우드怯憐口(媵臣: 집, 게르 안의 종복)들이 머무르고 있었고, 정동행성에도 때로 몽골관리가 집무하였다. 또 충렬왕은 숙위로 처음 입조하였을 때 몽골식으로 머리를 깎았으며〔怯仇兒〕,[100] 그 뒤 고려왕 가운데 일부는 몽골복식을 즐겨 입었고, 신하들에게도 이를 따르게 했다. 즉위 초인 1274년 몽골식 개체開剃를 하지 않은 지주사知奏事 이분희李汾禧를 꾸짖은 바 있던 충렬왕은 1278년 2월 23일(병자) 경내 모든 백성에게 모두 몽골식 의관을 입도록 명령하고 있다.[101]

이러한 정치적 사회적 환경 아래서 고려 궁중과 개경의 상류사회에 몽골식 의복과 장신구, 음식문화가 유행하고, 또 몽골의 영향을 받은 고려 지배층의 사치생활에 필요한 물품을 대원을 통해 수입하여 파는 가게들이 개경 시내에 존재했을 것도 당연한 이치이다.

《고려사》 권28 충렬왕 2년(1276) 윤3월 기사를 보면 "윤달 초이튿날(정유) 몽골에서 임유간林惟幹과 회회 아실미리阿室迷里를 보내 탐라에서 진주를 캐도록 했다"고 하여 진주를 채취하러 회회인이 제주도에 왔음을 알 수 있다.[102] 또 1279년 10월 기사에도 "26일(경자) 여러 회회인이 새 궁전에서 왕을 위해 잔치를 차렸다"[103]고 하여, 왕경 안의 회회인의 존재와 활동이 확인된다. 또 그들은 충렬왕 이래 고려의 관리로서도 많은 활약

99) 《高麗史》 권28, 忠烈王 1, "(4年秋7月壬辰)時達魯花赤依蒙古制置巡馬所, 每夜巡行禁人夜作."(/39하~40상)

100) 《高麗史節要》 권19, 원종 15년 10월 "王責李汾禧等不開剃.……王入朝時已開剃而國人則未也. 故責之. 後宋松禮鄭子璵開剃而朝餘皆效之."(/26상); 《高麗史節要》 권19, 원종 13년 2월 "帝遣斷事官不花, 郎中馬絳護世子還國.……世子辮髮胡服, 皆歎息, 至有泣者."

101) 《高麗史》 권28, 忠烈王 1, "(4年2月)丙子, 令境內皆服上國衣冠."(/30하)

102) 《高麗史》 권28, 忠烈王 1, "(2年)閏月丁酉, 元遣林惟幹及回回阿室迷里來, 採珠于耽羅."(/14하)

103) 《高麗史》 권29, 충렬왕 5년 "(冬10月)庚子, 諸回回宴王于新殿."(/7하)

을 했음을《고려사》나《고려사절요》의 곳곳에서 확인할 수 있다. 충선왕 2년(1310) 10월 25일(무진)에 민보閔甫를 평양부윤平壤府尹 겸 존무사存撫使로 삼았는데, 그는 회회인이었다.[104] 그가 이미 1294년 장군의 신분으로 몽골에 익더귀[鷂](새매 암컷)를 바치기 위해 갔던 것으로 보아 그 이전에 고려에 왔던 회회인으로 보인다.[105] 이보다 25년 뒤의 기록이지만 더욱 흥미로운 예가 있는데, 색목인 부상富商 최노성崔老星(党黑厮)[106]이 1335년 회의군懷義君에 봉해진 것이다.[107] 환국한 충숙왕을 따라온 폐행嬖幸 가운데 한 사람이지만 당시 고려에서 색목인 상인의 지위와 활동을 짐작케 한다.

이 밖에 최근 한 연구자는 고려 상층사회뿐만 아니라 평민사회에도 많은 회회인이 거주했으며, 민요 가운데 등장하는 회회상인도 이러한 부류일 거라고 보고 있다.[108] 요컨대 1270년대부터 고려에서 몽골 정복정권과 귀족들의 경제활동의 중요한 조력자였던 색목인 상인들의 활발한 활동을 예상할 수 있다.

말할 것 없이 앞에서 살펴본 대로 1274년 충렬왕비 쿠틀룩켈미시 공주의 게린커우드로 따라온 쿠라타이(인후)와 삼가三哥(장순룡), 식투르式篤兒(노영) 또한 몽골인과 색목인이었고, 충선왕비 보타시린이나 다른 몽골공주를 따라온 사속인私屬人들 가운데도 몽골인과 색목인이 있었을 것이다. 당시 이들 몽골인과 색목인, 그 가족들은 고려에서 오만방자했고, 때로

104) 《高麗史》 권33, 忠宣王 1, "(2年冬10月)戊辰, 以閔甫爲平壤府尹兼存撫使. 甫回回人也."(/39상)

105) 윤영인은 쿠틀룩켈미시 공주의 사소인의 한 사람으로 왔을 것으로 보고 있다. "Foreigners in the Koryo Ruling Stratum During the Period of Mongol Dominination", 1992 UCLA 석사학위 논문(*International Journal of Korean History*. vol.3 Dec. 2002: pp.51~69), p.18

106) 《高麗史》 권124, 嬖幸/王三錫 附 崔老星, "老星色目富商本名党黑厮亦因載得封君, 載嫌物議, 書批目云, 百四歲老人崔老星."(/25상)

107) 《高麗史節要》 권25, 충숙왕 후 4년 "(4月)命佑文君梁將前郎將曹莘卿掌銓注, 以姜融僉議左政丞, 判三司事蔡河中僉議贊成事, 崔老星爲懷義君,……將燕南人, 初從王三錫來, 夤緣用事, 朝野嫉之.……得幸封君更名載, 交結宦司, 竊弄政柄.……老星色目富商, 亦因載得封君, 載嫌物議, 書批目云, 百四歲老人崔老星."(/6상)

108) 喜蕾, 〈從高麗文獻看元代的回回人〉, 《內蒙古大學學報》 38-4(2006), 20쪽.

패악悖惡을 저지르고도 가벼이 넘어갔다. 당시 이러한 사정은 오늘의 여몽관계와 대비되어 금석지감今昔之感을 느끼게 된다.

그렇다면 많은 사람이 알고 있는 고려시대 속요俗謠로 《악장가사樂章歌詞》에 전하는 〈솽화뎜雙花店〉이라는 4연聯으로 구성된 노래 가사의 첫 연에 등장하는 회회아비도 당시 고려에서 활동했던 회회인 가운데 한 전형이라고 보는 것도 어렵지 않을 것이다. 하지만 필자는 노래 〈쌍화점雙花店〉에 등장하는 회회아비의 실체에 대한 일반적으로 알려진 통설에 약간의 의문을 가지고 있다. 따라서 여기에서 이를 잠시 검토해 보고 싶다.

솽화뎜雙花店에 솽화雙花 사라 가고신ᄃᆡᆫ	솽화점에 솽화 사러 갔더니
휘휘回回아비 내 손모글 주여이다.	회회아비 내 손목을 잡더이다
이 말ᄉᆞᆷ미 이 뎜店밧기 나명들명	이 얘기는 점 밖을 새 나가면
다로러디러. (후렴)	
조고맛감 삿기광대 네 마리라 호리라.	귀여운 어린 광대 네 말일 것이다
더렁셩 다리러디러 다리러디러 다로러거디러 다로러. (후렴)	
긔 자리예 나도 자라 가리라.	그 곳에 나도 자러 가리라
워워 다로러거디러 다로러. (후렴)	
긔 잔 ᄃᆡ ᄀᆞ티 덤ㅅ거츠니 업다.	그 잠자리 같이 격정적인 것이 없네

여기에 옮긴 것은 장서각본 《악장가사》에 실린 〈솽화졈〉을 현대어로 풀어 본 것이다.[109] 당시 시정市井 남녀의 연애를 직설적으로 노래한 것으로 보인다. 둘째 연이 몽골문화의 영향을 받고 있던 충렬왕 시기에 지어진 노래 〈삼장三藏〉[110]의 내용과 흡사하여, 13세기 말 14세기 초 고려 시정에서 불린 유행가를 채록한 것으로 보고 있는데, 약간의 검토가 필요하다.

109) 김명준, 《악장가사 주해》(도서출판 다운샘, 2004), 115~118쪽 참조.
110) 《高麗史》 권71, 樂 2, 《三藏》 "三藏寺裏點燈去, 有寺主兮執吾手. 倘此言兮出寺外. 謂上座兮是汝語."(/42상)

먼저 양주동梁柱東은 《여요전주麗謠箋注》111)에서 위에 인용한 〈쌍화졈〉 첫 연의 노래 가사 가운데 나오는 '쌍화'를 만두의 일종인 '상화병霜花餠'을 가리키는 것으로 처음 해석하였다. 이제까지 학자들은 대체로 이 견해를 따라서,112) 이 노래의 내용을 만두가게의 주인인 회회아비(사르타굴인 남자)가 만두를 사러 온 아낙네를 희롱하여 정분이 난 것을 노래한 것으로 이해하였다.

하지만 원대 오르톡斡脫 상인이라는 전문적인 상업집단을 꾸려 몽골세계의 무역을 주로 담당하였던 회회상인이 고려수도 개경에 개업한 가게에서 하필이면 만두와 같이 값싼 음식을 팔았을까? 그것도 북방 한족이 주로 많이 먹는 만두를 파는 회회상인이 고려 부녀자를 희롱했을까? 필자가 보기에는 '쌍화'를 만두로 보는 것은 부자연스럽고, 또 의문의 여지가 있다. '쌍화'의 발음은 조선시대 중종과 명종 시기에 간행된 것으로 보는 《악장가사》의 경우, '쌍화'로 발음이 된다. 당시 '상화霜花'(병餠)의 발음인 '샹화'와 발음이 다르기 때문에 같은 사물을 가리키는 어휘로 보기도 어렵다.

그렇다면 쌍화뎜의 쌍화는 무엇일까? 먼저, '화花'는 '유소세미幼小細微한 물건'을 가리킬 때 접미사로 쓰이기 때문에, 쌍화점雙花店은 '쌍'이라는 자그마한 상품〔花〕을 파는 가게〔店〕를 가리키는 말로 볼 수도 있다. 다음 몽골어에서 온 말이라고 한다면, 화원결火原潔이 지은 《화이역어華夷譯語》(명초본) 기용문器用門에 빗〔梳〕을 말하는 삼毿, sam ᠰᠠᠮ이란 몽골어 어휘가 나오고,113) 또 다른 판본의 기용문에는 목소木梳를 말돈抹敦, modun 삼毿, sam이라 하는데,114) '털길 삼' 곧 '긴 털이 드리워진 모양'을 나타내는 삼毿과 화花가 결합된 말, 몽골어 어휘인 '삼화毿花'의 고려식 전사轉寫가 '쌍화雙花'로 된 것은 아닐까? 그렇다면 '쌍화뎜'은 대원 지배 아래 고려에서

111) 梁柱東, 《麗謠箋注》(서울: 을유문화사, 1946).

112) 상화병에 대하여는 백두현, 〈조선시대 한글 음식조리서로 본 전통 음식 조리법의 비교—상화법—〉, 《ᄒᆞᆫ맛ᄒᆞᆫ얼》 제2권 제1호에 자세히 나와 있다.

113) 《北京圖書館古籍珍本叢刊本》 제6권, 21쪽 상.

114) 앞의 책, 139쪽 하.

여성이 몽골식으로 머리를 꾸밀 때 사용한 머리털〔假髮〕이나 머리장신구 등을 팔았던 가게로 볼 수도 있다.

사실 아직도 몽골어 사전에는 '삼sam ', '솽후'(앞머리, 머리모양)나 '솽헙치'(머리빗)와 같은 어휘가 들어 있다.115) 또 이와 별도로 몽골어 가운데는 엷고 가는 견직물인 깁〔紗, 薄紗〕을 나타내는 솽이란 어휘도 있다.116) 이 밖에 '솬에'로 발음될 수 있는 '빗'을 가리키는 페르시아 어휘도 있다. 요컨대 '솽화뎜'은 가발이나 머리장식, 깁 등 여성용 장신구들을 팔았던 가게를 가리켜 부른 것으로 볼 수도 있다. '솽화졈'의 주인 회회아비가 수입한 여성용 장신구 등 귀중품을 사기 위해 가게에 들른 고려여인네들에게 수작을 걸었고, 그곳을 드나들던 어린 광대가 그 소문을 밖에 퍼뜨렸는데, 화자話者도 그곳에 가서 보석도 사고 회회아비와 격정적인 잠자리를 갖고 싶다는 심정을 노래한 것으로 볼 수 있다.

끝으로 페르시아어 어휘 가운데 또 'Sang-gah'가 있는데, 돌이 있는 곳 돌(보석류 등)을 가리켜 '역전 앞'처럼 돌을 파는 장소를 가리키는 어휘가 겹쳐서 '귀금속 가게'라는 한 단어를 나타내고, 위구르 어휘 가운데도 돌을 'Sang-gah'라고 했는데, 솽화점 또한 돌(보석, 귀금속)을 파는 가게를 가리키는 어휘가 된다. 요컨대 이 노래는 초기에는 몽골왕공, 귀족의 재정적 조력자로, 또 뒤에는 몽골 정복집단의 중요한 군사적, 정치적 파트너였던 색목인 출신 상인들이 고려의 수도 개경에서도 활동하였음을 보여주고 있는 것이다.

물론 고려 안에서 이루어진 색목인들의 교역활동은 부인용 수입상품을 수입하는 것에 국한되지 않았다. 고려에서 사환仕宦한 색목인도 있었고, 서역의 문화와 지식정보, 곧 중앙아시아, 서아시아와 유럽 문화와 지식정보를 고려에 중개하는 기능도 했다. 고려에 온 색목인들의 중개 말고도 고려인들은 대도와 상도 등에서 중앙아시아나 유럽의 여러 민족과 직접

115) 이 어휘는 '머리 또는 머리형'을 뜻하는 ''와 가지런하게 하는 물건(빗, 梳)을 뜻하는 ''를 결합한 것으로 보인다.

116) '薄紗 댕기'도 어쩌면 '솽화'였을 수도 있다.

접촉함으로써 그들을 통해 새로운 지식과 세계관에 눈떴다. 이렇게 얻은 고려인의 지리지식과 세계관의 변화를 보여 주는 것이 바로 14세기 초 조선에서 만들어진 최고의 세계지도 〈혼일강리역대국도지도混一疆理歷代國都之圖〉라고 할 수 있다. 몽골의 군사적 침략과 정치적 억압, 그리고 막대한 인적·물적 수탈의 뒤곁에서, 조선 건국 뒤 한민족을 15세기 새로운 시대로 안내하였던 다양한 지식과 정보가 유통되고 문화적 경험이 축적되고 있었던 것이다.

2. 염제신의 초상화에 대한 소고

이와 다소 성격이 다르지만, 필자는 8월 2일 국립중앙박물관에서 위탁 보관하고 있는 염제신廉悌臣(1304~?)의 초상화를 조사한 적이 있다. 14세기 고려인으로 이곡李穀과 마찬가지로 몽골과 고려에서 모두 관리를 지낸 사람이다. 충렬왕의 총신 중찬中贊 염승익廉承益의 손자이고, 충렬왕 대에 왕부단사관과 조정의 재상을 지낸 조인규의 외손이다. 염제신은 6세에 부친을 잃었는데, 11세(1314)에 고모부인 중서평장中書平章 말길末吉이 그를 원으로 불러 고모부의 집에서 성장하였다. 고모부는 유생儒生을 그의 집에 들여 제신에게 10년 동안 수업케 하였다고 한다. 따라서 염제신은 몽골고관의 훈육을 받았지만 고려와 한족의 문화를 모두 이해할 수 있는 인물로, 당시에도 매우 드문 경우로 보인다.

말길은 무종 대 케식관怯薛官이었던 수구르치速古兒赤 말걸抹乞로 보인다.[117] 문종 천력 2년(1329) 섣달 대사도大司徒에 임명되었고, 1335년 순제順帝 초기에 티베트와 불교를 관장한 고위 벼슬인 선정원사宣政院使로 치

117) 14세기 초 武宗의 怯薛官으로 황제의 측근으로 있었으며(高榮盛 校勘本, 《秘書監志》 권2, 浙江古籍出版社, 41쪽), 1335년 順帝 초기에 티베트와 불교를 관장한 고위 벼슬인 宣政院使로 벼슬을 마치고 있다(《元史》 권38, 順帝本紀, 후지원 원년 12월 을축 "命宣政院使末吉以司徒就第.").

사하고 있다.[118] 말길은 1324년 태정제泰定帝가 즉위할 때 염제신을 데리고 카라코룸까지 맞으러 갔는데, 이때 태정제가 염제신을 기특하게 여겨 그의 숙위로 삼았다고 한다. 염제신의 신도비神道碑에 따르면, 말길은 병에 걸려 입조하지 못할 때도 태정제가 염제신을 통해 자문을 구할 만큼 태정제가 신뢰하였기 때문에,[119] 염제신 또한 태정제의 신뢰를 받아 케식의 일원인 수구르치尙衣使에 임명된 것으로 보인다. 염제신은 지순 2년(1331)에 강향사降香使로 오기 전에도 모친을 보러 온 적이 있었지만, 지순 4년 모친의 봉양을 이유로 고려에 돌아와 9년 동안 정동행성의 낭중郎中으로 있었다. 동료 행성관의 횡포를 견제하고 전민사송田民詞訟을 모두 고려의 유사有司, 攸司에 돌려보내서, 행성의 승상인 충숙왕의 전폭적인 신뢰를 얻었다고 한다.

충숙왕이 죽은 뒤에 그는 다시 원으로 돌아가 중정원中政院의 익정사승翊正司丞[120]으로 임명되었고, 1343년에는 강절江浙(행성)에 봉사奉使로 가서 중정원에 속한 재부財賦를 회계하였다. 뇌물을 받지 않는 청렴한 일처리로 말미암아 당시 강절행성의 좌승상이었던 베르케부카別兒哥不花도 특별히 대접하였고, 중서성 좌승상으로 복귀한 뒤에 그를 특별히 황제에게 천거했다고 한다. 그러나 마침 모친의 병환이 위중하여 귀국함으로써 대원에서 중용될 기회는 갖지 못했다. 충목왕의 특별한 배려로 1346년 6월부터 새로 관직에 임명되었고, 1354년 장사성張士誠의 군대가 고우성高郵城을 차지하여 대운하가 막히자 대원에서 조군助軍을 요청하여 2천여 명의 군사를 이끌고 떠났던 40명의 장수 가운데 하나로 참여하여 대도까지 갔으나, 공민왕의 요구로 돌아와 사환을 마쳤다.

여말 고려인으로 대원에서 사환한 경우는 염제신 한 사람에 머물지 않는다. 이곡 부자 등 여러 사람이 대원의 과거에 합격해 벼슬을 하였고,

118)《元史》권33, 文宗本紀, 천력 2년 12월 경인(745쪽).

119) 李穡,《牧隱集》;《牧隱文藁》권15,〈高麗國忠誠守義同德論道輔理功臣壁上三韓三重大匡曲城府院君贈謚忠敬公廉公神道碑并序〉, "末吉大臣也. 帝又親信, 然以病不能朝, 帝有所疑, 必命公咨于家, 其有所奏, 公悉達之."

120)《元史》권88, 百官 4, 中政院, 2232쪽.

그 밖에도 대원에 가서 벼슬을 하고 생을 마친 경우가 적지 않다. 그 가운데서도 상당수가 정동행성과 같은 대원의 파견기관의 관리로 복무하거나, 염제신과 같이 대원과 고려를 오가며 사환하고 있는데, 여원 사이의 문화교류를 이해하는 데 이들의 역할에 관한 연구도 의미가 있다.

그런데 필자는 같은 학과의 한기문 교수의 도움으로, 최근 우연히 도록에서 이러한 인물들 가운데 대표적인 염제신의 초상화를 발견하고 매우 놀랐다. 공민왕이 그렸다고 전해지는 초상화 속에서 그가 쓴 모자는 중국이나 고려의 일반 유자儒者가 일상적으로 썼던 유건이 아니었고, 오늘날 회교도나 유태교의 랍비가 쓰는 것과 같은 둥근 것이었으며, 위에 걸친 복장도 다소 특이하였기 때문이다. 필자는 중국의 복식사와 원대 회화사, 원대 화집을 가능한 대로 훑어보았지만 비슷한 자료는 끝내 찾지 못했다.

따라서 대원 시기 초상화로 유일한 복식을 보이는 그림을 국립중앙박물관의 유물실에 가서 자신의 눈으로 직접 확인하고 싶었다. 필자는 염제신의 초상화 실물을 확인하러 간 김에, 전부터 보고 싶었던 13세기 초 몽골 쪽과 접촉한 고려관리들의 묘지석 2점도 조사하였다.

보물 1097호로 파주염씨 가문의 유물인 염제신의 초상화는 채색화로 낡은 비단 위에 세로 53.7센티미터 가로 42.1센티미터의 크기로 그려져 있다. 실물을 보니 생동감이 더해 더욱 큰 감동을 주었다. 필자는 확대경을 통해 그림과 소재를 확인하고 사진은 찍었지만 실측은 따로 하지 않았다. 그러나 전문가가 아닌 필자가 육안조사로 초상화가 고려시대 그림인지, 염제신 본인의 초상화인지 확정할 수 있는 증거를 찾는 것은 어려웠다. 다행이 고려와 조선시대의 불화를 전공하는 유물실의 정명희 선생의 도움으로, 현재의 그림이 조선 후기에 모사된 작품일 가능성은 있지만, 조선시대 화가들의 관행으로 비추어, 원래의 초상화를 그대로 모사했을 것이기 때문에 초상화의 복장에 변화가 일어나지 않았을 것이라는 확신은 들었다.

그러나 이 초상화가 공민왕이 그린 염제신의 초상화가 맞는지 여전히

보물 1097호. 염제신 초상화(전공민왕화).
파주염씨 종문회 소장, 국립중앙박물관 위탁보관.
(세로 53.7cm×가로 42.1cm, 비단 채색)

의문은 남는다. 그렇다고는 해도, 만약 이 초상화가 11세에 대원으로 건너가 대원 무종황제의 케식관이었던 고모부 말길의 집에서 양육되고, 21세부터 태정제의 숙위로 벼슬을 시작해 20여 년 동안 대원 조정의 관리를 지내다 만년에 고려에 돌아와 재상의 위치까지 올랐던 염제신 본인의 것이라고 볼 수 있다면, 그가 고려의 예사 문신의 복색과 다른 복장을 즐겨 입었다고 해도 그리 기이해 할 것까지 없을 지도 모른다. 다만 현재까지 확인한 바, 중국에도 몽골복색이나 한족복색을 한 그림은 있지만 이와 비슷한 원대 초상화나 인물화가 남아 있지 않다는 점이 문제라면 문제이다.

필자는 염제신이 고모부의 집에서 성장하고, 대원에서 생활하면서 회교나 유태교와 같은 서방의 종교를 신앙으로 받아들였을 가능성에 대하여도 가능성을 열어 두고 있다. 다만 그의 아명이 염불노廉佛奴이고, 성장한 다음에도 그렇게 불렸다는 점이 마음에 걸린다. 그의 친가와 외가가 모두 독실한 불교집안이었고, 고모부 집에서 유자에게 10년이나 학습한 점도 고려하면 말할 것도 없이 상상하기 어려운 가정이다. 하지만 이 초상화가 그려질 무렵인 고려 말 사회도 몽골의 영향을 받아 라마교 도입을 비롯한 다문화 사회의 특징을 보였던 유연한 사회였던 점을 고려하면 이 가정은 쉽게 부정되기 어렵다. 초상화 속의 염제신이 서아시아의 종교를 믿었다고 해도 하등 이상할 것은 없다.

다만 필자가 2010년 8월 20일부터 23일까지 남경대학南京大學에서 열린《동아시아 다원문화 시대의 법률과 사회: 지정조격과 몽골-원 시대 법률문헌 연구 학술연토회東亞多元文化時代的法律與社會: 至正條格與蒙元法律文獻研究學術硏討會》에 참가하는 동안 만난 우즈지엔吳志堅(절강도서관) 선생에 따르면 몽골 지배 시기 사인들이 평소 승복을 즐겨 입었다는 기록이 있다고 하는데, 여러 가지 정황으로 미루어 그 가능성도 역시 열려 있다.

결 론

1206년 칭기스칸이 몽골 초원에 세운 유목제국 대몽고국(예케 몽골 울루스Yeke Mongghol Ulus)의 13~14세기 동아시아 세계 지배는 화이사상에 기초한 중화적 조공-책봉의 질서와 다른, 유목적 성격의 몽골 세계제국 경영에 필요한 새로운 종번개념宗藩概念에 입각한 국제 질서를 출현시켰다. 몽골제국은 카안에게 투항한 주변 국가에 대하여 국왕의 친조親朝와 공납, 조군助軍 등을 요구하였으며, 1260년 이후 몽골의 고려 지배에 중화적 조공-책봉 관념이 부분적으로 나타난 것도 사실이지만, 고려 또한 몽골의 이러한 요구에서 예외일 수 없었다.

이 책은 그동안 나라 안팎 연구자에 의하여 많은 연구가 이루어진 13~14세기 여몽관계사 연구가 지나친 몇 가지 문제를 몽골제국과 그 속방의 관계라는, 몽원사 연구자인 필자의 기본인식 위에서 살펴보았다. 이를 가지고 그동안 국내 고려후기 역사 연구자에 보이는 편향을 보완해 보고자 하였다.

먼저 서론에서 20세기 초 한국에서 근대 역사학 연구가 시작된 뒤로 여몽관계사 연구사와 한국학계의 여몽관계사 연구의 문제점과 전망을 살펴보았다. 고려와 몽골관계를 몽골제국의 역사를 염두에 두고 양국관계의 성립과정을 제1장에서 살펴보았고, 제2장에서는 1260년대 초 쿠빌라이 카안과 고려국왕 원종 사이에 맺어진 여몽관계의 틀이 어떻게 분화되고 발전하는지 군대 주둔의 계기가 된 삼별초 봉기와 정동전쟁征東戰爭, 그리고 제3장에서는 혼인관계의 성립과 왕부의 의미를 중심으로 살폈다. 제4장에서는 그동안 국내 연구자에게 소홀하게 다루어진 몽골 안의 고려인, 특히 고려 출신 환관의 활동 및 여몽지배층 사이의 통혼과 그 의의, 이른바 몽골지식인과 고려지식인 사이의 교류처로서 원대 성리학의 고려 전파에 이바지한 장소로 이해되고 있는 충선왕의 만권당에 대하여 검토하였다. 전자는 그동안 많이 연구된 공녀나 왕실통혼의 연구가 대신할 수 없는 대원 지배 아래 고려사회를 이해하는 데 매우 중요한 화제이고, 후자는 그동안 만권당의 실체를 오해하고 있었기 때문이다. 끝으로 제5장에서 저자는 현재까지 남아 있는 몽골제국의 고려 지배의 흔적을 탐라와 대청도의 유적답사, 고려속요 쌍화점雙花店을 통해 살펴보았다. 이제부터 각 장章과 절節에서 검토한 연구결과와 결론의 개요를 간단히 요약하고, 이 연구의 의의를 다시 음미하고자 한다.

서론 〈고려-대원 관계 연구의 학설사적 검토〉는 '1. 고려-대원 관계 연구에서 기본 전제의 재검토', '2. 속국론을 둘러싼 논쟁', '3. 고려왕부설高麗王府說과 심왕위하의 문제', '4. 새로운 분석틀 탐구'로 나누어 13~14세기 고려-대원 관계 연구사를 연구에서 유의한 핵심적인 개념과 이해의 틀을 중심으로 살폈으며, 그 과정에서 왕부王府와 심왕위하瀋王位下 등 핵심적인 이슈에 대해서는 실증적 고찰을 통해 필자의 주장을 제출하였다.

먼저 일본학자들이 시작한 20세기 초 초기 여몽관계 연구는 몽골의 한반도 침략과 동정기간 주둔군의 고려정치에 대한 간섭 등 역사적 사실에 대한 실증적 검토가 중심이었다. 이 주제에 대한 최초의 한국인 연구자는 김상기이며, '여원교류관계'에 착안하여 동아시아[東方]사 차원에서 여몽관계사 연구를 시작했다는 점에서 한국학계의 여원관계사 연구가 그에게서 시작되었다고 할 수 있다. 해방 뒤 1950년대까지 국내 연구자들이 수행한 연구 또한 침략에 대한 항쟁과 침략세력의 인적 물적 수탈에 대한 연구로, 여몽관계 연구는 정복-피정복의 '틀'에서 벗어나지 못했다. 북한학자인 김재홍의 연구[1]도 이 범주에 속한다고 볼 수 있는데, 김재홍의 연구는 그 가운데서도 극단적인 민족주의 관점을 보여 준다고 할 수 있다.

여몽관계 연구의 새로운 패러다임은 1960년대 초 고병익 선생의 정동행성 연구와 몽골의 정복과 통제 양식에 대한 연구[2]에서 시작된다. 육사라는 지표를 가지고 대몽고국 주변의 피정복국과 고려를 비교사적 관점에서 연구하였다. 또 키타무라 히데토北村秀人의 정동행성에 대한 다각적

1) 김재홍, 《조선인민의 반침략 투쟁사(고려편)》(조선백과사전종합출판사, 1988), 제5장·제6장·제7장 219~494쪽.

2) Koh, Byong-ik, "Mongol Patterns of Conquest and Control" presented at the 3rd East Asian Altaistic Conference, held at Taipei, 1969 → *in Essays on East Asian History and Cultural Traditions*, Seoul: Sowha Publishing Co., 2004. pp.290~299

인 검토는 정동행성을 통한 여원관계사 연구를 한층 심화시켰다. 민현구와 주채혁이 중심이 된 1970년대 여몽관계사 연구는 양적인 면에서 비약적인 발전을 보였다. 하지만 몽골공주의 공치설을 주장한 대만학자 샤오치칭蕭啓慶의 왕실 통혼관계 연구를 제외하면 1990년대 초까지 새로운 분석틀은 제시되지 못했다. 한족 왕조와 다른 유목적 전통을 가진 대몽고국의 권력구조와 정복지역 지배의 성격에 대한 이해가 부족하였고, 몽골의 침략과 지배가 지속되는 동안 발생한 여몽관계의 질적 변화를 함께 살필 수 있는 분석틀을 고안하는 데까지 이르지 못했다.

그러나 1990년대 중반 이후 이익주, 모리히라 등 나라 안팎의 젊은 연구자가 등장하면서 몽골 지배기 몽골-고려 관계 연구에 새로운 분석틀이 도입되었다. 특히 이익주가 '세조구제世祖舊制'와 '불개토풍不改土風'을, 모리히라 마사히코森平雅彦는 '왕부와 투하'를 잣대로 여원관계를 분석함으로써 여몽관계사 연구의 지형이 새롭게 바뀌고 있다. 장동익의 정동행성 연구와 《원대여사자료집록元代麗史資料集錄》 또한 이 시기 중요한 업적이다. 장동익은 정동행성 연구에 시기구분을 도입하면서 몽골과 고려의 관계를 장기적인 변화 속에서 분석할 수 있게 되었다.

특히 2000년대 들어 한국의 여몽관계사 연구에 새로운 연구자원이 투입되고 있는 것은 더욱 바람직한 현상이다. 곧 몽원사 전공의 이개석과 라시드 앗 딘의 《집사》를 번역하는 등 몽골제국사와 중앙아시아사 두 분야에서 빼어난 연구성과를 내고 있는 김호동 교수, 중견 몽골사 연구자인 윤은숙이 '대 몽골 울루스(대원)'의 동아시아 지배라는 이해체계 안에서 대원과 고려의 관계를 새롭게 조명하고 있다. 그리고 몽원사에 대하여 깊은 이해가 있는 이강한, 이명미 등 젊은 고려사 연구자가 새로이 합류함으로써 여몽관계사 연구가 새로운 전기를 맞이하고 있다. 이들 한국 연구자 외에 시레이喜蕾와 에르데니 바타르, 슈지엔舒健, 체렝도르지 등과 같은 중국과 몽골학자가 2000년대 이후 여몽관계사 연구에 참여하여 노작勞作을 내고 한국학계와 교류하고 있다는 점 또한 특기할 일이다.

이 밖에 서론에서는 중국 연구자들의 연구에 보이는 '부용附庸' 개념

등 인식의 문제, 몽골세계사 안의 여몽관계의 의미를 새롭게 음미한 김호동 교수의 최근 연구의 문제점에 대하여 살펴보았다.

제1장 〈여몽형제맹약과 초기 여몽관계의 성격: 사료의 재검토를 중심으로〉는 제1절 〈몽골·동진·고려 연합군에 의한 강동성 함락과 여몽형제맹약의 성격〉, 제2절 〈〈고종세가〉 가운데 신묘년(1231) 몽골첩문 2통과 몽골의 고려 침략 추이〉로 나누어 1219년 여몽형제맹약 성립과정과 성격, 1231년 몽골이 고려에 대한 무력 침공을 시작한 다음 1259년 고려태자가 입조할 때까지 몽골침략과 고려의 항전 과정 가운데 변화하는 고려와 대몽고국 관계와 성격을, 특히 교환된 문서들을 통해 검토하였다.

먼저 제1절은 '1. 여몽형제맹약의 성립과정'과 '2. 여몽형제맹약의 몽골쪽 주체와 동도東道왕가의 요동 지배 문제'로 나누어 고찰하였다. 지금까지 언급되지 않은 조충趙沖의 묘지명과 당시 몽골과 교환한 문서 등 관련 사료 분석을 통해 재검토하였다. 이 장의 논점은 은사 고병익 선생이 처음으로 본격적으로 검토한 바 있는 1219년의 여몽형제맹약, 곧 고려와 몽골 사이에 최초로 맺은 강화조약의 성격은 무엇이며 그 뒤 두 나라 관계에 미친 영향이다. 최초로 이 문제를 검토한 야나이 와타루箭內亘는 고려가 몽골에 투배投拜의 예를 취하고 세공歲貢을 바치기로 정했지만, 요동의 정세가 안정되지 않아 몽골에서 10명 안팎의 사자使者를 보내 공납을 거두어 가기로 했다는 점을 지적했다. 이케우치 히로시池內宏는 고려가 몽골에 대하여 세공의 의무를 지는 형제국 관계였음을 지적하고 있다.[3] 고병익 선생은 세공을 바쳐야 하긴 하지만, 1219년의 형제맹약은 동일 평면 위에 선 관계로, 명령과 복종이라는 예속관계가 아니라고 보고 있다.[4] 이와 달리 윤용혁은 정기적인 세공을 바치는 복속관계로 보고 있다.[5]

윤은숙은 1219년 몽골제국이 고려와 형제맹약을 맺은 것은 약탈적 전

3) 池內宏, 〈金末の滿洲〉, 618쪽; 池內宏, 〈蒙古の高麗征伐〉, 4쪽.
4) 고병익, 〈蒙·麗의 兄弟盟約〉, 《東亞交涉史의 硏究》(1970), 172쪽.
5) 尹龍爀, 《高麗對蒙抗爭史硏究》, 32쪽.

쟁과는 완전히 양상이 다른, 1212년 야율유가와 맺은 동맹과 같은 성격으로 볼 수 있다고 하였다. 고병익 선생의 의견에 동조하여, 동쪽에 동맹국을 가짐으로써 금을 양쪽에서 제압할 수 있는 효과를 노렸고, 앞으로 대금對金 공세의 중요한 포석을 다지기 위한 사전 정지 작업이었다는 결론을 내린다. 또 동진을 거쳐 고려에서 세공을 거둔 것은 몽골제국 지배아래 모든 지역에서 이루어진 막대한 군비조달의 일환이었다. 전쟁을 수행하고 있었던 몽골로서는 어쩔 수 없는 것이었고, 고려 또한 그런 전시체제 아래의 몽골의 물자수탈을 언제까지 견딜 수 없는 형편이었다고 보고 있다.6)

물론, 1219년 체결된 여몽형제맹약에 세공이 대몽고국에 중요한 의미를 지닌다는 점에 대하여는 필자도 동의한다. 몽골이 장차 금金을 치는데 필요한 동맹세력을 동쪽에 심으려 했다는 추론에도 동의한다. 그러나 필자는 몽골과 고려 사이에 맺은 여몽형제맹약이 강동성 함락 뒤에 포리대완蒲里俗完을 보내 칭기스칸의 조서를 고려에 전달함으로써 시작된 것이 아니고, 이 글에서 논증한 바와 같이, 몽골 군대가 고려에 진입하기 전에 정주定州로 보낸 몽골사신이 고려에 전한 첩문牒文을 통해 강화조건을 제시함으로써 여몽형제맹약의 체결과정이 시작되었다고 보고 있다.

그러나 여몽형제맹약을 평등한 관계로 보는 견해에는 동의하지 않는다. 앞에서 말한 바와 같이, 고려는 몽골에 대하여 군사와 군량을 지원하고 해마다 공납을 하며 국왕이 입조의 의무가 있었다는 점에서 두 나라 관계는 복속관계임을 알 수 있다. 입조의 의무를 진다는 점과 전쟁을 수행할 때 군사적 지원을 한다는 점에서 몽골과 동진의 관계 또한 복속관계였음을 알 수 있다.

제2절은 '1. 살리타이 코르치의 첩문 2통과 몽골의 강화조건', '2. 고려의 대응과 몽골의 새로운 요구', '3. 여몽관계의 추이와 몽골의 고려정벌군 재편성'으로 나누어 살폈다. 1231년 살리타이 코르치가 거느린 몽골

6) 윤은숙, 박사학위 논문, 75쪽.

군대의 침략으로 시작된 제2차 여몽교섭과 강화는 1219년의 여몽형제맹약을 계승한 여몽강화협상이었고, 이러한 협상은 1259년 고려태자의 입조가 실현될 때까지 이어졌다. 말할 것 없이 1231년의 강화는 납질納質(투르카그)과 공호수적供戶數籍 외에 다루가치 설치가 조건으로 제시되었고, 여기에 덧붙여 몽골 법제의 준수를 요구하고 있다. '이소사대以小事大'의 형식적인 칭신관계가 아닌 예속적인 속방의 지위를 몽골이 고려에게 요구하는 협상이었다.

요컨대 몽골은 고려에 대하여 뒷날의 이른바 '육사'(조군/수량·세공·납질·설역·공호수적·치달로화적) 가운데 '설역設驛'을 제외한 오사와 입조, 몽골 법제의 준수를 요구하였을 뿐만 아니라, 수공업 장인을 요구하였고, 수달피 등 공납의 내용과 양을 대폭 늘렸기 때문에 최씨정권은 끝내 강화도 천도와 항쟁의 길을 택하였다.

1232년 고려는 칭신과 힘에 닿을 만큼의 공물 요구는 받아들였지만, 과도한 볼모와 더 많은 인적 자원의 유출을 원하는 몽골의 요구를 거절하고, 끝내 대결의 자세로 돌아섰다. 두 나라는 다시 전쟁상태가 되었고, 이 싸움은 1259년 고려태자가 몽골황제에 조근朝覲하게 될 때까지 이어졌다. 말할 것 없이 강화조건을 둘러싼 협상은 계속되었고, 1241년 고종 왕돈의 족자族子인 영령공永寧公 왕준王綧이 의관자제 10명을 데리고 몽골로 가서 투르카그가 됨으로써 볼모 요청은 줄어들었다. 그러나 몽골의 고려에 대한 요구는 거의 변화가 없었고, 이는 1240년 5월 우구데이 카안이 고려에 보낸 조서는 물론이고 칭제稱制하던 오굴 켈미시가 1249년 8월에 고려에 보낸 의지懿旨에서도 마찬가지로 나타난다.

요컨대, 필자는 13세기 초 여몽형제맹약 성립, 그리고 1230년대 몽골의 침략과 고려의 항전과정에서 수립된 고려와 몽골국 관계를 성립과정과 성격구명에 초점을 두고 새롭게 검토하고자 하였으며, 결론은 아래와 같다. 첫째, 1219년 형제맹약은 1218년 몽골이 정주에 파견한 사절의 강화요구에서 비롯되며, 그 내용은 육사의 주요한 내용인 조군, 수량, 납공과 국왕의 입조로서, 당시 몽골과 동진 사이에 맺어진 것과 비슷했다. 따라서 완안자연完顏子淵이 이끄는 2만의 동진군은 연합군이 아니라 몽골의 요구에 따른 조군이었다. 그 증거는 〈조충묘지명趙冲墓誌銘〉과 유승단兪升旦의 〈회동하국서回東夏國書〉에 있다.

다음 여몽형제맹약은 칭기스칸이 파견한 합진·찰랄 두 원수와 고려 사이에 체결되었으며, 신新복속국 고려는 옷치긴의 유수留守(감국)정부에 공납을 바쳤다. 몇몇 연구에 따르면, 고려정벌은 몽골의 동방경략의 창구였던 옷치긴 울루스가 담당했고, 옷치긴 예하의 병력이 여기에 동원되었으며 고려가 옷치긴 울루스의 영역이었다고 주장하나, 설득력이 없다. 무칼리 국왕 휘하의 군대가 고려정벌에 다수 참여하였고, 1231년이 지나서도 마찬가지였기 때문이다.

셋째, 1231년 몽골침략 뒤 여몽형제맹약은 새롭게 설정되었는데, 1219년 형제맹약의 기초 위에서 투르카그 등 내속국의 의무가 부가된 것이었다. 그러나 1232년 고려 무신정권이 강화도로 천도하고 끝내 국왕의 입조를 거부하였기 때문에 1259년까지 고려와 몽골 사이의 새로운 관계 정립은 이루어지지 않았다.

넷째, 여몽형제맹약에 대한 고려와 몽골의 처지나 이해방식은 매우 달랐다. 몽골은 카안 울루스와 속방인 한국汗國의 관계로 이해하여 친조와 공납을 요구했지만, 고려는 중국의 전통적인 천하관에 입각한 사대관계와 같은 것으로 받아들였다. 그 때문에 1260년대 조법祖法의 변통變通을 과감하게 시도한 쿠빌라이 카안으로부터 '불개토풍'의 약속과 '책봉'을 얻어낼 때까지, 양국관계를 재설정하려는 고려의 노력은 멈추지 않았다.

제2장 〈몽골 군대의 고려 진주와 내속국체제의 수용〉은 먼저 머리말에서 최초 여몽형제맹약이 맺어진 뒤 1261년 몽골 카안이 고려가 요구한 '불개토풍'과 '몽골 군대와 다루가치의 철수'를 받아들이고, 고려는 '국왕의 입조'와 '육사의무의 이행'을 받아들이기까지 이르는 여몽관계를 개괄하였다. 그리고 제1절 〈고려왕권의 위기와 몽골 군대의 고려 진주: 삼별초의 봉기와 몽골의 일본원정을 중심으로〉, 제2절 〈몽골군의 고려둔전과 종전군種田軍〉 두 절로 나누어 내속국체제의 성립과정을 살폈다. 제1절에

서는 세조구제의 수용 뒤 고려의 내속화를 심화시킨 대규모 몽골 군사력의 주둔과 다루가치 설치의 1차적 계기인 삼별초 봉기와 진압, 몽골 둔전설치와 운영, 제1차 일본원정(동정)의 경과를 살펴보았다. 특히 삼별초 봉기와 진압과정은 기존 연구성과에 많이 의존하였다.

제1절은 다시 '1. 쿠빌라이 왕조의 성립과 1260년대 말 대몽고국 안팎의 정세', '2. 임연의 쿠데타와 몽골군의 진주', '3. 몽골군의 병력 증강과 고려 경내의 몽골 군정기관', '4. 몽골의 제1차 일본원정과 몽골 정동원수부'로 나누어 살폈다.

먼저 쿠빌라이 카안 즉위 뒤 몽골정권이 안팎에서 맞닥뜨린 아릭 부케와 치른 카안 위 계승전쟁, 이단의 반란, 서북제왕 세력의 저항, 동도제왕 세력의 딴전, 더욱이 국경을 길게 맞대고 있었던 남송과 자웅을 겨뤄야 했던 사정 때문에, 고려와 몽골제국의 관계를 시급히 안정시켜 고려를 우호세력으로 만들어야 하는 몽골의 내적 요구를 지적하였다. 또 두 번째 '임연의 쿠데타와 몽골군의 진주'와 세 번째 '몽골군의 병력 증강과 고려 경내의 몽골 군정기관'은 임연의 쿠데타와 삼별초의 봉기 등 고려 무신세력의 항몽투쟁이 결과적으로 몽골 군대의 진주와 병력증강, 총독의 성격을 가진 다루가치 파견, 몽골 둔전설치 등의 빌미를 제공하였음을 살폈다. 마지막으로 '몽골의 제1차 일본원정과 몽골 정동원수부'에서는 몽골의 제1차 일본원정을 계기로 고려 안의 몽골 주둔군이 대폭 증가하고, 군정기관인 정동원수부의 세력도 확대되는 사정을 실증적으로 검토하였다. 제1차 동정이 끝난 뒤 동정군의 일부가 동정군 지휘부와 함께 귀국했지만, 주둔군이 새롭게 보충되고 정동원수부도 재편되어 고려에 유지되고 도원수 힌두忻都와 홍다구洪茶丘가 고려 내정에도 간섭하며 횡포를 부리다가 1278년 충렬왕의 입조와 부마국왕 책봉을 계기로 철수하게 되는 사정을 살폈다. 요컨대 고려가 국내 문제를 해결하기 위해 몽골 카안의 군사적 지원을 받는 과정에서 고려가 몽골에 예속되고 나아가 몽골의 동아시아 침략과 지배의 전진기지로 전락하는 과정을 살핀 셈이다.

제2절에서는 먼저 몽골의 고려 둔전설치에 대한 연구사를 비판적으로

검토하고, 다음으로 새로운 관점에서 둔전설치의 배경과 둔전의 설치에서 폐지에 이르는 과정을, 끝으로 몽골의 둔전경작의 특색과 고려사회에 미친 영향을 검토하였다. 먼저 몽골 군대의 장기주둔을 위한 군량보급이 둔전설치의 목적이었음을 밝혔고, 다음으로 몽골의 고려둔전의 규모는 힌두와 사추史樞의 봉주둔전경략사鳳州屯田經略司의 지휘를 받는 둔전군과 홍다구가 거느린 고려호를 포함한 6천 명 안팎의 둔전군이 왕경과 서경(동녕부), 봉주 등 10곳에서 5백 명 단위로 분할하여 둔전을 경작하였다. 둔전의 중심은 초기의 봉주와 황주에서 염주와 백주로 옮겨갔고, 몽골의 고려 둔전설치와 관련된 사료에 빈번히 등장하는 금주에는 둔전이 실제로 설치된 것은 아니었음을 밝혔다.

끝으로 고려에 설치된 몽골 둔전군 가운데는 종전사種田司의 지휘 아래 전문적으로 둔전경작에 투입된 종전군種田軍도 있었지만, 전투와 종전에 동시에 투입되는 둔전군이 다수를 차지하였던 것으로 보인다. 후자 가운데는 강남 출신의 만자군蠻子軍(생권군)도 포함되어 있었다. 둔전의 설치로 주둔군의 양료糧料의 일부를 조달하였으나 고려 주둔군의 군량문제가 해결된 것은 아니다. 하물며 고려는 주둔군의 양료 말고도 역축役畜 등 몽골의 둔전경작에 필요한 각종 지원이 요구되었다. 둔전을 위해 제공된 종자種子만으로 1만 5천 석碩이 되었고,[7] 봉주 둔전군의 부족한 양식도 다달이 2천여 석을 부담해야 했다고 한다.[8] 이 밖에도 몽골 둔전군이 고려백성의 집을 차지해 겨울을 보내는 등 몽골의 고려둔전은 고려사회에 많은 피해를 주었다.

---

7) 《高麗史》 권27, (元宗13年2月)“(/27하)戊午元遣使于鹽白州, 相移屯之地.……(/28상)(3月)癸卯元遣李益爲達魯花赤, 王迎于城外.……丁巳遣諫議大夫郭汝弼如元, 請減軍料表曰, 近承省旨, 據鹽白州等軍奏請, 令每軍一名添支粮一斗, 每月通支四斗.” 이하 略한다.

8) 《高麗史》 권27, “(/43상)元宗十五年春正月元遣總管察忽監造戰艦三百艘,……(/43하)二月甲子……如元上書中書省日,……(/44상)又正月十九日奉省言云, 忻都官人所管軍……(/44하)行糧……又屯住處糧料……及羅州落後奧魯闊端赤軍糧八千碩…….(/45상)計四萬餘碩, 續有以後金州·全州·羅州屯住軍……供給實難. 又奉省旨令小邦應副鳳州屯田軍各月不敷粮二千四十七碩牛粮一千一碩七斗, 然此種田軍其農牛農器種子至乃初年接秋粮及至元九年不敷粮已曾支足.……(/47하)(4月)又, 自庚午年以來至今五年供軍糧餉早曾乏絕, 今此造船……等三萬五百人, 種田軍, 洪總管軍,……等粮米專取兩班祿俸.”

제3장 〈여몽 통혼관계의 성립과 고려 안의 몽골 권력기관〉은 제1절 〈고려왕실과 대원황실의 통혼관계 성립과 내속관계의 심화〉, 제2절 〈부마고려국왕의 왕부와 몽골적 관제 '왕부비체치biciɣeci'〉 둘로 나누어 내속국체제가 새로운 차원에서 전개되는 과정을 살폈다.

제1절은 통혼관계의 성립이 고려의 몽골제국 안의 지위를 제고하고 굳히는 데에 이바지했지만, 한편으로 부마국왕과 왕부, 공주는 뒤에 설치되는 정동행성과 함께 고려 안의 몽골기관으로서 고려 지배의 새로운 통로가 되었음을 지적하였다. 고려와 몽골 양쪽의 내부적인 사정 때문에 혼인동맹에 대한 객관적인 요구가 있었을 것이라는 점에 주목하였다. 먼저 '1. 여몽 왕실-황실 통혼의 성립 경과'에서 왕실혼인의 성립과정을 고려와 몽골 양쪽의 국내 환경을 중심으로 천착해 보았다. 고려는 항몽 입장의 무신정권이 원종의 타협정책에 불만을 품고 있었고, 직접적으로는 임연의 원종폐립사건이 벌어지는 등 왕권이 위협받고 있었다. 그렇기 때문에 고려왕권을 뒷받침할 강력한 후원자의 존재가 필요하였고, 쿠빌라이 정권도 안팎에 군사적 위협이 상존하고 있었기 때문에 허혼한 사정을 기왕에 축적된 연구성과를 참조하여 살폈다.

다음 '2. 여몽 왕실-황실 통혼의 성립과 고려왕실의 지위변화'는 당시 세자 신분의 충렬왕이 허혼을 받은 뒤 몽골에 가서 카안의 숙위로 복무하며 혼인하고 원종이 훙거한 뒤에 고려에 돌아와 카안의 조서를 받고 고려왕으로 즉위하게 되는 사정을 기술하였다. 충렬왕이 몽골의 부마로서 고려국왕으로 즉위한 뒤 고려국왕의 지위가 제고되어 동정원수부의 고관들이 함부로 할 수 없게 되었다. 마침내 1278년 부마고려국왕의 선명宣命을 내리게 됨으로써 정동원수부에 대한 고려국왕의 우위가 확립되었고, 몽골 주둔군과 다루가치가 철수되었다. 하지만 한편으로 고려의 몽골에 대한 육사의무의 일부가 면제될 만큼 몽골제국에 충성하는 제후왕의 성격이 심화되었고, 국왕 자신이 고려 조야에 몽골복식을 강요하는 등 몽골문화의 전파기구가 된 점도 지적하였다.

요컨대 1269년 고려사신의 제의로 고려와 몽골왕실 사이에 통혼관계가 성립함으로써 고려에 주둔한 몽골 무장들과 다루가치가 업신여겼던 변방의 허약한 지방권력의 한계를 고려가 탈피하게 되었다. 한편으로 제왕부마의 울루스 권력이라는 새로운 성격도 함께 갖게 된다. 곧 두 나라의 통혼에 따라, '불개토풍'의 대가로 고려가 실질적인 '육사'의 의무를 지게 된 '새로운 개념의 책봉-조공국'의 지위에서 한발 나아가 몽골 황금가족黃金家族의 일원인 부마국이 되었다. 이로써 중앙권력에 지분을 가진 외번外藩으로서 제왕·부마국이 누리는 특권과 의무도 함께 나누는 지위를 갖게 된 것이다.

제2절은 충렬왕 4년에 설치된 비체치必闍赤와 신문색申聞色에 대하여, '1. 고려국왕부와 공주부'와 '2. 고려국왕부의 케식관怯薛官: 비체치 설치와 그 성격'으로 나누어 살폈다. 결론적으로 고려의 비체치는 세조구제로 대원이 고려의 배타적 통치를 허용한 고려 경역을 지배하는 고려왕국의 전통적인 관제와 구별되는 새로운 관제이다. 대몽고국의 부마고려왕의 기관인 왕부의 속관 가운데 하나였다. 이처럼 왕부의 속관으로는 왕부비체치王府必闍赤 외에 조인규趙仁規가 최초로 임명된 왕부단사관이 설치되어 있었다. 견룡군牽龍軍과 함께 번番을 나누어 돌아가며 고려왕을 밤낮으로 호위한 케식기관인 코르치와 응방鷹坊도 왕부의 속관조직으로 보인다. 더욱이 직숙하는 케식과 또한 숙위하는 견룡이 이중으로 숙위하고 있음은 왕부의 속관과 왕국의 관제가 이중으로 존재했음을 보여 준다. 또 단사관은 부자가 세습하기도 하였고 또는 다른 세가의 자제가 임명되었지만, 비체치의 임면에 관해서는 구체적인 기록이 없다.

왕부비체치의 설치와 운영방식은 대원 쿠빌라이 카안 궁정과 각 종왕부저宗王府邸의 케식에 속하여 서기관으로 정책결정과정에 참여한 상급 비체치의 기능을 본뜬 것, 곧 비체치와 신문색은 명색일 뿐 대원 조정에서 카안의 상급서기上級書記의 고려적 번안飜案으로 볼 수 있다는 것이 필자의 생각이다. 요컨대 비체치가 설치되어 그동안 정방이 장악하고 있던 기무를 참결함으로써 정방의 기능을 대체하거나 적어도 대폭 축소시켰다고 볼 수 있다. 무신정권 이래 상조常朝가 없어지고 도방·정방 등에서 정사가 의논되던 전통이 고려의 비체치제도 도입을 용이하게 한 것으로도 볼 수 있다.

정리하자면 위의 왕부비체치와 정방비체치政房必闍赤를 근무장소의 동일성만으로 동일시하는 것은 무리가 있음이 명확해질 것이다. 앞으로 좀 더 다른 논거를 통해 두 기능의 통합과정을 설명해야 할 것이다.

제4장 〈몽골제국 안의 고려인과 여몽관계〉는 몽골에서 활동한 고려인에 대하여, 대원 궁정의 고려 출신 환관과 공녀를 포함하여 혼인을 통해 맺어진 여몽 두 나라 지배층의 통혼관계가 여몽관계에 미친 영향을 탐구하였다.

제1절 〈대원 궁정의 고려 출신 환관〉은 원대 몽골 궁정에서 카안과 후비를 시봉한 고려 출신 환관의 입원 내력과 활동, 그리고 그들의 몽골 카안 내정과 후궁 안의 역할, 더욱이 내속관계인 고려에 미친 고려 출신 환관의 정치적 영향관계를 종합적으로 살펴보았다. 이제까지 전론에서 언급되지 않았던 일부 새로운 자료를 이용하였다.

고려 출신 환관의 입원은 쿠툴룩켈미시 공주가 1289년 유성황후裕聖皇后의 처소에 두고 온 방신우方臣祐에서 비롯되며, 그 뒤 많은 고려 출신 환관이 카안의 장전이나 후비나 황태후의 궁에서 활동했다. 1310년에 충선왕이 이대순李大順 등 15명의 환관에게 부원군府院君과 군君의 작위를 내릴 만큼 대원 조정에서 영달한 고려 출신 환관이 많았다. 더욱이 이대순은 무종 연간에 대사도大司徒의 직함을 띠고 카안이 국정을 결책하는 내정에 배석하였다. 그 뒤로 더욱 많은 고려 출신 환관이 대원 궁정이나 유수사留守司 예하의 다양한 관청에서 활동하였으며, 대원 조정이나 고려에 대한 이들의 영향력도 무시할 수 없게 되었다.

유목적 전통의 내정에서 원대 환관의 간정干政은, 카안을 시봉하고 호위하는 전문조직인 케식怯薛이라는 독특한 통치방식이 작동하였기 때문에 중국의 한족 왕조의 것에는 미치지 못했다. 그러나 고위 환관은, 고려 출신 환관 대사도 이대순도 포함하여, 내정에서 정책을 결정하는 자리에 케식관과 함께 배석할 수 있었기 때문에 의견을 개진할 수 있는 길이 열려 있었다고 볼 수 있다.

물론 대원 시기, 특히 대원 말, 고려 출신 환관의 발호가 일으킨 문제는 작지 않았다. 기황후奇皇后 권력의 재정적 기반인 자정원資政院의 원사院使였던 고룡보高龍普(卜)와 박불화朴不花(朴帖木兒不花) 말고도, 황태후나 태황태후의 권력을 뒷받침하는 중정원中政院이나 휘정원徽政院과 같은 궁중기관의 원사院使 등 관직을 바탕으로 권력을 행사하였다. 더욱이 박불화는 대원 말 고룡보를 대신해 궁중정치의 주역이 되었으며, 1357년 순제의 선위 획책과정에도 간여했다.

끝으로 원대 환관은 카안과 카툰의 궁정이나 제왕, 공주, 부마의 궁에서 주로 사역되었다. 하지만 제왕과 조관朝官도 고려에 환관을 요구한 것으로 보아, 많은 고려 출신의 환자가 대원의 일부 귀족관료의 가정에서도 사역된 것으로 보인다.

제2절 〈두 나라 지배층의 통혼관계와 여몽관계〉는 종래 여몽관계 이해의 중요한 분석틀로 이용된 왕실통혼이라는 지렛대를 넘어서 여몽·여원관계 이해의 틀을 고려 지배귀족과 몽골 귀족가문 사이의 통혼관계로 넓혀서 새롭게 검토한 것이다.

쿠빌라이 왕조 대원과 고려 사이의 두 번째 단계 관계는 몽골에 머무르고 있던 많은 고려인의 자화상을 통해 이해해 볼 수 있을 것이다. 그들 가운데는 몽골의 고려 침략기에 포로가 되어 잡혀온 수십만의 고려인과 그 후예, 그리고 또 반역한 지도자를 따라 망명한 고려인과 그 후예, 그리고 공녀, 환관과 승려 말고도 몽골 왕조의 지배층의 처와 첩으로 살고 있었던 여인들과 그들의 후예도 있었다.

더욱이 몽골지배층의 처와 첩은 약탈적 여성 수탈의 대상으로 이해할 수 있는 측면도 없지 않았지만, 한족 가정이나 고려 가정의 관습과 몽골·색목 가정의 혼인의 풍속이 달랐기 때문에, 그 자식에 대한 차별은 그렇게 심하지 않았다. 그들에게 몽골 지배 권력기구에 참여할 수 있는 기회가 열려 있었고, 이들 후손을 다시 고려지배층 가문 출신과 혼인시킬 수도 있어서, 두 나라의 지배층 사이에 새로 더욱 의미 있는 통혼관계도 성립했다. 몽골의 공신가문 가운데 하나인 엘지기드 가문이 고려의 대표적 명문인 홍씨 가문, 김씨 가문과 대를 이어 거듭 혼인관계를 맺은 것은 그 대표적인 예라고 볼 수 있다. 엘지기드 가문 아쿠타이阿忽台와 홍문계洪文系(홍규)의 장녀 홍씨의 아들로, 지정 연간 우승상까지 오른 베르케부카가 대원 말 조정 안팎의 고려인 집단과 우호적인 관계를 맺고 그들을 후원한 것은 통혼관계가 가져온 직접적 결과물이라고 할 수 있다. 김장희金長姬와 연진燕眞의 손자인 강리회회康里回回가 지치 연간 입성논의가 일어났을 때 영종을 설득하여 논의를 잠재운 숨은 공로자라는 의도되지 않았던 사실도, 통혼관계가 사회적 의미 외에 대몽고국과 고려 관계에서 갖는 정치적 의미를 보여 준다. 지배층의 통혼관계는 여원 두 사회를 더욱 강고하게 묶어 주는 측면도 있지만, 동시에 대상에게 고려에 대한 인식을 심화시켜 고려라는 왕조의 정체성을 유지시키는 데에도 이바지했음을 알 수 있다.

부록 '충선왕의 만권당(濟美基德痛掃漑)과 그 실체'는 종래 충선왕이 원도에 세운 이른바 '만권당萬卷堂'이 고려 후기 신유학 도입에 중요한 역할을 하였다는 김상기 선생 이래 우리 학계의 통설을 검토하고, 이 통설이 오해에서 비롯되었음을 확인하였다. 곧 《고려사》의 만권당 관련기사는 이제현의 〈유원증돈신명의보절정량제미익순공신태사개부의동삼사상서우승상상주국충헌왕세가有元贈敦信明義保節貞亮濟美翊順功臣太師開府儀同三司尙書右丞相上柱國忠憲王世家〉에 기초하여 이색이 지은 이제현묘지명의 잘못된 기사에서 비롯된다. 이제현이 만권당의 본래 명칭으로 기록하고 있는 대원 인종이 충선왕에게 하사한 당호堂號는 '제미기덕통소개濟美基德通掃漑'이며, 그 뜻은 몽골어로 묵언참선默言參禪의 뜻임을 밝혔다.

제5장 〈몽골의 고려변경 지배와 고려 안의 몽골인, 몽골문화〉는 제1절 〈몽골의 고려변경 지배: 탐라총관부를 중심으로〉, 제2절 〈대청도와 몽골황자, 몽골제왕의 고려 유배〉, 제3절 〈고려의 색목인 상인과 몽골문화: 〈쌍화점〉과 염제신의 초상화를 중심으로〉로 나누어 살폈다.

탐라총관부 설치는 13~14세기 몽골제국의 세계 지배의 한 자락이라고 할 수 있다. 이 탐라총관부는 1273년 몽골이 삼별초 봉기를 최후로 진압한 뒤에 몽골이 처음 설치한 탐라초토사耽羅招討司에서 비롯된다. 법전인 《원전장》 권7 〈이부吏部〉 1 관제官制/직품職品에 탐라국耽羅國과 군민안무사다루가치軍民安撫司達魯花赤가 함께 정3품으로 분류되어 있고, 그 장관에 정3품 소용대장군昭勇大將軍 실리백失里伯을 초토사로 임명하는 것으로 보아 탐라총관부도 대원의 정3품 아문이다. 탐라국군민도다루가치총관부耽羅國軍民都達魯花赤總管府의 경우 도다루가치都達魯花赤가 정3품관이란 점도 몽골이 탐라를 대원의 동방 지배의 전진기지로서 매우 중시했음을 알 수 있게 해 준다. 곧 고려국의 중앙정부인 첨의부僉議府가 최초 4품 관아에서 출발하고 있기 때문이다.

1294년 고려에 귀속되어 관리가 새로 파견되었지만, 1301년 5월의 표문을 보면, 1301년 3월 설치된 탐라군민만호부耽羅軍民萬戶府 외에 탐라총관부의 존재가 확인된다.[9] 물론 이 탐라총관부는 다시 폐지되어 군민만호부에 통합되었고, 그 뒤 합포진변사合浦鎭邊事와 마찬가지로 대원제국의 동방의 변방 지배를 위한 기구인 정동행성의 관할이 됨으로써 탐라의 독립적인 지위가 강화된 것으로 보인다.

물론 탐라를 정동행성의 관할로 옮긴 것이 사료에서 확실하지 않은 것도 사실이다. 그러나 탐라를 고려에 귀속시킨 뒤에도 말을 대원에 바치는〔進馬〕의 의무가 남아 있었던 것, 곧 몽골의 군사적 또는 경제적 이해와 관계가 깊은 대원의 관목장官牧場이 유지된 것으로 보아 실질적으로 고려와 몽골 두 권력의 이중 지배 아래 있었던 것으로 볼 수 있다. 1296년 음력 2월 27일(을축)에 대원은 탐라목축耽羅牧畜의 일로 단사관 무구치木兀赤를 보냈는데, 3월 11일(기묘)에 다시 사신을 보내와 관역館驛을 정리하였고,[10] 5월 26일(계사)에는 패란해孛蘭奚와 독로禿魯를 보내 다시 관역을 점검하였으며, 이어 다음 날(갑오) 고려는 대장군 남정南挺을 대원에 보내 탐라마耽羅馬를 보내고 있다. 이를 보아 몽골의 목마장으로서 탐라의 의미

9) 《高麗史》 권32, 충렬왕 27년 5월 경술 "(表曰)又請罷耽羅總管府, 隸本國置萬戶府."
10) 《高麗史》 권31, 충렬왕 22년 "三月己卯元遣使整理館驛."(/11하)

가 무엇보다 컸던 것으로 보인다. 따라서 황태자 진킴眞金의 카툰〔妃〕이며 황제 성종의 어머니인 유성황태후裕成皇太后가 죽은 뒤에 황태후의 구마廏馬를 탐라에 방목하는 것이 상징을 넘어 실질적인 의미를 갖는다고 볼 수 있다.

필자가 이처럼 몽골제국의 동아시아 지배의 중요한 전진기지임과 동시에 관목장인 탐라총관부에 대하여 검토하게 된 또 하나의 배경은 현재 제주도에 남아 있는 탐라총관부의 유적에 대한 잘못된 통설을 검토하는 것도 관련이 있다. 토성인 항파두리缸波頭, 缸波頭里 고성古城 유적에 대한 오해가 그것이다. 필자는 이 성의 이름이 몽골어 또는 투르크어에서 온 것이 아닌가 의심하고 있다. 항파缸坡, 缸波는 몽골어로 병瓶이나 배〔船〕를 뜻하는 'хумх-а(н)'나 말이나 소가 마시는 구유(=제주 방언으로 '구시' 漕)를 뜻하는 'хомбого/хомбоо'가 있는 성이라는 의미의 몽골어의 홈보고 투르хомбого-түр성 또는 홈보 투르хомбоо-түр성 곧 구시물이 있는 성城이라는 몽골식 명칭에서 온 것이며, 토성의 축성 형식에서도 당시 몽골의 축성과 관련이 있을 것이라는 것이 필자의 생각이다. 곧 이 고성은 최초 삼별초군의 항몽근거지일 가능성이 있지만, 이름으로 보아 뒤에는 몽골의 탐라 지배의 근거지였을 가능성이 매우 높은 것을 알 수 있다.

제2절은 문화사 연구의 연구기법을 원용하여, 몽골 지배 아래 고려의 대표적인 몽골유배지인 대청도大青島의 몽골시대 유적답사와 대청도 유배와 관련된 몽골태자와 제왕의 사료를 통해 몽골 지배 아래 몽골제왕의 고려 유배를 검토하였고, 쿠빌라이 재위시기에 반란을 일으킨 뭉케의 아들 시리기에 관한 새로운 사료를 찾아, 그가 대청도에서 다시 인물도人物島로 유배지를 옮겨 최후를 마친 사실을 확인하였다.

제3절은 몽골 지배 시기 고려 안의 색목인과 몽골인의 활동에 대하여 검토하였으며, 문화사적 접근방식을 원용하여 고찰하였다. '1. 개경의 회회상인과 쌍화가게'에서는 고려시대 속요인 〈쌍화점雙花店〉에 나오는 회회回回아비가 팔았던 것이 만두라는 통설을 깨고, 역사언어학의 방법으로 검토하여 '쌍화'는 투르크어 또는 몽골어를 옮긴 것으로 만두가 아닌 부

인용 사치품이었을 것이라는 제안을 제출하였다. '2. 염제신의 초상화에 대한 소고'에서는 염제신의 신세身世 곧 무종의 케식이었던 고모부 말길末吉의 훈도 아래 성장하여 태정제의 숙위로 들어간 뒤 몽골과 고려에서의 사환에 대하여 검토한 뒤에 마지막으로 그가 쓴 모자에 주목하여 그가 혹시 서방의 종교를 신앙으로 받아들인 것이 아닐까 추정하였다.

이상 필자는 13~14세기 대몽고국과 고려의 관계에 대하여, 형제맹약과 수차의 화전협상和戰協商에 나타난 초기 여몽관계의 성격, 친몽골적인 고려왕권의 보호, 일본원정을 빌미로 파견한 군대의 군사적 압박, 여몽왕실혼인을 통한 내속국화의 진전과 심화, 인적 교류를 통한 여몽관계의 변화, 고려 안에서 활동한 몽골인과 색목인 등 지금까지 여몽관계 연구에서 충분히 논의되지 못한 주제들에 대하여 정치사적 측면과 사회문화사적 측면에서 살펴보았으나, 처음 연구를 기획할 당시의 의도가 충분히 관철된 것 같지 않다. 또 나름대로 애썼지만 몽원사 전공 연구자로서의 지식과 안목이 충분히 반영되지 못한 점도 자인할 수밖에 없다.

연구주제에서 13~14세기 여몽관계의 핵심축인 정동행성 연구가 제외된 점도 이 연구가 가지는 문제점 가운데 하나이며, 연구방법과 시각, 문제의식 등에 여전히 많은 문제점이 남아 있다. 하지만 그 뒤 연구에서 정치사적 연구라 하더라도 권력의 통로가 아닌 조칙이나 법제와 같은 지배의 통로로 지배와 내속관계가 이루어지는 과정을 검토해 볼 수도 있을 것이다. 말할 것 없이 대원(대몽고국)과 고려의 지배와 내속관계를 속속들이 해명하기 위해서는 대원의 통치권력이 고려 안에 설치한 정치적·군사적 장치의 작동과 칙령, 조서와 법령 선포 말고도 카안의 일상적인 통치행위의 영향에 대하여도 검토할 필요가 있다. 또 왕위계승자와 관료 그리고 관료예비군의 몽골에서의 숙위와 혼인 등 인적 교류의 증가에 따라 고려에 증식되고 내면화한 대원의 지배와 친원親元 또는 부원집단附元集團의 자발적 동의와 나머지 다른 집단의 비자발적 동의 또는 저항의 양태, 곧 당대 각 계층의 의식과 문화에 대해서도 다각적으로 살핌으로써 앞으로 여몽관계사 연구의 부족한 부분이 채워질 수 있을 것이다.

찾아보기

ㄱ

ㄹ

ㅁ

ㅂ

ㅊ

ㅌ